21世纪经济管理新形态教材·物流学系列

配送中心规划与管理

宋之苓　孙红霞 ◎ 编著

U0366464

清华大学出版社

北京

内 容 简 介

配送中心规划与管理是物流管理专业的专业必修课程,本书针对该课程展开内容,是培养学生专业素质、提高专业能力所必要的教学资料,也是物流管理及其相关专业学生必不可少的学习资料。本书结合国内外最新研究成果及应用的实际情况,具体介绍:配送中心概述、配送中心规划设计基础、配送中心项目总体规划与设计、配送中心物流系统规划与设计、配送中心设施规划与设备配备、配送中心的区域设计方法与参数、配送中心的基本作业管理、配送中心的信息管理、配送中心的存货管理、配送中心的运营与绩效管理等基础理论知识及前沿发展。

由于本书融入了"互联网+"等最新的教学理念,力求严谨,注重与时俱进,具有知识系统、内容翔实、案例鲜活、贴近实际等特点,并注重理论教学与案例应用相结合,因此,本书既可以作为普通高等院校本科物流管理专业首选教材,同时,本书的规划技术和设计方法的工科特性,也可增加物流管理专业学生的知识深度,提升其专业技能,所以也可以作为物流企业与工商企业在职从业人员及物流管理人员的岗位培训教材,对于广大社会读者也是一本有益的科普读物。

图书在版编目(CIP)数据

配送中心规划与管理/宋之苓,孙红霞编著. —北京:清华大学出版社,2021.6(2023.8重印)
21世纪经济管理新形态教材·物流学系列
ISBN 978-7-302-58338-7

Ⅰ. ①配… Ⅱ. ①宋… ②孙… Ⅲ. ①物流配送中心—经济规划—高等学校—教材 ②物流配送中心—企业管理—高等学校—教材 Ⅳ. ①F252.24

中国版本图书馆 CIP 数据核字(2021)第 113811 号

责任编辑:张 伟
封面设计:汉风唐韵
责任校对:王凤芝
责任印制:杨 艳

出版发行:清华大学出版社
　　　　网　　　址:http://www.tup.com.cn,http://www.wqbook.com
　　　　地　　　址:北京清华大学学研大厦 A 座　　　邮　　编:100084
　　　　社 总 机:010-83470000　　　　邮　　购:010-62786544
　　　　投稿与读者服务:010-62776969,c-service@tup.tsinghua.edu.cn
　　　　质量反馈:010-62772015,zhiliang@tup.tsinghua.edu.cn
　　　　课件下载:http://www.tup.com.cn,010-83470332
印 装 者:三河市少明印务有限公司
经　　　销:全国新华书店
开　　　本:185mm×260mm　　印　　张:22.25　　　字　　数:511 千字
版　　　次:2021 年 8 月第 1 版　　　　印　　次:2023 年 8 月第 2 次印刷
定　　　价:59.00 元

产品编号:089151-01

前 言

随着经济全球化和信息技术的迅速发展,现代物流配送业正在世界范围内广泛兴起,并成为21世纪的黄金产业。我国的物流配送业已成为国民经济新的增长点,在促进产业结构调整、转变经济发展方式、满足人民消费需要和增强国民经济竞争力等方面发挥着重要作用。配送中心是为了有效地保证货物流通而建立的物流综合管理、控制与配送的组织与设施。作为现代物流网络的重要组成部分,配送中心具有汇聚和分销商品的节点功能、流通形式与作业体系的综合功能以及强大的信息处理系统。在现代物流供应链中,配送中心不仅执行一般的物流职能,而且还承担着指挥调度、信息聚散和处理、作业优化等神经中枢的职能。配送中心的建立和管理,对物流网络的优化、物流结构的调整、物流服务水平的提升及物流整体效益的提高都具有举足轻重的核心作用。

本书作为高等院校本科物流管理专业教材,严格按照教育部"加强实践、突出应用技术技能培养"的教育教学要求,根据就业教育与教学改革的实际需要,注重基础、注重知识体系的完整,注重实践、注重操作技能和执行能力的培养,以使课堂教学更贴近现代配送中心的实际运作,更符合社会经济发展,更好地为国家和物流企业人才培养服务。

本书作为普通高等教育物流管理专业的必修课程教材,依据应用型本科教育的培养目标和人才培养模式的基本特征,紧紧围绕应用型人才培养对知识、素质和能力的要求,注重对学生综合运用配送中心规划和运作管理知识分析与解决实际问题能力的培养,注重学生学习潜能的培养和发掘。本书把配送中心规划和配送运作管理融合在一起,兼具工科技术性强和经济管理组织协调性强的学科优势,既弥补了以往教材缺乏的不足,满足了应用型本科院校教学的需要,又能培养学生的复合型人才素养,有利于实现专业培养目标。本书共分10章,包括:配送中心概述、配送中心规划设计基础、配送中心项目总体规划与设计、配送中心物流系统规划与设计、配送中心设施规划与设备配备、配送中心的区域设计方法与参数、配送中心的基本作业管理、配送中心的信息管理、配送中心的存货管理、配送中心的运营与绩效管理等内容。通过本书的学习,学生可以理解并掌握配送中心规划与管理的基本知识、基本理论和基本运作方法。

由于本书融入了"互联网+"等最新的教学理念,力求严谨,注重与时俱进,具有知识系统、内容翔实、案例鲜活、贴近实际等特点,并注重理论教学与案例应用相结合。因此,本书既可以作为普通高等院校本科物流管理专业首选教材;同时,本书的规划技术和设计方法的工科特性,也可增加物流管理专业学生的知识深度,提升其专业技能,因此,也可以作为物流企业与工商企业在职从业人员及物流管理人员的岗位培训教材,对于广大社会读者也是一本有益的科普读物。

本书由宋之苓、孙红霞主编,宋之苓负责组织策划,孙红霞负责统稿,齐云英、李海燕为副主编。作者分工：宋之苓、孙红霞第1章，孙红霞、卫璞第2章，齐云英第3章、第4章，滕光富第5章、第7章，韩冰第6章、第10章，李海燕第8章、第9章；教学课件、教学大纲、知识点体系和即测即练由负责各章节编写的老师制作。本书在编写过程中得到了张锦忠经理的大力支持，学生魏克旭、王雅斐也参与了部分资料的收集和整理工作。

在本书编著过程中，我们借鉴了国内外有关配送中心管理方面的最新书刊资料和中国物流与采购联合会网站的最新案例及国家历年颁布实施的相关法规和管理规定，并得到编审委员会及中国物流与采购联合会有关专家教授的具体指导，在此一并致谢。

为了配合本书的使用，我们特提供了配套的教学大纲、知识点体系、电子课件、即测即练题和参考答案、模拟试卷等教辅资料，读者可以从清华大学出版社网站（www.tup.com.cn）免费下载。

因作者水平有限，书中难免有疏漏和不足，恳请同行和读者批评指正。

编　者

2021 年 1 月

目录

第 1 章

配送中心概述

本章学习目标：

通过本章学习，学员应该能够：

1. 掌握配送中心的概念；
2. 理解配送中心的基本类型；
3. 掌握配送中心的基本功能；
4. 了解配送中心的运作流程。

 引导案例：家乐福的转型

家乐福中国是在"不转型可能就会死"的压迫下开始转型的。这个在 1995 年曾将大卖场业态率先带入中国的零售业巨头，最迟从 2012 年就感受到重重危机：市场份额在陆续被大润发、沃尔玛、华润万家超越后，持续不断下降；受电商冲击愈加严重，零售业态环境不佳；在一、二线城市布局 200 多家超市和大卖场，竟然没有自己的采购和配送中心……另外，大卖场在中国是否还有发展潜力也受到质疑，甚至家乐福要退出中国市场的消息也一再传出。

跟过去的"原地踏步"不同，家乐福中国在 2015 年改革动作频频，也颇为深入，简直比前 20 年的总和还要多，这一切都是为了走上转型求变的"快车道"。

家乐福在别的国家都有采购和配送中心，唯独在中国没有；在进入中国的海外大型连锁超市品牌中，也只有家乐福一家没有。这跟最早家乐福进入中国的策略有关。20 世纪 90 年代，为在中国成功且快速地扩张，家乐福授予中国区"店长集权制"，即每家店店长拥有对门店的选址、采购、配送、调价和陈列的自主权，而其采购体系也较为粗放，是由供应商直接送货到门店。2006 年才改为以十几家地理位置相近的门店为一个小区，在小区设立城市商品采购中心。但这种模式远不能解决家乐福中国所产生的问题，家乐福中国必须集中采购权，自建配送中心。

2015 年 3 月起，家乐福中国又开始着手将中国 24 个城市商品采购中心重组为 6 个大区采购中心，分别覆盖华东、华北、华南、华西、华中和东北区域。截止到 2016 年，家乐福中国建成并投入使用的配送中心有江苏昆山（华东）、四川成都（华西）、湖北鄂州（华中）、天津武清（华北）、华南和东北大区的配送中心。六大配送中心能在短短两年内建成并投入使用（竞争对手在中国用长达数年时间来建立物流配送体系），足可见家乐福中国的建设规模和速度，以及它改革转型的决心。

家乐福这么做，自然是着眼于其在中国未来的长期发展，因为夯实采购和供应链是零售业必须要做的基本功课；并且，也是目前和未来家乐福中国逐步引入便利店和网上商城，开启O2O(线上对线下)业务的基础。

资料来源：http://www.chinawuliu.com.cn/xsyj/201601/22/308998.shtml.

那么，到底什么是配送中心？配送中心有哪些类型？在供应链中，配送中心的地位是怎样的，具有哪些功能？配送中心如何进行运作？这些就是本章将要重点探讨的问题。

1.1 配送中心的产生

1.1.1 配送中心的基本概念

根据中华人民共和国的国家标准《物流术语》(GB/T 18354—2006)，配送中心被定义为：从事配送业务的物流场所或组织。其应基本符合下列要求。

(1) 主要为特定的客户服务。

视频1.1 亚马逊配送中心、机器与人

(2) 配送功能健全。

(3) 辐射范围小。

(4) 多品种、小批量、多批次、短周期。

(5) 主要为末端客户提供配送服务。

鉴于配送中心的概念，对配送中心可以从以下角度进一步理解。

(1) 配送中心的"配送"工作是其主要独特的工作，是全部由配送中心完成的。

(2) 配送中心为了实现配送，要进行必要的货物储备。

(3) 配送中心可以按一定的配送辐射范围自行完全承担送货，也可以利用社会运输企业完成送货，配送中心是配送的组织者。

(4) 配送中心利用配送信息网络实现其配送活动，将配送活动与销售或供应等经营组织活动相结合，而不是单纯地从事物流配送活动。

(5) 配送中心还要履行集货中心、分货中心的职责。为了更有效地配送，配送中心往往还有比较强的流通加工能力。配送中心实际上是集货中心、分货中心、加工中心的综合。

(6) 配送中心是"现代流通设施"，在这个流通设施中以现代装备和工艺为基础，是兼有商流、物流功能的流通设施。由此可见，配送中心是从供应者手里接收多种大量的货物，进行倒装、分类、保管、流通加工和情报处理等作业，然后按照众多需求者的订货要求备齐货物，针对特定的用户，以令人满意的服务水平进行配送的设施。

(7) 配送中心是物流领域中社会分工、专业分工进一步细化的产物。配送中心不但要承担物流节点的功能，还要承担衔接不同的运输方式和不同规模的运输的功能。

1.1.2 配送中心产生的原因

配送作为现代物流和现代商贸流通的核心职能，是在变革和发展仓储业的基础上发展起来的，从某种意义上讲，配送是仓储功能的扩大化和强化。传统的仓储业的基本功能是保持储存货物的实用价值,为生产和经营的连续运转及百姓生活的正常进行提供保障。随着市场节奏的加快,社会分工不断扩大,竞争日趋激烈,迫切要求缩短流通时间和减少库存资金的占用,急需社会流通组织提供系列化、一体化和多项目的后勤服务。许多经济发达国家仓储业开始调整内部结构、扩大业务范围、转变经营方式,以适应市场变化对仓储功能提出的新要求。很多老式仓库转变成了配送中心,其功能由货物的"静态储存"转变成"动态储存",其业务活动由原来单纯的储存保管变成向社会提供多种服务,并把入库、保管、加工、分拣、配装、输送等作业连成了一个整体,从服务方式上看,变革以后的仓库可以主动为客户提供"门到门"的服务,这样,配送就形成和发展起来了。

现代配送的雏形最早出现于 20 世纪 60 年代初期,随着经济发展速度的逐步加快,商品市场的竞争日趋激烈,以及由此带来的货物运输量急剧增加,配送得到了进一步的发展。总体来讲,配送的发展大体上经历了三个阶段:萌芽阶段(20 世纪 60 年代初期)、发育阶段(20 世纪 60 年代中期)和成熟阶段(20 世纪 80 年代以后)。

追溯历史,很多学者认为配送中心是在仓库基础上发展起来的。仓库几千年都是作为保管物品的设施,《现代汉语词典》(第 7 版)仍把仓库解释成"储藏大批粮食或其他物资的建筑物",仅仅体现出静态的功能。有些专业词典多少做了些动态的解释,例如《中国物资管理辞典》把仓库解释成:①专门集中贮存各种物资的建筑物和场所;②专门从事物资收发保管活动的单位和企业。这从收、发两方面赋予了仓库一定的动态功能。但是,这些定义完全没有包含配送的本质内涵,所以,把配送中心直接解释成仓库显然是不妥当的。

在社会不断的发展过程中,由于经济的发展,生产总量的逐渐扩大,仓库功能也在不断地演进和分化。在我国,早在闻名于世的中国大运河进行自南向北的粮食漕运时期,就已经出现了以转运职能为主的仓库设施,明代出现了有别于传统的以储存、储备为主要功能的新型仓库,并且冠以所谓"转搬仓"之名,其主要职能已经从"保管"转变为"转运"。在新中国成立以后,服务于计划经济的分配体制,我国出现了大量以衔接流通为职能的中转仓库。随着中转仓库的进一步发展和这种仓库业务能力的增强,出现了相当规模、相当数量的储运仓库。

在外国,仓库的专业分工,形成了仓库的两大类型,一类是以长期贮藏为主要功能的保管仓库,另一类是以货物的流转为主要功能的流通仓库。

流通仓库以保管期短、货物出入库频度高为主要特征,这和我国的中转仓库有类似之处,这一功能与传统仓库相比,有很大区别。货物在流通仓库中处于经常运动的状态,停留时间较短,有较高的进出库频度。流通仓库的进一步发展,使仓库和联结仓库的流通渠道形成了一个整体,起到了对整个物流渠道的调节作用,为了和仓库进行区别,越来越多的人便称之为物流中心或流通中心。

由于现代社会中产业的复杂性、需求的多样性和经济总量的空前庞大,流通作为生产过程的延续,也日益呈现出复杂性及多样性。这种状况又决定了流通中心的复杂性及多样性。流通中心各有侧重的职能,再加上各个领域、各个行业自己的习惯用语和相互之间的用语不规范的缘故,也就决定了出现各种各样的叫法,如集运中心、配送中心、存货中心、物流据点、物流基地、物流团地等。在 20 世纪 70 年代石油危机之后,为了挖掘物流过程中的经济潜力,物流过程出现了细分,再加上市场经济体制造就的普遍的买方市场环境,以服务来争夺用户的竞争的结果,企业出现了"营销重心下移""贴近客户"的营销战略,贴近客户一端的所谓"末端物流"便受到了空前的重视,配送中心就是适应这种新的经济环境,在仓库不断进化和演变过程中所出现的创新的物流设施。

1.1.3　配送中心的基本功能

配送中心是专业从事货物配送活动的物流场所或经济组织,它是集加工、理货、送货等多种功能于一体的物流节点。也可以说,配送中心是集货中心、分货中心、加工中心功能的总和。因此,配送中心具有以下功能。

1. 采购功能

配送中心必须首先采购所要供应配送的商品,才能及时、准确、无误地为其用户即生产企业或商业企业供应物资。配送中心应根据市场的供求变化情况,制订并及时调整统一的、周全的采购计划,并由专门的人员与部门组织实施。

2. 存储功能

配送中心的服务对象是为数众多的生产企业和商业网点(比如连锁店和超级市场),配送中心需要按照用户的要求及时将各种配装好的货物送交到用户手中,满足生产和消费需要。为了顺利有序地完成向用户配送商品的任务,更好地发挥保障生产和消费需要的作用,配送中心通常要兴建现代化的仓库并配备一定数量的仓储设备,存储一定数量的商品。某些区域性的大型配送中心和开展"代理交货"配送业务的配送中心,不但要在配送货物的过程中存储货物,而且它们所存储的货物数量更大、品种更多。配送中心所拥有的存储货物的能力使得存储功能成为配送中心中仅次于组配功能和分拣功能的重要功能之一。

3. 组配功能

由于每个用户对商品的品种、规格、型号、数量、质量、送达时间和地点等的要求不同,配送中心就必须按用户的要求对商品进行组配。配送中心的这一功能是其与传统的仓储企业的明显区别之一。这也是配送中心最重要的特征之一,可以说,没有组配功能,就无所谓配送中心。

4. 分拣功能

作为物流节点的配送中心,其为数众多的用户彼此差别很大。不仅各自的性质不同,而且经营规模也大相径庭。因此,在订货或进货时,不同的用户对于货物的种类、规格、数量会提出不同的要求。针对这种情况,为了有效地进行配送,即为了同时向不同的用户配送多种货物,配送中心必须采取适当的方式对组织来的货物进行拣选,并且在此基础上,按照配送计划分装和配装货物。这样,在商品流通实践中,配送中心就又增加了分拣货物的功能,发挥分拣中心的作用。

5. 分装功能

从配送中心的角度来看,它往往希望采用大批量的进货来降低进货价格和进货费用;

但是用户为了降低库存、加快资金周转、减少资金占用,则往往要采用小批量进货的方法。为了满足用户的要求,即用户的小批量、多批次进货,配送中心就必须进行分装。

6. 集散功能

凭借其特殊的地位以及拥有的各种先进的设施和设备,配送中心能够将分散在各个生产企业的产品集中到一起,然后经过分拣、配装向多家用户发运。

1.1.4　配送中心的定位与作用

1. 配送中心的定位

无论从现代物流学科建设方面还是从经济发展的要求方面来讲,都需要对配送中心这种经济形态有一个明确的界定。

1）层次定位

在整个物流系统中,流通中心定位于商流、物流、信息流、资金流的综合汇集地,具有非常完善的功能,属于第一个层次的中心;物流中心定位于物流、信息流、资金流的综合设施,其涵盖面较流通中心为低,属于第二个层次的中心;配送中心如果具有商流职能,则属于流通中心的一种类型,如果只有物流职能则属于物流中心的一种类型,可以被流通中心或物流中心所覆盖,属于第三个层次的中心。

2）横向定位

从横向来看,和配送中心作用大体相当的物流设施有仓库、货栈、货运站等。这些设施都可以处于末端物流的位置,实现资源的最终配置。不同的是,配送中心是实行配送的专门设施,而其他设施可以实行取货、一般送货,而不是按照配送要求有完善组织和设备的专业化流通设施。

3）纵向定位

配送中心在物流系统中纵向的位置应该是:如果将物流过程按纵向顺序划分为物流准备过程、首端物流过程、干线物流过程、末端物流过程,配送中心则处于末端物流过程的起点。它所处的位置是直接面向用户的位置,因此,它不仅承担直接对用户服务的功能,而且根据用户的要求,起着指导全物流过程的作用。

4）系统定位

在整个物流系统中,配送中心在系统中的作用,是提高整个系统的运行水平。如今,利用集装方式在很多领域中实现了"门到门"的物流,将提高整个物流系统效率的物流对象做了很大的分流,所剩下的主要是多批量、多品种,小批量、多批次的货物,是传统物流系统难以提高物流效率的对象。在包含着配送中心的物流系统中,配送中心对整个系统的效率提高起着决定性的作用。所以,在包含配送系统的大物流系统中,配送中心处于重要的位置。

5）功能定位

配送中心的功能,是通过配货和送货完成资源的最终配置。配送中心的主要功能是围绕配货和送货而确定的,例如有关的信息活动、交易活动、结算活动等虽然也是配送中心不可缺少的功能,但是它们必然服务和服从于配货和送货这两项主要的功能。

因此,配送中心是一种末端物流的节点设施,通过有效地组织配货和送货,使资源的最终端配置得以完成。

2. 配送中心的作用

结合配送中心基本功能和定位,配送中心相应的作用可以归纳为以下几个方面。

(1) 使供货适应市场需求变化。各种商品的需求量因时间、季节变化而存在大量随机性,而现代化生产无法完全在工厂、车间来满足和适应这种情况,必须依靠配送中心来调节、适应生产与消费之间的矛盾与变化。

(2) 经济高效地组织储运。从工厂企业到销售市场之间需要复杂的储运环节,要依靠多种交通、运输、储存手段才能满足。传统的以产品或部门为单位的储运体系,明显存在不经济和低效率的问题。所以建立区域、城市的配送中心,能批量收发货物,能组织成组、成批成列直达运输和集中储运,有利于降低物流系统成本、提高物流系统效率。

(3) 提供优质的保管、包装、加工、配送、信息服务。现代物流活动中由于物资物理、化学性质的复杂多样化、交通运输的多方式、长距离、长时间、多起终点、地理与气候的多样性,对保管、包装、加工、配送、信息提出了很高的要求。只有集中建立配送中心,才可能提供更加专业化、更加优质的服务。

(4) 促进地区经济的快速增长。配送中心像交通运输设施一样,是经济发展的保障,是吸引投资的环境条件之一,也是拉动经济增长的内部因素。配送中心的建设可从多方面带动经济的健康发展。

(5) 是连锁店的经营活动所必需的。它可以帮助连锁店实现配送作业的经济规模,使流通费用降低;减少分店库存,加快商品周转,促进业务的发展和扩散。批发仓库通常需要零售商亲自上门采购,为配送中心解除了分店的后顾之忧,使其专心于店铺销售额和利润的增长,不断开发外部市场,拓展业务。此外,配送中心还加强了连锁店和供方的关系。

1.2 配送中心的类型

1.2.1 按配送中心的主要功能分类

1. 储存型配送中心

储存型配送中心是指有很强储存功能的配送中心。一般来讲,在买方市场下,企业成品销售需要有较大库存支持,其配送中心可能有较强储存功能;在卖方市场下,企业原材料、零部件供应需要有较大库存支持,这种供应配送中心也有较强的储存功能。大范围配送的配送中心,需要有较大库存,也可能是储存型配送中心。

扩展知识 1.1
配送中心与储存型仓库的区别

我国目前拟建的一些配送中心,都采用集中库存形式,库存量较大,多为储存型。

瑞士 GIBA—GEIGY 公司的配送中心拥有世界上规模

居于前列的储存库,可储存 4 万个托盘;美国赫马克配送中心拥有一个有 163 000 个货位的储存区,可见存储能力之大。

2. 流通型配送中心

流通型配送中心是基本上没有长期储存功能,仅以暂存或随进随出方式进行配货、送货的配送中心。这种配送中心的典型方式是,大量货物整进并按一定批量零出,采用大型分货机,进货时直接进入分货机传送带,分送到各用户货位或直接分送到配送汽车上,货物在配送中心仅做少许停滞。日本的阪神配送中心只能暂存货物,大量储存则依靠一个大型补给仓库。

3. 加工配送中心

加工配送中心具有加工职能,是根据用户或者市场竞争的需要,对配送物进行加工之后进行配送的配送中心。在这种配送中心内,有分装、包装、初级加工、集中下料、组装产品等加工活动。

世界著名连锁店肯德基和麦当劳的配送中心,就属于这种类型的配送中心。在工业、建筑领域,生混凝土搅拌的配送中心也属于这种类型的配送中心。

1.2.2　按配送中心承担的流通阶段分类

1. 供应配送中心

供应配送中心执行供应的职能,是专门为某个或某些用户(例如连锁店、联合公司)组织供应的配送中心。例如,为大型连锁超级市场组织供应的配送中心;代替零件加工厂送货的零件配送中心,使零件加工厂对装配厂的供应合理化。供应配送中心的主要特点是,配送的用户有限并且稳定,用户的配送要求范围也比较确定,属于企业型用户。因此,配送中心集中库存的品种比较固定,配送中心的进货渠道也比较稳固,同时,可以采用效率比较高的分货式工艺。

2. 销售配送中心

销售配送中心执行销售的职能,是以销售经营为目的、以配送为手段的配送中心。销售配送中心大体有两种类型:一种是生产企业将本身产品直接销售给消费者的配送中心,在国外,这种类型的配送中心很多;另一种是流通企业作为本身经营的一种方式,建立配送中心以扩大销售,我国目前拟建的配送中心大多属于这种类型,国外的例证也很多。

销售配送中心的用户一般是不确定的,而且用户的数量很大,每一个用户购买的数量又较少,属于消费者型用户。这种配送中心很难像供应配送中心一样,实行计划配送,计划性较差。

销售配送中心集中库存的库存结构也比较复杂,一般采用拣选式配送工艺,销售配送中心往往采用共同配送方法才能够取得比较好的经营效果。

1.2.3　按配送区域的范围分类

1. 城市配送中心

城市配送中心是以城市范围为配送范围的配送中心,由于城市范围一般处于汽车运输的经济里程,这种配送中心可直接配送到最终用户,且采用汽车进行配送。所以,这种配送中心往往和零售经营相结合,由于运距短、反应能力强,其从事多品种、少批量、多用户的配送较有优势。《物流手册》中介绍的仙台批发商共同配送中心便属于这种类型。我国已建的北京市食品配送中心也属于这种类型。

2. 区域配送中心

区域配送中心是以较强的辐射能力和库存准备,向省(区)、全国乃至国际范围的用户配送的配送中心。这种配送中心配送规模较大,一般而言,用户也较大,配送批量也较大,而且,往往是配送给下一级的城市配送中心,也配送给营业所、商店、批发商和企业用户,虽然也从事零星的配送,但不是主体形式。这种类型的配送中心在国外十分普遍,如《国外物资管理》杂志曾介绍过的日本阪神配送中心、美国马特公司的配送中心、蒙克斯帕配送中心等。

1.2.4　按配送货物种类分类

根据配送货物的种类,配送中心可以分为食品配送中心、日用品配送中心、医药品配送中心、化妆品配送中心、家用电器配送中心、电子(3C)产品配送中心、书籍产品配送中心、服饰产品配送中心、汽车零件配送中心以及生鲜处理中心等。

1.2.5　按配送中心的运营主体分类

1. 制造商主导型配送中心

对于实力雄厚的特大型制造企业来说,尤其是家用电器、汽车、化妆品、食品等厂家,通过配送中心的设立,形成具有特色的产供销一体化的经营体制,可以增强企业的市场竞争能力,保持市场占有率。

此外,以配送中心为核心的物流系统,可以有效缩短物流距离、减少中间环节,将产品在最短的时间内以较低的物流成本推向市场,在维持产品低价格水平的基础上,获得较高的收益。

2. 批发商主导型配送中心

批发商主导型配送中心是指以批发企业为主体建立的配送中心。这种配送中心是批发商从厂家购进商品,向零售企业如连锁零售企业的配送中心或店铺直接配送商品的物流基地。

为满足零售商日益高度化的需求,批发商必须在订货周期、送货时间等方面不断加以改进,提高服务水平。为了强化批发商零售的服务职能,有的批发企业成立了自由连锁集团。在了解零售店铺经营需求的基础上,采取多种措施支持零售店铺的运营。例如,通过分析零售店铺在经营中遇到的困难及准备采取的对策,归纳出零售商对批发商的要求,即物流功能完备、进货价格低廉、商品品种齐全、信息提供及时、销售预测准确等。为此,建立起 RS(retail support)系统,即"支持零售"系统,发挥着经营指导、协商建议、信息提供、销售预测以及商品加工配送功能。

3. 零售商主导型配送中心

零售商主导型配送中心是指零售企业(包括不同业态的连锁企业和大型零售业)为了减少流通环节、降低物流成本,把来自不同进货者的货物在配送中心集中分拣、加工等,然后按其所属的店铺进行计划配送的配送中心。根据有关资料介绍,日本有 300 多家零售小公司,门店共计 3 000 多个,这些小公司为了能与大型连锁企业竞争就自愿组合起来,由专业的配送中心集中进货和配送。日本的配送中心都具备了比较成熟的计算机管理系统,建立了严格的规章制度,配备了比较先进的物流设施,确保商品在保管和配送过程中的质量。

4. 物流企业主导型配送中心

物流企业主导型配送中心是由物流企业建设的面向货主企业提供配送服务的配送中心。它的服务对象一般比较固定,物流企业在与货主企业签订长期物流服务合同的基础上,代理货主企业开展配送业务,属于第三方服务形态。物流企业提供的不仅是设施和保管、配送等作业服务,而且为货主企业提供物流信息系统和配送管理系统,对配送系统的运营负责。还有一种情况是配送中心的硬件设施属于货主企业或物流设施提供商,但配送中心的运营由物流企业负责,信息系统等软件设施也由物流企业提供。

5. 共同型配送中心

共同型配送中心一般是由规模比较小的批发业或专业物流企业共同设立的。通过共同开展配送活动,可以解决诸如车辆装载效率低下、资金短缺无法建设配送中心以及配送中心设施利用率低等问题。为多个连锁店提供配送服务的配送中心也可以看作共同型配送中心。共同型配送中心不仅负责共同配送,还负责共同理货、共同开展流通加工等活动。

1.3　配送中心的运作与管理

1.3.1　配送中心的基本运作流程

配送中心的种类很多,因此内部的结构和运作方式也不相同,一般来讲,中、小件品种规格复杂的货物,具有典型意义,所以配送中心的一般流程是以中、小件杂货配送为代表。由于货种多,为保证配送,需要有一定储存量,属于有储存功能的配送中心,理货、分类、配货、配装的功能要求较强,但一般来讲,很少有流通加工的功能。

这种流程也可以说是配送中心的典型流程,其主要特点是:有较大的储存场所,分货、拣选、配货场所及装备也较大。

配送中心作业的基本流程为：货物的入库—入库货物的检查和验收—库存货物的保管—根据客户要求进行货物的拣选—货物的出库—对出库的货物进行捆包—出货配送—店铺送货。其详细运作流程如图 1-1 所示。

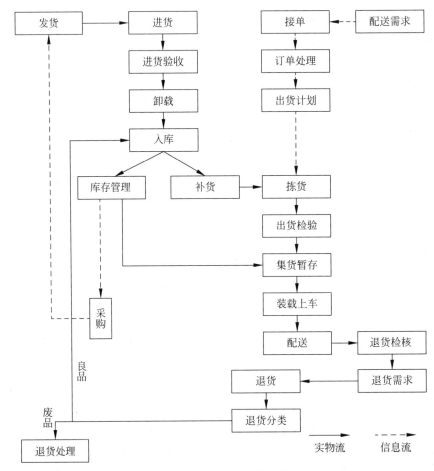

图 1-1 配送中心运作流程

1.3.2 配送中心的特殊作业流程

1. 不带储存库的配送中心流程

有的配送中心专以配送为职能，而将储存场所，尤其是大量储存场所转移到配送中心之外的其他地点，专门设置补货型的储存中心，配送中心中则只有为配送备货的暂存，而无大量储存。暂存设在配货场地中，在配送中心不单设储存区。

视频 1.2   流通加工的形式

这种配送中心流程和图 1-1 所示流程大致相同，主要工序及主要场所都用于理货、配货。区别只在于前者大量的储存在配送中心外部而不在其中。

这种类型的配送中心,由于没有集中储存的仓库,占地面积比较小,也可以省却仓库、现代货架的巨额投资。至于补货仓库,可以采取外包的形式,采取协作的方法解决,也可以自建补货中心,即在若干配送中心基础上,共同建设一个更大规模集中储存型补货中心。还可以采用虚拟库存的办法来解决。

2. 加工配送中心流程

加工配送中心也不是一个模式,随加工方式不同,配送中心的流程也有区别。

这种配送中心流程的特点,以平板玻璃为例,进货是大批量、单(少)品种的产品,因而分类的工作不重或基本上无须分类存放。储存后进行加工,和生产企业按标准、系列加工不同,加工一般是按用户要求。因此,加工后产品便直接按用户分放、配货。所以,这种类型配送中心有时不单设分货、配货或拣选环节;配送中心中加工部分及加工后分放部分占较多位置。

3. 批量转换型配送中心流程

在这种配送中心,产品以单一品种、大批量方式进货,在配送中心转换成小批量。不经配煤、成型煤加工的煤炭配送和不经加工的水泥、油料配送的配送中心其流程大多属于这种类型。

这种配送中心流程十分简单,基本不存在分类、拣选、分货、配货、配装等工序,但是由于是大量进货,储存能力较强,储存及分装是主要工序。

1.3.3　配送中心的类型选择

配送中心不等于一个仓库。配送中心主要功能是提供配送服务。在物流供应链环节,它是一处物流节点,为物流下游经销商、零售商、客户提供配送服务。利用流通设施、信息系统平台,对物流经手的货物,做倒装、分类、流通加工、配套,以及设计运输路线、运输方式。其目的在于节约运输成本、保障客户满意度。

因此,配送中心在选型的时候,要考虑其服务对象的特点,按照服务对象的业务需求有针对性地建设相应类型的配送中心。

(1) 以生产厂为主的配送中心:以家用电器、汽车、化妆品、食品等国有工厂为主。流通管理能力强的厂商,在建立零售制度的同时,通过配送中心使物流距离缩短,并迅速向客户配送货物。其特点是环节少、成本低。但对零售商来说,因为从这里配送的商品只局限于一个生产厂的产品,难以满足销售的需要,是一种社会化程度较低的配送中心。这种适合建设储存型配送中心。

(2) 以批发商为主的配送中心:是指专职流通业的批发商把多个生产厂的商品集中起来,作为批发商的主体商品。这些产品可以单一品种或者搭配向零售商进行配送。这种形式,虽然多了一道环节,但是一次送货、品种多样,对于不能确定独立销售路线的工厂或本身不能备齐各种商品的零售店,是一种有效的办法。这种适合建设流通型配送中心。

(3) 以零售商为主的配送中心:一般是特大型零售店或集团联合性企业所属的配送

中心。从批发部进货或从工厂直接进货的商品,经过零售店自有的配送中心,再向自己的网点和柜台直接送货。为保证商品不脱销,零售店必须有一定的内仓存放商品,配送中心可以及时不断地向商店各部门送货,不仅有利于减轻商店内仓的压力,节约内仓占用的面积,而且有利于库存集中在配送中心,还有利于减少商店的库存总量。这种适合建设销售型配送中心。

(4) 以商业企业集团为主的配送中心:是由商业企业集团组建的完成本企业集团商品供应或销售的配送中心。它是为适应企业集团的产品销售而组建的。这种适合建设流通加工型配送中心。

(5) 以物流企业为主的配送中心:是为批发企业服务的综合性物流中心。各地批发企业都有相当一部分的商品存储在当地的储运公司仓库里。在储运公司仓库实现由储存型向流通型转变的基础上建立起来的配送中心,可以越过批发企业自己的仓库或配送中心,直接向零售店配送商品。与批发企业各自建立的配送中心对比,它的特点是物流设施的利用率高、成本低、服务范围广。这种适合建设流通型配送中心。

1.3.4　配送中心管理的内容

配送中心的主要作业活动包括订单处理、采购、进货入库、库存管理、拣选及分货、流通加工、出货及配送、会计、营运管理及绩效管理等。其中拣选和配送是配送中心的核心内容。

1. 订单处理作业

物流中心的交易起始于客户的咨询、业务部门的报表,而后接收订单,业务部门查询出货日的存货状况、装卸货能力、流通加工负荷、包装能力、配送负荷等来答复客户,而当订单无法依客户的要求交货时,业务部加以协调。由于物流中心一般均非随货收取货款,而是于一段时间后予以结账,因此在订单资料处理的同时,业务人员需依据公司对该客户的授信状况查核是否已超出其授信额度。除以上作业外,订单处理作业还包括统计该时段的订货数量,并予以调货,分配出货程序及数量,退货资料的处理等。另外,还必须制定报表计算方式,做报表历史资料管理,制定客户订购最小批量、订货方式或订购结账截止日。

在配送中心每天的营运作业里,订单处理为每日必行的作业,也是一切作业的起始,因此订单处理的效率极大地影响着后续作业的进程。

由于零售商多品种、小批量的订货趋势,配送中心面临着诸多课题,订单处理便是其中之一。如何快速、正确、有效地取得订货资料;如何有效处理因多品种、小批量、高频度订货所引发的大量、繁杂的订货资料;如何追踪、掌握订单的进度以提升客户服务水平,以及如何支持、协调、配合相关作业等,都是订单处理需要关注的难点。实际上以上难点在计算机辅助系统的配合下都不再成为难点,关键是国内大部分配送中心(仓储库房)计算机辅助系统都不完善或根本没有,在这种情况下如何尽可能做好上述难点作业才是关键。

2．采购作业

自接收交易订单之后，根据库存情况，物流中心要从供货厂商或制造厂商订购商品，而后依据我们所制定的数量及供货厂商所提供较经济的订购批量，提出采购单。采购单发出之后则进入进货入库的跟踪运作。

3．进货入库作业

当采购单开出之后，采购人员开始进货入库跟踪催促程序，入库管理员即可依据采购单上预定入库日期，做入库作业排程、入库站台排程，并在预定入库日期前再次确认时间，最好精确到小时。而后于商品入库当日，当货品到达时做入库资料查核、入库品检，查核入库货品是否与采购单内容一致，当品项或数量不符时即做适当的修正或处理，并将入库资料登录建档。入库管理员可依一定方式指定卸货及栈板堆叠。对于由客户处退回的商品，亦经过退货品检、分类处理而后登录入库。

同时，入库管理员要随时掌握计划中或在途中的进货量、可用的库房空储仓位、装卸人力等情况，并适时与总部（或客户）、仓储保管人员、装卸人员进行沟通。

一般商品入库堆叠于栈板之后有两种作业方式，一种是商品入库上架，储存于货架上，等候出库。商品入库上架由计算机或管理人员依照仓库区域规划管理原则或商品生命周期等因素来指定储放位置，或于商品入库之后登录其储放位置，以便于日后的存货管理或出货查询。另一种即为直接出库，此时管理人员依照出货要求，将货品送往指定的出货码头或暂时存放地点。在入库搬运的过程中由管理人员选用搬运工具，调派工作人员，并做工具、人员的工作时程安排（第二种方式也称为越库配送）。

进货入库作业关键在于预约机制，所有进货必须预约，预约内容必须包括时间（精确到小时）、数量（单箱/整托）、车辆规格等，其他一些基本资料这里没有列出。原则上现代物流中心必须要求整托入库，如果单箱来货，应给其托盘要求在一边整托。当然物流中心工作量不大，或客观条件导致只能单箱来货例外。

这里有个例子：经过统计整托卸货每个托盘卸货需用时间 45 s（缺货区与验货区在 50 cm 之内）；一个 10 t 的卡车装 28 个托盘，总共需要 21 min，即 30 min 内 10 t 卡车卸货完毕。但是单箱卸货，一个托盘的量至少需用时 300 s，即 10 t 卡车卸货需用时 140 min，即 2.3 h。

4．库存管理作业

库存管理作业包含仓库区的管理及库存数控制。仓库区的管理包括货品于仓库区域内摆放方式、区域大小、区域的分布等规划；货品进出仓库的作业流程贯彻"三先"原则（先进先出、接近失效期先出、储存期短先出）；进出货方式的制定包括：货品所用的搬运工具、搬运方式；仓储区储位的调整及变动。库存数控制则依照一般货品出库数量、库存时间等来制定采购数量及采购点，并制定采购点预警系统。制定库存盘点方法，根据 ABC 管理方法进行有针对性的盘存，并制定盘点清册，并依据盘点清册内容清查库存数、修正库存账册并制作盘亏报表。仓库区的管理更包含容器的使用与容器的保管维修以及工器具的管理。

储存商品的在库保管作业,除了加强商品的保养,确保储存商品质量安全,最大限度地保持商品在储存期间内的使用价值和减少商品保管损失外,还要加强储位合理化和储存商品的数量管理工作。储位即商品的储存位置,商品储存应当做到定位管理。商品储位可根据商品属性、周转率、理货单位等因素来确定。储存商品的数量管理必须依靠健全的商品账制度和盘点制度,商品账是记载所保管商品进、出、存动态的正式记录,记载商品账必须以合法的进出仓凭证为依据。存放在流转型仓库的发送商品,由于储存期比较短,一般不采取建立商品账的办法,但要做好发送和待送商品的统计工作。

5. 拣选及分货作业

拣选是配送中心作业活动中的核心内容,所谓拣选,就是按订单或出库单的要求,从储存场所选出物品,并放置在指定地点的作业。由于配送中心所处理商品种类繁多,而且要面对众多的服务客户,因此,要在短时间内,高效率准确地完成上百种甚至更多品种商品的拣选,就变成一项复杂的工作。拣选又是难以采用机械完成的工作,主要依靠人工作业。为了达到高效准确的要求,必须有一套科学的拣选方法,同时,要在信息系统的支援下,提高拣选作业效率和拣选的正确率。拣选的方式主要分为播种式和摘果式。播种式即将需要配送的商品集中搬运到理货场,理货场按门店区分不同的货位,然后将商品分配到每一货位处。这种方式适用于门店买货品种集中、要货数量大、门店数量多的情况。摘果式即根据各个门店的要求,直接到保管场所巡回取货,然后将配好的商品放置到发货场地的指定位置,或直接发货。这种方式适合于门店数量较少、门店要货比较分散的情况。这两种方式可以结合使用,例如,将门店的要货单按商品分类汇总后,对要货集中的商品采用播种式,对要货分散的商品采用摘果式。

配送中心的最终任务是按照客户的订单要求及时将商品送到客户手中。配送中心面对众多客户提供配送服务(为连锁店铺服务的配送中心同时要向几十个甚至上百个店铺配送商品),因此,集中拣选出来的商品要按店铺、车辆、路线分别分组码放在指定的场所。在大型配送中心和卡车中转站,一般利用大型的高速自动分拣设备完成分拣作业。

有时分货作业还存在于货物上架(入库)之前,例如将入库的货物按照入出库的先后顺序进行分别码放,按照不同的客户分别码放,为提高下道作业效率进行合理分组码放等。其实拣选和分货就是理货作业,理货作业是出货最主要的前置工作。当配送中心接到配送指示后,管理人员要向有关的作业人员分配适当的工作量,作业人员再根据理货单上的内容说明,按照出货优先顺序、储位区域号、配送车辆趟次号、门店号、先进先出等方法和原则,把出货商品整理出来,经复核人员确认无误后,放置到暂存区,准备装货上车。理货作业按商品类型来划分,大致有两大类:一类是整取,即以整个包装板、箱为拣取单位,主要针对大型商店;另一类是零取,即以盒、条、罐、个、件等零散商品为拣取单位,主要针对小型商店,如便利商店。

6. 流通加工作业

流通加工是流通中的一种特殊形式,是在流通领域中对生产的辅助性加工,从某种意义来讲它不仅是生产过程的延续,实际也是生产本身或生产工艺在流通领域的延续。流通加工是在物品从生产领域向消费领域流动的过程中,为了促进销售、维护产品质量和提高物流效率,对物品进行的加工。流通加工不是所有配送中心都必备的作业环节,但往往是有重要作用的功能要素。流通加工不仅可以满足不同用户的需要,而且可以提高配送货物的附加价值。配送中心流通加工的内容与服务对象有关,例如,为生活消费品零售商提供服务的配送中心内从事的主要流通加工活动有贴标签、包装、组装、服装整烫、蔬菜加工、半成品加工等;为生产企业从事配送服务的配送中心的流通加工活动有卷板剪裁、木材加工等。完善的物流中心必须有流通加工作业区,流通加工是提高物流附加值的关键环节之一。

流通加工主要包括:第一,分割加工,如对服装面料、装饰材料等按不同用途进行切割;第二,分装加工,如大桶的洗衣粉、化妆品按零售起点重新包装,散装的日用杂品改装成包装商品;第三,分选加工,如农副产品按质量、规格进行分选,并分别包装;第四,促销包装,如促销赠品搭配;第五,贴标加工,如粘贴价格标签,打制条形码;第六,半成品加工,如向便利商店提供速食品的半成品。这些工作集中在配送中心完成,可为销售单位节省相当可观的人力和时间成本。流通加工人员必须按既定的程序和方法来完成流通加工作业,例如贴标有一定的位置要求。同时还必须记录、统计、分析加工资料,以便安排人力和时间。

7. 出货及配送作业

完成商品的拣选、分货及流通加工作业之后,即可执行商品的出货作业,出货作业主要内容包含依据客户订单资料编制出货单据,编制出货排程,印制出货批次报表、出货商品上所要的地址标签及出货检核表。由排程人员决定出货方式、选用集货工具、调派集货作业人员,并决定运送车辆的大小与数量。由仓库管理人员或出货管理人员决定出货区域的规划布置及出货商品的摆放方式。

出货作业是仓库保管与运输、配送两个业务部门之间在现场交接商品的作业。其主要任务是:出货人员按照约定的时间,把放置在暂存区即将出货的商品,移到排定的出车码头,并符合商品的完整性与正确性,然后当面点交给运输驾驶员,并协助他们装货上车。

配送是配送中心的核心功能,也是配送中心最重要的工作。配送商品的实体作业包含将货品装车并实时配送,而完成这些作业则须事先规划配送区域的划分或配送路线的安排,由配送路径选用的先后次序来决定商品装车的顺序,并于商品的配送途中做商品的追踪及控制、意外状况的处理。

配送中首先必须制定详尽的运输计划及运输调度作业,包括送货路线的规划、车辆趟次与配送人员的安排分配、咨询联络及机动性的调度、送货人员及送货车辆的管理等。送货人员则必须完全根据调度人员的送货指示(出车调派单)来执行送货作业,当送货人员接到出车指示后,将车辆开到指定的装货地点,然后清点与装载已理货完成的商品上车,对于所驾驶的车辆也要在出库前进行例行安全检查。商品送达要货地点后负责将商品卸下车,协助有关人员将商品放到指定位置,并要做好送货完成确认工作(送货签收回单)。如果有退货、调货的要求,则应将退调商品随车带回,并完成有关单证手续。

8．会计作业（支持系统）

商品出库后销售部门可依据出货资料制作应收账单，并将账单转入会计部门作为收款凭据。而于商品购入入库后，则由收货部门制作入库商品统计表以作为供货厂商请款稽核之用，并由会计部门制作各项财务报表以供营运政策制定及营运管理之参考。

9．营运管理及绩效管理作业

除了上述物流中心的实体作业之外，良好的物流中心运作更要较上阶层的管理者通过各种考核评估来达成物流中心的效率管理，并制定良好的营运决策及方针。而营运管理和绩效管理可以由各个工作人员或中级管理阶层提供各种信息与报表，包含：出货销售的统计资料，客户对配送服务的反应报告，配送商品次数及所用时间的报告，配送商品的失误率，仓库缺货率分析，库存损失率报告，机具设备损坏及维修报告，燃料耗材等使用量分析，外雇人员、机具、设备成本分析，退货商品统计报表，作业人力的使用率分析等。

1.4　配送中心的发展

1.4.1　配送中心在国外的发展状况

1．美国现代物流配送的发展状况

从 20 世纪 60 年代起，货物配送的合理化在美国普遍得到重视。为了在流通领域产生效益，美国企业采取了以下措施：一是将老式的仓库改为配送中心；二是引进计算机管理网络，对装卸、搬运、保管实行标准化操作，提高作业效率；三是连锁店共同组建配送中心，促进连锁店效益的增长。美国连锁店的配送中心有多种，主要有批发型、零售型和仓储型三种类型。首先是批发型，该类型配送中心主要靠计算机管理，业务部通过计算机获取会员店的订货信息，及时向生产厂家和储运部发出订货指示单。其次是零售型，以美国沃尔玛公司的配送中心为典型。该类型配送中心一般为某零售商独资兴建，专为本公司的连锁店按时提供商品，确保各店稳定经营。最后是仓储型，美国福来明公司的食品配送中心是典型的仓储型配送中心，它的主要任务是接受独立杂货商联盟的委托业务，为该联盟在该地区的若干家加盟店负责货物配送。

2．日本现代物流配送的发展状况

在日本，零售业是首先建立先进物流系统的行业之一。便利店作为一种新的零售业迅速成长，现已遍及日本，正影响着日本其他零售商业形式。这种新的零售业需要利用新的物流技术，以保证店内各种货物的供应顺畅。因此，日本的物流配送具有以下特点：第一，分销渠道发达。许多日本批发商过去常常把自己定位为某特定制造商的专门代理商，只允许经营一家制造商的产品。为了保证有效地供应商品，日本许多物流公司不得不对旧有的分销渠道进行合理化改造，更好地做到与上游或下游公司的分销一体化。第二，频繁小批量进货。日本的物流配送企业的很大一部分服务需求来自便利店，便利店依靠的是小批量的频繁进货,只有利用先进的物流系统才有可能发展连锁便利店,因为它使小批量的频繁进货得以实现。第三,物流配送体现出共同化、混载化的趋势。共同化、混载化的货物配送使原来按照不同生产厂不同商品种类划分开来的分散的商品物流转变为将不同厂家的产品和不同种类的商品混合起来配送的聚合商品物流,从而发挥商品物流的批量效益,大大提高了配送车辆的装载率。第四,合作型物流配送。在日本,生产企业、零售企业与综合商社、综合物流公司之间基本上都存在一种长期的物流合作关系,并且这种合作关系还随着日本工业生产的国际化延伸到国外。第五,政府规划在现代物流配送发展过程中具有重要作用。

3. 欧洲现代物流配送的发展状况

在欧洲诸国,尤其是德国,物流配送是指按照用户的订货要求,在物流据点进行分货、配货以后,将配好的货物送交收货人的活动。德国的物流配送产业是第二次世界大战以后,随着现代科技的兴起和经济的高速发展而逐步发展起来的。特别是近 10 年来德国的物流配送已经摒弃了商品从产地到销地的传统配送模式,基本形成了商品从产地到集散中心,从集散中心(有时通过不止一个集散中心)到达最终客户的现代模式。走遍德国,可以说德国的物流配送已经形成了以最终需求为导向,以现代化交通和高科技信息网络为桥梁,以合理分布的配送中心为枢纽的完备的运行系统。在总结德国零售业发展的经验时可以看出德国是十分重视按照连锁经营的规模和特点来规划配送中心的,往往是在建店的同时就考虑到了配送中心的建设布局。

1.4.2　我国配送中心的建设与发展

电子商务下,物流从内容、技术等方面都与传统意义下的物流有了较大的不同。我国的物流业经过这几年的发展,也取得了较大的进展。

长期以来,由于受计划经济的影响,我国物流社会化程度低,物流管理体制混乱,机构多元化,物资部、商业部、原对外经贸部、交通部以及中央各部(煤炭部、林业部等)、城乡建设环境保护部均有各自的物流系统。这种分散的、多元化的物流格局,导致社会化大生产、专业化流通的集约化经营优势难以发挥,规模经营、规模效益难以实现,设施利用率低,布局不合理,重复建设,资金浪费严重。由于利益冲突及信息不通畅等原因,余缺物资不能及时调配,大量物资滞留在流通领域,造成资金沉淀,发生大量库存费用。另外,我国物流企业与物流组织的总体水平低、设备陈旧、损失率大、效率低、运输能力严重不足,形成了瓶颈,制约了物流的发展。

我国物流业针对我国经济发展及物流业的现状,借鉴发达国家走过的道路和经验,从1992 年开始了物流配送中心的试点工作,国内贸易部印发了《关于加强商业物流(配送)中心发展建设工作的通知》。该通知提出:大中型储运企业要发挥设施和服务优势,改造、完善设施,增加服务项目,完善服务功能,向社会化的现代物流中心转变;小型储运企业和有一定储运设施规模的批发企业向配送中心转变。同时,国内贸易部还印发了《国内贸易部关于进一步深化国有商业储运企业改革与发展的意见》,提出了"转换机制,集约经营,完善功能,发展物流,增强实力"的改革与发展方针,确定以向现代化物流配送中心转变、建设社会化的物流配送中心、发展现代物流网络为主要发展方向。进入 20 世纪 90 年代以来,随着社会主义市场经济的确立,出现了物流配送。但由于种种原因,力度不够,没有深入发展下去。这些固然与当时体制和认识有关,更重要的原因是当时市场经济正处于启动阶段,因而制约了物流配送的发展建设。

近年来,随着连锁商业的发展,配送中心的建设受到重视,特别是连锁企业自建配送中心的积极性很高。据有关资料显示,目前全国有 700 多家连锁公司,较大型的连锁公司已在建设自己的配送中心,一些小型的连锁企业店铺数量少、规模不大,也在筹建配送中心,以期实现 100% 的商品由自己的配送中心配送。而一个功能完善的、社会化的配送中心的投资相当巨大,若配送量过小,必然造成负债过多,回收期长,反过来又影响连锁企业的发展;同时,社会上又有相当数量的仓库设施在闲置,形成了投资上的重复、浪费。

近几年,中国物流业在经济高速增长的大环境下也有了很大改善,主要体现在以下几个方面。

第一,基础设施。截至 2019 年,中国公路总里程已达 484.65 万千米、高速公路达 14.26 万千米,居世界第一;2019 年铁路运营里程达到 13.98 万千米,中国的铁路建设已经处于全球领先地位;2020 年全国港口货物吞吐量完成 145.5 亿吨,港口集装箱吞吐量完成 2.6 亿标箱,港口货物吞吐量和集装箱吞吐量都居世界第一位。到 2020 年底,我国海运船队运力规模达到 3.1 亿载重吨,居世界第二位。2020 年全国内河货运量完成 38.15 亿吨,到 2020 年底,全国内河航道通航里程超过 12 万千米,居世界第一;2019 年,我国定期航班条线已经突破 5 000 条,货邮吞吐量也达到 1710 万吨。截至 2019 年,我国航空运输规模已连续 15 年位居世界第二。

第二,城市配送。2015 年货运行业的同城配送市场规模已达 9 200 亿元;2016 年全国城配市场规模有 10 000 亿元。城市配送市场未来发展前景广阔。

第三,第三方物流的发展。自 20 世纪 90 年代中期,第三方物流伴随现代物流理念传入我国以来,已经有了长足发展。自 2009 年至 2017 年,中国第三方物流收入呈现快速增长态势。短短 8 年间,总量由最初的 4 167 亿元增加到 12 411 亿元,远超日本及其他欧洲国家,同时与美国的差距也在不断缩小。

近年来,电子商务的发展,扩大了企业的销售范围,改变了企业传统的销售方式以及消费者的购物方式,使得送货上门等物流服务成为必然,促进了我国物流行业的兴起。但目前,我国的物流水平仍难以满足电子商务的需求,造成这种现状的原因主要归纳为以下几点。

第一,与物流发展相关的制度和政策法规尚未完善。我国现代物流的发展仍处于起步阶段,相关制度和法规有待完善。与企业发展息息相关的融资制度、产权转让制度、用人制度、社会保障制度、市场准入与退出制度等方面的改革还远不能适应企业发展的需要。企业在改善自身物流效率时,必然要在企业内外重新配置物流资源,而制度和法规的缺陷阻碍了企业对物流资源的再分配。物流企业跨区域开展物流业务时常常受地方保护主义困扰,国有企业在选择外部更为高效的物流服务,处置原有储运设施和人员时,所遇阻力巨大,这些必然会影响企业物流效率的提高。

第二,缺少综合性物流服务。首先,从发达国家来看,现代物流的功能是设计、执行以及管理客户供应链中的物流需求,其特点是依据信息和物流专业知识,以最低的成本提供客户需要的物流管理和服务。而现在,我国多数物流企业是在传统体制下物资流通企业基础上发展而来的,企业服务内容多数仍停留在仓储、运输、搬运上,很少有物流企业能够做到提供综合性的物流服务,现代物流服务的功能尚不能得到很好的发挥。我国的物流企业,无论是物流服务的硬件还是软件与电子商务要求提供的高效率低成本的现代物流服务还有较大的差距,信息收集、加工、处理、运用能力、物流的专门知识、物流的统筹策划和精细化组织与管理能力都明显不足。

第三,条块分割的物流管理和流通体制制约着物流业的发展。电子商务下,物流的专业化分工特点虽然日益明显,但是物流的组织和管理却不断向综合性发展,各种物流方式和物流载体之间的联系越来越紧密。但是,我国目前的物流行业管理仍沿用计划经济时期的部门分割体制。与物流相关的各部分分别由铁道、交通、民航、内贸等不同政府部门进行管理。依据这种条块管理体制,形成了自上而下的纵向隶属和管理格局,严重制约着在全社会范围内经济合理地对物流进行整体统筹和规划,妨碍着物流的社会化进程,制约着电子商务的进一步推广。

第四,物流和配送方面的人才稀缺。国外物流业的发展实践表明,物流从业人员是否具有较丰富的物流知识和操作经验,直接影响到企业的生存与发展。国外的物流经过多年发展,已形成了一定规模的物流教育系统,许多高校设置了与物流相关的课程,为物流行业培养并输送了大批实用人才。相比之下,我国在物流和配送方面的教育还相当落后,高校中开设物流课程和专业的仅有十几所,与物流相关的职业教育也十分匮乏,物流人才稀缺。

1.4.3　发达国家配送中心的发展启示

1. 以高科技为依托

发达国家的配送在运输技术、储存保管技术、装卸搬运技术、货物检验技术、包装技术、流通加工技术以及与物流各环节都密切相关的信息处理技术等方面,都建立在先进的物流技术基础上,配送中心完全采用计算机管理。仓库内从货物入库时的分拣、刷码到进入指定的库房里待装配送车辆,全部是自动化操作。有些配送中心的所有环节包括存货、处理订单和配送商品都由以卫星通信为载体的计算机网络跟踪控制。如美国的沃尔玛连锁公司是美国最大的连锁公司,公司配有专业化的人员和自动化程度较高的配送设备,它代表了美国目前物流管理与技术的最高水平。日本的配送中心机械化、自动化水平比较高,完全用计算机控制分拣系统。

2. 以规模效益为核心

配送是一种规模经济运动,配送的生命在于规模。发达国家的实践告诉我们,规模经营产生规模效益,以统一进货、统一配货、统一管理的规模经营取得规模效益,可以享受批量折扣,降低流通费用和社会交易成本,低于社会平均价格出售商品,获得合理的商业利润而赢得竞争实力。发达国家配送制之所以能够在全社会范围内顺利推行,配送中心的实力雄厚是一个很重要的原因。以配送业比较发达的日本为例,日本的连锁企业一个配送中心负责配送 70 个店铺以上,菱食公司是日本最大的加工食品批发商,1997 年在日本全国已拥有 46 个营业所、53 个配送中心,其中的 7 个为区域配送中心,这是 1995 年共投入 40 亿日元建成的,拥有大规模的专为流通加工服务的设施。

3. 以灵活多样的形式为基础

目前,配送为发达国家大多数行业所采纳,形式日趋完善。如瑞典轴承商的"用户无忧运转方式",日本钢铁商的"看板"无库存供货方式,美国连锁店的批发型、零售型和仓储型三种主要类型,等等。

 案例讨论:比利时邮政开设绿色环保配送中心

近日,比利时邮政在蒙斯开设了一家绿色环保的配送中心,并将全新的 Colibus 电动货车用于"最后一英里"配送,这是比利时邮政环保战略的一部分。

自 2007 年以来,比利时邮政已将二氧化碳排放量削减近 40%,因此连续 6 年被国际邮政公司评为"全球最环保的邮政运营商"。公司的目标是到 2030 年将二氧化碳排放量进一步削减 20%。

该中心采用了最佳的隔热建筑,配备了太阳能电池板,其信件和包裹将由 20 辆电动车配送完成。该公司称,这些创新使比利时邮政在蒙斯配送中心实现了更好的能源效能,与其他配送中心的平均能耗相比,该中心的电力消耗减少了 18%,燃气消耗减少了 55%。

与此同时,比利时邮政计划在 2030 年前用电动车辆替代 50% 的柴油车辆。到 2022 年,将有 600 辆电动货车配送信件和包裹,2030 年将增加到 3 400 辆。

其中,全新的电动货车 Colibus 将发挥重要作用。这是专门面向包裹市场设计的一款全电动货车,可装载 100 多件包裹,该货车已经在一些城市投入运营。

比利时邮政表示,公司是欧洲第一家将 Colibus 投入服务的邮政运营商,此前已经过 10 个月的测试。除了 Colibus 和其他电动货车外,公司还运营着 2 652 辆电动自行车和 324 辆电动三轮车。

结合案例讨论:绿色环保配送中心对中国实现"碳达峰、碳中和"目标的战略意义。

 即测即练题

第 2 章

配送中心规划设计基础

本章学习目标：

通过本章学习，学员应该能够：

1. 了解配送中心规划的含义、目标；
2. 掌握配送中心规划设计的原则；
3. 理解并掌握规划资料的定性和定量分析；
4. 掌握配送中心选址的影响因素；
5. 理解并掌握配送中心选址的方法。

 引导案例：达州城市综合配送中心遇到的难题

达州乐达物流有限公司，由四川兰远迪明物流有限责任公司、达州市新达洲汽车运输有限公司等企业共同投资组建而成，注册资金 500 万元。达州乐达物流有限公司拥有自购车辆 20 余台，整合社会车辆 800 余台，拥有现代化仓储面积 10 000 m²，配送网点覆盖达州市、区、县各乡镇，是四川省物流办确定的省物流重点联系企业，也是达州市物流办确定的四川省公共物流信息平台示范企业。公司围绕达州本地城乡配送服务特色，打造了"同城速递""县际速配专线""城乡配送专线"三大服务品牌，配送线路以中心向周边扩散的方式，以达州为一级配送中心，万源、宣汉、开江、渠县、大竹 5 个县为二级配送基地，5 个县 200 多个乡镇为三级配送网点，共同构建覆盖达州全域的现代化城乡物流配送体系。

达州乐达物流有限公司在运营和服务中主要出现了以下两个问题。

第一，公司提供的物流服务质量得不到保障。物流服务标准和价格缺少规范性，各物流企业的服务标准和价格制定差别很大，客户受制于信息不对称从而受到不公平的对待；发货运输层层转包、中转，运达时效得不到保障，货物损失、丢失得不到赔偿，投诉得不到及时解决等；客户的个人信息及运单记录存在被泄露的风险；缺乏统一的平台为客户提供物流服务查询、比较，增加了客户的选择成本；没有验证机制。

第二，物流公司运营及信息化问题。物流企业没有实现标准化、系统化、技术化的管理与应用，服务及产品的管理没有好的管理思想和方法，没有很好地采用数据库技术实现产品的设计、发布、管理、应用等；物流服务和价格的调整机制不健全，运价的调整得不到及时贯彻执行；缺乏有效的收货、验货、送货、签收标准，增加物流企业的服务成本；很多中小型企业采用传统的纸质单据，信息化水平低，造成了企业作业效率低、人力成本高；

独立建立一套信息化系统不仅投资大、回收期长、运维运营成本高,而且系统更新的主动性差,不能及时适应物流行业变化,满足企业需求;物流企业之间的业务缺少协同,增加数据集成应用的难度;缺少了解不同物流企业业务服务数据(例如各个船运公司船期表、航空公司的时刻表……)的物流公共信息平台,增加了业务合作的交易成本。

资料来源:http://www.chinawuliu.com.cn/xsyj/201609/05/315017.shtml.

那么,达州乐达物流有限公司如何确定其配送中心所处的阶段?如何针对其存在的问题对现有的配送中心进行优化设计?这些就是本章将要重点探讨的问题。

2.1 配送中心全生命周期理论

2.1.1 企业生命周期理论

企业生命周期理论是指企业的发展与成长的动态轨迹,包括发展、成长、成熟、衰退几个阶段。企业生命周期理论的研究目的在于试图为企业找到能够与其特点相适应,相对较优的模式来保持企业的发展能力。

1. 企业生命周期的定义

世界上任何事物的发展都存在着生命周期,企业也不例外。企业生命周期如同一双无形的巨手,始终左右着企业发展的轨迹。

所谓"企业的生命周期",是指企业诞生、成长、壮大、衰退甚至死亡的过程。虽然不同企业的寿命有长有短,但各个企业在生命周期的不同阶段所表现出来的特征却具有某些共性。了解这些共性,便于企业了解自己所处的生命周期阶段,从而修正自己的状态,尽可能地延长自己的寿命。

企业生命周期理论是关于企业成长、消亡阶段性和循环的理论。企业生命周期有两种划分,一种是自然生命周期,另一种是法定生命周期。自然生命周期是生命周期理论所研究的范畴;法定生命周期来源于各个国家在工商登记时对不同形式企业有效期限的限制。

企业生命周期理论不仅运用在理解企业生命现象上,而且运用在企业经营有关的很多方面。例如,最常见的对产品生命周期的探讨,产品生命周期问题会自然影响企业的寿命周期,尤其是对那些单一产品的企业而言更是如此。

2. 企业生命周期理论的发展

自 20 世纪 50 年代以来,许多学者对企业生命周期理论开始关注,并从不同视角对其进行了考察和研究,其发展历程大致可归纳为以下几个阶段。

1) 企业生命周期理论的萌芽阶段(20 世纪 50 年代至 60 年代)

在 1960 年以前,关于企业生命周期的论述几乎是凤毛麟角,对企业生命周期的研究刚刚起步。在这一阶段,马森·海尔瑞(Mason Haire)首先提出了可以用生物学中的"生命周期"观点来看待企业,认为企业的发展也符合生物学中的成长曲线。在此基础上,他进一步提出企业发展过程中会出现停滞、消亡等现象,并指出导致这些现象出现的原因是企业在管理上的不足,即一个企业在管理上的局限性可能成为其发展的障碍。

2) 企业生命周期理论的系统研究阶段(20 世纪 60 年代至 70 年代)

从 20 世纪 60 年代开始,学者们对于企业生命周期理论的研究比前一阶段更为深入,对企业生命周期的特性进行了系统研究,主要代表人物有哥德纳(J. W. Gardner)和斯坦梅茨(L. L. Steinmetz)。

哥德纳指出,企业和人及其他生物一样,也有一个生命周期。但与生物学中的生命周期相比,企业的生命周期有其特殊性,主要表现在:第一,企业的发展具有不可预期性。一个企业由年轻迈向年老可能会经历 20～30 年时间,也可能会经历好几个世纪的时间。第二,企业的发展过程中可能会出现一个既不明显上升也不明显下降的停滞阶段,这是生物生命周期所没有的。第三,企业的消亡也并非是不可避免的,企业完全可以通过变革实现再生,从而开始一个新的生命周期。

斯坦梅茨系统地研究了企业成长过程,发现企业成长过程呈 S 形曲线,一般可划分为直接控制、指挥管理、间接控制及部门化组织四个阶段。

3) 企业生命周期理论的模型描述阶段(20 世纪 70 年代至 80 年代)

20 世纪 70 年代到 80 年代,学者们在对企业生命周期理论研究的基础上,纷纷提出了一些企业成长模型,开始注重用模型来研究企业的生命周期,主要代表人物有邱吉尔、刘易斯(N. C Churchill 和 V. L Lewis)、葛雷纳(L. E. Greiner)以及伊查克·爱迪思(Adizes)。

邱吉尔和刘易斯从企业规模和管理因素两个维度描述了企业各个发展阶段的特征,提出了一个五阶段成长模型,即企业生命周期包括创立阶段、生存阶段、发展阶段、起飞阶段和成熟阶段。根据这个模型,企业整体发展一般会呈现“暂时或永久维持现状”“持续增长”“战略性转变”和“出售或破产歇业”等典型特征。

葛雷纳认为企业通过演变和变革而不断交替向前发展,企业的历史比外界力量更能决定企业的未来。他以销售收入和雇员人数为指标,根据它们在组织规模和年龄两方面的不同表现组合成一个五阶段成长模型:创立阶段、指导阶段、分权阶段、协调阶段和合作阶段。该模型突出了创立者或经营者在企业成长过程中的决策方式和管理机制构建的变化过程,认为企业的每个成长阶段都由前期的演进和后期的变革或危机组成,而这些变革能否顺利进行直接关系到企业的持续成长问题。

伊查克·爱迪思可以算是企业生命周期理论领域最有代表性的人物之一。他在《企业生命周期》一书中,把企业成长过程分为孕育期、婴儿期、学步期、青春期、盛年期前期、盛年期后期、贵族期、官僚初期、官僚期以及死亡期共十个阶段(图 2-1),认为企业成长的每个阶段都可以通过灵活性和可控性两个指标来体现:当企业初建或年轻时,充满灵活性,作出变革相对容易,但可控性较差,行为难以预测;当企业进入老化期,企业对行为的控制力较强,但缺乏灵活性,直到最终走向死亡。

在这一阶段,西方学者们已经将企业生命周期理论研究得比较深入和完善了,因此这一阶段是企业生命周期理论研究的繁荣阶段。

4) 企业生命周期理论的改进修正阶段(20 世纪 90 年代至 20 世纪末)

在西方学者对企业生命周期研究的基础上,我国学者对此又进行了修正和改进,主要代表人物有陈佳贵和李业。

陈佳贵对企业生命周期进行了重新划分,他将企业生命周期分为孕育期、求生存期、

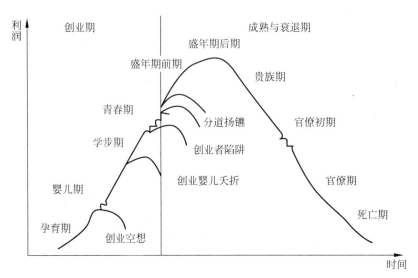

图 2-1   企业生命周期十阶段

高速发展期、成熟期、衰退期和蜕变期。这不同于以往以衰退期为结束的企业生命周期研究，而是在企业衰退期后加入了蜕变期，这个关键阶段对企业可持续发展具有重要意义。

李业在此基础上又提出了企业生命周期的修正模型，他不同于陈佳贵将企业规模大小作为企业生命周期模型的变量，而将销售额作为变量，其原因在于销售额反映了企业的产品和服务在市场上实现的价值，销售额的增加也必须以企业生产经营规模的扩大和竞争力的增强为支持，它基本上能反映企业成长的状况。他指出企业生命的各阶段均应以企业生命过程中的不同状态来界定。因此他将企业生命周期依次分为孕育期、初生期、发展期、成熟期和衰退期。

扩展知识 2.1
生命周期的特征
及企业的定位

5) 企业生命周期理论的延伸拓展阶段（21世纪初期）

目前，企业界和理论界的研究重点开始从原有的企业生命周期研究转向对企业寿命的研究，即如何保持和提高企业的成长性，从而延长企业寿命。

历史上没有一家企业的生命是超过 1 000 年的，也没有一家企业是超过 500 年的，甚至连超过 300 年的企业也很难找到。美国波士顿咨询公司对《幸福》杂志中世界 500 强企业的研究显示：20 世纪 50 年代《幸福》杂志所列的世界 500 强企业，近一半在 20 世纪 90 年代《幸福》杂志所列的世界 500 强企业的名单中消失；20 世纪 70 年代《幸福》杂志所列的世界 500 强企业，近 1/3 在 20 世纪 90 年代《幸福》杂志所列的世界 500 强企业的名单中消失。

到 2000 年为止，我国已经破产的企业达到 25 000 家，注册资本在 50 万元以下的民营企业平均寿命只有 1.8 年，高新技术园区 5 000 家企业中能坚持 3 年的大约为 5%，能坚持 8 年的只有 3%。

因此，企业可持续发展的背后是企业对稳定利润的追逐。一个企业也只有做到可持续发展，不断地从战略转型中成长蜕变，才能不断延长企业的寿命，扩大企业的成长空间，真正实现企业价值最大化。

2.1.2　配送中心的全生命周期

配送中心的全生命周期包括项目立项、规划设计、筹建和运营四个阶段。

1. 项目立项

在确定一个项目的初期,项目管理层通常热情高涨,但目标却不清晰,因此,在项目生命周期的初始阶段,最关键的工作是明确项目的概念和制订计划,并使之与未来的活动场所相适应。

项目立项阶段管理过程中关键的风险承担者是项目的出资者。在项目立项阶段,管理层的一项关键工作是和项目主顾就项目概念和战略进行谈判,以达成一致意见;另外,还要与项目主顾就全面资源计划和项目期限进行谈判。这项谈判非常重要,这不仅关系到项目的执行,而且直接影响项目管理层与项目主顾之间建立良好、清晰的工作关系。

在项目立项阶段,项目管理层制订项目运作计划的具体工作可以分为三个基本步骤。

1)确定工作的细分及相应的产出

工作细分明确所要进行的各项工作是指项目人员需采取的行动,在确定工作细分时,明确必须相应生产的有形产品也很重要。例如,当你告诉几组泥瓦匠在规定的一周内将砖摆放在指定地点的同时,也要告诉他们所做的工作实际上是要在规定期限内建成一座建筑的外墙。

2)工作任务排序

在运作计划中需要列出各项工作所需的时间、各项任务之间的互动关系,以及这些工作的最后完成顺序,这个步骤被称为"工作任务排序"。无论是将工作按照网状关系排列,还是简单地以时间顺序进行排列,都可以使项目管理层获得项目运作计划的整体视野。工作任务关系图可以有多种形式,最简单的形式之一,是列出以时间标出的阶段性工作的顺序,这种任务关系图通常被称为"甘特图"。"甘特图"形象地表明各项工作任务所需要的资源以及相应的时间。

扩展知识 2.2　大中型项目的工作任务排序

3)确定任务所需资源

确定任务所需资源,即确定工作序列中各项任务所需的资源,以及所计划的资源利用方式。同时,项目管理人员应该理解某项工作与其他工作之间的关系,这种关系或者是以工作产品为基础(例如一项工作建立在前面工作完成的基础上),或者是以关键资源为基础(例如一项工作与另一项工作使用同样的关键资源,当所需资源欠缺时,该工作就会迟延)。这些资源包括时间,当然也包括人力资源。

项目需要哪些技术以及相应哪些人需要成为项目团队的成员?哪些人是项目团队直接的、长期的成员以及哪些人只是在特定的时间内成为项目团队的成员?哪些工作可以被进一步分包,而哪些工作必须由项目管理团队的成员直接完成?以上的所有安排都同样适用于采取企业型管理的项目,以及采取比较传统的行政管理模式的项目。此外,项目参与人员需要花费额外时间来确定他们在项目中的作用,以及去了解怎样和项目的其他参与方交流或者协作。项目的成功要依赖于项目管理团队,项目管理团队不仅要完成管理整个项目的任务,激励并指导其他各方完成相应的工作,而且还要为项目管理结构提供最根本的支持。

关于项目立项阶段管理,主要有以下几方面的建议。

第一,明确目标。如果项目管理团队的项目目标非常清晰,并且能用通俗易懂的语言将项目目标表示出来,使每一个人都明白这个目标,则不仅能使团队有更多的动力投入自己的时间与精力,而且他们也能够作出更好的决策。

第二,使规划标准化、确切无误。在规划下一步工作时,尽最大可能使规划建立在标准化、确切无误的基础上,这条建议适用于应用型技术以及产品、服务、专业人员和管理等各个方面。

第三,简单化项目因素。简单化是指合作方与项目团队成员之间协议的简单化、项目团队成员之间的关系以及项目各项工作之间的关系简单化。在设计项目规划时,项目管理层应该牢记:尽量简单化! 此刻可举出一个类似的比喻:机器越复杂,就越容易出问题,尤其是在高强度的情况下。所以项目管理层应该尽量减少工作所涉及的因素,以及计划参加项目的各方数量,重点考虑责任与能力。

第四,与其他人有效合作。在项目管理中,与其他人有效合作的主要决定因素是:项目管理层设定的基本行为准则与项目运营规则。在确定项目适当的运营规则和管理环境以后,至少还应该在项目组织内建立信任。很明显,如果与参与方建立了信任关系,项目团队就可以提高工作绩效。

此外,在许多情况下,即使电信网络与通信网络再发达,也无法替代工作现场的几个小组的“默契交流”。当这些小组在一起工作时,会产生大量正式的与非正式的信息。永远也不要低估非正式交往的力量,非正式交往经常能产生问题的创新解决方案,以及减少项目组织内的各种矛盾与冲突。

2. 规划设计

配送中心规划设计阶段一般包括以下内容:确定配送中心规模及服务范围、确定备选配送中心地址、配送中心库区平面规划设计、配送中心设备类型及数量的确定、配送中心技术作业流程确定、配送中心建设投资及运行费用的预测。

1) 确定配送中心规模及服务范围

在配送中心规模确定之前,需要建立各种数据资料,商品数据和区域空间数据资料是最基本的两个指标。

扩展知识 2.3
如何确定配送中心的物量指标

配送中心建立的物量指标。物量指标是指在商品的保管或装卸等作业过程中,在重量、高度等条件的限制下所能够进行作业的单位量。首先要决定配送的服务率,再决定出商品管理的等级、商品基础数据和保管必要量,最后按商品不同的尺寸、形状等计算出处理的个数。

2) 确定备选配送中心地址

确定备选配送中心地址,主要需要做好这几件事,第一,有效客流量的调查分析;第二,竞争对手的分析;第三,地理位置分析;第四,成本核算;第五,交通状况分析。

配送中心选址的方法包括重心法、启发式算法、基于 AHP(层次分析法)和模糊综合评价法、遗传算法。对于物流企业而言,网络中的设施选址最重要的是物流均衡战略规划问题。遗传算法不仅考虑了运输成本,还考虑了配送中心的可变运营成本,因此具有较好的实用性。遗传算法在配送中心选址中的应用取得了较好的效果,该模型不仅可用于配送中心选址问题,还可以用于企业选择销售、储备中心等问题中。

3）配送中心库区平面规划设计

库区平面规划设计是一项复杂的工作,不仅影响整个配送中心的作业效率,还将对生产运作成本、资金占用等多方面产生作用,直接关系到配送中心的利益。库区平面规划设计包括仓库区域设计、库房设计、作业区域平面设计、货场及道路设计和其他公用设施设计等内容。

配送中心库区平面规划及平面总体规划,就是根据配送中心总体设计要求,科学地解决生产和生活两大领域的布局问题,如主要业务场所、辅助业务场所、办公场所、生活设施等,在规定的范围内进行统筹规划、合理安排,最大限度地提高配送中心的储存和作业能力,并降低各项仓储作业的费用。

4）配送中心设备类型及数量的确定

建立配送中心需要土木建筑、照明、消防等基础的设施及相关设备,还需要有关商品运输、保管、包装、装卸、分拣、加工、信息管理等物流作业及物流信息管理的设备。

确定物流作业设备有以下两步。

扩展知识 2.4　配送中心的设施

第一,基本方针。建立配送中心需要投入大量的资金,设备的资金投入占有很大的比例,它的选择和确定对于今后配送中心作业的方式和流程起着决定性的作用。

第二,基本构想。在调查本企业具体数据的基础上分析现状,使用统计和 OR(运筹学)的方法进行分析,对自身的情况做到充分的了解和认识。从物流和信息流方面,总结和发现存在的问题、寻求解决的方法,包括物流调查、入出库和保管调查、事务量调查、总结和制订目标、制订计划。

5）配送中心技术作业流程确定

配送中心的主要活动是订货、进货、发货、仓储、订单拣货和配送作业。确定配送中心主要活动及程序之后,才能计划设计。有的配送中心还要进行流通加工、贴标签和包装等作业。当有退货作业时,还要进行退货物的分类、保管和退回等作业。因此,配送中心技术作业流程的确定要根据配送中心的类型进行具体设计。

6）配送中心建设投资及运行费用的预测

配送中心的建设是一项长期而浩大的工程,不仅涉及土地、厂房、办公场所、辅助设施等固定设备的投资,还涉及各种保管设备、装卸设备、中转设备、运输设备、监控设备和信息设备的投资。

同时还要考虑供电、给排水、道路、空调通风、通信、环保、消防及绿化等配套工程建设的费用。

在项目运行过程中,要考虑劳动人员的工资、商品的采购、储存、中转、流通加工、装卸搬运等流动成本,还要考虑税金等费用。

3. 筹建

在配送中心的筹建阶段主要涉及方案审核、筹资及申请投资计划、报建、土地确权、规划设计、施工图设计、办理开工报告、项目施工、竣工验收等环节的工作。

1）方案审核

建设方案，通常上交发改委等相关部门备案审批，同时需要征求土地、规划、环保、运营等部门的意见，对特大项目还要组织工程咨询单位或专家进行评估。

方案被批准后，建设单位需要编制《建设项目环境影响报告》，并上报环保部门，由环保部门办理环境影响评价手续。环境影响评价是评估新建、扩建、改建项目对环境的影响。根据对项目所在地的地下水、可能产生的废弃物、项目的环保设施的设计评价，从而评估项目建成对环境的影响。

2）筹资及申请投资计划

项目可研报告经过论证批准后，则进入投资阶段。大型的公共物流配送中心，需要政府和企业共同投资。为尽快获得政府投资，建设单位应主动协调发改委及财政部门，申请政府投资计划。

3）报建

建设单位在可研报告批准后，可向建设主管部门领取并填写《工程建设项目报建表》，

扩展知识 2.5
卷烟物流配送中心工程报建

准备发改委立项批文、环保部门审批手续、运营部门道路运输场所货物经营许可证等必要材料，申请办理报建手续。建设主管部门对符合条件的项目发放《工程建设项目报建证》。

报建工作开始前必须已有国有土地使用证或是通过招拍挂程序取得建设用地使用权公开交易成交确认书并签订国有建设用地使用权出让合同。

配送中心的报建工作主要包括规划审批、招标代理、设计招标、勘察招标等 43 项工作。

4）土地确权

每宗地的土地权需要经过土地登记申请、地籍调查、权属审核、登记造册、颁发土地证书等土地登记程序，才能得到最后的确认和确定。狭义的确权是指在土地登记过程中的权属审核阶段对土地权属的来源、权属性质的确认。根据中国土地所有权、土地使用权和他项权利的确认、确定的有关规定及当前土地管理实践的要求，确权也是各级人民政府的重要职责之一，包括制定和完善确定土地权属方面的法规和政策，处理土地权属争议和办理土地权属的登记造册、核发证书等。土地权属确定的原则有依法原则、充分考虑历史背景的原则、土地所有权的单向流动原则。

配送中心土地的确权就是确定是购买还是租用及租用的年限等。对于购买土地的项目，建设单位向规划部门领取《建设用地申报表》，然后持批准的建设项目建议书、《工程建设项目报建证》和选址意见书正式申请办理土地购买手续。规划部门根据城市规划要求，向用地单位提供规划设计条件，并标明规划设计条件的提出和用地红线图的出处，并审核用地单位提供的规划设计总图，对符合条件者，核发《建设用地规划许可证》。

5）规划设计

进行规划设计时,需要委托有资质的设计单位,按批准的可行性研究报告对项目工程做具体设计。

配送中心规划包括两个层次:一是总体规划。总体规划是一种顶层设计,包括功能设计及区域布局规划,确定主要工程的结构尺寸、施工方法及工程进度安排等。二是控制性详细规划。控制性详细规划是以总体规划为依据,确定土地使用性质和使用强度的控制指标、设施设计与规划、道路和工程管线控制性位置及空间环境控制的规划要求。

6）施工图设计

建设单位委托有资质的设计单位进行施工图设计,然后持规划设计条件、规划设计文件、施工图设计方案、用地红线图和《工程建设项目报建证》到建设主管部门办理"建设工程施工图审查验证签"。

7）办理开工报告

办理开工报告之前,需要根据地方政府有关规定,到文物、水利、工业安全、环保、园林、人防、消防、交管、卫生、教育等部门办理有关手续。以上手续齐全,建设主管部门核发《建设工程开工证》。

8）项目施工

项目各项准备工作结束后,由建设单位组织项目实施,由施工单位进行施工,由监理工程师控制工程进度、质量、成本。

9）竣工验收

项目施工完成,建设单位组织竣工验收,具体包括以下工作。

第一,工程质量等级评定。项目主体完工,甲乙双方检验合格,施工单位向质检部门报送各种施工材料,质检部门发放《工程质量等级评定证书》。

第二,竣工验收。质量等级评定并完成市政配套施工后,建设单位持《工程质量等级评定证书》《建设工程施工许可证》《市政配套建设申请表》批复的施工图及规划、消防、市政等部门的验收证申请办理竣工验收,建设主管部门经现场检验对验收合格者发放《建设工程竣工验收合格证》。

第三,竣工结算。建设单位与施工单位进行竣工结算,按照合同拨付款项。

第四,工程资料归档。工程竣工后,建设单位需将工程资料整理,并送交城建档案馆验收归档。

第五,产权证件办理。竣工后,建设单位持有关资料、证件到房管部门办理房屋所有权登记,房管部门对符合条件者发放《房屋所有权证》。

第六,生产准备。建设单位在竣工验收的同时,就要进行生产准备,如设施设备调试、信息系统试运行、人员招聘培训等。

4. 运营

配送中心的运营首先应确定配送中心的运营目标,根据配送中心的类型和服务对象确定配送中心的功能与类型,合理设计配送中心的组织结构及作业流程。在具体运营中,根据配送中心设施空间利用率、人员利用率、设备利用率、进出货作业效率等评估指标,以及储存盘点作业评估指标、订单处理作业评估指标、拣货作业效率化评估指标、配送作业的效率化评估指标及采购作业和配送中心经营管理综合指标对其运营进行绩效管理。配送中心在运营过程中,需要根据其发展战略和运营模式建立健全的设施设备管理组织机构,设置合适的管理岗位,为不同岗位配备合适的员工,这是保证物流设施设备高效运行的重要前提条件。

2.2 配送中心规划与设计概述

2.2.1 配送中心规划的含义及目标

1. 配送中心规划的含义

所谓配送中心规划,是指从空间和时间上对配送中心的新建、改建和扩建进行全面系统的规划。其是在一个城市或一个省区甚至在更大的区域范围内考虑配送中心建设,准确地确定配送中心的规模和数量,合理地选择配送中心的设置地点及其内部设施的配置。

配送中心建设代表一个企业在赢得时间与地点效益方面所做出的努力,在一定程度上还是企业实力的一个标志物。更为重要的是,设计规划的合理性还将对配送中心的设计、施工和运用,配送中心作业的质量和安全,以及所处地区或企业的物流合理化产生直接和深远的影响。

配送中心的建设规划具有以下特点。

第一,严肃性和预见性。仓库建设规划是对仓库建设方面的重大问题进行决策,一旦付诸实施,则很难加以改变。由于规划不合理带来的后遗症将长期对仓库所在地区的物流合理化产生影响,所以,在进行规划时决不能草率行事,既要满足当前的需要,又要考虑到整个企业、地区今后的发展需要。

第二,适用性和经济性。仓库建设规划需要投入大量资金,所以必须从实际出发,满足实际需要,适合中转供应和仓储作业的要求,节省投资和运行费用。

第三,科学性和可行性。配送中心建设规划必须符合科学原理,必须通过分析、计算、比较,提出最优方案,同时还要考虑资金、人员、技术、管理等各方面的可行性。

2. 配送中心规划的目标

一般企业设立配送中心常见的规划执行目标如下。

(1) 降低物流成本。

(2) 降低库存水平。

(3) 提高客户服务水平。

(4) 缩短物流作业周期。

(5) 整合上下游通路环境。

(6) 支持零售通路据点。

(7) 降低物流作业错误率。

(8) 提升物流服务竞争力。

（9）集中分散的处理量以产生规模经济效果。

（10）迅速掌握分销分配信息。

2.2.2　配送中心规划设计的原则

（1）根据系统的概念、运用系统分析的方法求得整体优化。同时也要把定性分析、定量分析和个人经验结合起来。

（2）以流动的观点作为设施规划的出发点，并贯穿于设施规划的始终，因为企业的有效运行依赖于人流、物流、信息流的合理化。

（3）从宏观（总体方案）到微观（每个仓库、进货区、存货区、发货区），又从微观到宏观的过程。例如布置设计，要先进行总体布置，再进行详细布置。而详细布置方案又要反馈到总体布置方案中去评价，再加以修正，甚至从头做起。

（4）减少或消除不必要的作业流程，这是提高企业配送效率和减少消耗最有效的方法之一。只有在时间上缩短作业周期，空间上减少占有面积，物料上减少停留、搬运和库存，才能保证投入的资金最少、生产成本最低。

（5）重视人的因素。作业地点的设计，实际是人—机—环境的综合设计，要考虑创造一个良好的、舒适的工作环境。

（6）环境保护，因地制宜原则。

（7）竞争性原则。配送中心的布局应体现多家竞争。

（8）工艺先行原则。在布局之前要先进行配送中心的物流流程和各环节的操作工艺设计。

2.2.3　配送中心规划流程

配送中心规划流程如图 2-2 所示。

1. 规划准备阶段

1）组建配送中心规划建设项目组

配送中心规划建设项目组成员应来自投资方、工程设计部门等。

2）明确制定配送中心未来的功能与运营目标

明确制定功能与运营目标，以利于资料收集与规划需求分析。配送中心未来的功能与其运营目标必须明确制定，方便基础资料的收集工作，以及为后续整理分析工作做好准备，此阶段所需明确的目标应包括以下内容。

第一，确定经营方式。例如，新增经营项目、配送中心辐射的地理范围、供货的时间要求等，所有运营指标应与本企业的经营战略相一致。

第二，确定时间进度。例如，配送中心何时报规划部门审批、何时开始施工建设、何时正式投入使用等，计划初期设定好时间进度有利于规划按照时间程序逐步进行。

第三，确定投资金额。投资预算在任何一个项目中都是非常重要的考虑因素，规划设计时，应尽量在可支配的投资预算限度内完成配送中心的建设。

第四，确定最大处理量。例如，配送中心每日的最大吞吐量、需满足的最大作业能力

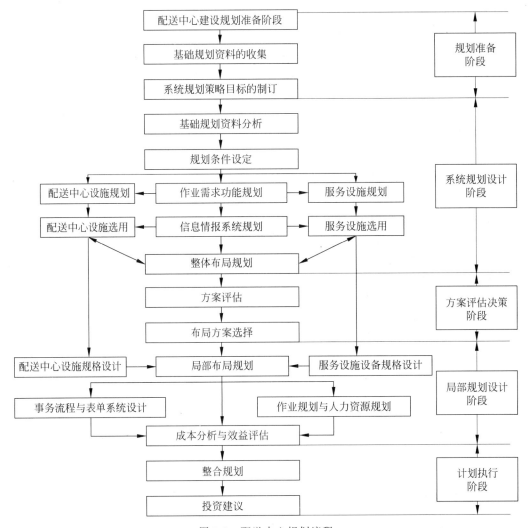

图 2-2 配送中心规划流程

等，这些都是规划人员必须明确的，也是规划设计配送中心的基础依据。

第五，确定人力资源政策。例如，确定配送中心成立之后预计有多少岗位，各部门所需的人员等，这些数据是用来评定人员成本的重要参数。另外，人员配置直接决定未来的作业方式以及自动化的程度高低。

第六，确定使用年限。事先确定使用年限后，规划设计人员通过对预测年限的把握，可以更好地控制需求预测数据的精度。另外，将使用年限准确传达给建筑材料商，可以在一定程度上避免浪费，也利于计算每年的折旧费用，以便更好地控制成本。

3）基础规划资料收集

收集所处地区的有关发展资料和有关基本建设的政策、规范、标准，还有自然条件资料和交通等协作条件资料。

资料收集的目的在于把握现状,掌握市场容量,明确自身的能力与不足,在设计过程中加以弥补,因此必须切实掌握并确定如下各项情况。

第一,物流网络。其包括服务据点(转运站、仓库、零售点)、服务水准(交货期、缺货率、送达时间)。

第二,信息网络。计算机在各物流据点的配置,各层计算机服务范围、联机(on line)、实时(real time)的程度,同时表明何处没有联机仍使用电传或电话,库存登录及货品移送在信息网络中的登录程序,接单、紧急配送的频率及处理方式。

第三,配送工具。配送工具包括配送中心内部所使用的拖板车、堆高机、吊车、货柜、拖车、大货车、小货车等;同时也应根据个别的路线、地区分析各种配送工具的便利性、确实性、迅速性、安全性、经济性、信赖性等。

第四,人员配置。人员配置可根据配送中心的组织机构设置确定,对现有人员的职责、教育程度、年龄、性别等应充分掌握。

第五,作业成本。配送中心的成本科目包括:土地成本——租金或土地使用税;建筑物——折旧费、保险费、租金或房产税;设备与工具——折旧费、租金、保养;其他——水电费、通信费、外包费、人事费、员工交通费等。

第六,投资效率。上述土地、建物、设备等的利用率,也应充分掌握。

第七,物流量和库存。物流量包括商品的种类、数量、商品特性、装运姿势、装运尺寸、进出货频率、尖峰流量等。库存包含库存量、库存金额、周转率、库存期限、规则变动、不规则变动、季节变动。

第八,作业流程与前置时间。这项分析应以"客户的观点来看交货期"为基准,作业流程及其所需时间大概可分为:由请购到供货商交货、上架所需时间;客户下单到拣货完成所需时间;上配送车辆到货品上客户货架所需时间。

2. 系统规划设计阶段

1) 资料整理阶段

将收集到的相关资料进行汇总整理,作为规划设计阶段的依据。

第一,物品特性分析。物品特性是货物分类的参考因素,如按货物重量可分为重物区、轻物区;按货物价值可分为贵重物品区、一般物品区等。因此仓库规划时首先需要对货物进行物品特性分析,以划分不同的储存和作业区域。

第二,储运单位(PCB)分析。储运单位分析就是考察仓库各个主要作业(进货、拣货、出货)环节的基本储运单位。一座仓库的储运单位包括 P(托盘)、C(箱子)和 B(单品),而不同的储运单位,其配备的储存和搬运设备也不同。因此掌握物流过程中的单位转换相当重要,需要对这些包装单位(P、C、B)进行分析,即所谓的 PCB 分析。

2) 规划条件设定

通过对现状资料的分析,可以充分了解企业或地区原有仓库网络的弱点,进而设定配送中心的规划条件,包括仓储能力、自动化程度等。

3）作业需求功能规划

作业需求功能规划包括配送中心的作业流程、设备与作业场所的组合等。

配送中心的作业包括入库、仓储、拣取、配货、出货、配送等，有的还有流通加工、贴标签、包装、退货等。在规划时，首先要分析每类物料的作业流程，作出作业流程表。

4）设施需求规划与选用

一个完整的配送中心建设规划所包含的设施需求相当广泛，既包括储运生产作业区的建筑物与设备规划，也包括支持配送中心运作的服务设施规划，以及办公室和员工活动场所等场地设施规划。

5）信息情报系统规划

配送中心管理的特点是信息处理量比较大。配送中心中所管理的物品种类繁多，而且由于入库单、出库单、需求单等单据发生量大、关联信息多，查询和统计需求水平很高，管理起来有一定困难。为了避免差错和简化计算机工作，需要统一各种原始单据、账目和报表的格式。程序代码应标准化，软件要统一化，确保软件的可维护性和实用性。界面尽量简单化，做到实用、方便，满足企业中不同层次员工的需要。

6）整体布局规划

估算储运作业区、服务设施大小，并依据各区域的关联性来确定各区的摆放位置。整体布局遵循以下原则：作业流程原则（依顺序处理）；整合原则（商品、人、设备间有整体性配合）；弹性的原则（适合高低尖峰、季节的变化及商品的调整的拣货配送作业）；管理容易化的原则（各项作业能目视管理）；作业区域相关分析：依各作业区域间的相互关系，经调查后得到其作业区域相互关系分析图；物料流程分析：绘制作业区域物料流程形式图与物料流程图。

3．方案评估决策阶段

一般的规划过程均会产生多种方案，应由有关部门依原规划的基本方针和基准加以评估，选出最佳方案。

4．局部规划设计阶段

局部规划设计阶段的主要任务是在已经选定的建设地址上规划各项设施设备等的实际方位和占地面积。当局部规划的结果改变了以上系统规划的内容时，必须返回前段程序，作出必要的修正后继续进行局部规划设计。

5．计划执行阶段

当各项成本和效益评估完成以后，如果企业决定建设该配送中心，则可以进入计划执行阶段，即配送中心建设阶段。

2.2.4 配送中心的功能与运营目标的确定

配送中心规划的本质在于建造一个什么样的配送中心以满足客户的物流服务需求，因此配送中心功能与运营目标的确定是规划的基础，需要从拟建配送中心的经营和技术不同层面来进行研究。

经营层面主要涉及商品特性、客户特性、商圈范围特性、物流功能特性、附加功能特性等。

技术层面主要涉及交通网络、物流系统技术、机械化、自动化系统、信息系统等。

1. 经营层面

1）商品特性

商品特性包括商品的品种、交易量和 3T（时间、温度、物理特性）。经营的商品品种和交易量越多，则配送中心的规模越大。

3T 中的时间与保管周期和配送频率根据不同商品有所不同，例如，配送频率高的商品与长时间储藏的商品相比，由于要进行流通加工，所以在设计时，要留有充足的作业空间、停车空间以及必要的配送用的设施与设备。

温度对于品质管理非常重要，特别是冷冻产品，需配备必要的冷冻冷藏设备。

商品的物理特征包括物态、抗冲击性、保质期等。对于品质管理要求高的商品，要提供高质量的物流全过程服务，因此，在设计配送中心时，应根据商品的不同物理特征添置必要的设备及设施。

2）客户特性

客户特征是指配送渠道中配送服务使用者的物流需求特征。配送渠道可以划分为工业配送渠道和销售/客户配送渠道。工业配送渠道是指产品或服务由材料来源向客户消费的最终产品或服务的制造者的流动，如图 2-3 所示；销售/客户配送渠道是指产品或服务由最终产品的制造者向消费者的流动，如图 2-4 所示。这两个渠道构成了由原材料的来源向最终消费者的整个配送渠道。随着更多中间人的加入，渠道会变得越来越复杂。即使是同一制造商经营同种商品，它的流通渠道中对于不同终端客户的批发商和零售商的流通加工方式与包装也不尽相同。

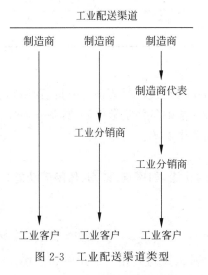

图 2-3　工业配送渠道类型

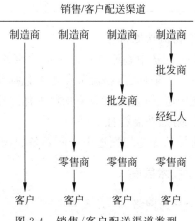

图 2-4　销售/客户配送渠道类型

商品以工业包装单元向批发商大量配送时,配送中心需要有机械化的装卸设备。而商品以商业包装单元向零售商进行小批量、多频度配送时,其装卸作业零散,配送中心需要利用小型装卸设备。

另外,单一客户型的配送中心与多客户型的配送中心规模不同。例如,当制造商的配送中心既向批发商进行配送,又向零售商进行配送时,配送中心既要进行工业包装,也要进行商业包装,因此,配送和分拣工作会有很大差别。

3)商圈范围特性

商圈范围可以通过配送范围、配送目的地的密度和市场规模来表示。即使商品特性和客户特性相同,随着配送范围的扩大,配送时间也会延长;而即使配送范围相同,随着配送目的地密度的提高,配送中心商品的交易量也会增加;同样,市场规模越大,则商品的交易量、配送中心的规模也就越大。

这里需要注意的是,商圈范围不仅包括商品的配送范围,也包括集货的范围。因此,在设计时要事先考虑到交通状况、配送客户的数量、运输频率以及配送模式等因素。

商品特性、客户特性、商圈范围特性与配送中心的规模关系,见表 2-1。

表 2-1　商品特性、客户特性、商圈范围特性与配送中心的规模关系

特性分类			配送中心规模　大 ←————→ 小	
商品特性	品种		多	少
	交易量		多	少
	3T	时间	长时间保管	短时间保管
		温度	冷藏、定量	常温
		物理特性	重量、玻璃制品	一般
客户特性	流通加工		多	少
	流通渠道		复杂	简单
商圈范围特性	配送范围		大	小
	配送目的地的密度		高	低
	市场规模		大	小

4)物流功能特性

由于配送中心所具备的物流功能各不相同,所以在设计时要预先分析、预留物流功能的场所。一般而言,物流节点中要包括具备运输功能的货物集散中心、具备仓库保管功能的配送中心、具备物流服务功能的加工中心和商务中心等。

5)附加功能特性

附加功能是指配送中心所具备的物流以外的功能,如展览、谈判、休闲等功能。

2. 技术层面

1)交通网络

交通网络包括交通节点设施、道路、交通机构,以及与此相关的运营和市场。设计配送中心时,除了考虑配送路线和配送工具外,其成本因素也是必须考虑的。

2）物流系统技术

物流系统技术中,有单元系统、多式联运、专门化技术及冷链(cold chain)系统四个方面。其中,对配送中心设施计划具有最大影响的是单元系统和冷链系统。

单元系统是指货物构成一个单位,在不改变包装形态的前提下进行运输和保管。通常利用托盘、集装箱和货笼进行。配送中心单元系统的作业内容包括在中心内拆包再单元化作业的选择、设定企业内和企业间交易单元化范围作业两部分。

冷链系统是为保证新鲜食品及冷藏食品等的品质,使其在从生产到销售的过程中始终处于低温状态的组织网络,包括屠宰加工、包装物选择供应、车辆选择、销售柜台选择及温湿度控制与管理、人员设备的配置及管理、检查和监督。为此,除了在配送中心中必须具有低温冷藏设备外,更为重要的是配送中心各个环节的质量保证。同时,运输过程的货车以及配送终端的客户同样需要具有相应的设施和设备。

3）机械化、自动化系统

许多企业在建设配送中心时都极力导入机械化作业和自动化作业,以便在实现物流作业快速化的同时,极力削减作业人员、降低人工作业费用,特别是需要大量人力的备货或标价等流通加工作业。

有一点需要注意,由于不同类型的配送中心在商品特征、客户特征等各方面的差异,对机械化、自动化的要求程度是不一样的。例如,对于周转较慢的商品,即便利用自动化仓库进行保管,也不可能大幅度提高商品周转率。

4）信息系统

建设配送中心的信息系统时,首先要研究系统对象信息,其次要研究信息系统的构筑范围。

第一,系统对象信息。系统对象信息包括商流信息和物流信息两大部分。商流信息指的是订发货信息、金融信息等;物流信息指的是数量管理信息、品质管理信息以及作业管理信息。

在商流信息中,由于要将订货信息直接转换成数量管理信息和作业指示信息,因此,商流信息与物流信息具有直接关系。所以,在构筑信息系统时,要遵循"订货—出库指示—拣选—流通加工指示—包装—配送"的流程,事先明确发货信息和物流信息的关系。配送中心的入库信息(验货、分拣和入库管理信息)和出库信息(出库管理和配送信息)是最为重要的。

第二,信息系统的构筑范围。信息系统的构筑范围包括:配送中心、工厂和公司企业内部系统,供应商和客户在内的企业间系统。这一系统的构筑范围依据商品特性、商品的交易形态以及交易规模的不同而不同。

2.3　配送中心基础规划资料分析

2.3.1　配送中心规划资料的收集

规划开始时,首先针对企业进行规划基础资料的收集与需求调查。收集的方法包括现场访谈记录以及厂商使用资料表格的收集。另外,对于规划需求的基本资料,也可借助事前规划好的需求分析表格,要求使用单位填写完成。至于表格中厂商未能翔实填写的重要资料,则需规划人员通过访谈与实地勘察测量等方法自动完成。规划资料分为两大类,包括现行作业资料和未来规划需求资料。

1. 现行作业资料

(1) 基本运营资料:业务形态、营业范围、营业额、人员数、车辆数、上下游节点数。

(2) 商品资料:商品形态、分类、品项数、供应来源、保管形态(自有/他人)等。

(3) 订单资料:订购商品种类、数量、单位、订货日期、交货日期、订货厂商等资料,最好能包括一个完整年度的订单资料,以及历年订单以月别或年别分类的统计资料。

(4) 物品特性资料:物态、气味、温湿度需求、腐蚀变质特性、装填性质等包装特性资料,物品重量、体积、尺寸等包装规格资料,商品储存特性、有效期限等资料。包装规格部分另需区分单品、内包装、外包装单位等可能的包装规格。另外,配合通路要求,有时也需要配合进行收缩包装,以及非标准单位的包装形式。

(5) 销售资料:可依地区区别、商品别、通路别、客户别及时间别分别统计销售额资料,并可依相关产品单位换算为同一计算单位的销售量资料(体积、重量等)。

(6) 作业流程:一般物流作业(进货、储存、拣货、补货、流通加工、出货、配送等)、退货作业、盘点作业、仓储配合作业(移仓调拨、容器回收流通、废弃物回收处理)等作业流程现况。

(7) 业务流程与使用单据:接单、订单处理、采购、拣货、出货、配派车等作业及相关单据流程,以及进销存管理、应收与应付账款等作业。

(8) 厂房设施资料:厂房仓库使用来源、厂房大小与布置形式、地理环境与交通状况、使用设备主要规格、产能和数量等资料。

(9) 人力与作业工时资料:人力组织构架、各作业区使用人数、工作时数、作业时间与时序分布。

(10) 物料搬运资料:进、货及在库的搬运单位,车辆进、出货频率与数量,进、出货车辆类型与时段等。

(11) 供货厂商资料:供货厂商类型、供货厂商规模及特性、供货家数及分布、送货时段、接货地需求等。

(12) 配送据点分布:配送通路类型,配送据点的规模、特性及分布,卸货地状况,交通状况,收货时段,特殊配送需求等。

2. 未来规划需求资料

营运策略与中长期发展计划:需配合企业使用者的背景、企业文化、企业发展策略、外部环境变化及政府政策等必要因素。

商品未来需求预测资料:依目前成长率及未来发展策略预估未来成长趋势。

品项数量的变动趋势:分析企业使用者在商品种类、产品规划上可能的变化及策略目标。

可能的预定厂址面积：分析是否可利用现有场地或有无可行的参考预定地，或是另行寻找合适区域及地点。

作业实施限制与范围：分析配送中心经营及服务范围，是否需包含企业使用者所有营业项目范围，或仅以部分商品或区域配合现行体制方式运作实施，以及需考虑有无新事业项目或单位的加入等因素。

附属功能的需求：分析是否需包含生产、简易加工、包装、储位出租或考虑福利、休闲等附属功能，以及是否需配合商流与通路拓展等目标。

预算范围与经营模式：企业使用者需预估可行的预算额度范围及可能的资金来源，必要时必须考虑独资、合资、部分出租或与其他经营者合作的可能性，另外，也可建立策略联盟组合或考虑共同配送的经营模式。

时程限制：企业使用者需预估计划执行年度、预期配送中心开始营运年度，以及以分年、分阶段的方式实施的可行性。

预期工作时数与人力：预期未来工作时数、作业班次及人力组成，包括正式、临时及外包等不同性质的人力编制。

未来扩充的需求：需了解企业使用者扩充弹性的需求程度及未来营运策略可能的变化。

3．需求资料分析的内容

通过对基础资料的整理和分析，为规划设计阶段提供参考依据。分析方法包括定性化和定量化两种方法。

定性化的分析包括以下几种。

（1）作业流程分析。

（2）事务流程分析。

（3）作业时序分析。

（4）自动化水平分析。

定量化的分析包括以下几种。

（1）EIQ（订货件数、货品种类、数量）。

（2）PCB（储运单位及包装特性分析）。

（3）ABC（存货销售管理分析）。

（4）订单变动趋势分析。

一般规划分析者最容易犯的错误是无法确定分析的目的，仅将收集获得的资料做一番整理及统计计算，而最后只得到一堆无用的数据报表，却无法与规划设计的需求相结合。因此，在资料分析过程中，建立合理的分析步骤并有效地掌握分析数据是规划成功的关键。

2.3.2　规划资料的定性分析

在配送中心规划过程中，一般物流与信息流等定性化资料分析很有必要，包括如下内容。

1. 作业流程分析

可将物流作业分为一般常态性物流作业及非常态性物流作业,并整理出配送中心的基本作业流程。由于产业和产品别的不同,配送中心的作业流程也不尽相同,可依照个别企业的特性找出原有作业流程,并逐步分析其必要性与合理性,经合理化分析以后再依序建立其作业流程的规划。一般配送中心作业流程内容分析见表2-2。

表 2-2　一般配送中心作业流程内容分析

作业性质	作业分类	作业内容
一般常态性物流作业	进货作业	车辆进货
		进货卸载
		进货点收
		理货
	储存保管作业	入库
		调拨补充
	拣货作业	订单拣取
		拣货分类
		集货
	出货作业	流通加工
		品检作业
		出货点收
		出货装载
	配送作业	车辆调度指派
		路线安排
		车辆运送
		交递货物
	仓储管理作业	定期盘点
		不定期抽盘
		到期物品处理
		即将到期物品处理
		移仓与储位调整
非常态性物流作业	退货物流作业	退货
		退货卸载
		退货点收
		退货责任确认
		退货良品处理
		退货瑕疵品处理
		退货废品处理
		其他
	换货补货作业	退货后换货作业
		误差责任确认
		零星补货拣取
		零星补货包装

作业性质	作业分类	作业内容
非常态性物流作业	换货补货作业	零星补货运送
		其他
	物流配合作业	车辆货物出入管制
		装卸车辆停泊
		容器回收
		空容器暂存
		废料回收处理

2. 事务流程分析

配送中心与仓储物流作业相对应的是相关业务流程的执行运作,作业过程中以结合物流、信息流及相关窗体流程为主。基本上可依个别企业的特性找出原有信息窗体流程步骤、输出/输入方式及资料接口传递方式等状况,并逐步分析其必要性与合理性,经窗体与信息接口合理化以后,再依序建立其作业流程的规划。

一般配送中心由于商品种类繁多,每日订单量又大,处理订单和订单录入工作量非常大。目前许多物流企业已在朝无纸化作业方向努力,其关键就在于信息流程的分析与规划。配送中心事务流程内容分析见表 2-3。

表 2-3　配送中心事务流程内容分析

作业性质	作业分类	作业内容
物流支持作业	接单作业	客户资料维护
		订单数据处理
		货量分配计算
		订单资料维护
		订单资料异动
		退货数据处理
		客户咨询服务
		交易分析查询
		其他
	出货作业	出货数据处理
		出货资料维护
		出货与订购差异的处理
		换货补货处理
		紧急出货处理
		其他
	采购作业	厂商资料维护
		采购数据处理
		采购资料维护
		采购资料异动

续表

作业性质	作业分类	作业内容
物流支持作业	采购作业	资源规划
		其他
	进货作业	进货数据处理
		进货资料维护
		进货与采购差异的处理
		进货时程管理
		其他
	库存管理作业	产品资料维护
		储位管理作业
		库存数据处理
		到期日管理
		盘点数据处理
		移仓数据处理
		其他
	订单拣取作业	配送计划制订
		拣取作业指示处理
		配送标签打印处理
		分类条码打印处理
		其他
	运输配送作业	运输计划制订
		车辆调度管理
		配送路径规划
		配送点管理
		货物运输基本资料维护
		运输费用数据处理
一般性业务作业	财务会计作业	一般进销存账务处理作业
		成本会计作业
		相关财务报表作业
		其他
	人事薪资管理	差勤数据处理
		人事考核作业
		薪资发放作业
		员工福利
		教育训练
		绩效管理
		其他
	厂务管理作业	门禁管制作业
		公共安全措施
		厂区整洁维护
		一般物流订购发送
		设备财产管理
		其他

续表

作业性质	作业分类	作业内容
决策支持作业	效益分析	车辆指派系统
		营运绩效分析
	决策支持管理	车辆指派系统
		配送点与道路网络分析

3. 作业时序分析

在配送中心的规划过程中,需了解过去的作业形态及作业时间的分布。如目前大部分的便利店和超市已采用夜间进货,可避免日间车流量过大,也可在购物低谷时段处理进货点的收货作业。因此,基于服务客户的原则,配送时段的配合已成为必要的考虑因素。首先,配送中心内拣货及分货作业必须配合配送时段的需求,向前或向后调整,其次才考虑与厂商进货时段的限定。通常对商品或通路主导权较大的物流经营者约束厂商进货的时段,以有效规范作业人力及设施的利用。若不限定厂商进货时段,则容易造成进出货同时进行,人力与设备调度困难及作业空间混乱等问题。

将配送中心一个正常工作天数内各项作业的工作时段进行逐一系列化描述及分析,有利于观察配送中心的作业时序与特性,其作业时序见表 2-4。

表 2-4　配送中心作业时序

作业名称	作业时序																				
	7	8	9	10	11	12	13	14	15	16	17	18	19	20	21	22	23	24	1	…	6
订单处理																					
派单																					
理货																					
流通加工																					
出货																					
配送																					
回库处理																					
退货处理																					
进货验收																					
入库上架																					
仓库管理																					
资料传输																					

4. 自动化水平分析

可对现有系统设备自动化程度进行分析及研究,查看是否有过度依赖人力现象或自动化设备过高配置的现象,其分析结果可作为后续规划物流系统设备的参考依据。配送中心自动化水平分析如表 2-5 所示。

表 2-5　配送中心自动化水平分析

作业分类	作业内容	自动化水平				
		手动	手动＋机械	半自动	全自动＋人工监控	全自动
进货作业	车辆进货					
	进货卸载					
	进货点收					
	理货					
储存保管作业	入库					
	调拨补充					
拣货作业	订单拣取					
	拣货分类					
	集货					
出货作业	流通加工					
	品检作业					
	出货点收					
	出货装载					
配送作业	车辆调度指派					
	路线安排					
	车辆运送					
	交递货物					
仓储管理作业	定期盘点					
	不定期抽盘					
	到期物品处理					
	即将到期物品处理					
	移仓与储位调整					

在物流仓储自动化的分类上，可将人员、设备与作业互动的关系分成 5 级。

（1）手动：以人力完成相关作业的方式，如以人力手动堆码货物。

（2）手动＋机械：由机械化设备辅助操作完成作业，如以堆高机叉取货物等作业。

（3）半自动：人员进行简易的操作，自动化机械设备完成作业，但无须任何控管作业。

（4）全自动＋人工监控：虽由机械设备自动完成相关作业，但需人员进行监视及核对作业。

（5）全自动：由自动化设备完成相关作业，自动核对修正，自动对资料进行收集反馈与监控。

2.3.3　规划资料的定量分析

1. EIQ

1）EIQ 分析的定义

EIQ 分析是指配送中心的 POS（销售时点）系统进行物流系统的系统规划，从客户订

单的品类、数量与订购次数等出发,进行出货特征的分析。E(订货件数,order entry)、I
(货品种类,item)、Q(数量,quantity),是物流特性的关键因素,EIQ 分析就是利用 E、I、Q
这三个物流关键因素,来研究物流系统的特征,以进行基本的规划。

该理论由日本物流研究所铃木震先生提出并积极推广。铃木震在日本有着很大的影
响力,作为一位知名的物流顾问,他在研究了众多的物流实务案例的基础上,发展出这样
一套完整的分析管理工具。EIQ 分析项目主要有 EN(每张订单的订货品项数量分析)
(注:N 为日文"Nnai"的首字母,意为"种类")、EQ(每张订单的订货数量分析)、IQ(每张
单品的订货数量分析)、IK(每个单品的订货次数分析)(注:K 为日文"Kasanatsut"的首
字母,意为"重复")。

EIQ 分析是根据以上四个分析项目的结果进行综合考量,为配送中心提供规划
依据。

2) EIQ 分析的意义

EIQ 分析起着历史订单资料与具体分析之间的衔接作用。规划前期通过 EIQ 分析,
可以避免规划人员迷失在庞大的资料数据中。通过 EIQ 分析,还可从订单中详细内容了
解客户、品项以及数量等关键规划要素之间的关系与状况,对配送中心的拣选系统规划和
改善具有重要意义。其具体概括为以下方面:确定货物一般物性与特征;得出符合物流
系统特性的物流系统各类模块;为进一步选择物流设备提供依据;提供数据仿真分析;
开展物流系统基础规划工作。

3) EIQ 分析的内容

EIQ 分析法是针对以市场需求导向为主,且具不稳定或波动条件的配送中心作业系
统的一种分析方法。简单地说,就是从企业订单出发,根据客户的需求特性,结合 PCB 及
ABC 的交叉分析方法,进行订单不同层面的分析,得出客户订单的品项、数量与订购次数
的特点,对货物储存、拣选、出货等仓库作业进行分类管理和实施重点管理。

订单是配送中心工作的核心,所有的工作都是使订单能快速高效地完成,并降低配送
运作成本,提高客户满意度。

订单资料中的 E、I、Q,是物流特性的关键因子。EIQ 分析就是利用 E、I、Q 这三个物
流关键因子,依据企业自身实际发生的订单销售资料,研究配送中心特性,选择最适当的
物流作业方式、设备使用、设施布置。

EIQ 分析最重要的是如何判断与应用。公司的经营变化可以由 EIQ 分析的图形中
识别出来。设立一个简单的 4 个客户、6 类商品的 EIQ 分析表,见表 2-6。

表 2-6　EIQ 分析表

数量		订货品项						订货数量	订货品项
		I1	I2	I3	I4	I5	I6	EQ	EN
客户订单	E1	300	200	0	100	200	100	900	5
	E2	200	0	400	600	700	0	1 900	4
	E3	1 000	0	0	0	0	800	1 800	2
	E4	200	800	0	300	500	200	2 000	5

数量		订货品项						订货数量	订货品项
		I1	I2	I3	I4	I5	I6	EQ	EN
品项数量	IQ	1 700	1 000	400	1 000	1 400	1 100	GEQ	GEN
品项次数	IK	4	2	1	3	3	3	GIQ 6 600	GIK 16

根据表格资料,即可展开简单的 EQ、EN、IQ、IK 四个分析。

第一,订货数量(EQ)分析:可以明确地了解客户的订货量及比例,进而掌握货品配送的需求及客户订单 ABC 分析,以决定订单处理的原则、拣货系统的规划,影响出货方式及出货区的规划。如表 2-6 所示,按照订货数量的百分比进行 ABC 管理分类,4 家客户订单的数量不同,可以很明确地看到 E1 客户订货数量最少,E4 客户订货数量大,E4 可以考虑作为重要客户,优先安排配送等一系列服务。

第二,品项数量(IQ)分析:了解各类产品出货量的分布状况,分析产品的重要程度与运量规模。针对众多商品进行分类并予以重点管理,也就是观察多少百分比的出货商品,占多少百分比的出货量,是否出货量集中在某种商品?由此可以知道哪些品种为热销产品。有助于仓储系统的规划选用、储位审查的估算以及影响拣货方式及拣货区的规划。从表 2-6 可以看到 6 类商品中 I3 的出货量最少,可以安排放在较偏僻的地方;I1 商品、I5 商品的出货量大,可以安放在进出较便利的区域。

第三,订单品项数(EN)分析:依单张订单品种数据资料可了解客户订购品种数的多寡,判断较适用的拣货方式。让管理人员更容易掌握客户订货品种数的分布情形,以决定使用的拣货方式应为批量拣取或按单拣选来提高拣货效率,并可由分布图判断物品拣货时间与拣货人力需求,进一步提高拣货作业的生产效率。表 2-6 中 E1 和 E4 客户选择品类都是 5 种,但出货量相差较大,可分别选择批量拣取与按单拣选方式。

第四,品项受订次数(IK)分析:统计各种品种被不同客户重复订货次数,有助于了解各产品的出货频率。可配合 IQ 分析决定仓储与拣货系统的选择。另外当储存、拣货方式已决定后,有关储区的划分及储位配置,也可利用 IK 分析的结果作为规划参考的依据。表 2-6 中 I4、I5、I6 的出货数量相当,但选取的品类量不一致,I2 商品被选取的次数少,每次拣选量较大,拣货工具优先考虑自动化,采用批量出货的方式。

4)EIQ 分析的步骤

第一,订单出货资料的分解。

第二,订单出货资料的取样。

第三,能够检讨出配合物流系统特性的物流系统设备及其运用系统。

第四,能够选择物流设备。

第五,能够做模拟分析。

第六,能够进行物流系统的基础规划。

第七,EIQ 统计分析。

第八,图表数据分析(量化资料分析过程中最重要的步骤)。

利用 EIQ 对物流系统加以分析后,可归纳出如下特征:订单内容、订货特性、接单特性、配送中心特性、EIQ 特性。

5) EIQ 分析的用途

掌握了 EIQ 这个工具,对于物流工作是大有好处的,因为 EIQ 在物流上的运用确实非常广泛,尤其是在销售数据管理分析、拣货系统规划、储存作业设计、人力需求评估、储位规划管理、营销预测计划及信息系统的整合等方面,其用途分述如下。

(1) 掌握重要客户及需求特性。通过 EQ 分析,可以了解客户的订货数量,哪些是大量销售的畅销款,哪些是滞销款。通过 PCB 分析,可以了解客户的订货方式是属于整栈、箱或单件。同时亦可提供客户对产品及销售区域的特性数据。

(2) 确定品项需求特性与拣货方式。由 IQ 分析与 IK 分析中,可以了解每一种产品品项的出库分布状况,作为产品储存、拣货、分类方式的参考,并提供产品成长或滞销的情况。

(3) 计算库存及相关作业空间需求。IQ 的总出货平均数乘以品项数,便可作为整体需求量,再乘以库存天数,可估计出库存总需求量;EQ 平均量乘以订单数,即可估计出配送车辆需求或备货区域空间。

(4) 评估人力需求。从 PCB 分析中得知出货量与标准工时,便能计算出栈板、箱和单件拣取所需要的设备数量及人力需求。

(5) 储位规划与管理。从 EIQ 分析数据上计算仓库的储位规划,以使各种产品的储位能在作业效率和空间利用率上获得最经济的效益。

(6) 提供各作业效率数据。通过对配送中心进行 EIQ 分析,可以比较各个阶段物流作业的效率,借此就可发现物流系统存在的问题和改善点,避免系统因外界环境有所改变,而管理者却仍自我感觉良好,故 EIQ 分析可以作为配送中心的诊断工具,是物流流程优化的一个法宝。

(7) 提供销售或出货预测数据。历史 EIQ 数据可作为销售预测的重要参考,同时也可以此来预测未来的物流流量,及时合理地做好各项作业计划,进而提高库存周转率、作业效率和缩短配送的前置时间。

(8) 物流设备选型的重要依据。通过对 EIQ 资料的分析计算,可以决定配送中心所需要的设备种类或自动化程度,不致因为过度自动化而造成财力上的浪费,同时设备又无法获得预期效果,反而干扰了作业。因为并不是最自动化的设备,就能获得最高的绩效,配送中心设备系统必须适合该物流特性,才能达到高效率的作业。无论采用何种程度的自动化设施,必须进行成本收益权衡,能够获得长期高效益才是选择的根本。

6) EIQ 分析的应用

通过上述的 EIQ 分析能够画出 EIQ 分析图形,得出配送中心订单的具体特性,为配送中心规划提供决策信息。

通过 EIQ 分析能够了解物流特性。配送中心物流系统,利用 EIQ 加以分析之后,可归纳出订单内容、订货特性、接单特性等方面的特征。

通过 EIQ 分析能够正确选择适合配送中心特性的物流设备及其运用系统。尽管影响配送中心的设备选择的因素有许多,可是从 EIQ 分析资料都可以得到决策的基本要求,依据这些要求,选择合适的物流设备,节省一定的设计决策时间。

通过 EIQ 分析能够模拟、仿真分析。EIQ 资料作为日常物流资料,可以应用相关数据,仿真分析系统所需作业人员数、作业时间,从而作出更好的决策。

通过 EIQ 分析能够进行配送中心物流系统的基础规划。在规划配送中心时,可以根据过去(历史)数据的 EIQ 分析来推断配送中心的需求状况,平均每日的出货量、进货量等,把这些数据当作假定的需求,与设计中的系统设备条件加以对应,即可得到基本的系统规划方案。

2. PCB(储运单位及包装特性分析)

1) 储运单位分析

考察物流系统的各个作业(进货、拣货、出货)环节,可看出这些作业均是以各种包装单位(P——托盘、C——箱子、B——单品)作为作业的基础,每一个作业环节都需要人员、设备的参与,即每移动一种包装单位或转换一种包装单位都需要使用到设备、人力资源,而且不同的包装单位可能有不同的设备、人力需求。掌握物流过程中的单位转换相当重要,因此也要将这些包装单位(P,C,B)要素加入 EIQ 分析。

PCB 分析,即以配送中心的各种接受订货的单位来进行分析,对各种包装单位的EIQ 资料表进行分析,以得知物流包装单位特性。

在 EIQ 分析时,如能配合相关物性、包装规格及特性、储运单位等因素,进行关联及交叉分析,则更容易对仓储及拣货区域进行规划。结合订单出货资料与物品包装储运单位的 EIQ—PCB 分析,即可将订单资料以 PCB 的单位加以分类,再按照各类别进行分析。

一般企业的订单资料中同时还有各类出货形态,订单中包括整箱与零散两种类型同时出货,以及订单中仅有整箱出货或仅有零星出货。为适当地规划仓储与拣货区,必须将订单资料依出货单位类型加以分割,以正确计算各区实际的需求。常见的物流系统的储运单位组合形式见表 2-7。

表 2-7 常见的物流系统的储运单位组合形式

入库单位	储存单位	拣货单位
P	P	P
P	P,C	P,C
P	P,C,B	P,C,B
P,C	P,C	C
P,C	P,C,B	C,B
C,B	C,B	B

2) 包装特性分析

其他性质的资料也是产品分类的参考因素,如依储存保管特性分为干货区、冷冻区及冷藏区,或以产品重量分为重物区、轻物区,也有依产品价值分为贵重物品区及一般物品区等。针对商品特性与包装单位的分析要素见表 2-8。

表 2-8　针对商品特性与包装单位的分析要素

特性	资料项目	资料内容
物料性质	物态	□气味　□液体　□半液体　□固体
	气味特性	□中性　□散发气味　□吸收气味　□其他
	储存保管特性	□干货　□冷冻　□冷藏
	温湿度需求特性	＿＿＿℃，＿＿＿％
	内容物特性	□坚硬　□易碎　□松软
	装填特性	□规则　□不规则
	可压特性	□可　□否
	有无磁性	□有　□无
	单品外观	□方形　□长方形　□圆筒　□不规则形　□其他
单品规格	重量	＿＿＿（单位：＿＿＿）
	体积	＿＿＿（单位：＿＿＿）
	尺寸	长×宽×高（单位：＿＿＿）
	物品基本单位	□个　□包　□条　□瓶　□其他
基本包装单位规格	重量	＿＿＿（单位：＿＿＿）
	体积	＿＿＿（单位：＿＿＿）
	外部尺寸	长×宽×高（单位：＿＿＿）
	基本包装单位	□个　□包　□条　□瓶　□其他
	包装单位个数	＿＿＿＿＿（个/包装单位）
	包装材料	□纸箱　□捆包　□金属容器　□塑料容器　□袋　□其他
外包装单位规格	重量	＿＿＿（单位：＿＿＿）
	体积	＿＿＿（单位：＿＿＿）
	外部尺寸	长×宽×高（单位：＿＿＿）
	基本包装单位	□托盘　□箱　□包　□其他
	包装单位个数	＿＿＿（个/包装单位）
	包装材料	□包膜　□纸箱　□金属容器　□塑料容器　□袋　□其他

3. ABC(存货销售管理分析)

ABC 分类法又称帕累托分析法、柏拉图分析、主次因素分析法、分类管理法、重点管理法,它是根据事物在技术或经济方面的主要特征,进行分类排队,分清重点和一般,从而有区别地确定管理方式的一种分析方法。由于它把被分析的对象分成 A、B、C 三类,所以又称为 ABC 分析法、ABC 管理法。

1) 如何进行 ABC 分类

我们面临的处理对象,可以分为两类,一类是可以量化的,一类是不能量化的。

对于不能量化的,我们通常只有凭经验判断。对于能够量化的,分类就要容易得多,而且更为科学。现在我们以库存管理为例来说明如何进行分类。

第一步,计算每一种材料的金额。

第二步,按照金额由大到小排序并列成表格。

第三步,计算每一种材料金额占库存总金额的比率。

第四步,计算累计比率。

第五步,分类。金额累计比率在 $0 \sim 70\%$ 之间而品类占全部库存物资 10% 左右的,为最重要的 A 类材料;金额累计比率在 $70\% \sim 85\%$ 之间而品类占全部库存物资 20% 左右的,为次重要的 B 类材料;金额累计比率在 $85\% \sim 100\%$ 之间而品类占全部库存物资 70% 左右的,为不重要的 C 类材料。

通常情况下,我们使用 ABC 分析表来进行上述步骤。

2) ABC 分析法的基本程序

第一,开展分析。这是"区别主次"的过程。它包括以下步骤。

(1) 收集数据。确定构成某一管理问题的因素,收集相应的特征数据。以库存控制 (inventory control)涉及的各种物资为例,如拟对库存物品的销售额进行分析,则应收集年销售量、物品单价等数据。

(2) 计算整理。对收集的数据进行加工,并按要求进行计算,包括:特征数值、特征数值占总计特征数值的百分数、累计百分数;因素数目及其占总因素数目的百分数、累计百分数。

(3) 根据一定分类标准,进行 ABC 分类,列出 ABC 分析表。各类因素的划分标准,并无严格规定。

(4) 绘制 ABC 分析图。以累计因素百分数为横坐标,累计主要特征值百分数为纵坐标,按 ABC 分析表所列示的对应关系,在坐标图上取点,并联结各点成曲线,即绘制成 ABC 分析图。除利用直角坐标绘制曲线图外,也可绘制成直方图。

第二,实施对策。这是"分类管理"的过程。根据 ABC 分类结果,权衡管理力量和经济效果,制定 ABC 分类管理标准表,对三类对象进行有区别的管理。用 EQ、IQ、EN、IK 等统计分布图时,除可由次数分布图找出分布趋势外,还可以用 ABC 分析法将一特定百分比内的主要订单或产品找出,以做进一步的分析及重点管理。通常先以出货量排序,以占前 20% 及 50% 的订单件数或品项数计算所占出货量的百分比,并作为重点分类的依据。如果出货量集中在少数订单或产品,则可针对此产品组(少数的品项数但占有重要的出货比例)做进一步的分析及规划,以达到事半功倍的效果。相对的出货量很少而产品种类很多的产品组群,在规划过程中可先不考虑或以分类分区规划方式处理,以简化系统的复杂度,并提高规划设备的可行性及利用率。

4. 订单变动趋势分析

所有利用历史资料的分析过程,均是利用过去的经验值来推测未来趋势的变化。在配送中心的规划过程中,首先需针对历史销售或出货资料进行分析,以了解销售趋势及变动。如能找出各种可能的变动趋势或周期性变化,则有利于后续资料的分析。

一般分析过程的时间单位须视资料收集的范围及广度而定,如要预测未来成长的趋势,通常以年为单位;如要了解季节变动的趋势,通常以月为单位;而要分析月或周内的倾向或变动趋势,则需将选取的期间延展至旬、周或日等时间单位;如此将使分析资料更为充实,但是相对所花费的时间更长,分析过程也复杂许多。如果在分析时间有限的情形下,找出特定单月、单周或单日平均及最大、最小量的销货资料来分析,也是可行的方法。变动趋势分析常用的方法包括时间序列分析、回归分析等,读者可参考一般统计分析图书,以下就时间序列分析,做简要说明。

针对一段时间周期内的销货资料进行分析时,通常先进行单位换算,以求数量单位统一,否则分析结果将无意义。常见的变动趋势包括以下几种。

(1) 长期趋势:长时间内呈现渐增或渐减的趋向,必须在时间序列中排除其他可能的变动影响因子。

(2) 季节变动:以一年为周期的循环变动,通常是由自然气候、文化传统、商业习惯等因素导致。

(3) 循环变动:以一固定周期(如月、周)为单位的变动趋势。部分长期的循环(如景气循环)有时长达数年以上。

(4) 偶然变动:一种不规则的变动趋势,可能为多项变动因素的混合结果。

如以各年度或月份别的时间单位为横轴,进行时间序列分析,常可得其变动形态,包括长期趋势的变动、季节变动、循环变动及不规则的变动。在不同的变动趋势下,可调整规划能力的策略及规划设置的规模。

依据不同的变动趋势可设定产能水平的目标,并制定必要能力的水平,通常以达成尖峰值的 80% 为基准,再视尖峰值出现的频率来调整。一般若曲线的山峰值与山谷值之比超过 3,要在同一个配送中心系统内处理,将使效率降低,营运规模的制定将更加困难,因此必须制定适当的营运量策略以取得经济效益与营运规模的平衡。不足的产能或储运量可借助外包、租用调拨仓库、订单平准化,或设计弹性功能较大的仓储物流设备来使用;至于多余的产能或储蓄空间,则可以考虑出租他人使用,或者开发有时间互补性的产品,以消化淡季时的剩余储运能力。

2.3.4　配送中心环境分析

配送中心的环境分析不仅包括配送中心的营销环境,还要考虑到社会环境、自然环境、基础设施状况及其他因素。

1. 营销环境分析

配送中心的营销环境包括微观环境和宏观环境两大部分。微观环境主要涉及人口数量的分析、经济水平的分析、消费习惯的分析和竞争商的分析。宏观环境分析主要包括行业现状分析、经济环境分析、网络科技环境分析等。配送服务的顺利完成需要有强大的网络信息系统平台的支撑,网络科技的快速发展使配送中心可以建立起一个完善的客户信息传递渠道,快速高效地把信息及时反馈给客户,同时也在第一时间获得消费者的订单,真正做到快速高效。

2. 社会环境分析

第一,要充分考虑运输费用。新建配送中心要使总的物流运输成本最小化,大多数配送中心选择接近物流服务需求地,以便缩短运输距离,降低费用。第二,要能实现准时配送。应保证客户在任何时候提出物流需求都能获得快速满意的服务。第三,新建配送中心要能很好地适应货物的特性,经营不同类型货物的配送中心最好能分别布局在不同地域。

3．自然环境分析

自然环境包括地质条件、气象条件、地形条件和水文条件。

4．基础设施状况分析

基础设施状况包括交通条件、公共设施状况两部分。

（1）交通条件。配送中心必须具备方便的交通运输条件，最好靠近交通枢纽布局，如紧邻港口、交通主干道枢纽、铁路编组站或机场，有两种以上运输方式相衔接。公共运输是配送中心的主要货运方式，靠近交通便捷的主干道进出口是配送中心选址的主要考虑因素之一。由于我国地域辽阔，铁路的运力强、费用低，同时水域也有运输成本低的优势，因此，大规模的配送中心最好能靠近铁路港口。

（2）公共设施状况。配送中心的所在地要求道路、通信等公共设施齐备，有充足的供电、水、热、燃气的能力。

5．其他因素分析

（1）土地资源利用情况。配送中心的规划应贯彻节约用地、充分利用国土资源的原则，配送中心一般占地面积比较大，周围还需留有足够的发展空间，因此地价的高低对布局规划有重要影响。此外，配送中心的布局，还要兼顾区域与城市规划用地的其他要素。

（2）环境保护要求。配送中心在设计的时候要有设计依据，要考虑建设地点的环境状况，配送中心施工过程当中的污染源、污染物及治理方案，同时还要考虑到配送中心未来在经营期的主要污染源污染物及治理方案。配送中心的环境保护要通过相关机构的验收评审，合格之后才能进行建设。

2.4　配送中心的选址

2.4.1　配送中心选址的目标与意义

配送中心选址是以提高物流系统的经济效益和社会效益为目标，根据供货情况、需求分布、运输条件、自然环境等因素，用系统工程的方法，对配送中心的地理位置进行决策的过程，对物流系统的合理化具有决定性的意义。

当前，各种类型的企业都在不断地扩大着其服务的辐射范围，力图实现配送中心的最大辐射范围和最佳利用率。配送中心的选址决策，在其公司的项目计划中与企业的营业利润和后期企业的稳定发展有着直接的联系。但是配送中心投资规模大，占用大量城市土地以及建成以后不易调整，对社会物流和企业经营具有长期的影响，所以，进行配送中心选址决策必须进行详细的论证，配送中心选址方法的研究和选用是配送中心经营成功与否的决定性因素。

企业的配送中心在整个企业物流系统中起着承上启下的关键作用，是将货物邮件传递于接收地与发送地之间的中间桥梁。正确的配送中心选址是成功建立物流系统过程中决定性的一步,它常常决定了企业物流网络的经营模式,以及整个货物输送网络的服务性水平和整体上的结构,从而对整个系统的配送功能形成一定的影响。在企业的物流网络运营和发展中,布局的规划、配送中心位置、设施与设备规划、管理方式的合理结合与确定,都对企业非常重要。其中,配送中心位置的选择问题是企业物流网络系统优化的战略性问题。

配送中心的合理选址,可以帮助企业节约在配送过程中的运输成本,并且能提升企业市场份额的占有率、扩大业务覆盖面积和提升企业的效率以及服务质量,进而提高企业用户的满意程度,从而扩大企业的影响力。因此,不断开展配送中心选址方法的创新研究拥有相当深远的意义。

2.4.2 配送中心选址的原则与步骤

1. 配送中心选址的原则

1) 经济性原则

配送中心发展过程中,有关选址的费用主要包括建设费用及物流费用(经营费用)两部分。配送中心的选址定在市区、近郊区还是远郊区,其未来物流活动辅助设施的建设规模及建设费用,以及运输等物流费用是不同的,选址时应以总费用最低作为配送中心选址的经济性原则。

2) 适应性原则

配送中心的选址需与国家以及省区市的经济发展方针政策相适应,与社会主义市场经济体制改革的方向相适应,与我国物流资源分布和需求分布相适应,与国民经济和社会发展相适应。

3) 协调性原则

配送中心选址应将国家的物流网络作为一个大系统来考虑,使配送中心的固定设施与活动设备之间、自有设备与公用设备之间,在地域分布、物流作业生产力、技术水平等方面相互协调。

4) 战略性原则

配送中心选址应具有战略眼光,一是要考虑全局性,二是要考虑长远性。局部要服从全局,眼前利益要服从长远利益,既要考虑眼前的实际需要,又要考虑日后发展的可能。

5) 系统性原则

配送中心的工作,包括收验货、搬运、储存、装卸、分拣、送货、信息处理以及供应商、连锁商场等店铺的连接,如何使它们之间平衡、协调地运转是极为重要的。其关键是做好物流量的分析和预测,把握住物流的合理流程。

6) 价值性原则

在激烈的市场竞争中,配送的准点及时和低缺货率等方面的要求越来越高,在满足服务高质量的同时,又必须考虑物流成本。特别是建造配送中心耗资巨大,必须对建设项目进行可行性研究,并做多个方案的技术、经济比较,以获得较大的企业效益和社会效益,而选址方案的确定正是其中关键的一环。

2. 配送中心选址的步骤

配送中心的选址包含选址约束条件分析、收集整理资料、地址筛选、定量分析、结果评价、复查、确定选址结果等流程。选址约束条件分析包括需求条件、运输条件、配送服务条件、用地条件、区域规划、流通职能条件及其他方面的分析。资料的收集包含业务量相关资料、费用相关资料及其他资料的收集。地址筛选根据土地资源情况和城市规划，按照配送中心选址原则，对备选方案进行定性分析，备选方案的选择是否恰当，将直接影响到后续对最优方案的确定。定量分析是指根据配送中心选址的方法采用连续模型与离散模型建立数学模型对配送中心的选址进行定量分析，主要从经济性角度考虑。配送中心选址结果的评价可结合非经济因素，采用定量化启发式算法与定性化的综合评价相结合的方法进行。复查就是对优化结果按照影响因素进行再次审查，如果通过复查，即可将优化方案作为最终方案。如果没有通过复查，则重新返回第三步，进行地址筛选、定量分析、结果评价、复查等一系列步骤，直至最终得到结果。最终根据综合评价结果确定配送中心选址的最优方案。

配送中心选址的流程如图 2-5 所示。

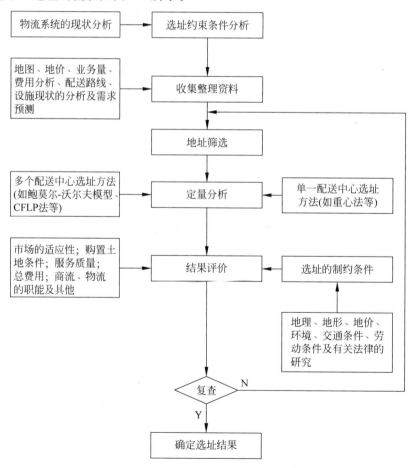

图 2-5　配送中心选址的流程

2.4.3　配送中心选址的影响因素

1．交通条件

交通条件是影响物流效率和配送成本的重要因素,特别是大宗物资的配送。配送中心选址应接近交通运输枢纽,使配送中心形成物流过程中一个恰当的节点。在有条件的情况下,配送中心应尽可能靠近交通要道,如高速公路、铁路货运站、港口、空港等。

2．基础设施情况

配送中心所在地要求城市的道路通信等公共设施齐备,有充足的供电、水、热、燃气的能力,且厂区周围要有污水、固体废弃物处理能力,既可保证物流作业、安全生活等方面的需要,又可保证商品品质。

3．环境因素

自然条件、自然资源、社会环境是企业的生存资本,周边的环境情况影响着配送中心业务的顺利开展。符合自然条件,能充分利用当地自然资源、周边环境的支持是配送中心发展的前提条件。因此,配送中心的选址应结合考察周边的社会自然环境条件。

4．经营环境

配送中心所在地区的优惠物流产业政策对物流企业的经济效益将产生重要影响,数量充足和素质较高的劳动力条件也是配送中心选址考虑因素之一。经营不同类型商品的配送中心,最好能分别布局在不同地域。如生产型配送中心的选址,应与产业结构、产品结构、工业布局等紧密结合进行考虑。物流费用是配送中心选址的重要考虑因素之一。大多数配送中心选择接近物流服务需求点,如接近大型工业、商业区,以缩短运距、降低运费等物流费用。

5．其他因素

影响配送中心选址的其他因素包括人力资源因素、投资额的限制、运输与服务的方便程度等。

2.4.4　配送中心的选址方法

1．配送中心选址方法类型

近年来,随着选址理论迅速发展,各种各样的选址方法层出不穷。特别是计算机技术的发展与应用,促进了物流系统选址的理论发展,为不同方案的可行性分析提供了强有力的工具。定量的方法主要包括重心法、运输规划法、双层规划法、鲍莫尔-沃尔夫法、Cluster 法、CFLP(容限设施选址问题)法、混合 0-1 整数规划法、遗传算法等。定性分析法主要是根据选址影响因素和选址原则,依靠专家或管理人员丰富的经验、知识及其综合分析能力,确定配送中心的具体选址,主要有专家意见法。现阶段选址的理论方法大体上有以下几类。

1）运筹法

运筹法是通过数学模型进行物流网点布局的方法。采用这种方法首先根据问题的特征、已知条件以及内在的联系建立数学模型或者是图论模型，然后对模型求解获得最佳布局方案。这种方法的优点是能够获得较为精确的最优解，缺点是对一些复杂问题建立适当的模型比较困难，因而在实际应用中受到很大的限制。运筹法中最常用的有重心法和线性规划法。

2）专家意见法

专家意见法是以专家为索取信息的对象，运用专家的知识和经验考虑选址对象的社会环境和客观背景，直观地对选址对象进行综合分析研究，寻求其特点和发展规律并进行选择的一类选址方法，其中最常用的有因素评分法和德尔菲法。

3）仿真法

仿真法是将实际问题用数学方法和逻辑关系表示出来，然后通过模拟计算及逻辑推理确定最佳布局方案。这种方法的优点是比较简单，缺点是选用这种方法进行选址，分析者必须提供预定的各种网点组合方案以供分析评价，从中找出最佳组合。因此，决策的效果依赖于分析者预定的组合方案是否接近最佳方案。该法是针对模型的求解而言的，是一种逐次逼近的方法。对这种方法进行反复判断实践修正，直到满意为止。仿真法一般包括以下步骤。

第一，定义一个计算总费用的方法。

第二，制定评判准则。

第三，规定方案改进的途径。

第四，给出初始方案。

第五，迭代求解。

在上述配送中心选址方法中，既有定量分析方法，也有定性分析方法。定量方法选址的优点是可以求出比较准确可信的解。定性方法的优点是注重历史经验，简单易行；其缺点是容易犯经验主义和主观主义的错误，并且当可选地点较多时，不易作出理想的决策，导致决策的可靠性不高。

2. 典型配送中心选址决策方法

1）单点配送中心选址

所谓单点网点选址，就是指在规划区域内设置网点的数目唯一的物流设施的选点问题，其中主要包含以下两种方法。

第一，交叉中值法选址。在城市内建立物流设施，不可能不受限制，任意选址，可能的情况是只能沿着相互交叉的街道选择某一处地点。交叉中值模型就是将城市内道路网格作为选址范围的一种单一设施选址方法。应用条件同样是已知各服务对象在城市内的地理位置、需要的物流量，并且单位服务费用已知。选址的依据是设施到各个服务对象的绝对距离综合最小。最终的结果应该是两个相互垂直方向上所有服务对象的物流需求量的重心位置。

第二,层次分析法选址。当筛选出若干个备选方案后,可采用层次分析法来选择最优方案。

层次分析结构一般可分为三层,即目标层、准则层和方案层。对于物流网点详细选址问题,目标层就是选择最优的配送中心位置,方案层就是已被筛选出的若干备选方案,主要是设计准则层的结构。

评估各选址方案的优劣有许多质量指标,主要可分成三大类,即经济效益指标、社会效益指标和环境条件指标。经济效益指标主要包括运输成本、地价租金、与工业商业联系紧密度、是否接近消费市场、劳动力条件等;社会效益指标主要包括与城市规划用地是否相符、是否能缓解当地交通压力、对城市居民影响大小等;环境条件指标主要包括环境污染的影响程度、与货运通道网是否衔接以及地理位置是否适合等。

2) 多点配送中心选址

第一,单产品选址方法选址。单产品选址方法选址理论,主要解决的问题是从一组候选的地点中选择若干个位置作为物流设施网点(如配送中心),使得从已知若干个资源点(如工厂),经过这个设施网点(如配送中心),向若干个客户运送同一种产品时,总的物流布局成本(或运输成本)最小,物流运作效率最高。

第二,多产品选址方法选址。从多个候选的地点中选择若干个位置作为物流设施网点(如配送中心、仓库等),使得从已知若干个资源点(如工厂),经过这几个设施网点(配送中心、仓库等),向若干个客户运送多种产品时,总的运输成本最小,物流运作效率最高。

3. 基于重心法的配送中心选址问题

配送中心选址已经有很多方法,但仍需要得到科学的模型化、数量化方法的支持,这些方法大致可以分为定性和定量两大类。定性的方法主要是层次分析法和模糊综合评价相结合对各个方案进行指标评价,找出最优地址;定量的方法主要分为连续模型与离散模型两类。连续模型的代表方法是重心法(the centre-of-gravity method)。本章主要介绍重心法的一些基本概念、数学模型、方法步骤等内容。

1) 重心法的基本概念

重心法是一种设置单个厂房或仓库的方法,这种方法主要考虑的因素是现有设施之间的距离和要运输的货物量,经常应用于中间仓库或分销仓库的选择。

重心法是一种模拟方法。这种方法将物流系统中的需求点和资源点看成分布在某一平面范围内的物流系统,各点的需求量和资源量分别看成物体的重量,物体系统的重心作为物流网点的最佳设置点,利用求物体系统重心的方法来确定物流网点的位置。

重心法一般应用于一元网点布局。一元网点布局,是指在计划区域内设置网点数目唯一的物流网点布局问题。在流通领域中,一元网点布局问题实际并不多,较多的是多元网点布局问题。不过,对于多元网点布局,为了使模型简单化、计算工作量减少,有时将它变换成一元网点布局问题来处理。

2) 重心法的基本原理与步骤

(1) 重心法的假设条件。重心法主要解决起点到终点的运输流量构成的物流网络规划问题。重心法进行的决策依据是产品的运输成本最小化,这样就涉及如下四个假设条件。

一是决策个点的需求量不是地理位置上所实际发生的需求量,而是一个总汇量,这个量聚集了分散在一定区域内的众多需求量。

二是产品配送的物流成本以运输费用的形式表现,而且产品的运输费用仅仅和配送中心与需求点之间的直线距离成正比关系,而不考虑城市交通的状况。

三是不考虑配送中心所处地理位置不同所引起的成本差异,如土地使用费、建设费、劳动力成本、库存成本等。

四是不考虑企业经营可能引起的未来收益和成本变化,保证决策环境的相对静止。

(2) 重心法的具体模型。由上述四个假设条件决定,重心法将产品配送过程的运输成本作为唯一的决策要素,只要使运输成本最小化的配送中心位置就是合理的、最优的。配送中心与需求点之间的欧式距离作为计算运输成本的标准,利用两者之间的正比例关系可以得出模型的方程表达式。

假设新建的配送中心为 P,对应的位置坐标为 $P(a,b)$,需求点为 $A(Xi,Yi)$(其中,$i=1,2,3,\cdots,n$),配送中心 P 与需求点 A 之间的距离 $d(A,P)$ 为

$$d(A,P)=k\sqrt{(Xi-a)^2+(Yi-b)^2} \quad \text{(其中,}k\text{ 为比例系数)} \tag{2-1}$$

如果产品在配送环节需要在配送中心 P 与 n 个需求点($A1,A2,A3,\cdots,An$)之间进行运输,且它们之间的运输量分别为($W1,W2,W3,\cdots,Wn$),设配送中心 P 到需求点每单位量、单位距离所需运费为 Ci,则总费用 H 为

$$H=\sum_{i}^{n}Ci\cdot Wi\cdot d(A,P)=\sum_{i}^{n}Ci\cdot Wi\cdot k\sqrt{(Xi-a)^2+(Yi-b)^2} \tag{2-2}$$

我们最终决策出的配送中心位置,应该是配送中心的横、纵坐标能使上述方程式的成本 H 最小,这也就是数学所讲的无限制条件的最小化问题,具体就是分别对新建配送中心的横坐标 a、纵坐标 b 求偏导函数,然后令两个偏导函数为零,求出的横坐标 a、纵坐标 b 的表达式为

$$a=\frac{\sum_{i}^{n}Ci\cdot Wi\cdot Xi/d}{\sum_{i}^{n}Ci\cdot Wi/d} \tag{2-3}$$

$$b=\frac{\sum_{i}^{n}Ci\cdot Wi\cdot Yi/d}{\sum_{i}^{n}Ci\cdot Wi/d} \tag{2-4}$$

式中:a,b 的数值为待选址设施的坐标;Xi,Yi 为已知的供应点与需求点的坐标。

(3) 重心法的求解步骤。

第一步:确定已知的供给点与需求点的坐标、运输量及线路运输费率。

第二步:忽略计算值 $d(A,P)$,令 $d=1$,根据式(2-3)和式(2-4)求出待选址位置的初始坐标,如式(2-5)或式(2-6)所示。

$$a_0 = \frac{\sum\limits_i^n Ci \cdot Wi \cdot Xi}{\sum\limits_i^n Ci \cdot Wi} \qquad (2\text{-}5)$$

$$b_0 = \frac{\sum\limits_i^n Ci \cdot Wi \cdot Yi}{\sum\limits_i^n Ci \cdot Wi} \qquad (2\text{-}6)$$

第三步：根据(a_0, b_0)计算出 d，其中比例系数 k 暂不考虑。

第四步：将 d 代入式(2-3)和式(2-4)中，求出修正的(a, b)。

第五步：根据修正的(a, b)重新计算 d。

第六步：重复第四步与第五步，直到(a, b)的变动小于预定的误差范围。

第七步：根据求得的最佳坐标值计算运输总成本。

用手工方法求解是异常艰辛的工作，但是不难发现，这里的计算量虽然非常大，但却不复杂。为此，可以开发计算机仿真软件来仿真迭代过程。

3) 重心法的优劣势分析

利用重心法对配送中心选址决策时，我们所使用的需求量可以是历史数据也可以是预测数据，但是在确定这些数据后，整个决策过程不会发生任何变化。因此，重心法实际上是针对一个静止的状态来选择配送中心位置的。

通常，一种商品的需求量往往会出现规律性的变化，而全部商品的综合需求情况就呈现随机的、无规律的变化。重心法的决策数据是静态性的，这就决定了对前者的最终决策结果的影响要小于后者。

重心法假设运输成本与运输距离呈正比例变化，而运输距离又采用欧氏距离，这就意味着需求点与配送中心之间的运输为直线运输，显然一个城市的交通状况相对复杂，道路、立交桥的存在使得直线运输难以实现。而针对跨城市的配送运输，我们却可以近似地认为运输过程中以直线运输为主。因此，我们在采用重心法对区域配送中心选址决策时更为有利。

重心法的优点在于计算速度快，能很快找到使运输总成本最低的最优位置点。同时，它也存在着一定的缺陷，这些缺陷主要表现在以下三个方面。

(1) 选址模型只考虑了可变运输成本，没有考虑在不同地点建设仓库所需的固定投资不同，也没有考虑在不同地点的建设运营费用的差异。

(2) 模型假设运输成本与运输距离呈线性关系，而实际上的运输费用由两部分构成，一部分是不随运输距离变化的固定部分；另一部分才是随距离变化的可变部分，且呈非线性关系。

(3) 模型将待选地点与仓库之间的线路假设为一条直线，实际上运输总是在固有的道路网中进行，两个设施点之间不可能总是一条直线。一般可根据实际地形选择一个大于 1 的折线因子，将计算出的距离放大相应倍数，做近似处理。

　　4）重心法的适用范围

　　重心法可以解决单个配送中心的选址问题,但是由于重心法的局限性仍然存在,不能解决任何选址问题,重心法是解决只设置一个配送中心的简单模型,是一种连续型模型,对于离散型模型来说,对配送中心的选择不加特定限制,有自由选择的长处。可是从另一方面看,重心法的模型自由度多也是一个缺点。因为由迭代求得的最佳地点实际上很难找到,有时候是无法实现的,计算出来的地点有时可能在江河湖泊中,或是街道中间,或是人烟稀少的地区。除此之外,重心法在实际应用中还存在着许多问题,如重心法常常假设需求量集中于某一点,而实际上需求来自广阔区域内的多个消费点。运输费用通常假设为随着运输距离的增加而成倍数地增长,然而,大多数的运输费用是由固定部分和可变部分组成的。因此,在实际应用中还应借助其他方法对模型进行改进,以达到最佳效果。

　　尽管重心法有上述局限性,但由于它计算简单,能快速得到一个理论上的最优点,管理者和决策者可以以计算结果为依据,确定一个相邻的位置,作为初始布局方案。因此,重心法仍得到广泛应用。

2.5　配送中心规划存在的问题及解决对策

2.5.1　配送中心规划存在的问题

1. 物流规划工作流于形式

　　配送中心规划往往是企业盲目地追从物流热,未经过严格的实地考察、研究论证,只是凭着领导的意识,就圈地搞配送中心建设,对配送中心的选址没有经过科学的论证。圈地以后再规划论证建设,使得规划工作处于被动,同时也使得配送中心未能真正发挥其应有的作用,导致投资的损失。

2. 配送中心规划缺乏系统性

　　规划过程没能对整个配送中心的规划形成系统的观点,孤立地去看待某个问题对配送中心规划工作的影响。在物流系统的规划建设过程中,未能考虑它与其他系统的紧密联系。对于物流系统建设应该是依托综合运输体系、商业系统和信息系统等建设的综合性,各系统互相联系、相辅相成,应该统一规划,系统之间达到协调一致。

3. 规划大多从行政区域出发

　　对物流规划还是各地为政、条块分割,仅仅从本地区的角度,没有考虑到与可能会辐射到的经济区域的相互影响,导致在整个地区甚至国家范围内基础设施投资的重复建设。

4. 配送中心规划大多停留在定性分析的基础上

　　规划过程中只知其然不知其所以然,使得各种结论缺少说服力。对配送中心预期达到的目标未形成量化,使得后续评价工作无法展开。

5．配送中心规划的定位模糊

对于配送中心的定位可以有城市配送中心、区域配送中心等。在规划中没有很好地分析和挖掘配送中心所具备的潜力，过高或过低地估计了它的前景，限制或夸大了配送中心的发展步伐。

6．配送中心规划的可操作性不强

对于整个规划的实施，没有提出能有效落到实处的合理实施步骤和政策建议，可操作性不强。同时往往配送中心规划是"模板式"，所有的物流规划都千篇一律、毫无变数，没能依据实际情况合理分析、实事求是地进行规划，使得规划工作犹如走过场，基本无实际意义。

除此之外，配送中心规划还存在政府管理部门的不协调；忽视对配送中心技术装备与管理的规划；配送中心规划用地往往得不到满足；对于合作系统的规划认识不足，难以实现"无缝衔接"等问题。

2.5.2　配送中心规划存在问题的原因分析

1．物流理论研究的滞后及方法论的缺乏

近年来，我们在学术研究上取得了很大成绩，但是要想不断前进，必须找到限制前进的问题。我们在学术研究上所取得的成绩表现在研究的广度方面，我们用的工具模式更复杂，解决的问题更多。但是总体来说，阻碍我们提高学术水平的问题，还没有得到根本解决，主要表现在以下几个方面。

（1）应用研究远多于理论研究。从认知上来看，我们没有重视学术研究的深度问题，所以表现为应用研究远多于理论研究。任何一个国家、一门学科肯定是应用研究多，但是我们的理论研究太少了。

（2）理论研究缺少认知上的好成果，更缺少洞见。理论研究最终还是通过应用去检验，但是理论也有自身的要求和规律，所以也是可以分开的。从认知角度来看，实践解决感性经验，理性认知和高级认知一定是理论，理论和认知分不开就不能飞跃。从整个学术水平来看，我们发现缺少高水平、具有洞见的高级认知。

（3）认知不能系统化地演进。我们做了多年的研究，但能说对物流有了新的认知吗？我们可能做了很多项目，积累了很多经验，产生了很大的效益，但这些都是应用成果，不是认知升级。那什么东西是颠覆我们对物流认知和前进的标志呢？答案是只有理论研究形式的里程碑，这点我们非常缺乏。物流的高质量发展依赖认知新的升级。

要想推动学术研究高质量发展，必须要加强基础理论研究。长期以来，我们都强调理论和实践必须结合。但从方法论来看，可不可以尝试将理论与实践分开？笔者认为，没有"分"就没有"合"，只有"分"得清楚才能"合"得紧密，这是笔者一贯宣传推介的方法论，叫"分合之道"。"分"与"合"是分不开的，从"分"的角度看"合"或从"合"的角度看"分"，会别有收获。

2. 部分配送中心规划缺乏明确的目标定位

大部分建成或在建的物流园区缺乏明确的目标定位,对园区建成后为谁服务、怎么服务、市场规模、潜在服务对象等类似问题,园区的规划者大多回答不明晰。很多物流园区只是提出某某区域最大、辐射最强、带动最高等模糊和不具有操作性的目标,结果带来极大的盲目性。现在许多地方政府都把配送中心建设作为发展现代都市的一个重要内容进行规划,但却对本地的经济、市场、产业布局没有深入研究。现代物流是市场高度发展、产业布局调整升级后自然形成的,但许多地方并不具备这种经济发展的水平,因此虽然政府规划有热情,但就是没有企业愿意参加,即使勉强被拉了去,企业也只能是负债经营,无法开展业务。

3. 配送中心规划不问实际,盲目求大

一些地方性的物流发展规划,主要内容都放在了如何推进当地物流业的扩张、建设上,盲目贪大,不讲实际,不问市场,未能充分考虑周边的物流需求及应有的规模标准,所规划的物流体系大大超出了当地经济发展水平和实际市场需求。

同时,还有配送中心规划缺乏基础数据以及物流规划方面的机构和人才匮乏等原因。

2.5.3 配送中心规划存在问题的解决对策

针对上述问题,可以采取下列解决对策。

(1) 充分发挥政府在配送中心规划、建设和运营中的指导作用,总体规划和协调、政策支持、制定和执行标准、研究和制定产业发展规划、科学管理。

(2) 加快形成统一的测算与核定指标体系,使配送中心规划工作规范化。

(3) 充分重视项目规划前期的研究和分析,并落到实处。

(4) 科学选址,避免规划中"求大求全"和"政绩工程"。

(5) 加强规划项目的实施与后续评价,防止一些企业的"圈地"倾向。

 案例讨论:京东郑州"亚洲一号"选址因素

京东是我国有代表性的自营物流电子商务企业,该企业 2012 年制定了"亚洲一号"的大物流运营策略,准备在全国建立起覆盖面广、设施完善的智能物流配送体系,将物品的运输、仓储、包装、装卸搬运、流通加工与信息处理一体化集成。"亚洲一号"的一期项目已于 2014 年 10 月在上海投入使用。此后陆续在武汉、广州等地建立了大型的物流配送中心。2020 年 10 月 28 日,京东物流郑州"亚洲一号"智能物流园区正式启用。京东郑州"亚洲一号"配送中心项目选址的考虑因素如下。环境因素:配送中心建设充分考虑了郑州的地理优势,可以有效辐射郑州及其周边二线至五线城市。交通因素:郑州是中国重要的集铁路港、公路港、航空港、信息港为一体的综合型交通通信枢纽,在中国经济发展格局中具有承东启西、连贯南北的重要作用。成本因素:物流配送中心的选址一般地处城市的郊区,郑州的"亚洲一号"在郑州市经开区国际物流园区内,地处郊区,配送中心建设成本相对较低。基础设施建设:郑州周边的公共设施和交通发达,交通网络便利,方便货

物的集散和提高商品流通质量。

结合案例讨论：试讨论京东郑州"亚洲一号"选址的合理性。

 即测即练题

第 3 章

配送中心项目总体规划与设计

本章学习目标：

通过本章学习，学员应该能够：

1. 了解配送中心整体论证分析的内容，掌握总体规模及规划要求；

2. 掌握一般配送中心的作业流程，了解配送中心各环节作业特征及作业规律，了解配送中心区域布置规划的程序，掌握配送中心区域布置资料分析的方法，掌握区域功能描述的内容和方法；

3. 了解配送中心区域能力设计方法及整体规划评估方法，了解配送中心布局的基本方法，掌握配送中心布局的 SLP（系统布置设计）方法；

4. 初步具备配送中心整体规划布局能力、配送中心布局评价与优化能力。

 引导案例：正大精品超市冷链物流配送中心总体规划

截至 2020 年，泰国正大集团旗下的大卖场——中国卜蜂莲花已在中国开了 75 多家购物中心。依靠先进的现代购物理念，卜蜂莲花被看作是可以信赖的商店，它提供了新的购物体验、舒适的购物环境和天天低价的高质量商品。卜蜂莲花持续稳定发展，保持每年约 20%～30%的销售增长和超过 5 000 万的顾客数量。依靠分级管理和采购力，卜蜂莲花可以进一步延伸且完成其在中国的连锁网络，并做到天天低价。2019 年 9 月 7 日，2018 年度中国零售百强名单发布，卜蜂莲花以销售规模 1 373 452 万元位列第 56 位。2020 年 6 月，2019 年中国连锁百强榜单发布，卜蜂莲花排名第 54。

卜蜂莲花积极推广精品超市，着力打造新鲜生活的概念，使人们轻松拥有全新的精致享受以及高品质的生活。卜蜂莲花精品超市位置主要定在大城市商业繁华地段、高档商务区或高档住宅区附近。卜蜂莲花正大广场店位于上海市浦东新区陆家嘴西路 168 号地下 2 层，以进口商品和生鲜商品为特色，突出新鲜生活的理念。2021 年，上海还将会有新的精品超市开业。

资料来源：https://baike.so.com/doc/1002682_1060085.html.

案例思考： 卜蜂莲花精品超市配送中心整体规划设计的内容与重点是什么？

3.1 配送中心项目总体规模规划

3.1.1 配送中心总体规模

配送中心的规模主要是指设施规模，是配送中心规划设计决策中最重要的因素之一。

通常需要在物流量预测、单位面积作业量的定额确定的基础上来明确配送中心的占地面积。

配送中心规模一旦确定,它将在设计年限(一般是 10 年或更长)内成为配送中心运营发展的约束条件。设施内部布局相对容易调整,但要改变整体规模就相对困难。若设施规模小于实际需要,会因为频繁倒库或租用其他设施引起搬运成本增加;若设施规模过大,空间利用率降低,空间占用成本增加,富余的空间也会增加搬运的距离。

配送中心项目总体规模规划即根据市场总容量、发展趋势以及本领域竞争对手的状况,考虑如何增强配送中心适应能力,如何满足配送中心规模进一步拓展的需要等问题,进行面积和空间设计的过程,是决定配送中心的经营规模和发展规划的过程。

3.1.2　影响配送中心规模的因素

影响配送中心规模的主要因素如下。

(1) 配送中心在供应链中的位置。供应链是指在生产及流通过程中,为将货物或服务提供给最终消费者而创造价值,联结上游与下游而形成的组织网络。为了提高效率、降低成本,供应链中的物流活动应该按照专业化原则进行组织,以配送中心为基础组织物流就是这种专业化要求的具体体现。

(2) 配送中心的性质(类型)。配送中心按其配送活动的所有权分为自营配送中心和第三方配送中心。相对于自营配送中心,第三方配送中心面对的客户更加广泛,供应链中的任何成员均可成为客户,而我们知道,不同的供应链成员的物流服务需求是很不相同的,并且无论从物流服务需求方来说还是从提供方来说,对提供的每一项物流服务都要用专业水准来衡量,这就决定了第三方配送中心经营管理的复杂性。

(3) 处理的商品种类。配送中心的功能设计要与商品的特性相吻合,配送中心能处理的商品种类总是有一定限制的。比如,国外有专门的服装配送中心、电器配送中心、医药配送中心、食品配送中心、干散货配送中心、生鲜商品配送中心、图书配送中心等,有的甚至是专门处理某一更小类别商品的配送中心。试图建立一个能满足所有商品物流需要的配送中心是不实际的,因为配送中心处理不同的商品时需要有一些专用的设施,一个物流中心没有必要也不可能配备能处理所有商品的物流设施和设备。哪怕是公共型的物流中心,现在也有分工越来越细的趋势,设施设备的配置除了要考虑需求外,还要考虑物流作业规模及作业批量等因素。

(4) 配送中心的经营管理模式。第三方配送中心可以按照如下模式建设、经营和管理:由一家公司(项目发展商)对配送中心项目进行总体策划,由该公司聘请专家进行可行性论证和功能、作业流程、管理制度设计,请专业设计公司进行工程设计并编制项目总体设计方案,项目发展商按专业设计公司提交的总体设计方案组织项目建设的招标。

(5) 区域内配送中心的数量。区域内配送中心的数量的多少、配送中心分布密集程度的不同都对配送中心的规模与业务范围有着较大的影响。

(6) 配送中心的市场需求。配送中心的客户稳定性、客户需求的变动情况、客户需求的增长情况、潜在客户需求情况等都会影响配送中心的整体规模。

3.1.3 配送中心总体规模规划内容

配送中心总体规模规划的内容包括物流量预测(目前的物流量需求、未来的物流量需求)、单位面积作业量的定额、占地面积、细目计划等。

1. 物流量预测

1) 物流量预测内容

配送中心的规划首先要确定总体规模,进行总体规模规划时,要在对数据分析的基础上,根据业务量、业务性质、作业要求,同时考虑企业的发展,来确定新配送中心的总体规模,许文韬认为进行规划时要确认以下内容:目前物流量、未来物流量。

确认目前物流量要求明确包括月物流量、商品周转、每月产值、入库峰值系数(一般取1.2)、商品在库天数、出库峰值系数(一般取1.4)、平均储存量、最大储存量等数据,据此概算平均和最大储存量等。确定目前物流量需求的基本原则:A类商品齐备率100%,B类商品齐备率95%,C类商品齐备率90%。

确认未来物流量需求要求预测包括:各种货品的年增长率,配送中心的中长期规划、中长期(5~10年后)综合水平等。

2) 物流量预测方法

物流量预测就是针对研究目标,按照一定的方法分析其过去和现有的信息与数据,找出事情发展的内在规律,从而估算配送中心未来的发展趋势。通过查阅文献可知,常用的预测分析方法可分为定性预测法、定量预测法及模拟模型法三种。常用预测方法的优缺点及适用性见表3-1。

表 3-1 常用预测方法的优缺点及适用性

预测方法	优 点	缺 点	适用性
定性预测法	快速、权威	主观性强、准确度低	数据不足
回归预测法	因素多、准确度高	数据要求高	短、中期预测
趋势外推法	简单方便	只考虑时间变量	中、长期预测
平稳序列法	准确度高	计算过程复杂	短期预测
灰色预测法	方便且准确度高	需要数据光滑	中、短期预测
指数平滑法	简单、灵活	系数难确定	中、短期预测
BP神经网络法	拟合度高	难掌握	中、长期预测

(1)定性预测法。定性预测法也称经验判断法,以逻辑和经验判断为主,带有强烈的个人主观性,常用的定性预测法有专家会议法、情境预测法、领先指标法和德尔菲法等。

(2)定量预测法。定量预测法也称数学模型法、函数拟合预测法。函数拟合预测法是指用数学函数公式进行定量预测的一种方法。核心思想是先对现实数据和资料进行分析,寻找其中的规律,建立相应的拟合函数,然后进行复杂运算,得到预测结果。

(3)模拟模型法。根据研究对象所在系统的特性,按一定规律用计算机程序语言模拟系统原型,主要包括生态模拟法、数字模拟法等。

以下就定量预测法中的灰色预测法、指数平滑预测法进行简要说明。

① 灰色预测法。运用灰色预测法首先需要获取原始数据,其次根据获得的原始数据生成一个原始序列,再次通过累加的方式将原始序列转换为再生序列,最后通过构建预测模型对未来的需求进行预测。

② 指数平滑预测法。指数平滑预测法需要的数据较少,预测过程也比较简单,比较适合中、短期的需求预测。在实际应用中,一次指数平滑预测与二次指数平滑预测运用较多,而高次指数平滑预测法则较少应用。由于二次指数平滑预测弥补了一次指数平滑预测只能预测未来一期的缺点,在物流量预测中相对较为常用。

3)物流量预测步骤

物流量预测的具体步骤如下。

(1)选取预测目标。目标的确定,是预测的开端,方便收集与研究对象相关的资料和数据,是后续预测工作的基础。

(2)分析影响因素。预测目标确定之后,需要参考相关文献,结合实际情况,找出影响研究对象变化的因素,构建预测指标体系,然后分析筛选指标。

(3)收集分析资料及数据。确定预测影响指标之后,需要收集相关指标具体数据,并对数据进行相关性分析,观察数据的分布特征,确定各影响因素与研究对象之间的相关性程度,方便选择合适的预测模型。

(4)选择合适的预测方法。根据收集到的数据以及配送中心的特点,选择合适的模型和方法进行预测。

(5)建立预测模型。运用相关预测模型,构建配送中心需求预测模型。

(6)预测结果分析。对预测结果的精确度进行检验和评价,分析其误差大小,当误差过大时,需要对预测模型进行改进,使预测结果更加接近实际。

2. 单位面积作业量的定额

常见的单位面积作业量的定额统计表详见表 3-2。

表 3-2　常见的单位面积作业量的定额统计表

分　区	参考标准
存货保管区	单位面积作业量：$0.7\sim0.9$ t/m^2
收验货作业区	单位面积作业量：$0.2\sim0.3$ t/m^2
拣选作业区配送	单位面积作业量：$0.2\sim0.3$ t/m^2
集货作业区	单位面积作业量：$0.2\sim0.3$ t/m^2
辅助生产区	建筑面积：5%～8%
办公生活区	建筑面积：5%

3. 占地面积

结合前面对目前需求及未来需求的确定和相关作业定额的标准要求,明确功能区面积概算指标、建筑覆盖率、建筑容积率。

4. 细目计划

对不同功能区的作业功能、作业流程、作业能力、作业区域等进行具体规划。

3.1.4 规模规划思路与方法

1. 经验估算法

结合前文的物流量预测的方法确定出配送中心目前及未来的物流量需求,之后考虑未来的物流需求要求及发展变化,最后结合配送中心的投资水平、自动化程度等来初步估算占地面积。

2. 专家评价法

专家评价法是出现较早且应用较广的一种评价方法。它是在定量分析和定性分析的基础上,以打分等方式作出定量评价,其结果具有数理统计特性。其最大的优点在于能够在缺乏足够统计数据和原始资料的情况下作出定量估计。专家评价法的主要步骤是:首先根据评价对象的具体情况选定评价指标,对每个指标均定出评价等级,每个等级的标准用分值表示;然后以此为基准,由专家对评价对象进行分析和评价,确定各个指标的分值,采用加法评分法、乘法评分法或加乘评分法求出各评价对象的总分值,从而得到评价结果。

3. 协调系数法规模确定模型

在协调系数法规模确定模型下,待建规模计算公式如下:

$$LCS = LD/HC$$

式中,LCS 为待建规模;LD 为物流需求;HC 为协调系数,是可类比配送中心规模与经济协调发展的协调系数。

4. 对比法

目前,国内外主要采用类比法确定配送中心的规模。一是通过横向对比国内外已有同类配送中心的规模来确定;二是借鉴交通运输规划中确定货运场站规模的方法。

目前在配送中心规模确定时通常参照的国际上典型配送中心占地面积情况如下:日本 $0.1 \sim 0.015$ km^2,韩国 0.33 km^2,比利时 0.075 km^2,英国 0.01 km^2,德国不莱梅 1 km^2,一般在 $0.07 \sim 1$ km^2 之间。

横向对比方法根据企业自身发展战略,类比国内外配送中心的规模得到本企业的规模,较少考虑宏观因素的影响;交通运输规划方法主要从宏观角度确定配送中心的规模,由于配送中心与传统的货运站存在着本质的区别,此方法对配送中心的业务特点考虑不充分。所以,采用类比法确定配送中心规模误差较大,应该研究选择计算方法确定配送中心规模。

5. 基于供需平衡原理的配送中心规模确定方法

确定配送中心规模的主要依据是满足客户配送需求量,即配送中心的配送供给能力等于客户的配送需求。因此,可从配送供需平衡的角度出发,研究影响配送中心规模的宏观因素与微观因素之间的关系,建立配送中心规模的确定模型。

1)配送需求分析

配送中心主要为其所在地周边经济发展提供物流配送服务,配送中心可以分为两类:一是为生产企业提供原材料及零部件的生产配送中心;二是为商贸流通企业(零售店)提供销售商品和为大用户提供消费品配送的商业配送中心。

配送需求量是经过配送中心的相关作业后由配送中心送达客户的物流量。它是配送中心规模确定的主要依据。配送需求量的大小取决于配送中心所在地的客户数量及客户的配送需求量。配送需求量计算公式如下:

$$R = \alpha \sum_{i=1}^{n} M_i \quad i = 1, 2, 3, \cdots, n \tag{3-1}$$

式中:R 为配送需求量;M_i 为第 i 个客户的配送需求量;α 为调整系数;n 为有配送需求的客户数量。

配送需求量 R 是配送中心所在地用户的配送需求量,对不同类别的物品其单位可以分别用吨/天、个/天、台/天、件/天、万元/天(货值)等表示;调整系数 $\alpha = 1 \sim 3.1$,用以调整配送需求量;配送需求量 M_i 是第 i 个客户的配送需求量,其单位可以分别用吨/天、个/天、台/天、件/天、万元/天(货值)等表示;客户数量 n 是配送中心所在地需要配送服务的客户数。

2)配送供给分析

配送供给能力由其占地规模以及生产组织水平、作业效率、硬件设备条件等因素决定。随着信息与技术条件的发展,物流管理与技术的信息化程度越来越高。配送中心总体设施与技术水平直接反映了配送服务供给的规模和服务质量。假设配送中心机械化水平及生产组织水平一定,则配送中心供给能力与占地规模成正比。配送中心的供给能力可以用式(3-2)计算:

$$P = fk\lambda S \tag{3-2}$$

式中:P 为配送中心供给能力;f 为弹性系数;k 为关键功能区单位面积作业能力;λ 为关键功能区占配送中心总面积的比例;S 为配送中心总占地面积。

配送中心供给能力 P 是配送中心在一定时间内可以提供的配送量,对不同类别的配送物品,其单位可以分别用吨/天、个/天、台/天、件/天、万元/天(货值)等表示;弹性系数 $f = 1 \sim 1.3$,用以调整配送中心的配送供给能力;k 是配送中心关键功能区的单位面积作业能力,其单位可以是吨/天·m²、件/天·m²、万元/天·m² 等,关键功能区是指全部订单的配送作业流程必须经过的作业区;配送中心总占地面积是配送中心的全部占地面积,单位通常用 m²。

3)占地规模确定

配送中心的占地规模应该满足规划年内所服务客户的配送需求总量的要求。配送中

心占地规模合理的条件是供给满足需求,即

$$P = \beta R \tag{3-3}$$

式中:β 为所规划配送中心占周边配送需求总量的比例。

所以,由式(3-1)和式(3-2)有

$$fk\lambda S = \alpha\beta \sum_{i=1}^{n} M_i \quad i = 1, 2, 3, \cdots, n$$

即

$$S = \frac{\alpha\beta \sum_{i=1}^{n} M_i}{fk\lambda} \tag{3-4}$$

显然,若 α、β、M_i、f、k、λ 已知,便可通过式(3-4)得到配送中心占地规模 S。

所规划的配送中心占周边配送需求总量的比例 β,可经过调查由客户的实际需求确定,若该区域有 m 个配送中心,则 $\sum_{i=1}^{n} \beta_i = 1$,其中 β_i 为第 i 个配送中心所分担的配送需求量比例。

配送中心关键功能区单位面积作业能力 k 取决于配送中心的组织管理水平及设施设备的利用水平,通过调查各类不同发展阶段的配送中心,结合企业战略发展规划及管理水平、机械化水平确定。由于我国配送中心建设发展的时间较短,数据收集存在一定难度,根据已有参考数据,k 值一般在 $1 \sim 5$ 吨/天·m^2。如果管理水平和现代化水平较高,土地资源紧缺,k 取大值;反之则取小值。

基于供需平衡思想,通过分析配送需求与供给两方面因素有效地控制配送中心的占地规模,使之既能够保证提供必需的配送供给能力,又可以有效地提高土地利用率。经过上述分析,运用基于供需平衡理论的方法确定配送中心占地规模具有较强的科学性和可操作性。

3.2　配送中心作业流程规划

作业流程是指进行某项作业时所遵循的操作步骤。配送中心作业流程是指配送中心经营运作过程中所确定的各种作业活动的顺序。对配送中心运作过程的特点进行分析,以便设计高效简捷、低成本的作业流程。

作业流程规划就是确定配送中心主要活动及其相互衔接关系。配送中心主要功能是配送,从属业务功能包括采购进货、装卸搬运、储存保管、订单处理、拣选、流通加工、包装、分拣、组配货、送达、信息处理等。通过对配送中心作业流程规划,可实现配送中心内部作业的有效性,更好地满足配送客户多品种、小批量、高频率的配送需要。

3.2.1　配送中心作业流程规划的指导思想和原则

作业流程规划的指导思想是确保与配送中心的功能、定位、战略发展及目标客户的需求相匹配,以客户为中心,做到"两好"(客户服务好、在库货物保管好)、"四快"(验收、发运、结算、解决问题快）、"四统一"（统一服务标准、统一流程、统一单证、统一岗位）。

配送中心作业流程设计应该以提高作业效率、降低物流成本为目标，整体来看，在作业流程规划的过程中应符合系统化、合理化、简单化、标准化、机械化的原则，具体来看应遵循以下原则。

（1）满足工艺要求。配送中心经营的物品种类繁多，作业对象和内容是不同的，因而其工艺过程是有区别的，在设计作业流程时首先应该满足作业对象各自的工艺要求，以实现配送中心的配送功能，提高作业质量。

（2）流程最短。作业流程的每个工序都需要一定的人员进行作业和管理，所以，在设计作业流程时应该减少环节，相同相近的作业内容要合并在一个作业环节，使作业流程最短，节约工时，降低作业成本。

（3）取消不必要的非增值作业。任何作业都要消耗成本、增加费用，所以应该取消不必要的非增值作业环节，降低物流成本。

（4）减少不必要的审核和监督。许多审核和监督环节是为了保证质量，控制生产率和财务状况，如果建立信息资源的共享，不但可以消除不必要的数据重复录入，同时可以消除多次录入数据而引起的误差。

（5）增加增值作业。企业的流程要尽可能增加增值作业，把客户的实际需求作为流程设计的依据，并且要开发客户的需求，因为客户的需求是提高企业竞争优势的切入点。

（6）物流与信息流分开。物流需要搬运费用，而配送中心内部信息流成本与传送距离无关，所以，应该将物流与信息流分开设计，缩短物流距离，降低搬运成本。

（7）尽量采用同步流程。同步流程可以使部分作业并行进行，减少了整个流程的运行时间。

3.2.2　配送中心作业流程规划的方法

作业流程规划是配送中心功能区和设备选型与配置规划的基础，高效合理的作业流程设计需要科学的设计理论与方法。目前配送中心作业流程规划所采用的理论方法有模块化理论方法、图形模型、图论和网络分析模型、借用制造系统的模型和离散事件动态系统模型、标准作业流程（SOP）方法等。下文主要介绍模块化理论方法和标准作业流程方法。

1. 模块化理论方法

针对配送中心作业流程特点，模块化理论方法更加适合配送中心作业流程规划。其具体设计流程如图 3-1 所示。

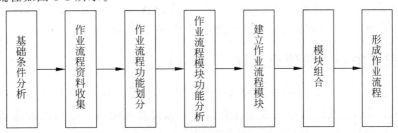

图 3-1　配送中心作业流程模块化设计流程

（1）基础条件分析。对配送中心的基础设施、客户基本情况等相关条件进行分析，以便充分考虑到基础条件对作业流程的限制。

（2）作业流程资料收集。掌握配送中心客户需求，确定经营商品种类及可能的流通加工内容，以便确定所需工序。在本部分主要需要对物流活动及物流活动的流程进行分析。主要物流活动分析包括：分析配送中心的位置、客户需求确定功能；确定配送中心主要物流活动及程序；分析商品实体流程，确定流程的合理性。物流活动的流程分析是以物品储运单位是否转换及作业特性为主分析配送中心作业类型，并制作物流配送中心作业流程分析表（表3-3）。通过作业流程分析表可以逐步将操作、搬运、检验、暂存、储存保管等不同性质的工作加以分类，并将各作业阶段的储运单位及作业数量加以整理统计，并标出该作业所在区域，即可了解各项物流作业的物流量大小及分布。

表 3-3 物流配送中心作业流程分析表

项次	作业程序	作业性质	储运单位	作业数量	作业内容说明	作业所在区域
1						
2						
⋮						
$n-1$						
n						

（3）作业流程功能划分。根据客户需求及实现这些需求所需要的工序进行作业流程功能划分，以便确定作业流程功能模块。

（4）作业流程模块功能分析。对拟组建的模块进行流程功能分析，看其是否能够满足客户需求，根据实际情况进行调整，直至达到要求。

（5）建立作业流程模块。对可以满足客户需求的功能模块进行确认，设立输入输出接口。

（6）模块组合。对所建立的功能模块进行适当组合，安排相关接口对接实现设计功能。

（7）形成作业流程。模块组合形成配送中心作业流程。

2．标准作业流程方法

标准作业流程是指将企业作业的操作流程及相应要求等通过统一的格式描述出来，对企业日常作业作出指导。SOP的规范能提高企业实际运行效率，并对配送中心的规划设计具有重要意义。通常配送中心SOP包含收货、验收、转拨入库等环节，每个环节均包含具体的操作流程、操作岗位、工作场景、使用工具及涉及的表单等。

3.2.3 配送中心一般作业流程

配送中心的主要活动包括进货、发货、仓储、拣货和配送作业等，配送中心一般作业流程详如图3-2所示。在配送中心作业流程设计中需要针对配送中心物流活动制定合理的作业流程，因此配送中心具体作业流程包括到货收货流程、在库盘点流程、在库养护流程、拣选出库流程、补货作业流程、配货作业流程、装车发货流程、退货流程等。

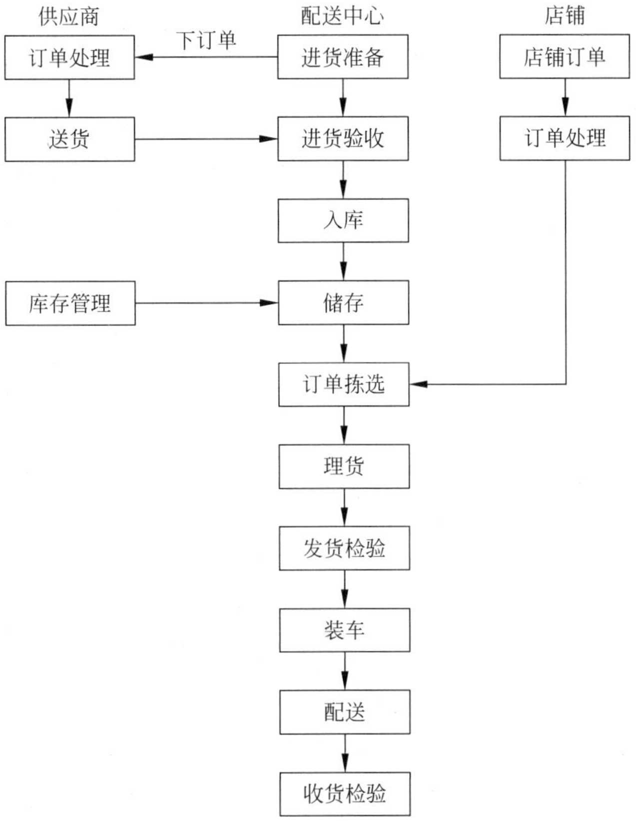

图 3-2　配送中心一般作业流程

（1）到货收货流程。到货收货流程为自商品到达配送中心至收货员完成收货作业的过程，其标准作业流程如图 3-3 所示。

（2）在库盘点流程。在库盘点流程为保管员对库内货物数量进行清点的过程，其操作流程如图 3-4 所示。

（3）在库养护流程。在库养护流程为仓库保管员对库区内存储的货物进行养护的过程，其操作流程如图 3-5 所示。

（4）拣选出库流程。拣选出库流程为确定拣货方式、拣货线路、拣货人员，拣货、货物集中等过程，其操作流程如图 3-6 所示。

（5）补货作业流程。补货作业流程为配送中心补货人员从各仓储区内将待分拣的货物补充至分拣作业区，确保分拣区有货可拣的过程。其操作流程如图 3-7 所示。

（6）配货作业流程。配货作业流程是指把拣取分类完成的货品经过配货检查过程后，装入容器和做好标示，再运到发货准备区，待装车后发送的过程。其操作流程如图 3-8 所示。

（7）装车发货流程。装车发货流程为送货员将客户订单需要的商品装车发运至各客户的过程，其操作流程如图 3-9 所示。

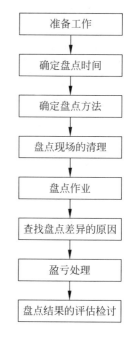

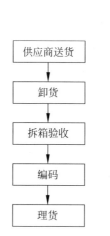

图 3-3　配送中心到货收货流程　　　　图 3-4　配送中心在库盘点流程

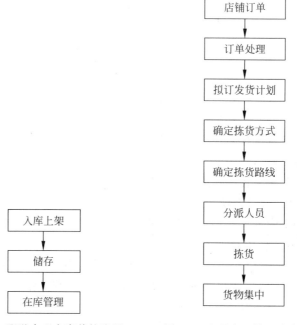

图 3-5　配送中心在库养护流程　　　图 3-6　配送中心拣选出库流程

　　(8)退货流程。退货流程包括客户明确退货需求、退货分类、责任确认和退货理货等。其操作流程如图 3-10 所示。

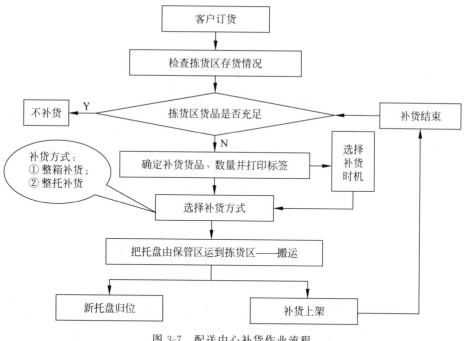

图 3-7　配送中心补货作业流程

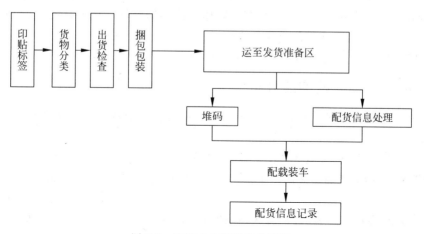

图 3-8　配送中心配货作业流程

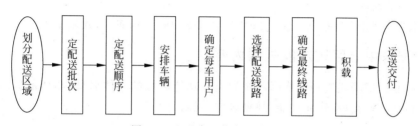

图 3-9　配送中心装车发货流程

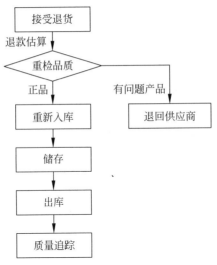

图 3-10　配送中心退货流程

3.3　配送中心区域功能规划

功能区是实现某种特定功能的区域场地。配送中心功能区是为了实现物流配送作业而设立的诸多作业区域。所设立的具有不同作业内容的区域实现各自的目的,起着应有的作用,共同完成配送中心的配送业务。配送中心区域功能规划需要在对配送中心区域构成分析的基础上,明确配送中心具体的功能区域。

3.3.1　配送中心区域构成分析

从配送中心的功能需要来看,配送中心的区域包括一般物流作业区、辅助作业区、公共管理区。

(1) 一般物流作业区,包括进出货口、进货和出货暂存区、拣货区和仓储区、流通加工区域、退货区(包括退货商品装卸货平台、退货商品处理区、退货商品存储区)、配货区、补货区等。

(2) 辅助作业区,包括物流配合区(包括园区大门、停车场和停车位、装卸货月台等)、厂房使用配合作业区(包括配电室、空调机房、监控室、充电区、电梯及通道等)、劳务活动区、厂区相关活动区。

(3) 公共管理区,包括办公室、培训室、会议室、休息室、餐厅、娱乐室等。

3.3.2　配送中心区域功能规划内容

配送中心区域功能规划需要明确规划出各功能区域的具体名称,具体的区域功能规划内容应包括作业类型、作业功能、规划区位、规划要素等。

1. 一般物流作业区

一般物流区又可以细分为车辆进货区、进货卸载区、进货点收区、理货区、入库区、订单拣取区、分拣区、集货区、调拨补货区、流通加工区、品质检验区、发货点收区、发货装载区、货物运送区。

1）车辆进货区

作业功能：货物由运送车辆送入配送中心，车辆停靠在卸货区域。

规划区位：进货口或发货口。

规划要素：进货口或发货口的大门与送货车辆是否匹配；进货口或发货口的面积与送货频率是否匹配；尽量减少送货车辆的转弯。

2）进货卸载区

作业功能：货物从运输车辆卸下。

规划区位：卸货平台或装卸平台。

规划要素：进货口或发货口是否共用；进货口或发货口是否相邻；装卸货车辆进出频率；装卸货车辆形式；有无配合设施；物品装卸特性；车辆回车空间、每辆车装卸货所需时间；供货厂商数量；送客数量；进货时段、配送时段。

3）进货点收区

作业功能：进货物品清点数量和品质检验。

规划区位：进货暂存区或理货区。

规划要素：每日进货数量；托盘使用规格；容器流通程度；进货点收作业内容；进货等待入库时间。

4）理货区

作业功能：进货物品拆柜、拆箱、堆栈以便入库，完成客户订单所进行的理货作业。

规划区位：进货暂存区或理货区。

规划要素：理货作业时间；进货品检作业内容；品检作业时间；容器流通程度；有无装卸托盘配合设施。

5）入库区

作业功能：物品搬运送入仓储区域储存。

规划区位：库存区、暂存区、入库检验区。

规划要素：入库的时间、频率、批量，入库人员准备，入库场地准备，入库相关单证齐全程度，检验方法确认等。

6）仓库管理作业区

作业功能：定期盘点、不定期抽盘、到期物品处理、即将到期物品处理、移仓与储位调整。

规划区位：库存区。

规划要素：配送中心商品类型、商品保质期、货位管理情况、商品周转速度、存货周期、资金占用情况等。

7）订单拣取区

作业功能：依据订单内容与数量拣取发货物品。

规划区位：库存区、拣货区或散装拣货区。

规划要素：订单到达时间、订单完成时间、订单数量、订单分拣策略等。

8）批量分拣区

作业功能：在批次拣货作业下按集合或按客户需求分类拣选、分货、组配货等作业。

规划区位：分拣区或拣货区、备拣区、运输包装区。

规划要素：物品特性基本资料；配送品项；每日拣出量；订单处理原则；订单分割条件；订单汇总条件；客户订单数量资料；订单拣取方式；有无流通加工作业；自动化程度需求；未来需求变动趋势。

9）配货区

作业功能：按订单分割拣货后集中配送货物。

规划区位：分拣区、集货区或发货暂存区。

规划要素：配送车辆、配送线路、配送客户需求、配送商品的特性及配送特殊要求等。

10）调拨补货区

作业功能：配合拣货作业将物品移至拣货区或调整存储位置。

规划区位：库存区或补货区。

规划要素：拣货区容量；补货作业方式；每日拣出量；盘点作业方式；拣取补充基准；拣取补充基本量。

11）流通加工区

作业功能：根据客户需要对一些货物进行零部件组装、产品分割、打印条码、销售包装等作业。分装、切裁、混装、刷唛、包装等流通加工作业。

规划区位：流通加工区（包括一般加工区、特殊加工区和包装区等）。

规划要素：流通加工作业量、流通加工类型、流通加工设施设备配备。

12）货物发运区

作业功能：将准备好的货物装入外运车辆等作业，对分拣和组配货后的货物进行检验计量、装车等相关作业。

规划区位：发运区、发货暂存区、装货区等。

规划要素：客户分类情况、客户订单情况、车辆调度情况、配送线路安排、发运要求、发运数量等。

13）退货（逆向物流作业）区

作业功能：配送中心对退货、瑕疵品及废品等进行处理及存储的作业。

规划区位：退货卸货区、退货处理区、物料回收区、退货暂存区。

规划要素：客户分类情况、客户订单情况、车辆调度情况、配送线路安排、发运要求、发运数量等。

2. 辅助作业区

1）物流配合区

作业功能：车辆货物出入管制、装卸车辆停泊、容器回收、废料回收处理。

规划区位：装卸平台、设备停放区、车库、停车场等。

规划要素：车辆出入路线、车辆出入限制条件、装卸能力、容器回收利用情况、废料回收处理情况等。

2）厂房使用配合作业区

作业功能：电气设备、动力及空调设备使用、安全消防设备、设备维修工具器材存放、一般物料储存、人员出入、搬运车辆出入、楼层间通行、搬运设备停放。

规划区位：能源动力区、消防设施区、设备停放区、车库、停车场等。

规划要素：配送中心用电情况、用水情况、消防要求、设备安置、人员出行线路等。

3）劳务活动区

作业功能：盥洗、员工娱乐休闲、急救医疗、接待厂商来宾、员工饮食、厂商驾驶员休息。

规划区位：业务洽谈区、生活服务区（包括车辆检修、娱乐休息、餐饮住宿、车库、停车场）等。

规划要素：配送中心车辆出入情况、人员接待规格、接待规模、司乘人员休息生活保障。

4）厂区相关活动区

作业功能：警卫执勤、员工车辆停放、厂区交通、厂区扩充预留、环境美化。

规划区位：门岗、配送中心内部道路、配送中心内部绿化区域、车库、停车场。

规划要素：环保要求、交通顺畅、可持续发展要求。

3. 公共管理区

1）办公事务区

作业功能：办公事务区是配送中心进行日常经营组织管理，包括办公活动、会议及培训活动、资料管理、计算机系统使用等。

规划区位：综合办公区、车库、停车场。

规划要素：综合办公的要求，办公活动的内容，会议及培训活动的频率、规格及设备配套等要求。

2）业务服务区

作业功能：提供增值服务以及生活服务。如为供货商提供展览、促销、交易场所，提供金融、市场监管、海关、税务等配套服务，提供车辆检修、加油等服务，为客户及工作人员提供休息、接待、娱乐、餐饮等服务。

扩展知识 3.1　铁路物流中心仓库功能区功能规划

规划区位：样品展示区、业务洽谈区、生活服务区、车库、停车场。

规划要素：配送中心增值服务的要求、人员接待规格、接待规模、司乘人员休息生活保障。

3.4　配送中心区域能力规划

配送中心各作业区域作业能力的规划，通常以物流作业区为主，然后才延伸到相关周边区域。而对物流作业区的能力规划，可根据流程进出顺序逐区进行。其重点是对仓储和拣货区进行分析与规划，根据仓储和拣货区的能力，进行相应的前后相关作业的能力规划。

3.4.1 仓容量规划计算

1. 周转率计算法

利用周转率估计仓储运转能力的特点是简便快速、实用性强,但不够精确。其具体步骤如下。

(1) 年运转量计算。将配送中心的各项进出产品单元换算成相同单位的储存总量,如托盘或标准箱。这种单位是目前或以后规划仓储作业的基本单位。按基本单位分类求出全年各种物品的总量即是配送中心的年运转量。

(2) 估算周转次数。估算周转次数即估算配送中心仓库周转率。一般情况下,食品配送中心年周转次数约为 20~25 次,制造业配送中心年周转次数约为 12~15 次。在规划配送中心时,可针对经营的特性、物品价值、附加利润和缺货成本等因素,决定仓储区的周转次数。

(3) 计算仓容量。以年运转量除以周转次数即是仓容量,其计算公式如下:
$$仓容量 = 年运转量 / 周转次数 \tag{3-5}$$

(4) 估计放宽比。考虑到仓储运转的弹性变化,为适应高峰期的高运转量要求,仓容量需要适当放宽,放宽比是一个大于 1 的系数。如果放宽比取得过高,将导致仓储空间过剩,增加仓储成本;如果放宽比取得过低,则可能出现存储空间不足的情况。按照惯例一般放宽比在 1.1~1.25。

(5) 规划仓容量。在式(3-5)计算的基础上,考虑适当的放宽比,最后即可计算出配送中心规划仓容量。其计算公式如下:
$$规划仓容量 = 年运转量 \times 放宽比 / 周转次数 \tag{3-6}$$

2. 送货频率计算法

(1) 估计年发货天数。估算不同物品年发货天数,列出按发货天数分类的物品统计表。

(2) 计算年运转量。按基本单位(托盘、周转箱)分别计算各类物品的年运转量。

(3) 计算各类物品的平均日储运量。其计算公式如下:
$$日储运量 = 年运转量 / 年发货天数 \tag{3-7}$$

(4) 估计送货周期。根据厂家送货频率,估计送货周期。其计算公式如下:
$$送货周期 = 360 天 / 厂商送货次数 \tag{3-8}$$

(5) 估算仓容量。结合前面的计算,仓容量即平均日储运量乘以送货周期。其计算公式如下:
$$仓容量 = 平均日储运量 \times 送货周期 \tag{3-9}$$

(6) 估计放宽比。估计仓储运转的弹性变化,通常仓储运转的弹性一般为 1.1~1.25。

(7) 计算规划仓容量。其计算公式如下:

$$规划仓容量＝仓容量×放宽比 \tag{3-10}$$

3.4.2　拣货区运转能力计算

（1）年拣货量计算。将配送中心的各种进出物品换算成相同拣货单位，估算各物品的年拣货量。

（2）发货天数。分析、估算各类物品的发货天数。

（3）估计放宽比。

（4）计算各类物品平均发货天数的拣货量，其计算公式如下：

$$平均发货天数的拣货量＝各物品年拣货量/年发货天数$$

（5）拣货量 ABC 分析。

对各类物品平均发货天数的拣货量进行 ABC 分析。根据这种分析，可确定拣货量高、中、低的等级和范围，进而确定不同拣货区的存量水平。将物品的品项数乘以拣货区的存量水平，便是拣货区储存量的初估值。

【例 3-1】　某配送中心年发货天数为 300 天，将发货天数分成 3 个等级：200 天以上、30～200 天和 30 天以下等高、中、低 3 档。将年发货量和平均每天的发货量也分为大、中、小 3 档，根据实际情况，该配送中心列出常见的 A、B、C、D、E 等 5 种类别。表 3-4 为综合发货天数的物品发货量分类情况统计表。

表 3-4　综合发货天数的物品发货量分类情况统计表

发货量分类	发货天数		
	高 200 天以上	中 30～200 天	低 30 天以下
A. 年发货量和平均日发货量很大	分类 1	分类 1	分类 5
B. 年发货量大，但平均日发货量较小	分类 2	分类 8	—
C. 年发货量小，但平均日发货量较大	—	—	分类 6
D. 年发货量小，平均日发货量小	分类 3	分类 8	分类 6
E. 年发货量中，平均日发货量小	分类 4	分类 8	分类 7

此表中有八类发货量不同的物品，现对各种类别说明如下。

分类 1：年发货量和平均发货量均很大，发货天数很多。这是发货最多的主力物品群。要求此类货物在拣货区有固定储位，同时有较高的存量水平。

分类 2：年发货量大但平均发货量较小，但是发货天数很多。虽然单日的发货量不大，但是发货频率很高。为此仍以固定储位方式为主，但存量水平可取得较低一些。

分类 3：年发货量和平均发货量均很小。虽然发货量不高，但发货天数超过 200 天，是最频繁的少量物品发货。处理方法是少量存货，单品发货。

分类 4：年发货量中等，平均日发货量较小，但是发货天数很多，处理烦琐，以少量存货、单品发货为主。

分类 5：年发货量和平均发货量均很大，发货天数很少。可集中在少数几天内发货。这种情况可视为发货特例，应以临时储位方式处理为主，避免全年占用储位和浪费资金。

分类 6：年发货量和平均发货量不很大，同时发货天数很少，但品项数较多。为避免占用过多储位，可按临时储位或弹性储位的方式来处理。

分类 7：年发货量中等，平均日发货量较小，发货天数也少。对于这种商品，可视为特例，以临时储位方式处理，避免全年占用储位。

分类 8：发货天数在 30～200 天之间，发货量中等。对于这种情况，以固定储位方式为主。但存量水平为中等。

以上八种分类是参考性指标。在实际规划过程中仍要根据发货特性来调整分类范围和类型。

订单发货资料经过分类之后，可对各类产品存量定出基本水平。例如分类 1 的产品，存量水平高，估计需要较大的拣选空间，为此，应提高放宽比。而分类 2 的产品的存量水平较低，在估算拣货空间时减小放宽比，从而减少多余的拣货空间。如果在实际拣货时因缺货而影响发货，则以补货方式来补足拣货区的存货量。

对于年发货量较小的商品，在规划中可以省略拣货区。这种情况可与仓储区一起规划，即仓储区兼拣货作业区。若采用批量拣货，则批量处理的品项应加以考虑。上述分类 1 较适合于批量拣货、分拣系统配合的方式进行，因为自动化分拣输送设备能满足规模较大的发货要求。分类 3 和分类 4 适合于一边批量拣取一边分拣的方式。因为种类多、数量小，易于在拣货台车上一次完成拣货与分货处理。

结合以上分析，估算拣货空间和拣货方式、存量水平、补货频率等规划，详见表 3-5。

表 3-5　拣货区发货类型规划表例

分类	暂存方式	存量水平	拣货方式	补货频率
分类 1	固定储位	高	播种式	高
分类 2	固定储位	中	播种式	高
分类 3	弹性储位	低	播种式	低
分类 4	弹性储位	低	播种式	低
分类 5	临时储位	高	播种式	高
分类 6	临时储位	中	摘果式	中
分类 7	临时储位	中	摘果式	低
分类 8	固定储位	中	播种式	中

3.4.3　物流量平衡分析

1. 物流量平衡的含义

物流量平衡分析是在各项物流作业活动中对物品从某一区域到另一区域的流量大小进行研究，使每一项作业所表现的数量、重量和容量都保持平衡，以使物流作业有序流畅。一般来说，首先以每个独立的物流作业环节为分析单元，如进货作业、盘点移仓作业等，然后将配送中心内由进货到发货各阶段的物品动态特性，用数量和单位表示出来。为了便于研究，需要将不同搬运单位的物品转换成相同的搬运单位。

为了使配送中心内部作业有序流畅，配送中心的物品，从采购进货到发货配送的每一项作业所表现的数目、重量和容量都要相对平衡。若不如此,由于作业时序安排、批次作业的处理周期等原因,可能产生物流堵塞或脱节现象。为了避免这种情况,就需要根据作业流程的顺序,调整各作业环节的物流量数值,使前后作业平衡。

2. 物流量平衡分析的因素

通常情况下配送中心物流量平衡分析的因素如下。

（1）进货：采购地个数及进货数量和进货台车数。

（2）保管：托盘数、箱数、件数和物品项目数。

（3）出库：托盘数、箱数、件数和订货家数。

（4）流通加工：标价数和箱数。

（5）捆包装箱：捆包个数。

（6）分拣暂存：按线路分个数、按线路分作业数和暂存数。

3. 配送中心作业流程物流量平衡分析表

配送中心作业流程物流量平衡分析表详见表 3-6。

表 3-6　配送中心作业流程物流量平衡分析表

作业程序	主要规划指标参数	平均作业频率	规划值	频率高峰系数	调整值
进货	进货货车台数	10 台/日	7	1.3	9
	进货厂家数				
	进货品项数				
储存	托盘数				
	箱数				
	品项数				
拣货	托盘数				
	箱数				
	品项数				
	拣货单数				
	出货品项数				
	出货家数				
集货	出货家数				
	托盘数				
	箱数				
	出货货车台数				

3.5　配送中心区域布局规划

配送中心区域布局规划与设计就是根据物流作业量和物流作业路线等来分析、确定各功能区域的面积和各功能区域的相对位置,确定配送中心平面布局图和物流设施的不同形式与标准。

3.5.1 配送中心区域布局规划的目标和原则

1. 配送中心区域布局规划目标

对配送中心所设置的各个功能区进行科学合理布局,可使配送中心业务有序运作,降低物料搬运成本,提高工作效率。配送中心区域布局规划研究的重点是合理利用配送中心资源,其总目标是通过合理规划配送中心内部的物流、人流和信息流,充分利用配送中心的人力、物力和财力。其具体规划目标为:满足生产工艺流程;物流线路短捷顺畅;便于组织生产管理;满足生产安全及防火、防爆要求;有效利用空间和设备;提供方便舒适、安全卫生的工作环境。以上目标实际上不可能同时达到最优,有时甚至相互矛盾,要用恰当的指标对每一个规划方案进行综合评价,达到总体目标最佳。

2. 配送中心区域布局规划原则

配送中心区域布局规划就是依据一定的原则对配送中心所设立的功能区进行相对位置的确定,以使各功能区协调运作,实现配送业务的高效快捷。所以,配送中心区域布局规划应遵循以下原则。

(1) 动态原则。把流动理念贯穿规划始终,方便物品流动,使配送中心物流、人流、信息流顺畅。物品搬运流程通顺、短捷、方便,无交叉。

(2) 选择适当的建筑模式,采用适当的高度、跨度、柱距,充分利用建筑物空间。

(3) 合理划分和协调配置储存区域与作业场所。

(4) 创造安全、舒适的作业环境,使采光、照明、通风、采暖、防尘、防噪声等方面具有良好的条件,将工位器具设置在合适的位置,便于人员完成作业。

(5) 具备适当的柔性。

(6) 投资合算。

3.5.2 配送中心区域布局规划方法

配送中心区域布局规划方法有摆样法、数学模型法、图解法、计算机辅助布置法、系统布置设计(SLP)法等五种方法,其中系统布置设计方法在近年应用较多。

1. 摆样法

摆样法是最早的布局设计方法,采用二维平面模拟的方法,通过利用一定比例的实物对配送中心进行摆样设计,然后调整相对位置得出最终的布置方案。

2. 数学模型法

数学模型法就是通过建立数学模型来得出最优解,然后运用运筹学中的技术对布局方案进行优化,常用的运筹学方法有线性规划、最短路径法、多目标规划、模糊评价法等。

3. 图解法

图解法通过建立数学模型来对配送中心的布局进行设计,主要包括简单布置规划法、运输路径图等。

4.计算机辅助布置法

随着计算机技术在物流业的应用,人们开始利用计算机算法对初始布局方案进行优化,交代布置对象位置,通过对布置对象间有规律的交换,保留新的优化方案,寻找一个成本最小的布局方案。

5.系统布置设计法

系统布置设计是缪瑟提出的一种工厂布置方法,该方法提出作业单位相互关系密集度表示法,使布置设计由定性阶段发展到定量阶段,这种方法也适用于配送中心布局规划。

系统布置设计法将研究工厂布置问题的依据和切入点归纳为五个基本要素,抓住这五个要素就是找到了解决布置问题的"钥匙"。五个基本要素是:P 产品(材料或服务)、Q 数量(产量)、R 生产路线(工艺过程顺序)、S 辅助部门(包括服务部门)、T 时间(时间安排)。其中 P、Q 两个基本要素是一切其他特征或条件的基础。只有在上述各要素充分调查研究并取得全面、准确的各项原始数据的基础上,通过绘制各种表格、数学和图形模型,有条理地细致分析和计算,才能最终求得工程布置的最佳方案。

在 SLP 方法中,将货品、数量、生产路线、服务水平及时间作为布置设计要素进行分析,然后通过对布局的物流分析,确定物料在作业区的物流动线和物流强度,并以物流强度作为优化布局的评价依据。SLP 方法应用在配送中心布置中的一般流程包括进行规划资料和流程分析、进行物流相关性分析、进行活动相关性分析、进行配送中心布置设计。方法还从定量分析和定性分析角度,分别提供了从至表和作业关系关联图两种分析工具。

系统布置设计法具有较强的科学性,其特点是定性分析和定量分析有机结合;以图表和图形模型分析为手段,直观、清晰;使物流系统分析模型化,便于把握系统内在规律;操作性和实践性较强,适用范围广;适用于多种类型企业的新建、改建、扩建及由于技术、安全、环境等因素而重新布局的情况。

系统布置设计法的局限:目前使用的系统布置设计法在对功能区进行相互关系分析时,只把影响因素分为物流关系和非物流关系两种,实际上非物流关系包括的因素较多,这样就忽视和掩盖了一些非物流关系对功能区布局的影响,使功能区布局出现偏差,导致布局方案不够完美。

3.5.3　配送中心区域布局规划程序

鉴于 SLP 方法使用较为普遍,此处采用 SLP 方法说明配送中心区域布局规划的程序,具体流程如图 3-11 所示。

(1)规划资料分析。在系统布置设计开始时,首先必须明确给出基本要素——产品 P、产量 Q、生产工艺过程 R、辅助服务部门 S 及时间安排 T 等这些原始资料。同时对作业单位的划分情况进行分析,通过分解与合并,得到最佳的作业单位划分状况。P 指系统所生产的产品、原材料、加工的零部件或提供服务的项目,包括原材料、进厂物料、工序间

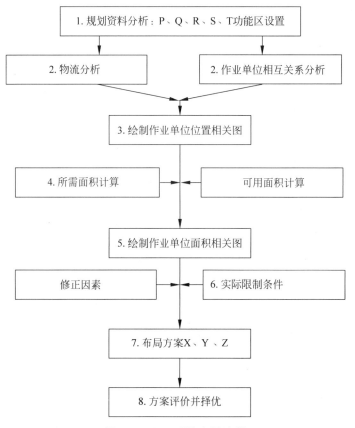

图 3-11 SLP 系统布置流程

储备、产品、辅助材料、废品、废料、切屑、包装材料等。产品这一要素影响着设施的组成及其相互关系、设备的类型、物料搬运的方式等。Q 指所生产、供应或使用的材料或产品的数量或服务的工作量。这一要素影响着设施规模、设备数量、运输量、建筑物面积等。R 指根据所生产的产品品种、数量等设计出的工艺流程、物流路线、工序顺序等，可以用设备表、工艺路线卡、工艺过程图等表示。它影响着各作业单位之间的关系、物料搬运路线、仓库及堆放地的位置等。S 指保证生产正常运行的辅助服务性活动、设施以及服务的人员。它包括：道路、生活设施、消防设施、照明、采暖通风、办公室、生产管理，质量控制及废物处理等；它是生产的支持系统，从某种意义上来说对生产系统的正常运行起着举足轻重的作用。T 指在什么时候、用多长的时间生产出产品，包括作业、工序、流动、周转等标准时间。这些因素决定着设备的数量、需要的面积和人员、工序的平衡安排等。

（2）物流分析与作业单位相互关系分析。物流分析有助于选择最有效的机器设备、设施、工作单元和部分的安排布局，同时还有助于改进生产过程。物流分析需要注意两个最小（经过距离最小和物流成本最小）和两个避免（避免迂回和避免十字交叉）原则。物流分析包括确定物料在生产过程中每个必要的工序之间移动的最有效顺序及其移动的强度和数量。一个有效的工艺流程是指物料在工艺过程内按顺序一直不断地向前移动直至完成，中间没有过多的迂回或倒流。分析的基本手段有工艺过程图（作业程序图）、多种产品工艺过程表、从至表和物流相关图等。物流分析的结果可以用物流强度等级及物流相关图来表示。物流分析得到的是定量的相互关系,但是在设施布置中,各作业单位间除了通过物流联系外,还存在其他关系,如人际、工作事务、行政事务等活动,尤其是在行政、服务、事业等各种单位中更是如此,这些关系称为非物流关系。非物流的作业单位间的相互关系可以用量化的关系密级及相互关系图来表示。在需要综合考虑作业单位间物流与非物流的相互关系时,可以采用简单加权的方法将物流相关图及作业单位相互关系图综合成综合相互关系图。

(3) 绘制作业单位位置相关图。根据物流相关图与作业单位相互关系图,考虑每对作业单位间相互关系等级的高或低,决定两作业单位相对位置的远或近,得出各作业单位之间的相对位置关系,有些资料上也称为拓扑关系。这时并未考虑各作业单位具体的占地面积,从而得到的仅是作业单位相对位置,称为位置相关图。

(4) 作业单位占地面积计算。①计算法:按照设备和作业所需的面积,加上辅助设施、材料存储、维修、通道以及人员等所需面积得到该单位的总面积;②标准面积法:采用某种工业标准求得所需的面积;③概略布置法:应用模板或设备模型进行布置并确定面积;④比率趋向预测法:将过去各个时期每台设备、每个工时或每个单位的面积作为基础,按未来产量和人员的发展预测要求,按比例扩大来设定面积。一般需要的面积常常受到实际条件的限制,必须进行适当的调整,使之与可用面积相适应。

(5) 绘制作业单位面积相关图。把各作业单位占地面积附加到作业单位位置相关图上,就形成了作业单位面积相关图。

(6) 实地条件限制与修正。需要考虑的修正因素包括物料搬运方式、操作方式、储存周期等,同时还需要考虑实际限制条件如成本、安全和职工倾向等方面是否允许,在此基础上对方案进行修正。考虑了各种修正因素与实际限制条件以后,对面积图进行调整。

(7) 布局方案 X、Y、Z。在考虑实地条件限制并进行修正的基础上,得出数个有价值的可行工厂布置方案。

(8) 方案评价与择优。针对得到的各方案,进行技术、费用及其他因素综合评价,选出或修正设计方案,得到布置方案图。布置方案的评价常常从经济因素和非经济因素两个方面进行。

3.5.4　配送中心区域布局规划内容

1. 活动关系分析

各类作业区域之间可能存在的相关活动关系包括程序上的关系(建立在物流和信息流之间的关系)、组织上的关系(各部门组织间的关系)、功能上的关系(各区域之间因功能需要而形成的关系)、环境上的关系(因共用的工作设施、操作环境、安全需要而保持的关系)。

物流作业区域的布置规划是以物流作业流程程序关系为主线,通过分析区域物品动态特征、进口和出口的物流量的大小,明确各区域之间物流量规模大小及程度。

在进行活动关系分析时,主要是分析规划区域的特性和活动的关联性,即指关系的密切程度或相关程度。相关性的决定因素有物流量大小(物流相关)、业务交流频繁程度(非物流相关)。

在进行活动关系分析时通常会用到的方法有作业相关图法、从至表法及空间关系图法。

1) 作业相关图法

作业相关图法是由穆德提出的,它是根据企业各部门之间的活动关系密切程度布置其相互位置。将关系密切程度划分为 A、E、I、O、U、X 六个等级,然后列出导致不同关系密切程度的原因,根据相互关系重要程度,按重要等级高的部门相邻布置的原则,安排出最合理的布置方案。

作业相关图的相关内容:区分各区域关系密切程度(表 3-7)、区分关联程度等级理由(表 3-8)、作各区域相关图。

表 3-7 关系密切程度分布表

代号	密切程度	评定分值
A	绝对重要	6
E	特别重要	5
I	重要	4
O	一般	3
U	不重要	2
X	不予考虑、禁止相邻	1

表 3-8 关联程度等级理由统计表

代号	关系密切的理由
1	使用共同的原始记录
2	共用人员
3	共用场地
4	人员接触频繁
5	文件交换频繁
6	工作流程连续
7	做类似的工作或活动
8	共用设备
9	物料搬运次数的考虑
10	作业安全的考虑
11	提升空间效率
12	改善工作环境的考虑

作业相关图法的应用示例如下。

【例 3-2】 已知各部门区域相关图如图 3-12 所示,请进行各部门的位置分配。

解:(1)绘制 A 类和 X 类的部门表,详见表 3-9。

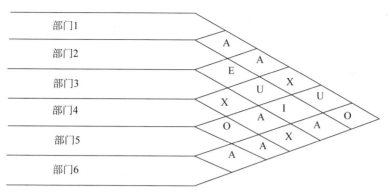

图 3-12　各部门区域相关图

表 3-9　A 类和 X 类的部门表

A 类部门表	X 类部门表
1-2	1-4
1-3	3-6
2-6	3-4
3-5	
4-6	
5-6	

（2）从 A 类最多的部门开始绘制关系初步效果图，详见图 3-13。

（3）按次序选取 A 类的剩余部门，关系最终效果图详见图 3-14。

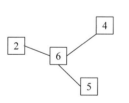

图 3-13　A 类关系部门关系初步效果图

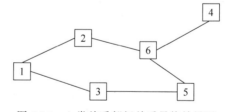

图 3-14　A 类关系部门关系最终效果图

（4）图示 X 类部门，详见图 3-15。

（5）进行位置分配。结合前面的结果进行位置分配，分配结果不唯一，典型分配结果详见图 3-16。

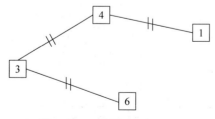

图 3-15　X 类关系部门图示

部门1	部门2	部门6
部门3	部门5	部门4

图 3-16　各部门关系布置图

2）从至表法

从至表是指从一个工作地到另一个工作地搬运次数的汇总表。表的行为起始工序，列为终止工序，对角线右上方数字表示按箭头前进的搬运次数之和，对角线左下方数字表示按箭头后退的搬运次数之和。从至数越靠近对角线的搬运距离越短。其目的是依据搬运次数和距离的关系，优化空间布局，避免搬运流量大的作业经过太长的搬运距离。从至表法是一种常用的车间设备布置方法，也可用作区域相关性分析、进行区域布置。

从至表根据其所含数据元素的意义不同，分为三类：距离从至表、运输成本从至表、运输次数从至表。当达到最优化时，这三种表所代表的优化方案分别可以实现运输距离最小化、运输成本最小化和运输次数最小化。

利用从至表进行区域布置时一个基本的原则是物流量高的活动相邻布置。从至表方法应用示例如下。

【例 3-3】 假设某公司设有 3 个产品，完成它们需要 5 个作业活动，分别用 1～5 代表，3 个产品的工艺路线和每天的运量统计表见表 3-10，各作业单位距离见表 3-11，试做物流分析并进行工序位置布置。

表 3-10   3 个产品的工艺路线和每天的运量统计表

产品号	工艺路线	每天搬运量
A	1→2→5→3→4	4
B	1→4→3→5	3
C	1→2→3→4→5	5

表 3-11   各作业单位距离

序号	1	2	3	4	5
1		8	20	36	44
2			12	28	20
3				16	10
4					20
5					

解：（1）作运量从至表。

根据表 3-11 计算出产品运量从至表（表 3-12）。

表 3-12   产品运量从至表

序号	1	2	3	4	5
1		AC9		B3	
2			C5		A4
3				AC9	B3
4			B3		C5
5			A4		

（2）计算物流强度（或物流成本），详见表 3-13。

表 3-13　物流强度统计表

序号	1	2	3	4	5
1		72		108	
2			60		80
3				144	30
4			48		100
5			40		

（3）路线合并后物流强度倒排序，详见表 3-14。

表 3-14　物流强度倒排序统计表

序号	路线	物流强度	累计百分比/%	等级
1	3-4	192	28	A
2	1-4	108	44	E
3	4-5	100	59	I
4	2-5	80	70	O
5	1-2	72	81	O
6	5-3	70	91	O
7	2-3	60	100	O

（4）布置相关工序位置，详见图 3-17。

3）空间关系图法

（1）确定各场所的关系（A、E、I、O、U、X）。综合考虑配送中心的整体功能、作业流程等情况，结合表确定各场所之间的关系。

（2）确定各场所线条数（4、3、2、1）。关

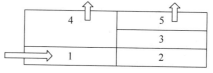

图 3-17　各工序位置布局图

系为 A 级的场所用 4 条线相连，关系为 E 级的场所用 3 条线相连，关系为 I 级的场所用 2 条线相连，关系为 O 级的场所用 1 条线相连。两场所之间的线条数越多，说明其关系越紧密；两场所之间的线条数越少，说明其关系越不紧密。

（3）画出 A、E 级空间关系图。将关系为 A、E 级的场所在图示中用对应的线条表示出来，形成初步的空间关系图。

（4）将 I 级加入空间关系图。将关系为 I 级的场加入空间关系图中，并用对应的线条表示，形成完整的空间关系图。

（5）适当调整得到最终空间关系图。结合其他限制因素对空间关系图进行局部调整，得出最终空间关系图。

2. 区域位置布置

1）动线形式

常见动线形式如图 3-18 所示。

（1）直线型：适用于出入口在厂房两侧、作业流程简单、物流作业规模较小的配送

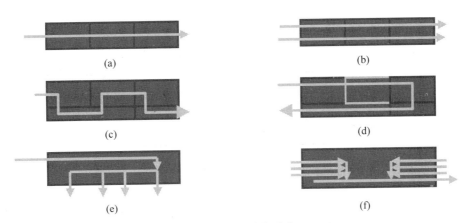

图 3-18　常见动线形式

(a) 直线型；(b) 双直线型；(c) 锯齿型或 S 型；(d) U 型；(e) 分流型；(f) 集中型

中心。

（2）双直线型：适用于出入口在厂房两侧，作业流程相似但是有两种不同进出货形态或作业需求（如整箱区与零星区、A 客户与 B 客户等）的配送中心。

（3）锯齿型（或 S 型）：通常适用于多排并列的库存货架区。

（4）U 型：适用于出入口在厂房同侧，可依进出货频率大小安排接近进出口端的储区，缩短拣货搬运路线。

（5）分流型：因批量拣取而进行分流作业。

（6）集中型：因储区特性将订单分割在不同区域拣取后进行集货作业。

2）位置布置

位置布置具体步骤如下。

（1）确定配送中心外连道路形式。配送中心的主要活动是物品的集散和进出，应至少能衔接两种运输形式。

（2）确定厂房空间位置、面积与长宽比例。在确定厂房空间位置、面积和长宽比例时，应根据配送中心选址的情况及整体规划的情况来进行适当选择，同时避免长宽比例差异过大的情况。

（3）决定动线形式。结合配送中心的类型、客户需求的情况、作业的复杂程度等选择合适的动线形式，如 U 型、直线型、双直线型、S 型等。

（4）布置刚性区域。刚性区域是作业区域中面积较大且长宽不易变动的区域，或者是投资较大、要求较高同时受限条件较多的关键业务区域。方法是根据作业流程顺序，安排各区域位置。物流作业区域是由进货作业开始，根据物料流程前后关系顺次安排相应位置。其中作业区域中面积较大且长宽不易变动的区域，应首先安排在建筑平面中，如自动仓库、分拣输送机、冷库等作业区域。

（5）插入柔性区域。柔性区域首先是指虽然面积较大但长宽比例可变更区域，如托盘货架区、流动货架区与集货区等。同时柔性区域还包括面积小且长宽比例可变更区域的布置。

（6）决定办公区和配送仓储区的关系。一般配送中心行政办公区域是集中式布置。为了提高空间利用率,多采用多楼层办公方案。

扩展知识 3.2　T 公司物流配送中心的布局规划

上述程序完成后,配送作业区域的位置基本得以确定,最后需要绘制出区域布置规划图。

3. 流程动线分析

1）搬运活动分析

物料搬运是物流系统中承上启下的重要环节。在物流系统中各环节的前后或同一环节的不同活动之间都有装卸搬运活动的发生。搬运活动分析适用于一切物料搬运项目。搬运活动分析法(SHA)是一种条理化的分析方法。该方法有四个阶段,第一阶段是外部衔接。这个阶段要弄清整个区域或所分析区域的全部物料搬运活动。在这之前,先要考虑所分析区域以外的物料搬运活动,就是把区域内具体的物料搬运问题同外界情况或外界条件联系起来考虑,这些外界情况有的是能控制的,有的是不能控制的。第二阶段是编制总体搬运方案。这个阶段要确定各主要区域之间的物料搬运方法。对物料搬运的基本路线系统、搬运设备大体的类型以及运输单位或容器作出总体决策。第三阶段是编制详细搬运方案。这个阶段要考虑每个主要区域内部各工作地点之间的物料搬运,要确定详细物料搬运方法。第四阶段是方案的实施。任何方案都要在实施之后才算完成。这个阶段要进行必要的准备工作,订购设备,完成人员培训,制订并实施具体搬运设施的安装计划。然后对所规划的搬运方法进行调试,验证操作规程,并对安装完毕的设施进行验收,确定它们能正常运转。上述四个阶段是按时间顺序依次进行的。为了取得最好的效果,各阶段在时间上应有所交叉重叠。总体方案和详细方案的编制是物流系统规划设计人员的主要任务。

2）作业流程动线分析

在区域位置布置阶段,还没有进行设备的选用设计,但是按物流特性和作业流程已经对设备的性能有了大致的要求。物流流程的动线分析是根据这些设备性能逐一分析区域内和各区域之间的物流支线是否流畅,其分析步骤如下。

（1）根据捆装卸货的出入形式、作业区域内物流动线的形式以及各区域的相对位置,设计主要通道。

（2）进行物流设备方向的规划。在此规划过程中需要考虑作业空间和区域内通道情况。

（3）分析各区域之间物流动线形式。绘制物流动线图,进一步研究物流动线的合理性和流畅性。规划物流设备的基本情况、空间大小和通道宽窄;根据物流动线的合理性和流畅性,绘制物流动线图。

4. 配送中心区域布局规划初步评估

经过前面的步骤,配送中心系统规划基本完成。这个规划是否可行、合理、科学以及是否符合实际,还要结合设施设备、区域空间与搬运系统进行详细设计和调整。单就系统作业方面可以进行评估,评估内容如下。

评估内容1:储位柔性,指存储空间能否调整,储位能否按需求弹性应用和是否对存放物品有限定。

评估内容2:系统作业柔性,指系统是否容易改变,系统作业的原则、程序、方法是否可以变更。

评估内容3:系统扩充性,指当系统扩充时,是否会改变原有建筑和布置形式,原有设备能否继续使用,是否改变原有作业方式,以及是否需要增加土地等。

评估内容4:人员安全性,指仓库货架稳定性如何,人员、路径、搬运设备之间是否有交错和频繁接触,自高处向下搬运货物是否存在潜在危及人员安全的因素,电气设备是否有安全隐患,通道是否畅通,遭遇紧急情况是否可通告,遇到危险时可否安全逃生等。

 案例讨论:某配送中心布局效果图

某配送中心布局效果图如图3-19～图3-21所示。

图3-19　某配送中心布局效果图1

图3-20　某配送中心布局效果图2

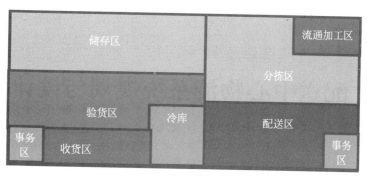

图 3-21 某配送中心布局效果图 3

结合案例讨论：运用所学知识对以上配送中心布局效果图的合理性进行分析与点评。

 即测即练题

第 **4** 章

配送中心物流系统规划与设计

本章学习目标：

通过本章学习，学员应该能够：

1. 理解配送中心仓储、分拣、配送系统规划设计的原则，掌握其规划设计的程序；

2. 了解配送中心仓储、分拣、配送系统规划设计的不同影响因素；

3. 会运用相关知识为配送中心进行仓储、分拣、配送系统规划分析，并形成规划报告；

4. 会运用相关技能设计仓储、分拣、配送系统的有关作业图、表，会作仓储、分拣、配送系统规划流程图、布局结构图；

5. 培养物流相关设计、规划技能，提高物流技术水平，树立综合分析和管理的理念。

 引导案例：沃尔玛华南生鲜配送中心案例

沃尔玛华南生鲜配送中心（以下简称"配送中心"）2019 年 3 月在东莞沙田镇正式开业，这是沃尔玛中国首个定制化设计建造的生鲜配送中心。配送中心投资超过 7 亿元人民币，是沃尔玛进入中国 23 年以来最大单笔投资。

随着"发车"命令开出，两辆载着生鲜货品的配送车从配送中心发出，为市内门店提供配送服务。另外，配送中心为沃尔玛在广东和广西等地的 100 多家门店提供商品配送服务，其设计能力可覆盖约 200 家门店。

出入口在配送中心相对的两侧，每一侧 39 个门，一侧负责入货，另一侧负责出货。中心占地约 95 000 m²，库区建筑面积约 33 700 m²，库区面积较沃尔玛广州生鲜配送中心和深圳生鲜配送中心总和大 5 倍以上，可同时处理超过 4 000 种需冷藏、冷冻或恒温存储的商品，日处理能力 165 000 箱，将为沃尔玛中国生鲜业务的可持续竞争优势提供强有力的支持。

值得注意的是，该配送中心是沃尔玛在中国首个定制化设计建造的配送中心，引进沃尔玛全球供应链领先的设计理念。沃尔玛目前在国内拥有 8 家干仓配送中心和 11 家鲜食配送中心，未来 10～20 年沃尔玛将新建或改建 10 余家定制化配送中心。

资料来源：沃尔玛华南生鲜配送中心正式营运［N/OL］. 南方都市报，2019-03-22(DA05)［2019-03-22］. https：//www.360kuai.com/pc/94efdca7b6d3c41ff? cota＝4&tj_url＝so_rec&sign＝360_57c3bbd1&refer_scene＝so_1.

案例思考：沃尔玛华南生鲜配送中心物流系统规划设计的内容有哪些？

4.1　配送中心仓储系统规划

配送中心仓储系统是配送中心备货系统的重要构成部分,是确保配送中心有货可拣、有货可配的重要设施,同时也是决定配送中心的效率、服务能力、成本水平的关键一环。因此配送中心仓储系统的规划是配送中心物流系统规划的一个重要构成部分。

4.1.1　配送中心仓储系统概述

1. 配送中心仓储系统的功能

配送中心仓储系统的功能主要体现在以下方面:存储和保管,调节供需、调节平衡,运输能力调节,获得采购优惠、批量采购,补充拣货区商品储存等,具体情况如下。

(1)存储和保管。配送中心对货物可进行堆存、管理、保管、保养、维护等一系列活动。配送中心仓储的作用主要表现在两个方面:一是完好地保证货物的使用价值和价值;二是为满足配送中心客户的需求,及时提供安全、可靠、高质量的产品给配送中心的用户,在配送中心进行必要的加工活动而进行的保存。

(2)调节供需、调节平衡。配送中心是衔接制造商与客户的一个中间环节,借助配送中心的仓储系统可以有效调节产品从制造到终端消费的供需差异,使供需达到一个相对平衡的状态,更好地满足生产商的大批量生产,并确保生产的连续性,同时满足配送中心客户的小批量、多品种、高频率的零散的需求。

(3)运输能力调节。配送中心的仓储系统在运输环节同样有着较大的衔接与调节功能。通过配送中心的仓储系统实现整个供应链上前端少品种、大批量的主干运输与后端多品种、小批量、高频率的末端配送的有效调节。

(4)获得采购优惠、批量采购。配送中心有效的仓储系统对于降低配送中心的成本起着至关重要的作用。借助仓储系统可以实现适当的商品采购规模与进货频率,在采购的过程中借助大规模的批量采购可以获得更多的采购优惠或折扣,从而有效降低采购成本。另外借助有效的仓储系统,也可以实现对采购价格波动较大的产品在低价时批量采购,从而降低采购成本。

(5)补充拣货区商品储存。配送中心的仓储系统一个主要的功能即是备货功能,确保配送中心客户的订单能够被及时、有效地响应,避免因为缺货而导致的订单无法响应。同时在配送中心的运作过程中分拣作业的效率一大部分依赖于补货的及时性,当配送中心的仓储系统较为有效时,就可以对拣货区进行及时补货,确保拣货区有货可拣,同时保证分拣的效率,保证配送中心整体配送服务的效率、质量,提升客户的满意度和忠诚度。

2. 配送中心仓储系统与一般仓储系统的区别

虽然配送中心仓储系统的仓储功能包括对进入物流系统的货物进行堆存、管理、保管、保养、维护等一系列活动,但是配送中心的仓储系统和一般仓库的仓储系统存在以下区别。

（1）目的不同。一般仓库的仓储系统是以储存保管为主要目的,而配送中心的仓储系统更注重仓库系统对配送的辅助支撑作用,更重视仓储系统如何确保配送中心顺利地进行发货和配送作业。

（2）重点业务不同。一般仓库的仓储系统是以储存保管为主要业务,通常考虑较长时间的储存保管,而配送中心的仓储系统则是以短期的暂存为主,更多考虑分拣业务的衔接,以及流通加工等增值业务的实现。

（3）考核指标不同。一般仓库的仓储系统的主要考核指标是单位面积利用率、仓容利用率等仓储效率指标,而配送中心的仓储系统的主要考核指标则侧重缺货率、补货的及时性、配送效率等。

（4）规划设计要点不同。一般仓库的仓储系统的规划设计更考虑仓储空间的充分利用,因此会尽可能地提升货架的高度、减少通道的宽度甚至通道条数来提升空间利用率。而配送中心的仓储系统的规划设计更考虑分拣的效率、配送的有效性,因此要求适当的货架高度,选用自动化程度较高的拣选货架,设置合适的通道空间以确保分拣的有效性,选用自动输送设备与分拣系统相连接提高配送中心出入库的速度等。

3. 配送中心仓储系统的构成

（1）存储空间:存储空间包括物理空间、潜在可利用空间、作业空间和无用空间。其中:物理空间指存货实际占用的空间;潜在可利用空间指储存空间中没有充分利用的空间,一般仓库有10%～30%的潜在可利用空间;作业空间指为了作业活动顺利进行所必备的空间,如作业通道、存货之间的安全间隙等。无用空间指不能被储物利用的空间,如存放消防器材、安装监控线路等空间。

（2）物品:仓库内存放的物品或商品。物品的特性、摆放对整个仓储系统的有效利用性都有较大的影响,具体影响情况详见表4-1、表4-2。

表 4-1　配送中心仓储系统物品的特性对仓储系统的影响

影响因素	具体内容
供应商	物品从何处而来、有无行业特性及影响
商品特性	体积大小、重量、单位、包装、周转率快慢、季节性分布、理化性能、温湿度要求、气味影响等
数量	生产量、进货量、库存量
进货时效	采购提前期、采购作业的特殊要求
品项	种类类别、规格大小

表 4-2　配送中心仓储系统物品的摆放对仓储系统的影响

影响因素	具体内容
存储单位	单品、箱、托盘
存储策略	是定位存储、随机存储、分类存储,还是分类随机存储,或是分级存储、分区存储
储位指派原则	靠近出口,以周转率为基础,还是其他原则
其他因素	商品特性、补货方便性、单位在库时间、商品互补性

（3）人员:指在配送中心仓储系统内工作的人员,主要包括仓管人员、搬运人员、拣

货人员及补货人员。在进行配送中心仓储系统规划时应对相关人员的岗位、岗位职责、人员数量等进行初步明确。

（4）物流设施：指配送中心仓储系统内进行物流作业所需要用到的物流设施与设备，主要包括存储容器、存储设备、搬运与输送设备等。

4．配送中心仓储系统管理的任务

（1）宏观方面。宏观方面是国家谋求经济发展的重要指标，客观方面是促进社会资源合理配置的重要手段，要物尽其用。

（2）微观方面。

任务 1：合理组织货物收发，保证收发作业准确、迅速、及时，施工供货单位和客户满意。

任务 2：采取科学的保管保养方法，创造适宜的保管环境，提供良好的保管条件，确保物品数量准确、质量完好。

任务 3：合理规划并有效利用各种仓储设备，不断扩大存储能力，提高作业效率。

任务 4：积极采取有效措施，保证仓储设施、库存物品和仓库人员的安全。

任务 5：搞好经营管理，开源节流，提高经济效益。

4.1.2　配送中心仓储系统规划原则及内容

1．仓储系统规划原则

1）系统简化原则

要根据物流标准化做好包装和物流容器的标准化，把散装货物、外形不规则货物的组成标准的储运集装单元，实现集装单元与运输车辆的载重量、有效空间尺寸的配合、集装单位与装卸设备的配合、集装单位与仓储设施的配合，实现仓储系统的精简、可靠，同时确保与其他系统的协调一致。

2）成本与效益原则

在建设仓库和选择仓储设备时，必须考虑投资成本和系统效益原则。在满足作业需求的条件下，尽量降低投资。

3）平面设计原则

如无特殊要求，仓储系统中的物流都应在同一平面上实现，从而减少不必要的安全防护措施，减少利用率和作业效率低与能源消耗较大的起重机械，提高系统的效率。

4）柔性化原则

为了保证仓储系统高效工作，同时更好支撑整体配送中心长期持续发展，在仓储系统规划时，既需要配置针对性较强的物流设备，同时也需要注意机械和机械化系统的柔性与扩大经营规模的可能性。

5）物料处理次数最少原则

不管是以人工方式还是以自动方式，每一次物料处理都需要花费一定的时间和费用，通过复合操作，或者减少不必要的移动，或者引入能同时完成多个操作的设备，就可减少处理次数。

6) 最短移动距离,避免物流线路交叉原则

移动距离越短,所需的时间和费用就越低;避免物流线路交叉,即可解决交叉物流控制和物料等待时间问题,保持物流的畅通。

2. 仓储系统规划内容

1) 仓储系统作业规划

在进行仓储系统作业规划时,应以配送中心总体规划为基础,重点分析和考虑影响仓储系统作业规划的各因素,主要包括配送中心客户订单特点、配送需求的特点、配送商品类别、配送商品总量、配送频率等因素。

仓储系统作业规划包括仓储系统整体业务流程规划、仓储系统重点业务流程规划等。配送中心仓储系统作业整体流程通常包括集货——储存计划——入库——在库管理——盘点——流通加工——出库等。重点作业流程包括在库管理流程、盘点作业流程等。

2) 仓储系统的空间规划

在进行仓储系统的空间规划时,应先求出存货所需的空间大小,并重点分析和考虑影响储存空间规划的各因素,如货物尺寸数量、方式、托盘方式、托盘尺寸、货架货位等,然后进行区域的空间规划。堆码方式、托盘及货架的关系直接影响到空间的利用率。同时在仓储系统的空间规划时要考虑其与分拣区域的有效衔接。

仓储系统的空间规划内容包括:仓储区、分拣区的作业空间规划,柱间距设计,库房高度设计,通道规划,货架系统的布局设计等。其具体内容详见6.3节。

3. 自动化立体仓库规划设计

1) 自动化立体仓库的概念

《物流术语》(GB/T 18354—2006)定义:自动化立体仓库是指由高层货架、巷道堆垛起重机(有轨堆垛机)、出入库输送系统、自动控制系统、计算机仓储管理系统以及周边设备组成,可对集装单元物品实现自动化存取和控制的仓库。自动化立体仓库又称自动存取系统、自动仓库、自动化高架仓库、高架立体仓库、无人仓库、无纸作业仓库等,是指通过电子计算机和相应的自动控制设备对仓库的作业和仓储管理进行自动控制与管理,并通过自动化系统进行仓库作业的现代仓库。

2) 自动化立体仓库的优点

自动化立体仓库的使用可以带来巨大的社会效益和经济效益,它的优点主要体现在以下几个方面。

(1) 高层货架存储。由于使用高层货架存储货物,存储区可以大幅度地向空中发展,充分利用仓库的地面和空间,从而节省了库存占地面积,提高了空间利用率。采用高层货架存储,并结合计算机管理,可以容易地实现先入先出的原则,防止货物的自然老化、变质、生锈和发霉,也便于防止货物的丢失及损坏,对防火防盗等大有好处。

(2) 自动存取。自动化立体仓库使用机械和自动化设备,运行和处理速度快,提高了

劳动生产率,降低了操作人员的劳动强度;改善了工作环境,保证安全操作,促进文明生产。

（3）计算机控制。计算机能够始终不知疲倦并且准确无误地对系统各种信息进行存储和管理,因此能减少货物处理和信息处理过程中的差错,而人工管理不能做到这一点。同时借助计算机管理还能有效地利用仓库的存储能力,便于清点和盘库,合理减少库存,加快储备资金周转,节约流动资金,从而提高仓库的管理水平。

（4）信息集成。自动化立体仓库的信息系统可以与企业的生产信息系统集成,实现企业信息管理的自动化。使用自动化立体仓库,不仅促进了企业的科学管理,减少浪费,保证均衡生产,而且提高了操作人员素质和管理人员的水平。

3）自动化立体仓库的构成

自动化立体仓库主要包括以下几部分。

（1）高层货架:用于存储货物的钢结构,目前主要有焊接式货架和组合式货架两种基本形式。

（2）托盘(货箱):用于承载货物的器具,亦称工位器具。

（3）巷道堆垛机:用于自动存取货物的设备。按结构形式分为单立柱和双立柱两种基本形式;按服务方式分为直道、弯道和转移车三种基本形式。

（4）输送机系统:立体库的主要外围设备,负责将货物运送到堆垛机或从堆垛机将货物移走。输送机的种类非常多,常见的有辊道输送机,链条输送机、升降台、分配车、提升机、皮带机等。

（5）AGV(Automated Guided Vehicle)系统:自动导向小车。其根据导向方式分为感应式导向小车和激光导向小车。

（6）自动控制系统:驱动自动化立体仓库系统中各设备工作的控制系统,目前主要采用现场总线方式为控制模式。

（7）库存信息管理系统:亦称中央计算机管理系统,是全自动化立体仓库系统的核心。目前典型的自动化立体仓库系统均采用大型的数据库系统(如 ORACLE、SYBASE等)构筑典型的客户机/服务器体系,可以与其他系统(如 ERP 系统等)联网或集成。

4）自动化立体仓库的分类

（1）自动化立体仓库按建筑形式可分为整体式仓库和分离式仓库两种。

① 整体式仓库:货架除了存储货物以外,还作为建筑物的支撑结构,构成建筑物的一部分,即库房货架一体化结构,一般整体式仓库高度在 12 m 以上。这种仓库结构重量轻、整体性好、抗震好。

② 分离式仓库:存货物的货架在建筑物内部独立存在。分离式仓库高度在 12 m 以下,但也有 15～20 m 的,适用于利用原有建筑物做库房,或在厂房和仓库内单建一个高货架的场所。

（2）自动化立体仓库按仓库高度可分为高层仓库(>12 m)、中层(5～12 m)仓库、低层(<5 m)仓库三种。

（3）自动化立体仓库按货架的形式可分为单元货格货架式仓库、贯通式货架仓库、旋转式货架仓库、移动式货架仓库。

（4）自动化立体仓库按仓库的作业方式可分为单元（整箱拣货）式仓库和（拆零）拣选式仓库。

5）自动化立体仓库的规划与设计

（1）需考虑的基础数据：物料分类信息（存储物品类型）、物理空间限制（可用空间和高度）、出入库能力要求（库存周转周期）、控制水平的需求（存取量）、技术经济原则（周围公路和铁路布局及其他成本因素）。

（2）规划设计步骤。自动化立体仓库的规划设计步骤包括概念设计阶段、总体设计阶段和详细设计阶段。

① 概念设计阶段（企业情况调查分析）。在这一阶段，需要对企业进行调研，明确企业所要达到的目标，确定企业类型，明确立体仓库与上下游衔接的工艺过程，分析企业储存货物的特点，研究企业历史数据并统计计算出系统的作业能力，然后根据现实中存在的各种约束条件进行可行性分析。通过可行性分析确认必要性、明确企业要求、调查现场条件、调查基础资料、调查其他条件及特殊需求。

② 总体设计阶段（基本设计）。在这一阶段，确定仓库的结构类型和作业方式；确定货物单元的形状尺寸及重量；确定托盘单元的相关参数（根据企业存储的货物特点以及与上下游其他供应商的通用性问题，选择合适的尺寸及材质，并根据货物包装规格合理制定托盘单元的堆码方式及堆码高度）；确定货格单元尺寸（托盘单元的相关参数确定后，选择托盘的存储方式，依照货格设计手册根据托盘相应参数计算货格的尺寸参数）；确定货格数量及货架布局（根据企业的目标和系统的作业能力，计算系统中需要的货格数量，并根据该数量确定货架的总体尺寸，在满足约束条件的前提下确定货架形式和布局，并尽量降低货架的建设成本）；确定堆垛机械和配套设备的主要参数（在货架区的尺寸参数确定后，应依据该区域的布置选择堆垛机及其他搬运设备如叉车等的类型及相关参数，堆垛机的选型应满足出入库频率，而搬运设备的工作效率也应该同堆垛机匹配）；确定作业区与立体仓库区的衔接方式（在确定了立体仓库系统的主要作业设备以后，可根据系统布局及土建设计情况，确定作业区与立体仓库区的衔接方式，主要是输送机的布局方式及选型，输送机的运行效率也对系统作业效率有很大影响）；确定仓库总体尺寸、确定仓库总体布局、选定控制方式、选择管理方式、提出土建及公用设计的要求、投资概算、进度计划及监督。

③ 详细设计阶段。在这一阶段，根据总体设计的要求，对组成立体仓库的所有设备和设施进行详细设计或选型；规划设计方案确定后，利用专业的建模仿真软件构建系统模型并进行仿真运行，统计数据并进行分析；通过仿真数据统计及分析，找出系统存在的瓶颈并进行优化，使系统的设计方案达到最优；最终完成所有设备和设施的制造和施工图纸。

6）自动化立体仓库的总体布置

（1）物流模式（动线形式）。自动化立体仓库的物流模式主要有贯通式、同端出入式和旁流式。

① 贯通式：一端进、另一端出。该种模式一般用于出入库频率很高的立体仓库,它的出库站台一般分别在立体仓库两端,或者是两端均有出、入库站台。这种模式总体布置比较简单,便于管理操作和维护保养,但是,对于每个货物单元来说,要完成它的入库和出库全过程,堆垛机需要穿过整个巷道。

② 同端出入式：货物的进货和出货在巷道的同一端,包括同层同端出入式和多层同端出入式两种。该种模式是最常见的,这种布置的最大优点是能缩短出入库周期,特别是在仓库存货不满,而且采用自由货位储存时,优点更为明显。同时,可以挑选距离出入库口较近的货位存放货物,缩短搬运路程,减轻输送系统的压力,提高出入库效率。此外,入库作业区和出库作业区还可以合在一起,便于集中管理。

③ 旁流式：货物的进货和出货在仓库的侧面(一端),货架中间有通道分开。旁流式即在货架中间分开,设立通道,同侧门相通。这样就减少了货格,即减少了库存量,同时,由于可组织两条线路进行搬运,提高了搬运效率,方便了不同方向的出入库。

(2)高架区的布置。在单元货格式自动化立体仓库货架中,其主要作业设备是有轨巷道式堆垛机,简称堆垛机。自动化立体仓库货架中堆垛机的布置有三种方式。第一种是直线式,即每个巷道配备一台堆垛机;第二种是 U 形轨道式,即每台堆垛机可服务于多条巷道,通过 U 形轨道实现堆垛机的换巷道作业;第三种是转轨车式,即堆垛机通过转轨车服务于多条巷道。通常,以每条巷道配备一台堆垛机最为常见,但当库容量很大、巷道数多而出入库频率要求较低时,可以采用 U 形轨道式或转轨车式以减少堆垛机的数量。

(3)出入库输送系统。

① 叉车出入库方式：在高层货架的端部有出入库台。入库时,用叉车将货物单元从外围作业区运至入库台,再由堆垛机送入指定货位;出库时,由堆垛机从指定货位取出货物单元放到出库台上,再由叉车取出送至出库作业区。

② 连续输送机方式：这种方式与叉车出入库方式相比,只是将叉车换成了自动导引车。自动导引车上装有伸缩货叉,便于取放货物。操作人员在控制室内进行小车的控制,设定之后启动小车即可自动完成存取货过程,将货送至出库台或者巷道口。

③ AGV 方式：自动导引车从货物堆垛机处叉取货物单元,然后自动运行到预定的巷道前,将货物转载给输送机,输送机送至巷道口。接下来由堆垛机完成入库。出库作业流程是以上作业流程的逆运行。

④ 穿梭车方式：对于出、入库频率高或要求每天按品种、数量和固定时间有计划发货的仓库,就需要采用穿梭车实现自动连续输送。穿梭车在轨道上往复行走,将货物输送到指定货柜,或者是从指定货柜输送出库。轨道上穿梭车的数量可以是一台,也可以是多台。穿梭车输送系统,包括输送轨道和至少一台行走在该输送轨道上的穿梭车,还包括停靠轨道、中转轨道和切换机构等。

4.2 配送中心分拣系统规划

4.2.1 配送中心分拣系统概述

1. 分拣系统的概念

1) 分拣、拣货

分拣、拣货包括拣选、拣取、分类、集中、盘点、配货,拣货单位有单品、箱、托盘、大件、特殊品等。

2) 分拣作业

分拣作业(order picking)是按订单或出库单的要求,从储存场所拣出物品,并放置在指定地点的作业。其目的是正确而且迅速地集合客户所订购的货物。

3) 分拣系统

分拣系统由若干分拣要素组成,各相关要素有机结合而实现分拣作业合理化。通常分拣子系统的主要构成包括分拣设施设备、分拣策略、分拣方法、分拣单元、分拣路径安排等。

2. 分拣系统的分类

分拣系统按各主要影响因素的性质差异存在多种分类方式:按照订单的连续程度不同,可以分为单次分拣和连续分拣;按照自动化程度不同,可以分为人工分拣、半自动分拣(货至人)和全自动分拣;按照人员组合不同,可以分为单独分拣和接力分拣;按照是否分区,可以分为分区分拣和非分区分拣;按照订单释放模式,可以分为波浪分拣和持续分拣。

扩展知识 4.1
卷烟自动分拣系统

扩展知识 4.2
药品自动分拣系统

下面主要介绍全自动分拣和半自动分拣。

全自动分拣是利用计算机系统控制机械设备、无须人工介入即可完成分拣工作。常见的自动设备包括 A 型自动拣取机、机器人自动拣取机等。全自动分拣系统只适合在某些特殊情况下应用,如高价货品、精细货品的分拣。全自动分拣系统目前在国内外主要应用于药品、电子产品、卷烟等产品的分拣。

在半自动分拣系统中,又可以分为货至人系统和人至货系统。货至人系统属于半自动方式,该方法是自动仓库与人工相结合的拣货方式。在货至人系统中,分拣人员不用移动货物而利用设备自动搬运货物到分拣人员面前等待拣取。人至货系统又可分为高层拣货和低层拣货。在应用高层货架的分拣系统中,分拣人员需要乘坐提升拣货叉车或起重机来拣货。起重机会自动停在需要拣货的位置前等待分拣人员完成拣货活动。这种类型的系统叫作高层拣货系统或载人拣货系统。在低层拣货系统中,分拣人员沿着存储通道从货架上拣取货品。

目前的烟草配送中心虽然同时使用了机械和人力结合的分拣系统,但是如果忽略机械运行过程中的纠错等工作,那么从自动化程度上来讲更接近于全自动分拣。

4.2.2　拣选作业流程及其设计原则

1. 拣选作业流程

分拣作业开展中,根据配送的业务范围和服务特点,即根据客户订单所反映的商品特性、数量多少、服务要求、送货区域等信息,对分拣作业系统进行科学的规划与设计,制定出合理高效的作业流程。并在此基础上确定分拣作业方式、设计分拣信息传递单据、安排拣货作业路径和人员,将客户所订不同种类和数量的商品从储位或其他作业区域拣选出来,然后按一定的方式进行分类、集中,完成分拣作业。配送中心分拣系统作业流程详见图 4-1。具体作业内容见 7.4。

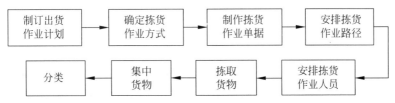

图 4-1　配送中心分拣系统作业流程

2. 拣选作业流程的设计原则

1) 分拣作业合理化原则

(1) 存放时应考虑易于出库和分拣。

(2) 提高保管效率,充分利用存储空间。

(3) 减少分拣错误。

(4) 作业应力求平衡化,避免忙闲不均的现象。

(5) 事务处理(即信息处理)和作业环节要协调配合。

(6) 分拣作业的安排要和配送路线的顺序一致。

(7) 缩短配送车辆如货车等运输设备的滞留时间。

2) 分拣作业预期目标

(1) 少等待——尽可能缩短闲置时间。

(2) 少拿取——尽可能采用输送设备或搬运设备,减少人工搬运。

(3) 少走动——做好拣货路线设计,尽可能缩短行走路径。

(4) 少思考——尽可能做到操作简单化。

(5) 少寻找——通过储位管理或电子标签等辅助拣选设备,尽可能缩短寻找货物的时间。

(6) 少书写——尽可能不用纸制单据进行拣货,以提高拣货效率,降低出错率。

(7) 少检查——尽可能利用条码设备进行货品检查,减少人工目视检查。

4.2.3 拣选作业的分类和方法

1. 拣选作业的分类

拣选作业按不同的标准分类如下。

(1) 按订单的组合,拣选作业可分为按单分拣、批量分拣、整合按单分拣、复合分拣。

(2) 按人员组合方式,拣选作业可分为单独分拣方式(一人一件式)和接力分拣式(分区按单分拣)。

(3) 按运动方式,拣选作业可分为人至货前分拣和货至人前分拣等。

(4) 按分拣信息与应用设备,拣选作业可分为分拣单(订单)分拣、标签分拣、电子标签分拣、RF(射频)分拣、IC(集成电路)卡分拣、自动分拣等。

2. 拣选作业的方法

1) 按单拣选(摘果法)

按单拣选是让拣货人员巡回于储存场所,按客户订单挑选出每一种商品,巡回完毕也完成了一次配送作业。将配齐的商品放置到发货场所指定的货位,即可开始处理下一张订单。

优点:按照客户订单需求拣货,有利于满足客户需求,增强客户满意度;对紧急需求可以集中力量快速拣选,有利于配送中心开展即时配送,增强对用户的保险能力;拣选完一个货单,货物配齐,货物可不再落地暂存而直接放到配送车辆上,有利于简化工序,提高效率;对机械化没有严格要求,无论配送中心设备多少、水平高低都可以采取这种工艺;用户数量不受工艺限制,可在大范围波动。

缺点:商品品项多时,分拣行走路径加长,拣取效率降低;拣取区域大时,搬运系统设计困难;少量多次拣取时,造成分拣路径重复费时,效率降低。

按单拣选方法适用于以下情况:用户不稳定,波动较大,不能建立相对稳定的用户分货货位、分货线;用户需求差异很大,有共同需求,又有很多特殊需求。用户需求种类多,统计和共同取货困难;需调整先后拣选配货顺序,满足用户配送不同时间(如紧急即时)需求。其对其他为主的工艺路线,起补充作用;是一般仓库改造成配送中心(或新建初期)时的一种过渡性办法;适合于直接面向基本消费者、随机性强的电子商务配送。

2) 批量拣选(播种法)

批量拣选是将每批订单的同种商品累加起来,从储存仓位上取出,集中搬运到理货场,并按每张订单要求的数量投入对应的分拣箱,分拣完成后分放到待运区域,直至配货完毕。

优点:适合订单数量庞大的系统;可以缩短拣取时行走搬运的距离,增加单位时间的拣取量;对少量、多频率的配送,批量拣取非常有效;可以实现复核功能。

缺点:对到来的订单无法做及时的反应,必须等订单达到一定数量时才能做一次处理,因此会有停滞的时间产生;只有根据订单到达的状况做等候分析,决定出适当的批量大小,才能将停滞时间减至最低。

3）单独拣选

单独拣选是一人持分拣单进入分拣区分拣货物，直至将取货单中内容完成为止。

优点：分拣简单，出错率低；不需要进一步分类处理。

缺点：分拣过程具有不固定性；需要耗费更长的行走时间。

4）分区拣选

分区分拣是将分拣区分为若干区，由若干名作业者分别操作，每个作业者只负责本区货物的分拣，携带分拣单的分拣小车依次在各区巡回，各区作业者按分拣单的要求分拣本区段存放的货物。

分区分拣又可以分为两种：分区接力分拣、分区汇总分拣。分区接力分拣指一个区域分拣完移至下一区段，直至将分拣单中所列货物全部分拣完。该分拣方式中分拣单即订单，不需要对订单拆分。分区汇总分拣指将一张订单拆成各区域所需的分拣单，再将各区域所拣取的商品汇集一起。

优点：将订单分解，能减少总的行走时间；每个人负责自己熟悉的一部分，能够提高分拣效率、降低出错率。

缺点：需要进行二次分拣；货物的分区原则需要不断改进，才能最大限度提高效率。

5）复合分拣方式

上面的四种分拣方式为基本的分拣方式，按单拣选与批量拣选为按订单一次处理多少划分。单独拣选和分区拣选为按分拣人员多少划分。

复合分拣为四种基本分拣方式的组合运用。

分拣作业方式比较统计表见表 4-3。

表 4-3　分拣作业方式比较统计表

分类依据		按单拣选（一单）	批量拣选（多单）	单独拣选（一人）	分区拣选（多人）
订单	按单拣选（一单）			方式 1	方式 3
	批量拣选（多单）			方式 2	方式 4
人员	单独拣选（一人）	方式 1	方式 2		
	分区拣选（多人）	方式 3	方式 4		

方式 1：一人一单式分拣

一张订单由一个人从头到尾负责拣取完毕。此种分拣方式的分拣单，只需将订单资料转为分拣需求资料即可。

方式 2：一人多单式分拣

此种方式主要应用在一天中每一订单只有少数品项的场合，为了提高输配送的装载效率，故将多张订单汇整成一张分拣单，由一人一次拣取后，集中捆包出库。

方式 3：多人一单式分拣

将储存区或分拣区划分成几个区域，一张订单由各区人员采用前后接力式或分区汇总式完成。前者只需一张分拣单，不需将一张订单拆成几张分拣单；后者需要将一张订单拆成各区域所需的分拣单，再将各区域所拣取的商品汇集一起。

方式 4：多人多单式分拣

多张订单合并后按照分区分拣方式分拣完成，同样分为接力式和汇总式两种。

按单分拣和批量分拣是两种最基本的分拣方式。比较而言，按单分拣弹性较大，临时性的生产调整较为容易，适合少品种、大批量的客户订货，订货大小差异较大，订单数量变化频繁，有季节性趋势，且货品外形体积变化较大，货品特性差异较大，分类作业较难进行的物流中心。批量分拣的作业方式适用于订单大小变化小，订单数量稳定，且货品外形体积较规则，需流通加工的物流中心。

以上分拣方式可以组合使用。在物流中心规划中要根据不同类别的商品属性选择不同的分拣作业方式，一个物流中心可以有多种分拣方式共同运作。

4.2.4 不同拣选信息传递方式下的拣选作业方法

拣选信息来源于客户订单，主要目的是指示拣选人员在既定的拣货方式下正确而迅速地完成拣选作业。拣选信息既可以通过手工单据来传递，也可以通过其他电子设备和自动拣货控制系统来传输。

（1）传票拣选：是指直接利用客户的订单或公司的交货单作为拣选指示。拣选作业人员一面看着订单的命名，一面寻找货品，需要来回行走才可拣完一张订单。

优点：无须利用计算机等设备处理拣选信息，适用于订购商品品项少或少量订单的情况。

缺点：传票容易在拣选过程中受到污损；未标示产品的货位，必须靠拣选人员的记忆在储区内寻找存货位置，没办法引导拣选人员优化分拣路径，无法选用拣选策略提升拣选效率。

（2）拣选单拣选：是目前最常用的拣选方式，将原始的客户订单输入计算机后进行拣选信息处理，打印拣选单。拣选单的品名按照货位编号重新编号，拣选员按其编号寻找货品，来回一趟完成一张订单，对拣货人员的要求不高，即使是不识货品的新手也能拣选。

优点：避免传票在拣选过程中受到污损，可修正拣选作业中发生的错误；货位显示在拣选单上，引导拣选人员按最短路径拣选；可充分配合拣选策略，提升拣选效率。

缺点：拣选单处理打印工作耗费人力、时间；拣选完成后仍需要经过货品检验过程，以确保其正确无误。

（3）标签拣选：是一种防错的拣货方式，主要被应用在高单价的货品拣货上。因可以利用标签上的条码来自动分类，效率非常高。当接到客户订单之后，经计算机处理，依据货位的顺序排列拣货标签，订购几箱（件）货品就打印几张标签，标签张数与订购数量一样，拣货人员依据拣货标签上的顺序拣货。

优点：结合分拣与贴标签的动作，缩短整体作业时间；可以在分拣时清点分拣数量，提高拣选正确性。

缺点：若要同时打印出价格标签，必须统一下游客户的货品价格和标签形式；价格标签必须贴在单品上；操作环节复杂，拣货费用高。

（4）电子标签辅助拣选：也叫电子标签拣货，是一种计算机辅助的无纸化的拣货方式，其原理是在每个货位安装数字显示器，利用计算机程序控制将订单信息传输到数字显示器内,拣货人员根据数字显示器所显示的数字来拣货,拣货完成之后按确认按钮即完成拣货工作。电子标签辅助拣选系统的优点主要是:拣选成功率高,不容易拣错货;省去来回寻找待拣货品的时间,拣选速度提高;员工适应性强,不太识货的新手也能拣货。

(5) RF 辅助拣选:是一种计算机辅助的拣货方式,其原理是利用掌上计算机终端、条码扫描器及 RF 无线电控制装置的组合,将订单资料由计算机主机下载到掌上终端,拣货人员根据掌上终端所指示的货位,扫描货位上的条码完成拣选工作。

(6) IC 卡辅助拣选:是一种计算机辅助的拣货方式,其原理是利用计算机、条码扫描器将订单资料由计算机主机拷贝到 IC 卡上,拣选人员将 IC 卡插入计算机,根据计算机上所指示的货位,刷取货位上的条码。

(7) 自动拣选:是指分拣动作由自动机械手负责完成,电子信息输入后自动完成拣选作业,无须人工介入的拣选方式。

4.2.5　拣选策略

1. 分区策略

分区策略主要是按订单分区,具体又包括以下分区策略。

1) 按货物特性分区

根据货物原有的性质,将需要特别储存搬运或分离储存的货物进行区隔,以保证货物的品质在储存期间保持稳定。可按商品性质、储存要求、搬运要求等分区。分区原则是尽量使用共同设备,以使设备成本降低。

2) 按拣货单位分区

在同一储存区内分区时,要将储存单位与拣货单位分类统一,以方便拣取与搬运作业单元化,将拣取作业单纯化。

如 AS/RS(自动存取系统)自动仓储系统及托盘货架都是以托盘为储存单位的,AS/RS 自动仓储系统又以托盘为取出单位,而托盘货架则以箱作为分拣单位,因此可按分拣单位的差异再做分区设计。

另外,在分区设计时还须参考分拣方式,若按单分拣,则分拣分区可完全按分拣单位决定的结果;若批量分拣,则分拣单位必须依订单分批后合计量的结果进行修正。

3) 按拣货方式分区

分拣方式在此除有批量分拣和按单分拣的区别外,还包括搬运、分拣机器设备等差异。如想在同一分拣单位分区之内采取不同的分拣方式或设备,就必须考虑分拣方式的分区,如电子标签货架拣选区、RF 拣选区、台车拣选区等。

通常考虑的重要因素是货物被订购的概率及订购量,概率和订购量越高时应采取越具时效性的分拣方式和设备。如按照商品销售的 ABC 分类,便于作业区单纯化、一致化,以减少不必要的重复行走所耗费的时间。

4) 按工作分区

由一个或一组固定的拣货人员负责拣货区域内的货物,可先订出工作分区的组合并预计其分拣能力,再计算出所需的工作分区数。其计算公式如下:

$$工作分区数＝总分拣能力需求/单一工作分区预估分拣能力$$

优点：能减少拣货人员所需记忆的存货位置及移动距离,短时间内共同完成订单的拣取,但必须要注意工作平衡的问题。

2. 订单分割策略

当一张订单所订购的商品项目较多,或欲设计一个讲求及时快速处理的拣货系统时,为了使其能在短时间内完成拣货处理,可将订单切分成若干子订单,交由不同的拣货人员同时进行拣货作业以加快拣货的速度,此即订单分割策略。

订单分割策略必须与分区策略联合运用才能有效发挥作用。订单分割策略按分区策略而定,一般订单分割策略主要用于配合分拣分区的结果,因此在分拣单位分区、分拣方法分区及工作分区完成之后,再决定订单分割的大小范围。

1) 按分拣单位分区的订单分割策略

按分拣单位分区的订单分割策略如图 4-2 所示。

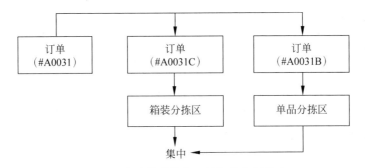

图 4-2　按分拣单位分区的订单分割策略

2) 按分拣方式分区的订单分割策略

按分拣方式分区的订单分割策略如图 4-3 所示。

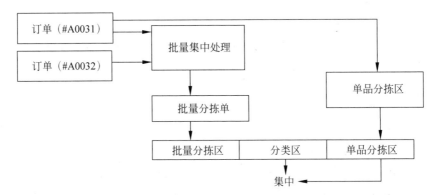

图 4-3　按分拣方式分区的订单分割策略

3) 按工作分区的订单分割策略

按工作分区的订单分割策略如图 4-4 所示。

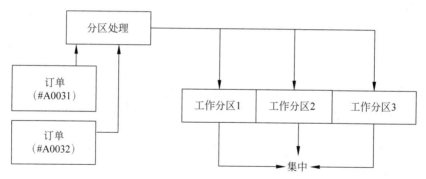

图 4-4　按工作分区的订单分割策略

3. 订单分批策略

为了提高分拣作业效率,把多张订单集合成一批,进行批次分拣作业。订单分批的原则和批量的大小是影响分拣效率的主要因素。订单分批方式与适用情况详见表 4-4。

表 4-4　订单分批方式与适用情况

	适用情况	配送客户数	订货类型	需求频率
分批方式	总合计量分批	数量较多且稳定	差异小而数量大	周期性
	固定订单量分批	数量较多且稳定	差异小且数量小	周期性或非周期性
	时窗分批	数量多且稳定	差异小且数量小	周期性
	智能型分批	数量较多且稳定	差异较大	非即时性

1) 总合计量分批

这种分批方式较为简单,只需将所有客户需求的货物数量统计汇总,由仓库中求出各项货物需求总量,再进行分类作业即可。

优点:一次拣出商品总量,可使平均拣取路径减到最短;储存区域的储存单位单纯化。

缺点:需要功能强大的分类系统完成分类作业,订单数不可过多。

适合场合:固定点之间的周期性配送,可将所有的订单在中午前收集,在下午进行合计量分批拣货单据的打印等资讯处理,隔日一早开始进行拣取、分类等工作。

2) 固定订单量分批

固定订单量分批策略下分批次数的计算公式如下:

$$分批次数 = 订单总数 / 固定量$$

采取先到先处理的基本原则,按订单到达的先后顺序做批次安排,当累计订单数到达设定的固定量时,再开始进行拣货作业。较先进的方法是利用智能分批的原则,将订货项目接近的订单同批处理,以缩短分拣移动的距离。

优点:维持稳定的拣货效率,使自动化的拣货、分类设备得以发挥最大功效。

缺点:订单的商品总量变化不宜太大,否则会造成分类作业的不经济。

3）时窗分批

时窗分批策略下，分批次数计算公式如下：

$$分批次数＝作业总时间/时窗（TW）$$

按时间分批，固定时间称为时窗（1小时、30分钟等）。该方式的重点在于时窗大小的决定，决定的主要因素是客户的预期等候时间及单批订单的预期处理时间。为了适应客户的紧急需求，因此时窗的大小不应过长，且每批订单处理的时间在分拣系统的设计中也应尽可能缩短。

此分批方式较适合密集频繁的订单，且较能应付紧急插单的要求。

4）智能型分批

智能型分批方式是技巧性较高的一种分批方式，适合仓储面积较大、储存货物项目多的分拣区域。订单通常在前一天汇集之后，经过计算机处理，将订货项目相近或分拣路径一致的货物分为同批，求得最佳的订单分批，以缩短分拣寻找的时间及移动的距离。

要做到智能型分批，最重要的就是货物储放位置和货位编码的相互配合，使得订单输入货物编号后就可凭借货物货位编号了解货物储放位置的情况，再根据分拣作业路径的特性，找出订单分批的法则。

优点：分批时已考虑到订单的类似性及拣货路径的顺序，使拣货效率更进一步提高。

缺点：所需软件技术层次较高、不易达成，且信息处理的前置时间较长，若发生紧急插单，处理作业较为困难。

4．分类策略

采取批量分拣作业方式时，拣选完后还必须进行分类（集中），而且不同的订单分批方式分类作业的方式也有所不同。也就是说，决定分类方式的主要因素是订单分批的方式。不采取批量分拣的作业方式就不需要进行分类作业。分类方式有以下两种。

1）分拣时分类

方法：在分拣的同时将货品按各订单分类；常与固定量分批或智能型分批方式联用；需使用计算机辅助台车作为拣选设备，加快分拣速度。

适用场合：较适用于少量多样的场合。

2）分拣后分类

方法：以人工作业为主，将货品总量搬运至空地上进行分发；利用分类输送系统进行集中分类。

适用场合：适用于整箱拣选；拣选货品较重、体积较大的场合。

分类方式除了受订单分批方式的影响外，分类方式的特性也可作为选择分类方式的参考依据，具体情况详见表4-5。

表4-5　分类策略与订单特性统计表

特性分类方式		处理订单数量	订购货物品项数	货物重复订购频率
分拣时分类		多	少	较低
分拣后分类	分类输送机	多	多	变化较大
	人工分类	少	少	较高

以上各种不同的分拣策略效果与各种储存策略有关,具体情况详见表 4-6。

表 4-6　拣取策略与储存策略配合情形汇总表

储存策略	拣 货 策 略							
	单一顺序拣取		批量拣取		分类式拣取		接力式拣取	订单分割拣取
	分区	不分区	分区	不分区	分区	不分区		
定位储存	○	○	○	○	○	○	○	○
随机储存	×	×	△	×	×	×	×	○
分类储存	○	○	○	○	○	○	○	○
分类随机储存	△	×	○	○	○	△	△	○

注:○:适合;△:尚可;×:不适合。

4.2.6　配送中心分拣系统规划

1. 分拣系统规划设计流程

配送中心分拣系统规划设计流程如下:首先进行商品订单资料分析,明确配送需求、商品配送的特点、商品存储、分拣的批量、频率等,为分拣系统规划设计打下基础。之后在分拣系统设计中进行拣货单位的确认,拣货策略的选用、拣选信息的确认;同时结合仓储系统设计中商品库存量设定、存储区域规划设计、存储方式运用、存储货架选用等情况;最终进行分拣系统设备选型及布置设计。具体流程图详见图 4-5。

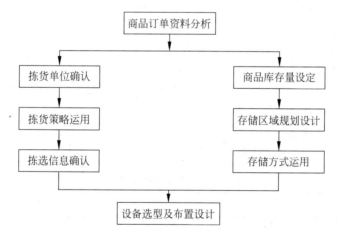

图 4-5　配送中心分拣系统规划流程

2. 分拣系统规划内容

1) 拣货单位的确认

确定拣货单位的必要性在于避免拣选及出货作业过程中对货物进行拆装甚至重组,以提高分拣系统的作业效率,同时也是为了适应拣选自动化作业的需要。主要的拣货单位有托盘、箱、单品等几种形式。基本拣货模式统计表详见表 4-7。

表 4-7　基本拣货模式统计表

基本拣货模式编号	存储单位	拣货单位	标识
1	托盘	托盘	P　P
2	托盘	托盘＋箱	P　P　C
3	托盘	箱	P　C
4	箱	箱	C　C
5	箱	箱＋单品	C　C　B
6	箱	单品	C　B
7	单品	单品	B　B

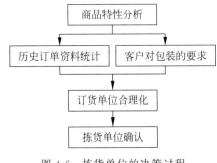

图 4-6　拣货单位的决策过程

拣货单位的决策过程：首先进行商品特性分析，其次结合历史订单资料的统计情况和客户对包装的要求等掌握订单分拣规模、分拣频次、包装规格等特性，结合客户对商品包装的要求，再次结合订货单位确认合理化程度，最终确认拣货单位。其具体决策过程如图 4-6 所示。

一般存储单位必须大于或等于拣货单位，入库单位设定通常等于最大的存储单位。

存储单位确定的步骤如下。

（1）订出各货品的一次采购最大、最小批量及提前期。

（2）设定出配送中心的服务水平，即订单到达后几日内送达。

（3）若服务水平＞采购提前期＋送达时间，且货品每日被订购量在采购最小批量和最大批量之间，则该项货品可不设置存货位置。

（4）如果货品平均每日采购量×采购提前期＜上一级包装单位数量，则存储单位＝拣货单位；反之，则存储单位＞拣货单位。

2）分拣方式的确定

分拣方式确定对照表详见表 4-8。

表 4-8　分拣方式确定对照表

出货品项数范围		货品重复订购频率（IK 值）		
		高	中	低
出货品项数 （EN 值）	多	按单＋批量拣选	按单拣选	按单拣选
	中	批量拣选	批量拣选	按单拣选
	少	批量拣选	批量拣选	批量＋按单拣选

3）拣选策略的运用

在分拣系统规划设计中，最重要的环节就是拣选策略的选用，由于拣选策略的四个主要因素（分区、分割、分批、分类）之间存在互动关系，在做整体规划时，必须按照一定的顺序才能把复杂程度降到最低。

分拣策略运用组合如图 4-7 所示,从左至右是分拣策略运用时所考虑的一般次序,可以相互配合的策略方式用箭头连接,所以任何一条由左至右可联通的组合链就表示一种可行的分拣策略。

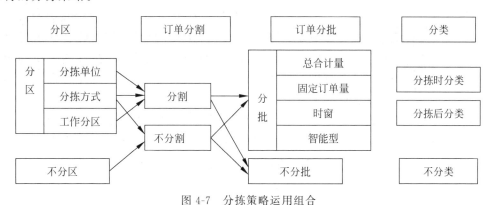

图 4-7 分拣策略运用组合

4)拣选信息的处理

拣选作业方式与拣选信息配合的情形详见表 4-9。

表 4-9 拣选作业方式与拣选信息配合的情形

拣选信息	适合的拣选作业方式
传票	按单拣选、订单不分割
拣选单	适合各种传统的拣选作业方式
拣选标签	批量拣选、按单拣选
电子信息	分拣时分类、工作分区、自动拣选系统

5)拣选设备的选型

拣选设备的选型通常需要结合配送中心的规模、自动化程度等因素来确定,常见的拣选设备选型包括人工拣选、"人工+手推作业车"拣选、机动作业车拣选、传动输送带拣选等几种形式,具体拣选设备选型与配备详见第 5 章。

人工拣选:该方式适合自动化程度较低、规模较小、订单量不大的配送中心,主要是人、货架、集货设备(货箱或托盘)配合使用。

"人工+手推作业车"拣选:该方式适合自动化程度较低、规模中等、订单量不密集的配送中心,主要是人、货架和带有计算机随行系统的手推车配合使用。

机动作业车拣选:该方式适合自动化程度中等、规模较大、订单量较大的配送中心,主要是人、货架、机动作业车配合使用。

传动输送带拣选:该方式适合自动化程度较高、规模较大、订单量大且订单密集的配送中心,主要是自动分拣系统的选用。

自动分拣机是自动分拣系统的主要组成部分之一。其主要类型有 A 型自动仓库、A 型分拣机、移动拣货机器人、存储式自动分拣机、卧式分拣机以及自动杂志分拣机、邮件分拣机和信件分拣机等。

6）分拣作业系统布置

分拣作业系统布置包括：存储货架与拣货货架不分开，存储货架与拣货货架分别布置。

（1）存储货架与拣货货架不分开。存储货架与拣货货架不分开的布置形式适合于不同规模的配送中心，在这种设置中存储区和拣货区共用同一个货架，在具体的布局中又分别有使用两面开放式货架和使用单面开放式货架等不同形式。

① 使用两面开放式货架。图 4-8 即是使用两面开放式货架货物流向布置的一种典型，由图可以看出，在这种布局中货架两面开放从货架的一面进行储存，从货架的另一面进行分拣。该种布置形式适用于小规模的配送中心。

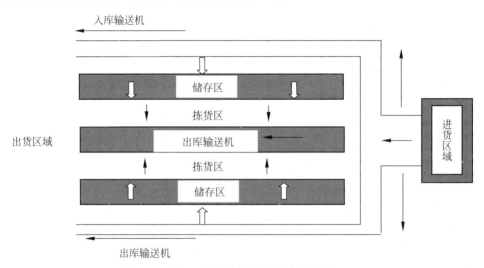

图 4-8　两面开放式货架货物流向布置图（一）

图 4-9 即是使用两面开放式货架货物流向布置的另一种典型，由图可以看出，在这种布局中货架两面开放，货架的中间区域为储存区，货架的两侧为分拣区。该种布置形式适用于大规模的配送中心。

② 使用单面开放式货架。图 4-10 即是使用单面开放式货架货物流向布置的典型，由图可以看出，在这种布局中货架单面开放，货架的储存区和分拣区是不分开的，通常根据货架的不同层高来确定其不同的功能，通常把中间层适合分拣的高度范围内的货架区域作为分拣区，把较高层或最低层不适合分拣的区域作为储存区。该种布置形式不适用于出入库太频繁的配送中心。

（2）存储货架与拣货货架分别设置。图 4-11 即是存储货架与拣货货架分别设置的货物流向布置的典型，由图可以看出，该种布置有专门的存储货架区域和专门的拣货货架区域，比较适合进出货量差异大，或出、入库货物包装单位不同的配送中心。

7）分拣路径

分拣路径问题主要是规划分拣的顺序，通常以分拣效率最高为目标。国内外相关研

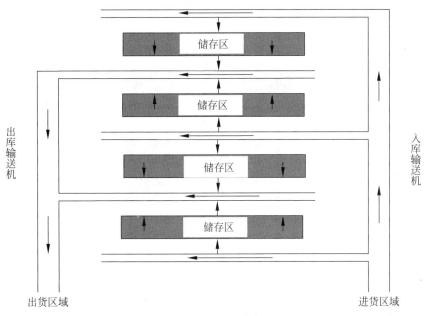

图 4-9　两面开放式货架货物流向布置图(二)

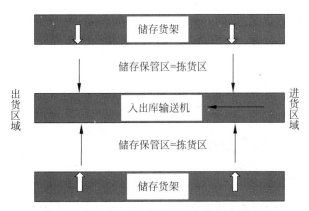

图 4-10　单面开放式货架货物流向布置图

究通常集中在启发式的路径规划问题上。

常用的启发式的路径规划主要有穿越、回转、中点回转、最大间隙等方法,以及分割回转以及通道接通道等策略。

穿越方法尤其适用于拣货密度高的仓库,即分拣人员或设备的行走路径经过所有货物的位置,且不重复。根据该方法行走过的路径形状,也称其为"S"形路径方法。

回转方法,即分拣人员或设备的行走路径经过所有需要货物的位置,不需要的路径可以省略。

中点回转方法是从中点将分拣区分成两部分。即分拣人员或设备以相同的方法先后在两部分进行行走,最后刚好能从入口出去的分拣方法。分割回转策略与其大体相似,但是无须以中点进行划分。

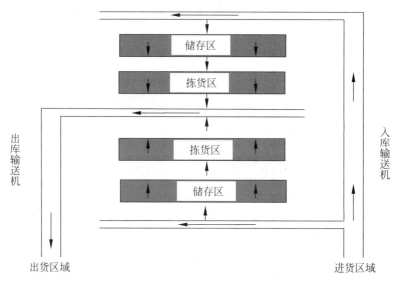

图 4-11　存储货架与拣货货架分别设置的货物流向布置图

最大间隙方法是指通道内任意两个相邻拣取位置之间的距离如果大于这两个位置与通道两端的距离,分拣人员或设备就会折返的分拣方法。

通道接通道策略适用于具有"井"字形通道布局的仓库,分拣人员或设备分拣完成某一行或一路通道上的货物后,会依据某一规则转到其他通道分拣,而该方法的重点就是确定这一规则。

4.3　配送中心配送系统规划

4.3.1　配送中心配送系统概述

1. 配送系统的构成

(1) 配送的主体是实施配送的组织,配送中心的配送工作主要是由配送中心承担,特殊情况下由外部合作伙伴来完成。

(2) 配送的客体是为客户配送的产品,主要是配送中心客户订单所涉及的各种商品或物资。配送的客体通常存在种类多、数量小、配送频率高等特点。

(3) 配送的环境是配送活动发生的客观环境,包括配送中心内部环境和外部环境。

(4) 配送的设备是配送活动发生的过程中涉及的相关设施设备,主要包括分拣设备、分拣输送设备、装卸搬运设备、配送车辆等。

2. 配送系统的功能要素

(1) 备货。备货是配送的集货功能,包括用户需求测定、筹集货源、订货或购货、进货及有关货物的数量质量检查、结算交接等。

(2) 储存。配送储存是按一定时期的配送要求,形成的对配送资源的保证。配送中的储存有储备及暂存两种形态。

（3）订单处理。订单处理是指配送企业从接受用户订货或配送要求开始到货物运交客户的整个过程中有关订单信息的处理工作。其包括：接受用户订货或配送要求，审查单证，核对库存，下达货物分拣、配组、输送指令，填制发货单证，登记账簿，回应或通知用户，办理结算，退货处理等。

（4）分拣及配货。分拣及配货是送货的支持准备性工作。因此，从集装单元的确定，到保管区的形式和布置等，都要有利于拣选作业效率的提高，有利于拣选作业的机械化和自动化。

（5）配装。在单个用户配送数量不能达到车辆的有效载运负荷时，可以通过集中不同用户的配送货物，进行搭配装载以充分利用运能、运力。

（6）运送。运送即配送运输，是一种较短距离、较小规模、较高频率的运输形式，一般使用卡车作为运输工具，运输路线是多条的、复杂的，且在城市内小区域运输比较多。

（7）送达服务。实现运到货物的移交，有效、方便地处理相关手续并完成结算。应严格执行订单有关要求，讲究卸货地点、卸货方式等送达服务工作，特别在给消费者配送大件家电产品和给工矿企业配送机电仪器设备时，可能还要负责对设备进行安装调试等工作。

（8）配送加工。配送加工是流通加工的一种，它取决于用户要求，加工的目的较为单一，即提高用户的满意程度。它对商品不做性能和功能的改变，仅仅是商品尺寸、数量和包装形式的改变。

（9）回程。在进行稳定的计划配送时，回程车可将包装物、废弃物、残次品运回集中处理，或将用户的产品运回配送中心，作为配送中心的配送货源，以便提高车辆利用率。

3. 配送系统的目标要求

配送系统作为一个系统的有机整体，它的目标和整个配送中心系统的目标基本一致，即在满足一定的服务水平的前提下，尽可能降低配送中所产生的费用，追求时效性、便利性、可靠性、经济效益和优质服务。具体来说，可细分为以下几个目标。

（1）快速。快速是配送的要求，也是配送服务存在的基础。因为配送是一种服务，在快节奏的生产、细化的社会分工及激烈的市场竞争下，快速是企业生存之本。

（2）及时。及时是配送的生命。在供应链环境下配送中心作为企业的合作伙伴，及时能够辅助企业实施"零库存"的战略，降低生产成本，是整体供应链提升竞争力、处于不败之地的保障，因此及时越来越成为使客户满意的重要标准。

（3）可靠。配送的可靠性即效果目标，是配送中心生存之本。仅提供快速、及时的服务只是配送的一部分，唯有保证了货物的安全才是客户最终的长期需求。

（4）节约。降低成本，增加利润。利润是企业生存发展的基本，降低成本提高利润是企业永恒的追求，借助于降低成本可以增加企业的生存空间，促进企业长期可持续发展。

4.3.2　配送中心配送系统规划设计

1. 配送系统分析

1) 系统分析

一个系统应该随着经济的发展而发展,它不是一成不变的,因此,在建立一个系统或经营一个系统时,应该全面分析研究影响系统的内外环境因素,把握系统的运行特点,据此进行设计和调整,以保证系统的有效性。系统分析可以分为以下几个步骤:通过调查获得进行系统分析所需要的数据;将这些数据组合建立系统规模模型并对模型进行模拟及解析分析;对整个系统进行反复迭代设计。

2) 配送系统分析的一般原则和内容

在配送系统的规划和设计过程中,要首先对配送系统的一个或多个部分进行有次序、有计划的调查了解,以确定各个部分对整个系统运行的影响。

在配送系统分析时,分析的对象可能是一项简单的作业活动,如对分拣作业的效率和准确度进行分析,也可以是对整个配送系统的分析和重新再设计,包括配送中心的规划、配送区域的确定、配送作业流程的再设计等。

(1) 配送系统分析的一般原则:实现配送系统整体目标的原则;坚持局部优化服从整体优化的原则。

(2) 配送系统分析的内容。

① 配送系统的整体分析:对配送系统的各个环节进行综合性分析,一般在配送系统最初建立时进行。配送系统的整体分析包括客户需求、整体目标、选址、物流系统流程等内容。

② 配送系统的局部分析:当配送系统的整体已经建立,需要对局部进行改造优化时,通常基于一定的要求进行配送服务质量、配送成本、配送作业效率等局部分析。配送系统的局部分析包括每一子系统配送作业活动分析、详细细节分析等内容。

2. 配送系统设计步骤

配送系统设计步骤如图 4-12 所示。

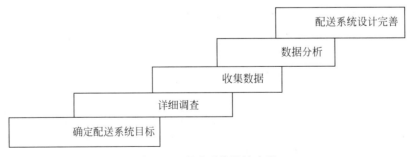

图 4-12　配送系统设计步骤

(1) 确定配送系统目标。在配送系统开始设计之前,首先应明确系统的整体目标,再将系统的目标进一步明确、量化。比如,送货次数的量化。某一配送中心的送货政策如下：在固定送货日，提供无偿的送货服务，每月的送货次数根据零售店的销售规模来确定，分为五个档次：3 次/周（周销量 30 万元以上）；2 次/周（周销量 4 万～30 万元）；1次/周（周销量 1 万～4 万元）；1 次/隔周（周销量 1 万元以下）；1 次/月。若在非送货日内，客户要求紧急送货，则需额外付费。

（2）详细调查。详细调查是指要对现有配送系统的组织结构、功能体系、业务流程及制约因素等方面进行调查分析。在调查分析的过程中，尽可能使用各种形象和直观的图表，帮助管理人员描述系统、记录要点和分析问题。在组织结构调查时应明确相关组织部门、工作职责、相互关系、决策内容等；在功能体系调查时应明确功能体系结构、子系统及其功能。在业务流程调查时应弄清各职能在有关部门具体完成的情况，以及在完成这些职能时信息处理工作的一些细节，也即要完成对管理业务流程的调查与分析。在制约因素分析时要明确配送系统的制约因素，在系统设计时作为约束条件加以考虑。

（3）收集数据。在分析配送系统时需要对配送的产品、现有的配送规模、配送设施、客户的基本信息、客户的配送需求等基础数据进行收集，为配送设计打下基础。

（4）数据分析。采用相关的数据分析方法对收集到的相关数据进行分析。分析方法有：①模拟法；②SAD 法（System Accommdation and Development，系统调整与发展分析方法）；③PERT 网络分析法（Program Evaluation and Review Technique，计划评估和审查技术）。

（5）配送系统设计完善。系统设计的最后工作是对研究结果进行完善。配送系统的改进不是一次就可以的，而是一个持续递进的过程。系统的全面变革对于大多数配送中心来说影响都很大，往往无法承受，而且也可能导致对客户服务功能的中断，如订单遗失、配送货物数量错误、缺货现象频繁发生等。

3. 配送系统设计内容

配送系统设计的内容主要包括配送运输、车辆调度、车辆配载、线路优化、配送设备配备等。配送设备内容详见第 5 章，配送运输、车辆调度、车辆配载、线路优化等重点内容详见 4.3.3 和 4.3.4 小节。

4.3.3　配送中心配送运输

1. 配送运输的概念

（1）定义：配送运输是指将被订购的货物使用汽车或其他运输工具从配送中心送至客户手中的活动。它是对干线运输的一种补充和完善，属于末端运输、支线运输，主要由汽车运输进行。

（2）特点：时效性、安全性、沟通性、方便性、经济性。

（3）影响因素：配送运输的影响因素包括动态因素和静态因素。动态因素包括车流量变化、道路施工、客户的变动、可调动的车辆变动；静态因素包括客户的分布区域、道路交通网络、车辆运行限制。

2. 配送运输的方法

(1) 汽车整车运输:指同一收货人,一次性需要到达同一站点,且适合配送装运 3 t 以上的货物运输,或者重量在 3 t 以下,但其性质、体积、形状需要一辆 3 t 以上车辆一次或一批运输到目的地的运输。其特点是中间环节少,送达速度快,通常以整车为基本单位订立运输合同,以便充分体现整车配送运输的可靠、快速、方便、经济等特性。整车配送运输的基本程序是按客户需求订单进行配货、验货、配车、装车、发车、运送、卸车交付、运杂费结算、货运事故处理、退货处理等。整车运输的组织原则:连续性原则、协调性原则(运输过程中的各个环节、各项作业之间,在时间上尽可能保持平行关系,在生产能力上保持比例关系)、均衡性原则(配送中心内部各个环节在同一时期内完成大致相等的工作量,或稳步递增的工作量,尽可能避免出现时松时紧、前松后紧等情况)。

(2) 多点分运:保证满足客户要求的前提下,将多个客户的配送货物进行搭配装载,以充分利用运能、运力,降低配送成本,提高配送效率。多点分运通常包括往复式行驶线路、环形行驶路线、汇集式行驶路线、星形行驶路线等形式,具体说明如下。

① 往复式行驶线路:一般指配送中心对一个客户的专门关系。其基本条件是客户的需求量接近或大于可用车辆的核定载重量,需要专门派一辆或多辆车一次或多次送货。根据回程运载情况,具体可分为三种形式:单程有载往复式线路、回程部分有载往复式线路、双程有载往复式线路。

② 环形行驶路线:指配送车辆在由若干客户点连成的封闭回路上,所做的连续单向运行的行驶路线。车辆在环形行驶路线上行驶一周时间,至少应完成两个运次的货物运送任务。由于不同运送任务其装卸作业点的位置分布不同,环形行驶线路可分为四种形式,即简单环形、交叉环形、三角环形、复合环形。

③ 汇集式行驶路线:指配送车辆沿分布于运行线路上各物流节点,依次完成相应的装卸任务,而且每一次的货物装载量均小于该车核定载重量,沿路装或卸,直到整车装满或卸空,然后再返回出发点的行驶线路。汇集式行驶线路可分为直线形和环形两类,其中汇集式直线形线路实质是往复式行驶线路的变形。这两种类型的线路各自都可分为分送式、聚集式、分送-聚集式。

④ 星形行驶路线:指车辆以配送中心为中心,向周围多个方向上的一个或多个节点行驶而形成的辐射状行驶线路。

(3) 快运:根据 2011 年 12 月 30 日国家质量监督检验检疫总局、国家标准化管理委员会联合发布《快递服务》系列国家标准的有关规定,同城快递服务时限不超过 24 h、国内异地快递服务时限不超过 72 h、港澳台快递服务时限不超过 6 个工作日。除出现海关清关障碍等因素外,寄达下列地区各国主要城市的国际快递服务时限应满足以下要求:亚洲和北美洲地区快递服务时限不超过 6 个工作日、欧洲地区快递服务时限不超过 8 个工作日、大洋洲快递服务时限不超过 9 个工作日、其他地区国际快递服务时限可视实际情况而定。

3. 合理运输

1) 不合理运输的概念及表现

不合理运输是指对国民经济不产生任何经济效益与作用,而又相对增加运输工作、运输费用或运输时间的运输,以及没有很好利用各种运输方式和无谓浪费运输能力的运输。

不合理运输的表现有:返程或起程空驶;对流运输;迂回运输:在货物发点与收点之间有两条以上的同类交通线可以采用时,未能利用最短路径的运输,称为迂回运输;过远运输。舍近求远的物资运输;运力选择不当(弃水走陆,铁路、大型船舶的过近运输,运输工具承载能力选择不当);托运方式选择不当(应选整车的选择零担、应当直达的选择中转)。

2) 合理运输的概念及标志

合理运输是在物资实体从生产地至消费地转移的过程中,充分有效地利用各种运输工具的运输能力,以最少的人、财、物消耗,及时、迅速、按质按量和安全地完成运输任务。

合理运输的标志:运输距离最短、运输环节最少、运输时间最短、运输费用最省。

3) 合理运输的举措

配送运输合理化的具体措施:减少运输数量,缩短运输距离;提高运输工具的实载率;周密进行运输系统设计;采用"四就"直拨运输;科学选择运输方式,避免动力闲置浪费;提高装备技术水平,提高运输技术含量;发展社会化运输体系,采用现代运输方式。

4.3.4　车辆调度与车辆路径优化

1. 车辆调度

1) 车辆调度的概念

车辆调度是指制定行车路线,使车辆在一定的约束条件下,有序地通过一系列装货点和卸货点,达到诸如路程最短、费用最小、耗时最少等目标。

2) 配送车辆调度的问题

配送车辆调度的问题主要包括:单配送中心、多配送中心问题;单车型问题、多车型问题;满载问题、非满载问题;自备车问题、外租车问题;纯送货问题、纯收货问题、送取混合问题;带时间约束的问题、不带时间约束的问题;静态问题、动态问题;单目标问题、多目标问题等等。

3) 车辆调度的方法

车辆调度方法有定向专车运行调度法、循环调度法、交叉调度法等。在配送运输任务量大、交通网络复杂时,为合理调度车辆的运行,可运用运筹学中线性规划的方法,如最短路径法、表上作业法、图上作业法、定额比优化派车法等。

其他车辆调度的方法包括求解上述车辆调度问题的粒子群算法、量子进化算法、蚁群算法等智能算法,并设计开发了面向第三方物流的智能车辆调度系统以及动态车辆调度仿真平台。对于有能力约束的车辆路径问题,提出了整数编码、实数编码两种粒子群算法以及基于 0-1 矩阵编码的量子进化算法求解。建立了三下标数学模型,首次将粒子群算法和量子进化算法应用于开放式车辆路径问题的求解。提出了改进蚁群算法求解有时间窗车辆路径问题的方法。建立了多车型开放式、基于沿途补货的多配送中心、具有模糊预约时间窗的多目标,提出了基于混合量子进化算法的求解方法。研究了基于自适应惯性权重的粒子群算法求解动态网络车辆路径问题的方法。

2. 车辆路径优化

1) 车辆路径问题的概念

车辆路径问题最早由国外学者提出,在物流领域内,问题主要可以描述为车辆对于配送任务的行车路线的安排问题。即从物流的仓储中心给分布在各个位置的客户点进行货物配送,要求安排合理的车辆资源,每辆车可对多个客户进行配送,同一客户的货物不能分开配送,所有车辆经过的客户点不能重复,最后以最小的配送花销完成这个任务,一般指所有车辆行驶的总距离最小。

2) 车辆路径问题分类

根据车辆路径问题的约束条件的不同,将相关问题分为以下几种。

(1) 按照配送任务是否带有时间限制将问题分为有时间窗(即客户要求配送车辆在规定时间内完成配送)问题和无时间窗问题。时间窗又分为硬时间窗(严格在客户的要求时间内到达客户点,否则将会受到无限大的惩罚费用,即配送方案不可行)和软时间窗(车辆配送任务尽可能在客户要求的接货时限内完成,若无法在时限内完成任务,则给予诸如迟到之类的费用惩罚)等。

(2) 按照配送中心的数量不同将问题分为单配送中心车辆路径问题和多配送中心车辆路径问题。

(3) 按照任务目标的不同将问题分为只负责送货的问题、只负责取货的问题和两者兼并的问题。

(4) 按照是否能对货物进行分开配送将问题分为单车配送型(单个客户点的货物需求只能由一辆车来完成配送)问题和多车配送型(单个客户点的货物需求允许多辆车共同完成配送)问题。

(5) 按照配送车辆的型号种类将问题分为单车型(车辆配置一致)问题和多车型(车辆性能参数及型号不同)问题。

(6) 按照求解路径问题的目标函数个数将问题分为单目标优化型(只对一个目标问题进行优化)问题和多重目标优化型(对多个目标问题进行优化)问题。

3) 配送中心车辆路径优化的方法

配送中心车辆路径优化的方法包括单车单点配送、单车多点配送、多车多点配送和其他方法。

(1) 单车单点配送(找最近点法、最短路径法)。单车单点配送即从配送中心给单个客户送货的问题,我们需要找到一条从配送中心到客户点的最短运行线路,从而缩短配送时间、节约配送成本。这种从始点到终点的路径总长最短的问题,被称为最短路问题。最短路问题的描述即在一个网络图中,给定一个始点和一个终点,求始点到终点的一条路径,使得路径总长最短。解决本问题的简单方法是找最近点法。找最近点法求解过程从始点或终点开始,找与该点相连的所有点中最近的点,从而得到第二个点,再找与第二个点相连的所有点中最近的点得到第三个点,以此类推。解决单车单点问题可以采用后文所提到的 WinQSB 软件和电子地图的方法。

(2) 单车多点配送。单车多点配送即从配送中心依次给多个客户送货,送完所有客户点的货物后再返回到配送中心的问题,同时要求配送车辆行走的路径最短。这种问题被称为旅行商问题。该问题是这样定义的:假设有一个旅行商要拜访 n 个城市,他必须选择所要走的路径,路径的限制是每个城市只能拜访一次,而且最后要回到原来出发的城市。路径选择目标是使求得的路径路程为所有路径的最小值。解决单车多点问题可以采用后文所提到的 WinQSB 软件和电子地图的方法。

(3) 多车多点配送(里程节约法)。多车多点配送即从配送中心派多辆车为多个客户进行配送作业,同时也希望配送成本最低,故要求配送车辆最少,所有配送车辆的行驶总路线里程最短。这种问题通常被称为车辆路径问题。解决这种方法常用节约里程法。

节约里程法求解过程:第一步,统计各个配送对象与配送中心之间及其他配送对象间的最短里程数。第二步,计算由此配送对象到其他配送对象再返回配送中心将比单一配送节约的里程数。第三步,对配送对象间节约的里程进行从长到短的里程数据排序。第四步,按照车载约束,选取适合的配送线路,直至将所有配送对象全部规划入配送线路为止。在根据节约里程法进行线路规划时还需要考虑到配送人员的意见、路况对配送线路的影响以及车辆调度安排的均衡性。

(4) 其他方法。WinQSB 是 quantitative systems for business 的缩写,WinQSB 是一种教学软件,对于非大型的问题一般都能计算,较小的问题还能演示中间的计算过程。该软件可用于管理科学、决策科学、运筹学及生产运作管理等领域的求解问题。利用 WinQSB 软件可以解决线性规划问题、运输问题、整数规划问题、网络规划问题、决策分析问题等,在配送线路优化过程中可以用 WinQSB 软件来辅助进行线路规划。

电子地图(electronic map),即数字地图,是利用计算机技术,以数字方式存储和查阅的地图,能为用户提供包括智能路线规划、智能精准导航(驾车、步行、骑行)、实时路况、实时公交等出行相关服务的平台。目前常用的电子地图提供商有高德地图、百度地图、Google 电子地图等。在配送线路优化过程中可以用各类电子地图平台来辅助进行线路规划。

扩展知识 4.4 百度地图

扩展知识 4.5 高德地图

现代遗传算法其根本原理是解决问题时,先将每个解编成码,称之为“染色体”,这些解又构成解群。依据事先设定的目标函数,对解逐个分析、评价得出了一个适应度值。基于此适应度值,“好”的个体被选择用来繁殖,而“坏”的个体则被淘汰,这是“适者生存”原理来应用于遗传算法的典型体现。然后选择优良基因,经过交叉,巧育出新一代。这一种群会遗传上一代优秀基因,甚至会更优出上一代,这样才能向更好的方向迈进。在复杂情况下的配送线路优化过程中可以采用遗传算法来辅助进行线路规划。

遗传算法具有如下优点:可以实现在全局范围内的搜索,达到全局最优,并且能够打破条件的局限,不会使目标陷入局部最优。不仅适用于连续的目标函数,还适用于不规则非连续的目标函数。在研究的目标适应度函数为不规则的、非连续的情况下,遗传算法也具有较大的概率得到目标在全局的最优值,应用非常广泛。遗传算法的编码规则使得遗传算法较其他算法应用更广。遗传算法通过运用参数对目标对象进行编码,而不是直接对参数进行编码,因此,目标对象只要能进行编码,就能求解,求解速度更快。遗传算法的全局搜索能力克服了传统方法的单点或者单线搜索,所以相比于其他算法,遗传算法能更加快速地解决问题,可以同时对多个对象进行选择评估。遗传算法可以实现同时对种群内多个体进行处理,也就是对所在范围的多个解同时进行选择评估。算法操作简单,阈值设置随意性较高。遗传算法在对多个体进行选择评估时,只需要评估不同个体的适应度函数值,并且适应度函数的设置不受连续及可微的限制,可以随意设定。

遗传算法操作步骤如下。

(1) 编码(coding):把所需要选择的对象的特征进行编号,每一个特征就是一个基因,一个解就是一串基因的组合即染色体,常用的编码方法有二进制编码和实数编码。

(2) 种群初始化(population):随机产生 N 个初始串结构数据,每个串结构数据就是一个个体,可以根据具体问题的规模来确定 N 的取值。

(3) 适应度函数(fitness):适应度函数的值是用来度量种群中个体优劣(符合条件的程度)的指标值。通常是以目标值或通过对目标值进行变形来确定。

(4) 选择(select):常用的选择方法有轮盘赌法和随机遍历法。

(5) 交叉(crossover):常用的交叉方法有单点交叉和多点交叉。

(6) 变异:常用的变异方法有基本位变异和高斯近似变异。

案例讨论:ZS 女裤配送中心分拣系统优化案例

ZS 女裤是一家面向全国市场销售经营的服装企业,为不同消费群体提供多种多样的女裤,它在淘宝、京东等线上平台共经营了 18 家旗舰店,包括逸阳、你牛我裤、不文不艺、潇湘茗居等旗舰店,其中竞争力强的店铺共有 5 家,剩下 13 家的竞争力较弱。ZS 女裤的所有货品通过线上销售给顾客。消费者可以在天猫、淘宝以及京东上进行搜索、查看和购买。

近年来,ZS 女裤的订单量不断增加,销售规模不断扩大,2019 年 ZS 女裤实现年销售量 220 万件左右,年销售额过亿元,其中逸阳旗舰店实现平均月订单量 64 165 件,平均月销售额过千万元。但服装产品有种类多、周期短、季节性强以及贬值快的特性,一些快时尚品牌发展迅速,使得服装产品订单越来越向多品种、小批量发展。ZS 女裤需要对其配送中心尤其是分拣系统进行优化升级,来提高分拣效率,提升物流能力,为公司下一步的发展提供强有力的支持。

ZS 女裤的配送中心建设在郑州北四环以外,是由仓库改建而来的。而且因为建设初期资金链紧张,配送中心建设初期资金不足,设施设备少,所以 ZS 女裤的配送中心还属于传统的仓储型配送中心。ZS 女裤分拣系统目前的设施设备主要有分拣传输带和手持巴枪,货架包括阁楼货架和轻型货架;叉车设备有 K 型叉车即手推式叉车和 T20 型叉车,T20 型叉车以电源作为动力;其他设备有周转箱和托盘等。

　　ZS 女裤的订单处理还是采用传统的纸张拣选,从接受订单到订单分拣,最后订单配送。ZS 女裤的分拣系统分拣水平低,自动化水平低,而且成本高,员工经常出现加班的现象。而且由于信息化水平低,不仅出错率高,还出现需要时缺货、不需要时货物积压的现象,分拣作业十分混乱,已经严重影响配送中心的作业水平,当前的配送中心分拣系统越来越无法满足公司日益增长的订单分拣需求。

　　结合案例讨论:ZS 女裤配送中心分拣系统优化的思路是什么?

 即测即练题

第 5 章

配送中心设施规划与设备配备

本章学习目标：

通过本章学习,学员应该能够：

1. 理解配送中心空间与设施规划；

2. 熟悉和掌握配送中心的各种设施与设备；

3. 掌握配送中心设施与设备的配置。

 引导案例：京东郑州"亚洲一号"升级启用

2020 年 10 月 28 日,JDL 京东物流升级启用郑州"亚洲一号"智能物流配送园区(以下简称"郑州亚一"),该园区集物资集散、仓储加工、运营结算、多式联运、城市配送、信息处理、配套服务等功能为一体,是 JDL 京东物流在中原地区最大的物流配送中心。

据了解,亚洲一号是 JDL 京东物流自建的亚洲范围内建筑规模最大、自动化程度最高的现代化智能物流项目之一,通过在商品的立体化存储、拣选、包装、输送、分拣等环节大规模应用自动化设备、机器人、智能管理系统,来降低成本和提升效率。同时,JDL 京东物流根据全国各个区域的商品属性和分拣需求进行统筹规划与布局,有针对性地解决大、中、小件订单不均衡,场景复杂的难题,实现物流综合处理能力的有机匹配和全面提升。

除了拥有百余台搬运型 AGV 机器人"地狼仓"外,郑州亚一还拥有业内领先、自动化程度最高的分拣中心。整个智能分拣中心由高速自动矩阵、支线自动分拣机、传站自动分拣机等部分组成。同时,得益于系统性的智能设备应用和订单的集中式、规模化处理,郑州亚一智能分拣中心的分拣效率比传统作业方式提升 5 倍,日均可处理 100 万单。仓内目前可存储中小件近 2 000 万件,大件 30 万件,包含手机、笔记本电脑、休闲食品、美妆个护等 100 多个品类,拥有百万级的 SKU(库存量单位)。

郑州亚一投运后,将与 JDL 京东物流在驻马店、洛阳、鹤壁、南阳等地设立的多个中心仓和卫星仓,构成一体多面的大件物流网络,不仅服务核心城市,也将为低线市场和快递进村等战略提供重要的基础与保障。

资料来源：https://www.sohu.com/a/428157695_343156.

作为物流配送中心,京东郑州"亚洲一号"物流配送园区在规划时需要考虑哪些方面的问题? 在对园区的设施设备规划时,又需要配备哪些基础设施和设备? 这些就是本章将要重点探讨的问题。

5.1　配送中心的空间与设施规划

配送中心设施布局规划合理性程度对配送中心的配送效率有着极其深刻的影响。据有关部门统计,配送中心的卸货、取货、分拣等各个作业时间占总时间的 40%,剩余的 60% 的时间则是配送中心作业人员的移动时间,过长的移动时间极大地限制了配送中心运作效率,增加了现代物流的运作成本。因此,如何改善配送中心设施布局对配送中心来说至关重要。

 扩展知识 5.1　配送中心作业设备的现状及选择

5.1.1　空间与设施规划的原则

为了让配送中心运转得更高效、更经济,在进行配送中心的空间与设施规划时,一般会考虑以下原则。

1. 适应性与先进性相结合的原则

配送中心的空间与设施规划受配送中心作业的类型、作业环境、作业量、搬运距离、货物本身的物理化学性质等因素的影响。配送中心的空间与设施规划,必须以能够适应配送中心作业的需求为基本原则。

配送中心的类型不同,其主要功能就不同,这必然会影响配送中心的空间与设施规划。而配送中心的作业量和作业频率不同时,其所需要的作业空间及相应的设施、设备也不尽相同:当作业量大、作业频繁时,需要充分掌握作业发生的规律,不仅需要购置大型专用机械设施设备,而且需要在配送中心留置大型专用机械设施设备作业的空间,过道、货架间距等相对较大,占地面积相对较多;当作业量小、作业不频繁时,只要根据作业量的平均水平,配备构造简单、造价低廉而又能保持相当作业能力的中小型通用机械设备即可,过道、货架间距等相对较小,占地面积相对较少。

此外,随着社会的发展,客户需求会发生变化,技术条件也会发生变化。配送中心的空间与设施规划要根据外界条件的变化来进行灵活调整,使其能在任何一个特定的周期内保持适当的技术先进性和作业能力空间。空间与设施规划就是要在空间与设施适用性和先进性之间寻找一个适当的均衡点,使空间与设施既能满足需求,又不因为投资过大而浪费作业能力。

2. 经济性原则

经济性是衡量配送中心作业管理的重要指标。配送中心是一个不直接产生经济效益的物流作业环节,配送中心的空间与设施规划及配置成本就直接反映了该环节的经济效益。配送中心空间与设施规划的目标就是在满足作业需求和合理的技术先进性的前提下,实现配送中心的设施在整个购置、安装、运行、维修、改造、更新直至报废的全过程内的总成本最小。

3．系统化原则

系统化原则又叫循序渐进原则、战略性原则。配送中心设施的配套,是保证配送中心前后作业相互衔接、相互协调,保证配送管理工作连续稳定进行的重要条件。因此,在空间和设施规划与配置时,需要对整个配送中心统进行流程分析,充分考虑各个作业工序之间的衔接,以使空间的规划和配置的设施相互适应,减少作业等待时间,提高作业效率。在新建配送中心时,应将各种设施的配置与配送中心的布局、设施的规划设计同时考虑,使空间与设施规划和场地条件、周边辅助设备相匹配,这样才能够实现配送作业的整体最优。

5.1.2   空间与设施规划的需求分析

1．基本要素

配送中心空间与设施规划主要受建筑物形式及其结构、通道设计、仓库楼层净高、地面负荷能力以及柱跨度等因素的影响(图 5-1)。

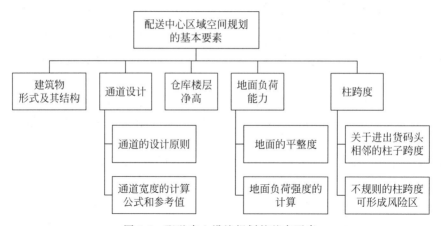

图 5-1   配送中心设施规划的基本要素

(1)建筑物形式及其结构。目前,较流行的配送中心建筑物结构形式为钢筋混凝土结构和轻钢结构。两种建筑形式的优缺点比较见表 5-1。

表 5-1   两种建筑形式的优缺点比较

建筑形式	优 点	缺 点
钢筋混凝土结构	建筑成本较低	施工工期较长;柱子较多,空间使用率低;不利于自然采光和设施安装;当仓库需要调整时,扩展性较差
轻钢结构	立柱较少,空间利用率高;作业动线流畅;容易做夹层结构	需要定期维修

(2)通道设计。通道设计的原则、影响因素、设计内容等具体见 6.1 配送中心作业区域设计部分。

（3）仓库楼层净高。仓库楼层净高是指在存储区域从地面向上至障碍物的距离。障碍物主要有建筑照明灯、喷淋系统、空调与排风管等设施。仓库楼层净高限制了存储货架的高度以及堆高机的举升高度。在储存空间中，库房的有效高度称为梁下高度，理论上越高越好，但受货物堆码高度叉车的提升高度、货架高度等限制，一般单层高架库房的净高不应小于 7 m，门式钢架结构仓库净高为 8～10 m，拱形彩板库房为 8～12 m 比较适合。一般情况下，多层库房的楼层净高随着楼层的增加而降低（表 5-2）。

表 5-2　仓库楼层净高　　　　　　　　　　　　　　　m

仓库类型		楼层净高
单层仓库		8～10
多层仓库	一层	5.5～6
	二层	5～6
	三层	5～5.5
	四层	4.5～5

（4）地面负荷能力。地面负荷能力是指仓库地面的平整度和承载能力的指标。对地面负荷能力的要求，目的是保证设备安全使用和作业的正常运行。地面负荷能力由保管货物的种类、比重、货物堆垛高度和使用的装卸机械所决定。通常仓库地面负荷强度要求在 4 000 磅/平方英尺（1 磅＝0.453 6 kg，1 平方英尺＝0.092 9）或 280 kg/cm^2 以上（表 5-3）。

表 5-3　地面负荷强度

楼层	地面负荷强度/(t·m^{-2})
一层	2.5～3
二层	2～2.5
三层	1.5～2

地面负荷强度由货架、载重物以及堆高机轮压来决定，堆高机轮压的计算公式如下：

$$堆高机轮压＝安全系数×（堆高机自重＋货物载重）/4$$

其中，安全系数是考虑到堆高机作业时对地面的冲击力而预留的 1.3～1.5 倍负荷能力。地面的平整度通常由堆高机作业对货物的稳定性要求和速度限制以及货架高度等因素决定。通常仓库地面的平整度为 1%。

（5）柱跨度。柱跨度的测量是从一根柱子的中线到另外一根柱子的中线之间的距离。柱跨度的合理性对物流中心的存储效率和运作效率是有直接影响的，通常分为以下两种。

① 进出货码头相邻的柱跨度。每个码头的标准间隔是 4 m，面向码头的柱跨度应该是 4 m 的倍数，与码头垂直正交第一个柱位的理想柱跨度是 18 m，作为理货区，其余与码头垂直正交的柱位跨度≥12 m，柱子的尺寸应该在 30～40 cm，柱子的尺寸以小尺寸为好。通道里应无柱子，以免成为障碍物。

② 不规则的柱跨度。不规则的柱跨度易形成风险区，并且增加搬运设备的损耗，使

得面积利用率不高,降低作业效率。

2. 计算储存的面积需求

计算储存的面积需求主要包括两个方面的步骤:①预测地面存储系统的面积需求(图 5-2);②地面存储系统的面积测量(表 5-4)。

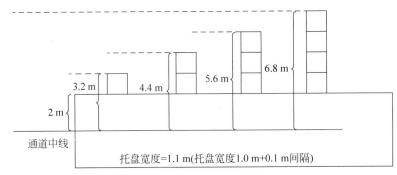

图 5-2   地面存储系统面积示意图

表 5-4   地面存储系统面积计算

计算公式	深度＝1/2 通道宽度＋托盘长度×托盘行数 宽度＝托盘宽度＋托盘间距 每个托盘的面积＝(深度×宽度)÷托盘总数
存储利用率	1 个托盘深的存储面积＝(3.2 m×1.1 m)÷1＝3.52 m²/托盘 2 个托盘深的存储面积＝(4.4 m×1.1 m)÷2＝2.42 m²/托盘 3 个托盘深的存储面积＝(5.6 m×1.1 m)÷3＝2.05 m²/托盘 4 个托盘深的存储面积＝(6.8 m×1.1 m)÷4＝1.87 m²/托盘

3. 计算层高托盘地面存储系统面积需求

存储面积矩阵见表 5-5。

表 5-5   存储面积矩阵

托盘深	1 层高	2 层高	3 层高	4 层高
1 个深	3.52 m²/托盘	1.76 m²/托盘	1.17 m²/托盘	0.88 m²/托盘
2 个深	2.42 m²/托盘	1.21 m²/托盘	0.81 m²/托盘	0.61 m²/托盘
3 个深	2.05 m²/托盘	1.03 m²/托盘	0.68 m²/托盘	0.51 m²/托盘
4 个深	1.87 m²/托盘	0.94 m²/托盘	0.62 m²/托盘	0.47 m²/托盘

4. 使用托盘货架储放时计算存货空间

若使用托盘货架来存储货品,则计算存货空间的考虑因素除了货品的尺寸、数量、托盘尺寸、货架形式及货架层数外,托盘货架因存取所需要的通道空间须一并计入,因为该通道已非部门通道,而是属于仓储区的作业通道。因此存货所需之基本托盘地坪空间为

$P =$ 平均存货量×每个储位空间尺寸÷(平均每托盘堆栈货品箱数×立体货架层数)

5.1.3　空间与设施规划的功能分析

1. 关联性分析

配送中心的设施规划可分为平面设施规划与空间设施规划,进行规划时,利用一定方法对不同区域之间进行各方面的关联性分析是十分必要的。配送中心设计必须进行关联性分析有以下两个理由。

一是两个活动区域之间可能因相互有重要的活动关联,而有相邻的必要,除了进货储存、拣货、出货等区域因实体功能需求所形成的流程关系外,其他不同的活动关联,还包括:程序上的关系,如物流与信息流相互传递信息,或成员、设备之间的流程关系;组织上的关系,如各部门间的从属关系与行政管理部门工作的相关流程;环境上的关系,因湿度、温度、噪声、灰尘、安全性等操作环境需保持的关系;控制上的关系,如存货控制、现场控制及自动化整合程度的关联。

二是配送中心内部会进行大量的搬运作业,但是每种形态的配送中心在各个实体流程作业里,各区域的流量比重却并不完全相同,通过对流量大小的分析及规划以避免长距离且大流量的搬运作业,达到节省许多人力、物力的目的。

关联性分析的展开主要通过以定性因素分析为主的作业相关图和以定量资料分析为主的从至表等方面展开。关于对作业相关图和从至表的介绍,详见 3.5.4 小节的内容。

2. 配送中心内货物流动路线分析

1)货物种类与数量的分析

(1)将所处理商品的种类按出、入库批次顺序进行整理,并根据运营时的作业进行分类。

(2)设定所分类的每种商品的作业量。

(3)对于商品的种类和作业,用横坐标 P 表示种类,纵坐标 Q 表示数量,按处理量的大小顺序排列成为曲线,并绘制 $P\text{-}Q$ 图(图 5-3)。

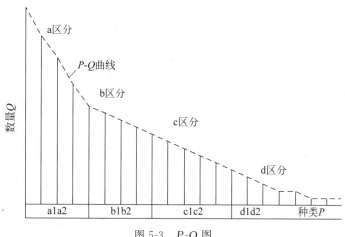

图 5-3　$P\text{-}Q$ 图

2）货物流动路线的分析

一般新建的配送中心,按以下的流程进行业务活动:接收货物、检验货物、进货分类、暂时保管、按订单拣选、配货、捆包、分类、发货场暂存、发货。几种货物流动线路如图 5-4 所示。

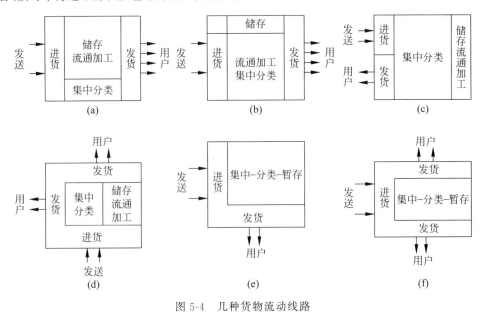

图 5-4　几种货物流动线路

5.2　配送中心的基础设施与设备

5.2.1　配送中心基础设施

配送中心基础设施是在物流服务的末端环节上,满足配送组织与管理需要的、具有综合或单一功能的场所或组织的统称。配送中心的设施分为内部设施和外部设施。配送中心的内部设施一般由信息中心与仓库构成。仓库根据各部分不同的功能又可分为不同的作业区。配送中心外部设施主要有停车场和配送中心内道路等。下面主要介绍内部设施。

1. 信息中心

信息中心指挥和管理着整个配送中心,它是配送中心的中枢神经。它的功能是:对外,负责收集和汇总各种信息,包括门店的销售、订货信息,以及与部分直接供应商联网的信息,并根据这些信息作出相应的决策;对内,负责协调、组织各种活动,指挥调度各部门的人员,共同完成配送任务。信息中心一般是和办公室结合在一起的。在配送中心,常见的信息中心有客服中心和调度中心等。

2. 收货区

在这个作业区里,工作人员须完成接收货物的任务和货物入库之前的准备工作(如卸货、检验等工作)。因货物在接货区停留的时间不太长,并处于流动状态,因此接货区的面积相对来说都不算太大。它的主要设施有验货用的计算机、验货场区和卸货工具。

3. 储存区(保管区)

在这个作业区里,分类储存着验收后的货物。储存区一般分为暂时储存区和常规储存区。由于货物需要在这个区域内停留一段时间,并要占据一定位置,因此相对而言,储存区所占的面积比较大。在储存区一般都建有专用的仓库,并配置各种设备。其中包括各种货架、叉车、堆垛起重机等。从位置上看,有的储存区与接货区连在一起,有的与接货区分开。

4. 理货区

理货区是配送中心人员进行拣货和配货作业的场所。其面积大小因服务对象的类型不同而异。一般来说,拣选货和配货工作量大的配送中心,其理货区面积较大。如负责对便利店进行配送的配送中心,按便利店的特点要求不但要对货物进行拆零,还要向多家门店以少批量、多批次的方式进行配送,所以这样的配送中心的拣货和配货区域的面积较大。与其他作业区一样,在理货区内也配置着许多专用设备和设施。如果是以人工完成拣选任务的,一般有手推货车、货架等。如果采用自动拣选装置,其设施包括重力式货架、皮带机、传送装置、自动分拣装置、升降机等。

5. 配装区

由于种种原因,有些分拣出来并配备好的货物不能立即发送,而是需要集中在某一场所等待统一发货,这种放置和处理待发货物的场所就是配装区。在配装区内,工作人员要根据每个门店的位置、货物数量进行分放、配车和选择以决定单独装运还是混载同运。因在配装区内货物停留时间不长,所以货位所占的面积不大,配装区的面积比存储区小得多。需要注意的是,有一些配送中心的配装区与发货区合在一起,称为分类区,因此,配装作业常融合于其他相关的工序中。此外,因配装作业主要是分放货物、组配货物和安排车辆等,因此在这个作业区除了配装计算工具和小型装卸机械、运输工具以外,没有什么特殊的大型专用设备。

6. 发货区

发货区是工作人员将组配好的货物装车外运的作业区域,有站台等设施。

7. 加工区

有些配送中心要对鲜活食品进行配送,因此配送中心在结构上除了设置一般性的作业区外,还设有配送货物加工区。在这个区域内对收进的生鲜食品进行加工,如对蔬菜去除老叶、清洗等,对禽类农产品进行剖腹去杂等,如果超市以经营生鲜食品为主,则配送中心的加工区域所占面积较大。

5.2.2　配送中心设备

配送中心内的主要作业活动,基本上都与物流仓储、搬运、拣取等作业有关,因此在进行系统规划的过程中,物流设施和设备的规划设计与选用等程序,是规划过程中需要关注的重点之一。当规划不同形式功能的物流设备时,有可能使厂房的布置和面积需求发生改变,因此在决定适合的设备时应依据实际需求来进行。配送中心设备门类全、型号规格多、品种复杂。总体而言,配送中心主要的设备包括容器设备、储存设备、订单拣取设备、物料搬运设备、流通加工设备及外围配合设备等。

1. 容器设备

容器设备包括搬运用容器、储存用容器、拣取用容器及配送用容器(如纸箱、托盘、铁箱、塑料箱等)。在各项作业流程和储运单位的规划完成后,可先针对容器设施进行规划。部分以单品出货为主的出货类型,如果品项多而体积、长度、外形等物性差异很大,可考虑利用储运箱等容器将储运单位统一化,达到单元负载的原则,以简化储运作业。

2. 储存设备

储存设备包括自动仓储设备(如单元负载式、水平旋转式、垂直旋转式、轻负荷式)、大型储存设备(如一般重型钢架、直立式钢架、移动式钢架、重力型流动货架)、多种小型储存设备(如轻型料架、轻型流动货架、移动式储柜等)。可按仓储区使用的储运单位、容器式样及仓储需求量,来选择适用的设备及数量。

3. 订单拣取设备

订单拣取设备包括一般订单拣取设备、计算机辅助拣取设备(计算机辅助拣货台车)、自动化订单拣取设备。可按拣货区使用的拣取单位、容器式样及拣货需求量,来选择适用的设备及数量。通常拣货区与库存区为分区存放,再由库存区补货至拣货区;也有将拣货区与库存区规划在同一区,但是以分层方式处理,此时拣货区保管用的设备则与储存设备相同。另外,在不同的拣货策略之下,所需的拣货区保管设备及拣货台车等搬运设备,会因订单别拣取或批量拣取而有所差异,因此需加以分析确认。

4. 物料搬运设备

物料搬运设备包括自动化配合的搬运设备(如无人搬运车、轴驱动搬运台车)、机械化搬运设备(如叉车、油压拖板车)、输送带设备、分类输送设备、拆码盘设备、垂直搬运设备等。应配合上述仓储及拣取设备,估算每日进出货搬运、拣货、补货等次数,以选择适用的搬运设备。

5. 流通加工设备

流通加工设备包括裹包集包设备、外包装配合设备、印贴条形码标签设备、拆箱设备、称重设备等。随着配合目前配送中心服务项目的多元化,以及满足下游经营者的需求,配送中心进行再次包装、裹包或贴标签等加工作业逐渐增多。未来配合国际物流的趋势,经由国际物流转运后再分装或进行简易加工的业务也会逐渐产生,以增加物流作业的附加价值。

6．外围配合设备

外围配合设备包括楼层流通设施、装卸货平台、装卸载设施、容器暂存设施、废料处理设施等，需视配送中心经营者需求特性而定。

5.2.3 装卸搬运设备

装卸搬运设备是指用来搬移、升降、装卸和短距离输送物料或货物的机械。装卸搬运设备是实现装卸搬运作业机械化的基础，是物流设备中重要的机械设备。它不仅可用于完成船舶与车辆货物的装卸，而且还可用于完成库场货物的堆码、拆垛、运输以及舱内、车内、库内货物的起重输送和搬运。配送中心的装卸搬运设备主要分为堆垛起重机、叉车、输送设备、升降平台、自动导引车等。

视频 5.1 桥式起重机工作原理

1．堆垛起重机

堆垛起重机也称堆垛机，是立体仓库中最重要的起重运输设备，是立体仓库特征的标志之一。堆垛起重机的主要作用是在立体仓库的通道内来回运行，将位于巷道口的货物存入货架的货格，或者取出货格内的货物运送到巷道口。

早期的堆垛机是在桥式起重机的起重小车上悬挂一个门架（立柱），利用货叉在立柱上的上下运动及立柱的旋转运动来搬运货物，通常称为桥式堆垛机。1960 年左右，在美国出现了巷道式堆垛机。这种堆垛机利用地面导轨来防止倾倒。其后，随着计算机控制技术和自动化立体仓库的发展，堆垛机的运用越来越广泛，技术性能越来越好，高度也越来越高。如今，堆垛机的高度可以达到 40 m。事实上，如果不受仓库建筑和费用限制，堆垛机的高度还可以更高。

堆垛起重机的分类方式很多，主要分类形式如下。

（1）按照有无导轨，堆垛起重机可分为有轨堆垛起重机和无轨堆垛起重机。其中，有轨堆垛起重机是指堆垛起重机沿着巷道内的轨道运行，无轨堆垛起重机又称高架叉车。

（2）按照高度不同进行分类，堆垛起重机可分为低层型堆垛起重机、中层型堆垛起重机和高层型堆垛起重机。其中，低层型堆垛起重机的起升高度在 5 m 以下，主要用于分体式高层货架仓库中及简易立体仓库中；中层型堆垛起重机的起升高度在 5～15 m，高层型堆垛起重机的起升高度在 15 m 以上，主要用于一体式的高层货架仓库中。

（3）按照驱动方式不同，堆垛起重机可分为上部驱动式堆垛起重机、下部驱动式堆垛起重机和上下部相结合的驱动式堆垛起重机。

（4）按照自动化程度不同，堆垛起重机可分为手动堆垛起重机、半自动堆垛起重机和自动堆垛起重机。手动堆垛起重机和半自动堆垛起重机上带有驾驶室，自动堆垛起重机不带驾驶室，采用自动控制装置进行控制，可以进行自动寻址、自动装卸货物。

（5）按照用途不同，堆垛起重机可分为桥式堆垛起重机和巷道堆垛起重机。桥式堆垛起重机是指堆垛货叉有悬挂立柱导向的堆垛起重机；巷道堆垛起重机是指金属结构有上、下支承支持，起重机沿着仓库巷道运行，装取成件物品的堆垛起重机。

2．叉车

叉车又称铲车，在配送中心扮演着非常重要的角色，是物料搬运设备中的主力军，是一种对成件托盘货物进行装卸、堆垛和短距离运输作业的轮式搬运车辆。叉车主要由动力装置、传动装置、转向装置、工作装置、液压系统和制动装置等几部分组成。配送中心常见叉车有以下几种。

（1）低提升托盘式叉车。一般的低提升托盘式叉车根据其动力源又分为手动与电动两种。手动托盘搬运车是以人力操作进行水平及垂直方向的移动，如图 5-5 所示。电动托盘搬运车是以电瓶提供动力做举升及搬运操作，如图 5-6 所示。低提升托盘叉车的操作人员进行的所有作业都可站立于地板上完成，因此该类叉车一般又叫步行式搬运车辆。

图 5-5　手动托盘搬运车

图 5-6　电动托盘搬运车

手动托盘搬运车，在使用时将其承载的货叉插入托盘孔内，由人力驱动液压系统来实现托盘货物的起升和下降，并由人力拉动完成搬运作业。它是托盘运输中最简便、最有效、最常见的装卸、搬运工具。但由于以手动的拖动进行作业操作，除了费力外且易造成作业人员受伤，因此电动托盘搬运车使用得越来越普遍，尽管电动托盘搬运车的成本较高。

（2）平衡重式叉车（图 5-7）。平衡重式叉车是使用最为广泛的叉车。平衡重式叉车主要由发动机、底盘（包括传动系、转向系、车架等）、门架、叉架、液压系统、电气系统及平衡重等部分组成。货叉在前轮中心线以外，为了克服货物产生的倾覆力矩，在叉车的尾部装有平衡重。这种叉车适用于在露天货场作业，一般采用充气轮胎，运行速度比较快，而且有较好的爬坡能力。取货或卸货时，门架可以前移，便于货叉插入，取货后门架后倾以便在运行中保持货物的稳定。

（3）插腿式叉车（图 5-8）。插腿式叉车为一种具有插腿的叉车。一般制成三支点形式，有两插腿，货叉位于两插腿之间。作业时两插腿可以跨在货物外侧，由货叉叉取货物。车型较小，通常采用蓄电池驱动，也有采用手动的。操作方式有步行操纵式和坐车操纵式两种，特点是车身短、自重轻，结构简单，回转半径小，可在狭窄通道内做直角堆垛作业。多用于库房、载重汽车和集装箱内作业。

（4）前移式叉车（图 5-9）。前移式电动叉车是仓储车里的一种，按操作方式可分为坐驾前移式电动车和站驾前移式电动车。前移式叉车起重

图 5-7　平衡重式叉车

量较小,往往采用电动机进行驱动。电动前移式叉车具有机动灵活、操纵轻便、无污染、低噪声等特点。其结合了电动堆垛机与平衡重式叉车的优点,当门架前伸至顶端,荷载重心落在支点外侧,此时相当于平衡重式叉车;当门架完全收回后,荷载重心落在支点内侧,此时即相当于电动堆垛机。这两种性能的结合,使得在保证操作灵活性及高荷载性能的同时,体积与自重不会增加很多,最大限度节省作业空间,大大提高了土地的利用率。

图 5-8　插腿式叉车

图 5-9　前移式叉车

3. 输送设备

输送机是配送中心必不可少的重要搬运设备之一,它是在一定的线路上连续输送物料的物流搬运机械,故被称为连续输送机。输送机输送能力大、运距长,还可在输送过程中同时完成若干工艺操作,所以应用十分广泛。

输送机可进行水平、倾斜输送,也可组成空间输送线路,其主要参数包括输送速度、输送能力、输送长度和倾角和构件尺寸等。在配送中心里,使用最普遍的输送机是单位负载式输送机和立体输送机。

单位负载式输送机输送的单位负载包括托盘、箱或其他固定尺寸的货物。以动力源区分,可分为重力式及动力式两种。重力式输送机是利用输送物品本身的重量为动力,在倾斜的输送机上,由上往下滑动。根据滚动转子的不同,可以把重力式输送机分为滚轮、滚筒和滚珠三种形式。动力式输送机,一般均以马达为动力,根据传送的介质区分,主要可分为链条式、滚筒式和皮带式,在应用过程中,除具有最基本输送的功能之外,也可进行储积和分类等作业。

立体输送机则以输送机空间所在位置区分,主要分为垂直、悬挂及地轨三类。垂直输送机是当代最为普通的运输设备之一,与其他运输设备相比,具有输送距离长、运量大、连续输送等优点,而且运行可靠,易于实现自动化和集中化控制。悬挂输送机主要由牵引链条、滑架、吊具、架空轨道、驱动装置、张紧装置和安全装置等组成。地轨式输送机主要由驱动机构、张紧装置、牵引链、板条、驱动及改向链轮、机架、轨道等部分组成,具有适用范围广、输送能力大、牵引链的强度高和输送线路布置灵活等特点。

下面介绍五种常见输送机。

(1) 带式输送机(图 5-10)。带式输送机是一种摩擦驱动以连续方式运输物料的机械,由机架、输送带、托辊、滚筒、张紧装置、传动装置等组成。它可以将物料在一定的输送线上,从最初的供料点到最终的卸料点间形成一种物料的输送流程。带式输送机具有工作速度快、输送距离长、生产效率高、所需动力不大、结构简单可靠、使用方便、维护检修容易等优点,适用于散装物料的搬运。

视频 5.2 皮带输送机输送原理

图 5-10 带式输送机

视频 5.3 斗式提升机的工作原理

(2) 斗式提升机(图 5-11)。斗式提升机是利用均匀固接于无端牵引构件上的一系列料斗,竖向提升物料的连续输送机械,斗式提升机利用一系列固接在牵引链或胶带上的料斗在竖直或接近竖直方向向上运送散料,分为环链、板链和皮带三种。其具有占地面积小、可以把物料提升到较高的位置、生产范围较大等优点,适用于垂直提升物料。

图 5-11 斗式提升机

（3）螺旋输送机（图 5-12）。螺旋输送机是一种利用电机带动螺旋回转，推移物料以实现输送目的的机械。它能水平、倾斜或垂直输送，具有结构简单、横截面积小、密封性好、操作方便、维修容易、便于封闭运输等优点。螺旋输送机在输送形式上分为有轴螺旋输送机和无轴螺旋输送机两种，在外形上分为 U 形螺旋输送机和管式螺旋输送机。

视频 5.4　螺旋输送机输送原理

图 5-12　螺旋输送机

（4）链式输送机（图 5-13）。链式输送机是利用链条牵引、承载，或由链条上安装的板条、金属网带和辊道等承载物料的输送机。其可分为链条式、链板式、链网式和板条式等，主要适用于输送单元装载，如托盘、料箱和台车等。

图 5-13　链式输送机

（5）辊子输送机（图 5-14）。辊子输送机又称辊筒输送机、辊道输送机，是指利用按一定间距架设在固定支架上的若干个辊子来输送成件物品的输送机。固定支架一般由若干个直线或曲线的分段按需要拼成。辊子输送机可以单独使用，也可在流水线上与其他输送机或工作机械配合使用，具有结构简单、工作可靠、安装拆卸方便、易于维修、线路布置灵活等优点。

图 5-14　辊子输送机

4．升降平台

升降平台(图 5-15)是一种垂直运送人或物的起重机械,也指在工厂、自动仓库等物流系统中进行垂直输送的设备,升降台上往往还装有各种平面输送设备,作为不同高度输送线的连接装置。其一般采用液压驱动,故称液压升降台。除作为不同高度的货物输送装备外,升降平台还广泛应用于高空的安装、维修等作业。升降平台安装了汽车底盘、电瓶车底盘等能自由行走,工作高度空间也能有所改变,具有重量轻、自行走、电启动、自支腿、操作简单、作业面大,能跨越障碍进行高空作业、360°自由旋转等优点。

视频 5.5　液压
升降平台

图 5-15　升降平台

5. 自动导引车

视频 5.6　自动导引车

AGV 是自动导引车的英文缩写,是指具有磁条、轨道或者激光等自动导引设备,沿规划好的路径行驶,以电池为动力,并且装备安全保护以及各种辅助机构的无人驾驶的自动化车辆(图 5-16)。通常多台 AGV 与控制计算机(控制台)、导航设备、充电设备以及周边附属设备组成 AGV 系统,其主要工作原理表现为在控制计算机的监控及任务调度下,AGV 可以准确地按照规定的路径行走,到达任务指定位置后,完成一系列的作业任务,控制计算机可根据 AGV 自身电量决定是否到充电区进行自动充电。该产品的主要特点为:自动化程度高,系统运行稳定可靠;运行灵活,可更改路径;具有高速无线通信及高精度导航系统、完善的自诊断系统、快速自动充电系统;与上级信息管理系统衔接等。

图 5-16　自动导引车

5.2.4　拣选分拣设备

拣选分拣设备是在配送中心中进行拣选分拣作业必不可少的设备。分拣设备按自动化程度,可分为人工拣选设备和自动分拣设备两种。人工分拣往往以人力为主,以分拣设备为辅;自动分拣则以自动分拣系统为主,以人力为辅。大型的配送作业系统中,仅仅依靠人工分拣是无法完成大规模的分拣工作的。为了降低拣选分拣作业的成本,提高作业效率和准确性,提高服务水平,在配送中心往往会广泛采用自动分拣系统。

1. 自动分拣系统

自动分拣系统是配送中心根据客户的订单要求或配送计划,迅速、准确地将商品从其储位或其他区位拣取出来,并按一定的方式进行分类和集中的设备。

(1)自动分拣系统的特点:①能连续、大批量地分拣货物。由于采用大生产中使用的流水线自动作业方式,自动分拣系统不受气候、时间、人的体力等的限制,可以连续运行,同时由于自动分拣系统单位时间分拣件数多,可连续运行 100 h 以上,每小时可分拣7 000 件包装商品,如用人工则每小时只能分拣 150 件左右,同时分拣人员也不能在这种劳动强度下连续工作 8 h。②分拣误差率极低。自动分拣系统的分拣误差率大小主要取决于所输入分拣信息的准确性,这又取决于分拣信息的输入机制,如果采用人工键盘或语音识别方式输入,则误差率为 3% 以上,如采用条形码扫描输入,除非条形码的印刷本身有差错,否则不会出错。因此,目前自动分拣系统主要采用条形码技术来识别货物。③分拣作业基本实现无人化。国外建立自动分拣系统的目的之一就是减少人员的使用,减轻员工的劳动强度,提高人员的使用效率,因此自动分拣系统能最大限度地减少人员的使用,基本做到无人化。分拣作业本身并不需要使用人员,人员的使用仅局限于以下工作:送货车辆抵达自动分拣线的进货端时,由人工接货;由人工控制分拣系统的运行;分拣线末端由人工将分拣出来的货物进行集载、装车;自动分拣系统的经营、管理与维护。

(2) 自动分拣系统的组成。自动分拣系统一般由控制装置、分类装置、输送装置及分拣道口组成。

控制装置的作用是识别、接收和处理分拣信号,根据分拣信号的要求指示分类装置按商品品种、商品送达地点或货主的类别对商品进行自动分类。这些分拣需求可以通过不同方式,如可通过条形码扫描、色码扫描、键盘输入、重量检测、语音识别、高度检测及形状识别等方式,输入分拣控制系统中去,根据对这些分拣信号进行判断,来决定某一种商品该进入哪一个分拣道口。

分类装置的作用是根据控制装置发出的分拣指示,当具有相同分拣信号的商品经过该装置时,该装置动作,改变商品在输送装置上的运行方向,进入其他输送机或进入分拣道口。分类装置的种类很多,一般有推出式、浮出式、倾斜式和分支式几种,不同的装置对分拣货物的包装材料、包装重量、包装物底面的平滑程度等有不完全相同的要求。

输送装置的主要组成部分是传送带或输送机,其主要作用是使待分拣商品通过控制装置、分类装置,在输送装置的两侧,一般要连接若干分拣道口,使分好类的商品滑下主输送机(或主传送带)以便进行后续作业。

分拣道口是已分拣商品脱离主输送机(或主传送带)进入集货区域的通道,一般由钢带、皮带、滚筒等组成滑道,使商品从主输送装置滑向集货站台,在那里由工作人员将该道口的所有商品集中后或是入库储存,或是组配装车并进行配送作业。

2. 常见的自动分拣系统及其特点

(1) 堆块式分拣系统(图 5-17)。它是由链板式输送机和具有独特形状的堆块在链板间左右滑动而实现商品拣选的分拣作业系统。堆块式分拣系统由堆块式分拣机、供件机、分流机、信息采集系统、控制系统、网络系统等组成。其特点如下。

视频 5.7 堆块式分拣系统

① 可适应不同大小、重量、形状的各种不同商品。

② 分拣时轻柔、准确。

③ 可向左、右两侧分拣,占地空间小。

④ 分拣时所需商品间隙小,分拣能力高达 18 000 个/时。

⑤ 机身长,最长达 110 m,出口多。

(2) 交叉带式分拣系统(图 5-18)。交叉带式分拣系统由主驱动带式输送机和载有小型带式输送机的台车(简称"小车")连接在一起,当"小车"移动到所规定的分拣位置时,转动皮带,完成把商品分拣送出的任务。由于主驱动带式输送机与"小车"上的带式输送机呈交叉状,所以其被称为交叉带式分拣系统。其特点如下。

① 适用于分拣各类小件商品,如食品、化妆品、衣物等。

图 5-17　堆块式分拣系统

图 5-18　交叉带式分拣系统

② 分拣出口多,可左右两侧分拣。

(3) 斜导轮分拣机(图 5-19)。当转动着的斜导轮,在平行排列的主窄幅皮带间隙中上浮、下降时,即达到商品的分拣目的。其特点如下。

① 对商品冲击力小,分拣轻柔。

② 分拣快速准确。

③ 适应各类商品,只要是硬纸箱、塑料箱等平底面商品。

④ 分拣出口数量多。

(4) 轨道台车式分拣机。被分拣的物品放置在沿轨道运行的小车托盘上,当到达分拣口时,台车托盘倾斜 30°,物品被分拣到指定的目的地。其特点如下。

① 可三维立体布局,适应作业工程需要。

② 可靠耐用,易维修保养。

③ 适用于大批量产品的分拣,如报纸捆、米袋等。

图 5-19　斜导轮分拣机

5.2.5　流通加工设备

　　流通加工设备是指货物在配送中心中根据需要进行包装、分割、计量分拣、添加标签条码、组装等作业时所需的设备。它可以弥补生产过程加工程度的不足,有效地满足用户多样化的需要,提高加工质量和效率以及设备的利用率,从而更好地为用户提供服务。流通加工设备根据其实现的功能可以进行如图 5-20 所示的分类。

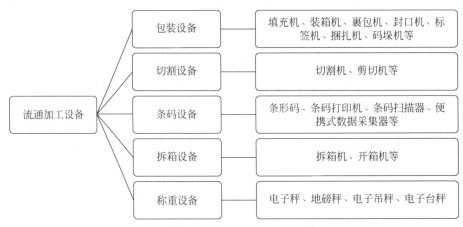

图 5-20　流通加工设备汇总图

5.3　配送中心的设施设备配置

5.3.1　入库系统配置

　　入库系统的主要功能是入库货物验收,货物验收具体包括验收准备、核对凭证和检验实物三个作业环节。

1. 验收准备

仓库接收到货通知后,应根据货物的性质和批量提前做好验收前的准备工作,包括人员准备、资料准备和器具准备三个方面。其中,人员准备是指安排负责质量验收的技术人员或用料单位的专业技术人员,以及配合质量验收的装卸搬运人员;资料准备是指收集并熟悉待验货物的有关文件,如技术标准、订货合同等;器具准备是指准备好验收用的检验工具,如衡器、量具等。

2. 核对凭证

入库货物必须具备的凭证及说明有以下几方面:入库通知单和订货合同副本,这是仓库接收货物的凭证;供货单位提供的材质证明书、装箱单、磅码单、发货明细表等;货物承运单位提供的运单,若货物在入库前发现残损情况,还要有承运部门提供的运输记录或普通记录,作为向责任方交涉的依据。核对凭证也就是将上述凭证加以整理并进行准确核对,特别是入库通知单、订货合同要与供货单位提供的所有凭证逐一核对,相符后才可进行下一步实物检验。

3. 检验实物

检验实物包括货物的数量验收、质量验收和包装验收。货物数量验收是在初步验收的基础上进一步验收货物数量的工作,验收的方法是对于计重货物一般采用过磅检斤的方法;对于计件货物,一般都采取抽检的方式。采用抽检方式时,为比较准确地反映入库货物的实际情况,应科学地确定验收比率。验收比率是一批货物中抽检货物的数量占全部被验货物数量的比例。货物质量验收是检验货物质量指标是否符合规定的工作。仓储部门按照有关质量标准,检查入库货物的质量是否符合要求。质量验收有感官检验法和仪器检验法两种方式。感官检验法是依靠验收人员丰富的货物知识和实践经验,通过视、听、味、触、嗅觉来判断货物质量的方法。它的优点是简便易行,不需要任何设备,或者只需要一些简单的工具就能迅速作出质量判断。这种方式的缺点是检验效果有一定的局限性,很难精确地测定出货物质量的数据指标。仪器检验法是利用各种仪器设备,对货物的规格、成分、技术要求标准等进行物理、化学和生物的分析测定。它的优点是检验的准确度高,但需要投入比较昂贵的仪器设备。货物包装验收,通常是在初步检查验收时进行的,首先查看包装有无水湿、油污破损等,其次查看包装是否符合有关标准要求,包括选用的材料、规格、制作工艺、设备标志、打包方式等。另外对包装材料的干湿度也要检验,包装的干湿程度,表明包装材料中含水量的多少,这对货物的内在质量会产生一定的影响。对包装物干湿度可利用测湿仪进行测定。当需要开箱拆包检验时,一般应有两人以上在场同时操作,以明确责任。另外在确定验收比例时,需要考虑以下方面的因素。

(1) 货物的性质、特点。不同的货物具有不同的特性。如玻璃器皿、保温瓶胆、瓷器等容易破碎;皮革制品、副食品、果品、海产品等容易霉变;香精、香水等容易挥发,这些货物的验收比例可以大一些。而肥皂、香皂之类,外包装完好,内部不易损坏,验收比例可以小一些。

（2）货物的价值。贵重货物，如价格高的精密仪器、名贵中药材（人参、鹿茸等），入库时验收比例要大一些，或者全验。而一般价值较低、数量较大的小货物可少验。

（3）货物的生产技术条件。对于生产技术条件好、工艺水平较高、产品质量好而且稳定的货物可以少验；而对于生产技术水平低，或手工操作、产品质量较差而又不稳定的需要多验。

（4）供货单位的信誉。有的企业历来重视产品质量，并重视产品的售后服务工作，长期以来仓库在接收该厂产品时没有发现质量、数量等问题，消费者对该企业的产品也比较满意，这样的企业供应的货物可以少验或免验，而对于信誉较差的企业提供的产品则要多验。

（5）包装情况。包装材料差、技术差、结构不牢固，都会直接影响货物质量和运输安全，从而造成散失、短少或损坏，因此，收货时，对包装质量完好的货物可以适当少验，反之则要多验。

（6）运输工具。货物在运输过程中，使用的运输工具、运距以及中转环节的不同等，对货物质量、数量都会有不同程度的影响。因此，入库验收时，应视不同情况确定验收比例。如对于汽车运输，且运距较长，由于途中振荡幅度大，损耗会多一些，因此，需要确定较大的验收比例；而水路或航运，由于途中颠簸小，损耗自然会少一些，因此可以少验。

（7）气候条件。经过长途转运的货物，可能由于气候条件的变化，质量会受到一定的影响。即使同一地区，季节变化对货物质量也会产生影响。所以，对怕热、易熔的货物，夏天要多验；对怕潮、易溶解的货物，在雨季和潮湿地区应多验；怕冻的货物，冬天应多验。

5.3.2　在库系统配置

在库系统的主要功能为储存管理。储存系统设备配置主要考虑的是货架的选用，货架的选用一般重点考虑经济高效原则，同时综合分析各种因素，从而决定最适合的货架类型。通常考虑的因素包括商品特性、出入库情况、与装卸搬运的配套、货态属性等。

1. 商品特性

商品的外形、尺寸、重量和包装形态等物理性质直接影响货架规格的选择。如悬臂式货架适合存放长大件物品；移动货架适用于存放库存品种多出入库频率较低的物品；流利货架特别适合于同品种、大批量、短时间存取的货物。

2. 出入库情况

出入库情况包括出入库频率和出入库数量，货架选型要考虑出入库情况。一般来讲，存取方便性与储存密度是相悖的，解决存取方便性与储存密度矛盾有较好效果的流利货架，但其投资成本较大，日常维护要求高。

3. 与装卸搬运的配套

由于在货架上存取物品由装卸搬运设备完成的，所以货架选型一定要和与之配套的装卸搬运设备一并考虑。

4．货态属性

货态的属性不同，如选择用托盘、箱保管或者袋装，需选择的货架不同。

5.3.3　出库系统配置

1．出库准备

首先要根据客观的需要来选择合适的出库方式，常见的出库方式有提货、送货、托运、过户、移仓、取样等。其次，要选择合理的出库流程。合理的出库流程是出库工作顺利进行的基本保证，为防止出库工作失误，在进行出库作业时必须严格履行规定的出库流程，使出库有序进行。货物的出库流程主要包括货物出库前的准备、审核出库凭证、出库信息处理、拣货、分货、包装、清理等。最后，要做好出库准备，包括出库货物准备和审核出库所涉及的凭证。

2．备货

备货包括拣货、分货、出货检查和包装四个环节。

（1）拣货。拣货作业就是依据客户的订货要求或仓储配送中心的送货计划，尽可能快速地将货物从其储存的位置或其他区域拣取出来的作业过程。拣货信息传递方式一般有订单传递、拣货单传递、显示器传递、无线通信传递、自动拣货系统传递。拣货方式一般包括人工拣货、机械拣货、半自动拣货和自动拣货。

（2）分货。分货作业又称配货作业，在拣货作业完成后，根据订单或配送路线等的不同组合方式进行货物分类工作。根据分货作业方式可以把分货分为人工分货和自动分类机分货两种。

（3）出货检查。为了保证出库货物不出差错，配好货后企业应该立即进行出货检查。出货检查就是将货物一个个点数并逐一核对出货单，进而查验出货物的数量、品质及状态情况。出货检查的方法包括货物条码检查法、声音输入检查法、质量计算检查法等。

（4）包装。包装的要求：由仓库分装、改装或拼装的货物，装箱人员要填制装箱单标明箱内所装货物的名称、型号、规格、数量以及装箱日期等，并由装箱人员签字盖章后放入箱内供收货单位核对。根据货物外形特点，选用适合的包装材料。出库货物包装要求牢固、干燥。各包装容器，如发现外包装上有水湿、油迹、污损等均不允许出库。充分利用包装容积，要节约包装材料，尽量使用货物的原包装。

3．出库

（1）点交。出库货物无论是要货单位自提，还是交付运输部门发送，发货人员必须向提货人员或运输人员按车逐车交代清楚，划清责任。如果是本单位内部领料，则将货物和单据当面点交给提货人员，办理好交接手续。若送料或将货物调出本单位办理的，则与送货人或运输部门办理交接手续，当面将货物点交清楚，交清后，提货人员应在出库凭证上签字盖章。发货人员在经过提货人员认可后，在出库凭证上加盖货物付讫印戳，同时给提货人员填发出门证,门卫按出门证核验无误后方可放行。

(2)登账。点交后,保管人员应在出库单上填写实发数、发货日期等内容并签名。然后将出库单连同有关证件及时交给货主,以便货主办理结算。出库凭证应当日清理,定期装订成册,妥善保存,以备查用。

(3)货物出库单证的流转及账务处理。出库单证包括提货单、送货单、移库单和过户单等。其中,提货单为主要的出库单证,它是从仓库提取货物的正式凭证。不同单位会采用自提和送货两种不同的出库方式,不同的出库方式下出库及其单证流转与账务处理的程序也有所不同。

4. 货物出库时发生问题的处理

(1)出库凭证上的问题。出库凭证是指用户自提情况下的"出库通知单"和仓库配送计划通知书。发货前验单时,凡发现提货凭证有问题,应及时与仓库保卫部门联系,妥善处理。任何白条都不能作为发货凭证,特殊情况如救灾等发货必须符合仓库有关规定。提货时,用户发现规格开错,仓库保管员不得自行调换规格发货,必须重新开票方可发货。货物进库未验收,或者期货未进库的出库凭证,一般暂缓发货,并通知供应商,待货到并验收后再发货。

(2)漏记账和错记账。当遇到提货数量大于实际货物库存量时,无论是何种原因造成的都需要和仓库部门、提货单位及时取得联系后再做处理,如果属于入库时错账,则可采用报出/报入方法进行调整。报出/报入方法即先按库存账面数开具出库单销账,然后再按实际库存数量入库登记,并在入库单上签明情况。如果属于仓库保管员串发、多发、错发等而引起的问题,应由仓库方面负责解决库存数与提单数之间的差额。如果属于财务部门漏记账而多开出库数,应由单位开具新的提货单,重新组织提货和发货。如果属于仓储过程中的损耗需考虑该损耗数量是否在合理的范围之内,并与货主单位协商解决。合理范围内的损耗,应由货主单位承担,而超过合理范围的损耗,则应由仓储部门负责解决。

(3)串发货和错发货。所谓串发货和错发货,是指发货人员对货物品种规格不熟悉的情况下或者由于工作中的疏漏把错误规格、数量的货物发出库的情况。如果提货单开具某种货物的甲规格出库,而在发货时将该货物的乙规格发出,造成甲规格账面数小于实存数、乙规格账面数大于实存数。在这种情况下,如果货物尚未出库,应立即组织人力重新发货,如果货物已经提出仓库,保管人员要根据实际库存情况,如实向本库主管部门和运输单位讲明串发货、错发货货物的品名、规格、数量、提货单位等情况,会同货主单位和运输单位共同协商解决。一般在无直接经济损失的情况下,由货主单位重新按实际发货数冲票解决。如果形成直接的经济损失,应按赔偿损失单据冲转调整保管账。

(4)包装损坏。若发现包装内的货物有破损、变质等质量问题或数量短缺,不得以次冲好,以溢余补短缺,否则造成的损失由仓储部门承担。

(5)货未发完。仓库发货,原则上按提货单上的数量在规定的时间内一次发完,如果一次不能发完的,可适当办理分批提取手续。

案例讨论：京东物流高智能化地狼仓

　　西藏经济的发展,进一步激发了西藏消费者的网购热情,需求逐年大幅增长,京东物流在当地的布局也在不断加快。尤其随着人工智能、大数据、云计算、机器人等技术的发展,已经在发达地区得到广泛应用的智能物流科技,开始走入青藏高原。

　　以 2021 年 6 月 9 日投用的"地狼仓"为例,这是京东物流自主研发的一种典型的搬运式货到人拣选系统,利用地狼 AGV(自动物流机器人)将货架搬运至固定的工作站以供作业人员拣选。"地狼"系统颠覆了传统"人找货"的拣选模式,变为"货找人",工作人员只需要在工作台领取相应任务,等待"地狼"搬运货架过来进行相应操作即可。

　　100 台以上的机器人规模代表着中国物流的前沿科技,也成为当地首个大型智能物流仓。京东物流西藏相关负责人介绍,"地狼"最高承重 500 kg,遍布地上的一个个二维码规划、引导路径,再配合自带的传感器,保证了"地狼"搬运货架来回穿梭、互不干扰,井然有序地工作,大大提高了分拣效能和准确度,与人工相比,效率提升了 2 倍。

　　目前,包括"地狼"在内,京东物流自主研发的地狼、天狼、分拣 AGV、交叉带分拣机、AGV 叉车等数十种机器人,已经覆盖仓储、运输、分拣及配送等各个环节,或成为单独的机器人仓,或联合应用在遍布全国的物流基础设施里,正在从一线城市向三线到五线城市落地。在西藏落地大型智能化物流仓项目,就是京东物流"新基建"下沉的最新动作。

　　资料来源：https://baijiahao.baidu.com/s? id = 17020536708572267165&wfr = spider&for=pc

　　结合案例讨论：智能物流设施设备的配备对配送中心作业有何影响?

 即测即练题

第 **6** 章

配送中心的区域设计方法与参数

本章学习目标：

通过本章学习，学员应该能够：

1. 了解配送中心作业区域设计的内容；

2. 重点掌握通道的设计，进、出货作业区域的设计，仓储作业区域的设计，集货作业区域的设计，其他作业区域的设计；

3. 掌握建筑物的柱间距，建筑物的梁下高度，地面载荷；

4. 掌握行政区域的面积设计，厂区的面积设计；

5. 熟悉电力设施，给水与排水设施，供热与燃气设施。

 引导案例：让仓库"动"起来

夏冬是某大型国有集团旗下仓储物流公司的总经理，管理着全国范围内数百个大大小小的仓储运营中心。这些年，为了满足集团业务的快速扩张，公司的仓储中心数量快速增长，前些年布局的自有仓库已经远远不能满足业务发展的需求，只能寻求外部资源，以租用或者联营的方式解决当下之急。

一方面，由于集团业务的多元化发展，虽然仓库数量众多，但没有针对不同类型的业务进行分门别类的规划，也没有制定针对不同行业的标准服务流程，很难满足内部客户提出的具有行业特性的服务需求，导致内部客户抱怨连连。

另一方面，各个仓储中心之间彼此孤立，各自为战，缺乏有效联动，虽然公司花大价钱上了一套 OMS(订单管理系统)＋WMS(仓储管理系统)＋TMS(物流管理系统)系统，却依旧没能很好地解决这个问题。尤其是那些与外部合作伙伴联营的仓储物流中心，由于管理水平不一，在日常运作中频繁出问题，加之沟通成本极高，这给夏冬的团队带来了极大的困扰。

夏冬所遇到的问题并不是个案，而是本土物流仓储行业在快速发展过程中的一个小小缩影。即便是我们所熟悉的优秀企业，如阿里、京东、海尔、华为、中粮、中储粮等企业，同样面临类似的问题，即仓储体系的构建如何能够满足集团业务的快速发展。

资料来源： http://www.56885.net/news/2017329/381785.html.

案例思考： 请问夏冬面临的问题该怎样解决？

配送中心作业区域设计是配送中心设计的一个主体内容，其结果对配送中心的内部作业效率、整体运营效果以及未来发展的可塑性等多个方面起到关键性作用。

6.1　配送中心作业区域设计

配送中心的作业区域设计主要包括通道设计、进、出货作业区域设计、仓储区作业空间设计、集货区设计等几个方面的设计。

配送中心的作业区域设计是在对各作业区域功能、能力以及使用设备分析规划后需要完成的工作,由于各个作业区域的作业性质不同,在进行作业区域的设计时,除了考虑设施设备的基本使用面积外,还要计算操作活动、储存空间和通道面积,同时还要结合配送中心未来的发展需要,对预留空间有所考虑。

另外,配送中心作业区域设计应符合国家以及所属地方相关法规的要求。在充分考虑防洪排泄、防火因素等要求的基础上,配套建设相适应的电力、给排水、通信、道路、消防和防汛等基础设施。

6.1.1　通道设计

通道虽然不直接属于任一作业区域,但是通道的正确安排与宽度的合理设计在一定程度上将决定配送中心的区域分割、空间利用、运作流程及物流作业效率。一般库房规划必先划定通道的位置,而后分配各作业区域。通道的设计应能保证货物的正确存取、装卸设备的进出以及必备的服务时间。

1. 通道设计原则

通道的设置和宽度设计是配送中心空间分配最重要的因素,设计时应遵循以下设计原则。

(1)流向原则:在配送中心通道内,人员与物品的移动方向要形成固定的流通线。

(2)空间经济原则:以功能和流量设计为设计依据,提高空间利用率,实现最小的空间占用率。

(3)安全原则:通道必须随时保持通畅,若遇到紧急情况,便于人员撤离和逃生。

(4)交通互利原则:各类通道不能相互干扰,次级通道不能影响主要通道的作业。

> 扩展知识 6.1　空间经济原则对比说明

(5)设计顺序原则:先确定出入货位置以便设计主通道,再设计储存通道和作业之间的通道,后设计服务设施、参观通道。

(6)直线原则:所有通道应遵照直线原则。

(7)方向原则:主通道与码头的方向平行;储存通道垂直或平行于主通道。

不同的作业区域布置形式有不同的通道空间比例,分别见表 6-1 和表 6-2。

表 6-1　长方形仓库通道形式说明

长方形仓库通道形式	说　明
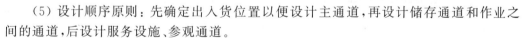 入口　出口	通道的面积占用率为 40%,最好的通道形式是中枢通道,主要通道经配送中心中央,且尽可能直穿,开始及结束在出入口,且连接主要交叉通道

续表

长方形仓库通道形式	说　明
	通道的面积占用率为 20%,通常用于堆垛储存方式
	通道的面积占用率为 40%,通常用来划分作业区

表 6-2　正方形仓库通道形式说明

正方形仓库通道形式	说　明
	通道的面积占用率为 19%,是正方形仓库常用的通道设计的方式,主要用于托盘地面存放的形式
	通道的面积占用率为 28%
	通道的面积占用率为 36%
	通道的面积占用率为 51%,占用面积较大,直接影响仓库空间利用率

2．通道设计的影响因素

影响通道设计的因素包括以下几种。

（1）通道形式。

（2）搬运设备的形式、尺寸、产能、回转半径等。

（3）储存物品的批量、尺寸。

（4）与进出口及装卸区的距离。

（5）防火墙的位置。

（6）建筑物的柱网结构和行列空间。

（7）服务区及设备的位置。

（8）地面载荷能力。

（9）电梯、坡道位置以及出入方便性。

3．通道的类型

配送中心的通道分为厂区通道和厂内通道两种。厂区通道一般称为道路，其主要功能是通行车辆和人员。厂内通道简称为通道，包括以下几种类型。

（1）工作通道，即物流作业及出入配送中心的通道，可分为主通道和辅助通道。主通道通常连接配送中心的进出门口至各作业区域，沿仓库的长度方向，是连接仓库出入口的通道，通道宽 3.5～6 m，允许双向通行；辅助通道为连接主通道至各作业区域内的通道，沿仓库的宽度方向，一般与主要通道垂直，以叉车通行为主，人员通行为辅。

（2）人行通道，即员工进出特殊区域的通道，只用于员工进出特殊区域的人行道，应维持最小必要数目。

（3）电梯通道，即提供出入电梯的通道，是通道的特例，此通道宽度至少与电梯相同，一般距主通道 3～4.5 m。其目的在于将主要通道的货物运至其他楼层，但又要避免阻碍主要通道的交通。

（4）服务通道，即为存货和检验提供大量物品进出的通道，应尽量限制。

（5）其他性质的通道，即为公共设施、防火设备、紧急逃生所需要的通道。

4．通道的布置

配送中心的通道布置是指通道位置设计。就一般配送中心的作业性质而言，采用中枢通道（图 6-1），即主要通道穿过配送中心的中央，这样可以有效地利用空间。同时要考虑搬运距离、防火墙位置、行列空间和柱子间隔、服务区和设备的位置、地面承载能力、电梯和斜道位置及出入的方便性等。

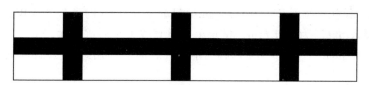

图 6-1　中枢通道的布置形式

进行通道设计的顺序如下：首先，设计配合出入配送中心门口位置的主要通道；其次，设计出入部门及作业区域间辅助通道；最后，设计服务设施、参观走廊等其他通道。

5．通道宽度的计算

通道宽度的设计，需根据不同作业区域、人员或者车辆行走速度，以及单位时间内通行人员、搬运物品体积等因素而定。

1）叉车通道

（1）影响叉车通道宽道的因素。影响叉车通道宽度的因素有叉车型式、规格尺寸、托盘规格尺寸等。由于不同的厂家生产的叉车的规格、尺寸、型号略有差异，在设计时应根据所选厂家的叉车进行具体设计。设计时,余量尺寸以下列数据为参考。

叉车侧面余量尺寸 C_0:150～300 mm。

会车时两车最小间距 C_m:300～500 mm。

保管货物之间距离余量尺寸 C_p:100 mm。

(2)直线叉车通道宽度。直线叉车通道宽度取决于叉车宽度、托盘宽度和侧面余量尺寸,分为单行道和双行道两种。

单行道直线叉车通道宽度计算图如图 6-2 所示,其直线叉车通道宽度 W 计算公式为

$$W = W_p + 2C_0 \tag{6-1}$$

$$W = W_B + 2C_0 \tag{6-2}$$

式中,W 为单行道直线叉车通道宽度,mm;W_p 为托盘宽度,mm;W_B 为叉车宽度,mm;C_0 为叉车侧面余量尺寸,mm。

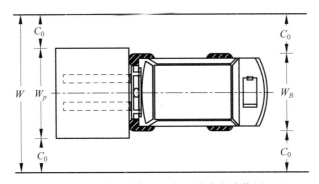

图 6-2　单行道直线叉车通道宽度计算图

注意:当托盘宽度 W_p 大于叉车宽度 W_B 时,宽度利用式(6-1)进行计算,反之,用式(6-2)进行计算。

【例 6-1】 设托盘宽度 W_p 为 1 200 mm,起重能力为 1 t 的叉车宽度 W_B 为 1 150 mm,叉车侧面余量尺寸 C_0 为 280 mm。试求单行道直线叉车通道宽度。

解:在本例中,由于 $W_p > W_B$,因此,本题计算时需使用式(6-1)计算通道宽度,即通道高宽度为

$$W = W_p + 2C_0 = 1\,200 + 2 \times 280 = 1\,760(\text{mm})$$

即单行道叉车通道宽度为 1 760 mm,可取 1 800 mm。

双行道直线叉车通道宽度计算图如图 6-3 所示,其直线叉车通道宽度 W 计算公式为

$$W = W_{p1} + W_{p2} + 2C_0 + C_m \tag{6-3}$$

$$W = W_{B1} + W_{B2} + 2C_0 + C_m \tag{6-4}$$

式中,W 为双行道直线叉车通道宽度,mm;W_{p1},W_{p2} 为托盘宽度,mm;W_{B1},W_{B2} 为叉车宽度,mm;C_0 为叉车侧面余量尺寸,mm;C_m 为会车时两车最小间距,mm。

当托盘宽度 W_p 大于叉车宽度 W_B 时,宽度利用式(6-3)进行计算,反之,用式(6-4)进行计算。

(3)丁字形叉车通道宽度。丁字形叉车通道宽度计算图如图 6-4 所示。丁字形叉车通道宽度决定于叉车的宽度与叉车的最小转弯半径(外侧),但由于配送中心所选叉车可

能有多种规格,在设计通道宽度时,首先应确定在通道行驶的最大叉车型号,即规格尺寸。

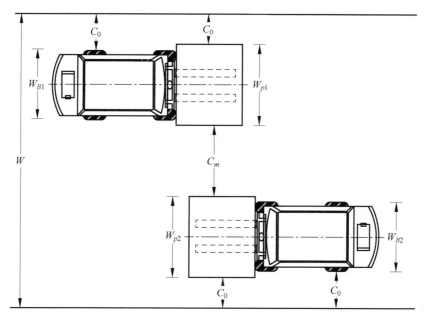

图 6-3　双行道直线叉车通道宽度计算图

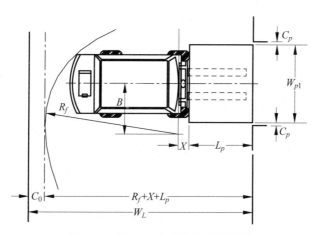

图 6-4　丁字形叉车通道宽度计算图

丁字形叉车通道宽度 W_L 可表示为

$$W_L = R_f + X + L_p + C_0 \tag{6-5}$$

式中,W_L 为丁字形叉车通道宽度,mm; R_f 为叉车最小转弯半径,mm; X 为旋转中心到托盘的距离,mm; C_0 为叉车侧面余量,mm; L_p 为托盘长度,mm。

【例 6-2】　设叉车举重能力为 1 t,叉车最小转弯半径为 1 800 mm,旋转中心到托盘的距离为 400 mm,托盘长度为 1 000 mm,叉车侧面余量为 300 mm,计算丁字形叉车通道宽度。

解:根据式(6-5)计算丁字形叉车通道宽度,即通道宽度为

$$W_L = R_f + X + L_p + C_0 = 1\,800 + 400 + 1\,000 + 300 = 3\,500\,(\text{mm})$$

即丁字形叉车通道宽度为 3 500 mm。

（4）最小直角叉车通道宽度。最小直角叉车通道宽度计算图如图 6-5 所示。

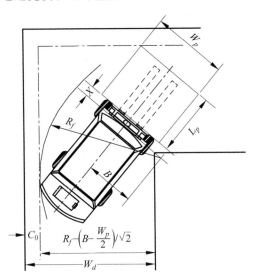

图 6-5　最小直角叉车通道宽度计算图

当叉车直角转弯时，必须保证足够的最小直角叉车通道宽度 W_d，可表示为

$$W_d = R_f - \left(B - \frac{W_p}{2}\right) / \sqrt{2} + C_0 \tag{6-6}$$

式中，W_d 为最小直角叉车通道宽度，mm；R_f 为叉车最小转弯半径，mm；B 为旋转中心到车体中心的距离，mm；C_0 为叉车侧面余量尺寸，mm；W_p 为托盘宽度，mm。

当叉车型号确定后，可按照式(6-6)计算最小直角叉车通道宽度。

【例 6-3】　设叉车举重能力为 1 t，托盘宽度为 1 200 mm，叉车最小旋转半径为 1 800 mm，旋转中心到车体中心的距离为 640 mm，叉车侧面余量为 300 mm，计算最小直角叉车通道宽度。

解：根据式(6-6)计算最小直角叉车通道宽度，即通道宽度为

$$W_d = R_f - \left(B - \frac{W_p}{2}\right) / \sqrt{2} + C_0 = 1\,800 - \left(640 - \frac{1\,200}{2}\right) / \sqrt{2} + 300 = 2\,071.7\,(\text{mm})$$

即最小直角叉车通道宽度为 2 071.7 mm，可取 2 100 mm。

2）人行通道

人行通道除了正常情况下供员工通行外，还用于人工作业、维修和紧急逃生等，其宽度主要由人流量来决定。

设人员走动速度为 v(m/min)，每分钟通过人数为 n，两人前后最短距离为 d(m)，平均每人身宽为 w(m)，因此，通带宽度 W 的计算公式为

$$W = \left(\frac{d}{v}\right) \times n \times w \tag{6-7}$$

设两人行走时需要的前后最短距离 $d=1\,\mathrm{m}$,平均每人身宽 $w=0.76\,\mathrm{m}$,一般人行走速度 $v=50\,\mathrm{m/min}$,每分钟通过 80 人,把这些数据代入式(6-7)可得

$$W=dw\frac{n}{v}=1\times0.76\times\frac{80}{50}=1.216(\mathrm{m})$$

一般情况下,人行通道宽度 $W=0.8\sim0.9\,\mathrm{m}$;多人通行时,人行通道宽度 $W=1.2\,\mathrm{m}$。

3) 手推车通道

手推车通道宽度为车体宽度加上两倍的侧面余量尺寸。一般情况下,单行道时, $W=0.9\sim1.0\,\mathrm{m}$;多行道时, $W=1.8\sim2.0\,\mathrm{m}$。

表 6-3 为配送中心内的通道宽度参考值。

表 6-3　配送中心内的通道宽度参考值

配送中心内的通道种类	宽度/m	配送中心内的通道种类	宽度/m
主通道	3.5~6	侧面货叉型叉车通道	1.7~2
辅助通道	3	堆垛机(直线单行)通道	1.5~2
人行通道	0.75~1	堆垛机(直角转弯)通道	2~2.5
小型台车通道	车宽加 0.5~0.7	堆垛机(转弯窄道)通道	1.6~2
手动叉车通道	1.5~2.5	堆垛机(伸臂、跨立、转柱)通道	2~3
重型平衡车通道	3.5~4	窄巷道式堆高机通道	2~2.5(1 100×1 100 托盘)
伸长货叉型叉车通道	2.5~3		

6.1.2　进、出货作业区域设计

进、出货作业区域设计的主要内容是进、出货平台(收发站台、月台或码头)的设计。进、出货平台主要包括进货平台、出货平台和进、出货共用平台。进货平台是物品的入口,出货平台是物品的出口。进、出货平台的基本作用是提供车辆的停靠、物品的装卸暂存,利用进、出货平台能够方便地将货物卸出或装进车厢。

配送中心的典型进、出货平台如图 6-6 所示。

图 6-6　配送中心的典型进、出货平台

进、出货平台的设计通常包括进、出货平台的位置关系分析、形式设计、停车遮挡形式设计及宽度、长度和高度的设计等内容。

1．进、出货平台设计的基本原则

（1）进、出货平台位置能使车辆快速安全地进出配送中心，不会产生交叉会车。

（2）进、出货平台尺寸应尽可能兼顾主要车型。

（3）进、出货平台设备必须使作业人员能安全地装卸货物。

（4）规划进、出货平台内部暂存区，使货物能有效地在进、出货平台与仓储区之间移动。

2．进、出货平台的位置关系

进货平台和出货平台的相对位置将直接影响配送中心进出库效率、作业的差错率、内部物流动线等。两者之间的相对位置关系有以下几种。

（1）进、出货共用平台如图 6-7 所示。

特点：进、出货共用，传统仓库使用多。

优点：空间和设备利用率高。

缺点：作业管理困难，容易造成货物的混乱。

适用：进、出货频率较低或进、出货时间错开的库房。

（2）进、出货平台不共用，但两者相邻，如图 6-8 所示。

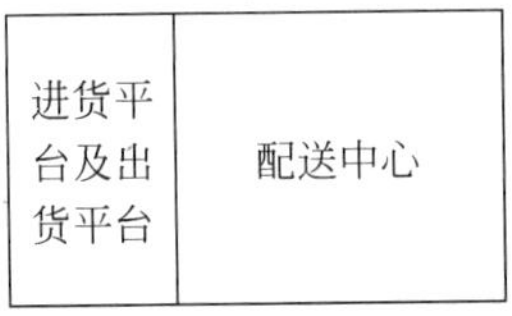

进货平台及出货平台	配送中心

图 6-7　进、出货共用平台

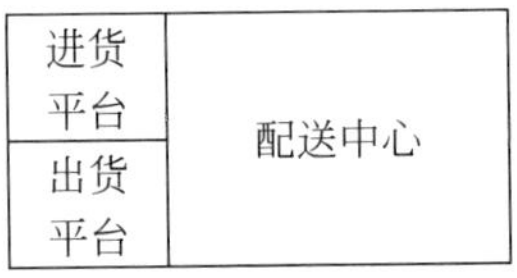

进货平台	配送中心
出货平台	

图 6-8　不共用但两者相邻的进、出货平台

特点：进、出货分用，两者相邻，较大的仓库或物流中心使用较多。

优点：进、出货作业分离可以避免作业混乱。

缺点：空间利用率低，但可以相互借用。

适用：仓库空间大，进、出货作业容易出现相互影响的仓库。

（3）进、出货平台相互独立，两者不相邻，如图 6-9 所示。

特点：进、出货分用，两者不相邻，较大的仓库或物流中心使用较多。

优点：进、出货作业分离可以避免作业混乱。

缺点：仓库空间大，动线复杂。

（4）多个进、出货平台如图 6-10 所示。如果配送中心的空间足够大，同时货物进出量大并且作业频繁，则可设计多个进货平台及出货平台以满足需求。

进货平台	配送中心	出货平台

图 6-9　相互独立且两者不相邻的进、出货平台

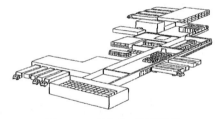

图 6-10　多个进、出货平台

3. 进、出货平台形式

（1）按照平台形状可以将平台分为锯齿形平台和直线形平台两种。锯齿形平台的优点是其车辆回旋纵深较浅，但其缺点为装卸货作业的自由度较小，占用配送中心的内部空间较大，装卸货布置复杂，在相同的平台长度下，锯齿形平台车位布置较少，如图 6-11 所示。直线形平台的优点在于占用仓库内部空间较小，装卸作业自由度大，装卸货布置简单；缺点是车辆回旋纵深较深，外部空间需求较大，如图 6-12 所示。

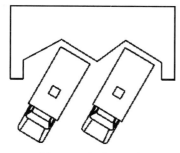

图 6-11　锯齿形平台

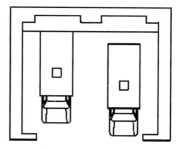

图 6-12　直线形平台

究竟采用何种形式的进、出货平台，可根据进、出货特点和场地情况而定。在土地没有特殊要求时，尽量选用直线形平台；同时，从有利于物流作业和进、出货安排的角度来考虑，选择直线形平台也更好些。

（2）按照平台高度可以将平台分为高站台（平台式）和低站台（地面式）两种，高站台的优点是利于装卸作业，泥土和雨水不易入侵站台；缺点是造价稍高。低站台的优点在于可以在后面与侧面进行装卸作业，对大量物品的装卸作业较为方便；缺点是作业动线交错，人力装卸作业比较困难，泥土和雨水容易入侵站台。

选择高站台还是低站台，主要取决于配送中心的环境、进、出货的空间、运输车辆的类型、装卸作业的方法等。一般建议选择高站台。

4. 进、出货平台停车遮挡形式

在设计进、出货停车位置时，除考虑效率与空间外，还应考虑遮阳问题。因为很多物品对潮湿或者阳光直射特别敏感，尤其是设计车辆和平台之间的连接部分时，必须考虑到如何防止大风吹入或雨雪飘入配送中心。此外，还应该避免空调的冷暖气外溢和能源损失。为此，需要对停车遮挡进行设计，停车遮挡主要有以下三种形式。

（1）内围式：把月台围在仓库房内，进出车辆可直接入配送中心仓库装卸货。优点：安全、不怕风吹雨打以及冷暖气泄漏，如图 6-13（a）所示。

（2）齐平式：月台与仓库侧边齐平。优点：整个月台仍在仓库内，可避免能源浪费，如图 6-13（b）所示。

（3）开放式：月台全部突出在库房外，月台上的货物完全没有遮挡，仓库内冷暖气容易泄漏，如图 6-13（c）所示。

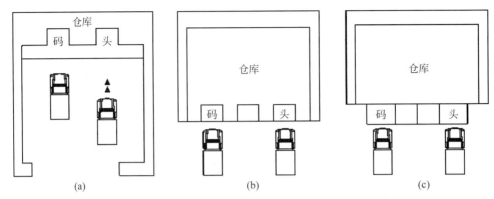

图 6-13　进、出货平台停车遮挡形式

(a) 内围式；(b) 齐平式；(c) 开放式

5. 进、出货平台宽度

进货时，一般要经过拆装、理货、检查与暂存等工序，才能进入后续作业，因此，进、出货平台上应留有一定的空间作为暂存区/理货区。为保证装卸货的顺利进行，进、出货平台需要升降平台(站台登车桥)等连接设备配合。连接设备分为以下两种。

(1) 活动连接设备，宽度 $s=1\sim2.5$ m。

(2) 固定连接设备，宽度 $s=1.5\sim3.5$ m。

为使车辆及人员进入畅通，在暂存区及连接设备之间应有出入通道。图 6-14 为暂存区、连接设备和出入通道的布置形式及宽度设计图。

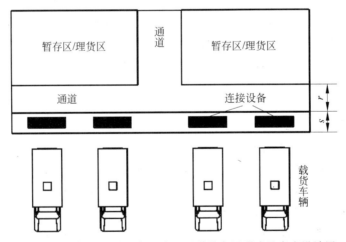

图 6-14　暂存区、连接设备和出入通道的布置形式及宽度设计图

若使用人力搬运，通道宽度 r 为 $2.5\sim4$ m。由此可见，进出货平台宽度 W 应为

$$W=s+r \tag{6-8}$$

6. 进、出货车位数与平台长度

以进货为例，介绍一种常用的平台长度计算方法。这种方法适用于进货量、装载单元以及车辆类型都能预先估测的情形。设进货时间每天按 2 h 计算（设定值是根据调查分析得到的）。根据配送中心的规模，进货车台数 N 和卸货时间见表 6-4。

表 6-4　进货车台数和卸货时间

货态	进货车台数/辆			卸货时间/min		
	11 t 车	4 t 车	2 t 车	11 t 车	4 t 车	2 t 车
托盘进货	N_1	N_2	—	20	10	—
散装进货	N_3	N_4	N_5	60	30	20

设进货峰值系数为 1.5，要求在 2 h 内将进货车辆卸货完毕，设所需车位数为 n，则

$$n = \frac{(20N_1 + 10N_2 + 60N_3 + 30N_4 + 20N_5) \times 1.5}{60 \times 2} \tag{6-9}$$

若每个装卸车位宽度为 4 m，进货平台共有 n 个车位，如图 6-15 所示，则进货平台长度为

$$L = n \times 4 \text{(m)} \tag{6-10}$$

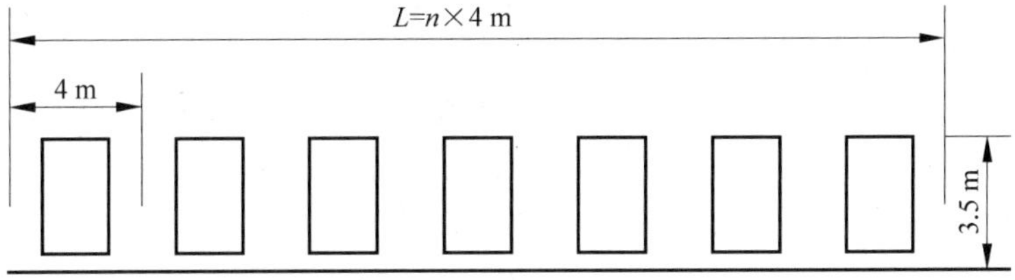

图 6-15　进货平台长度设计图

设进货大厅宽度为 3.5 m，则进货平台总面积为

$$A = L \times 3.5 \text{(m}^2) \tag{6-11}$$

【例 6-4】　根据物流中心的规模，预计每天进货时间为 2 h，进货车台数和卸货时间为：11 t 车，托盘进货，进货 10 车，每车卸货时间 30 min；11 t 车，散装进货，进货 4 车，每车卸货时间 50 min；4 t 车，托盘进货，进货 15 车，每车卸货时间 20 min；4 t 车，散装进货，进货 5 车，每车卸货时间 30 min；设进货峰值系数 1.5，每个车位宽度为 4 m。试计算进货平台的长度。

解： 由式（6-9）可知，进货所需车位数为

$$n = \frac{(30 \times 10 + 50 \times 4 + 20 \times 15 + 30 \times 15) \times 1.5}{60 \times 2} \approx 15.6$$

取整数 $n = 16$ 个车位。

进货平台长度为

$$L = 16 \times 4 = 64 \text{(m)}$$

7. 进、出货平台高度

对于高站台而言,进、出货平台高度主要取决于运输车辆的车厢高度。不同的车型运输车辆车厢高度是不一样的,即使是同种车型,其生产厂家不同,车厢高度也有所区别。此外,对于同一辆车来说,重载和空载时车厢高度也略有不同。

下面分两种情况来讨论如何确定平台高度。

1) 车型基本不变

配送中心如果只选定使用频率较高的厂家的几种车型,则可由主车型车辆空载时的车厢高度与满载时车厢下降高度的差值来决定站台高度。满载时,大型车辆车厢高度将下降 $100\sim200$ mm。

【例 6-5】　某物流配送中心进货主要用 L 汽车制造公司生产的 11 t 运输车,其空载时的车厢高度为 $1\,380$ mm,满载时的车厢高度下降 $100\sim200$ mm,为安全起见,取下降值为 100 m,则站台高度为多少?

解:
$$H = 1\,380 - 100 = 1\,280(\text{mm})$$

取 $H = 1\,300$ mm。

2) 车型变化较大

车型变化较大时,车厢高度变化范围也相应较大。为适应各种车厢高度车辆装卸货的需要,就必须通过升降平台来调整高度。通常,站台高度 H 值为最大车厢高度与最小车厢高度的平均值。升降平台踏板的倾斜角根据叉车的性能略有差异。通常按倾斜角不超过 $15°$ 来设计升降平台长度。

站台高度为

$$H = \frac{H_1 + H_2}{2} \qquad (6\text{-}12)$$

升降平台长度为

$$A = \frac{(H_2 - H_1)/2}{\sin\theta} \qquad (6\text{-}13)$$

式中,H_1 为满载时车厢最低高度;H_2 为空载时车厢最高高度;θ 为升降平台倾斜角。

【例 6-6】　某物流配送中心出货平台所用车辆全部为 6 t 以下车辆。由车辆参数可知:车厢最低高度为 600 mm,车厢最高高度为 $1\,200$ mm,在满载条件下,车厢高度下降 100 mm,倾斜角 $15°$。试计算站台高度和升降平台长度。

解: 满载时车辆最低高度:
$$H_1 = 600 - 100 = 500(\text{mm})$$

空载时车厢最高高度:
$$H_2 = 1\,200(\text{mm})$$

站台高度:
$$H = \frac{500 + 1\,200}{2} = 850(\text{mm})$$

升降平台长度：

$$A = \frac{(H_2 - H_1)/2}{\sin \theta}$$

$$= \frac{(1\,200 - 500)/2}{\sin 15°}$$

$$\approx \frac{350}{0.258\,8}$$

$$\approx 1\,352(\text{mm})$$

取 $A = 1\,400$ mm。

6.1.3　仓储区作业空间设计

1. 仓储空间的构成

仓储空间是配送中心以保管为功能的空间。仓储空间包括物理空间、潜在可利用空间、作业空间和无用空间。

仓储空间的构成如图 6-16 所示。

图 6-16　仓储空间的构成

物理空间：货物实际占用的空间。

潜在可利用空间：仓储空间中没有充分利用的空间，一般配送中心至少有 10% 的潜在可利用空间可加以利用。

作业空间：为了作业活动顺利进行所必备的空间，如作业通道、货物之间的安全间隙等。

无用空间：不能被储物利用的空间，如存放消防器材和安装监控线路等空间。

2. 仓储作业区域面积需求估算

仓储作业区域的面积分为建筑面积、有效面积和实用面积。其中，建筑面积是指墙体所围成的面积；有效面积是指墙线所围成的可供使用面积，如设有立柱，应减去立柱所占的面积；实用面积是指存放物品所占用的实际面积，即货垛和货架等所占用面积之和。

计算配送中心仓储作业区域面积的方法有很多，本章主要介绍以下几种方法。

（1）比较类推法，是以已建成的同类仓储作业区域面积为基础，根据储存量增减的比例关系，加以适当的调整，最后推算出所求仓储作业区域的面积。其计算公式为

$$D = D_0 \times \frac{Q}{Q_0} \times k \tag{6-14}$$

式中，D 为拟建配送中心仓储作业区域面积；D_0 为已建成的同类配送中心仓储作业区域面积；Q 为拟建配送中心仓储作业区域的最高储存量；Q_0 为已建成的同类配送中心仓储作业区域的最高储存量；k 为调整系数，当已建成的同类配送中心仓储作业区域面积有富余时，其取值小于1；面积不足够时，其取值大于1。

【例 6-7】 某拟建物流配送中心的仓储作业区域预计最高储存量为 20 000 托盘。现已知另一个同类物流配送中心的仓储作业区域面积为 45 000 m²，最高储存量为 15 000 托盘；从运用情况看还有较大的潜力，储存能力未得到充分发挥，此时取 $k=0.9$。据此推算拟建物流配送中心仓储作业区域的面积。

解： 已知 $D_0 = 45\ 000$ m，$Q = 20\ 000$ 托盘，$Q_0 = 15\ 000$ 托盘，$k=0.9$，代入式(6-14)，可得

$$D = D_0 \times \frac{Q}{Q_0} \times k = 45\ 000 \times \frac{20\ 000}{15\ 000} \times 0.9 = 54\ 000 (\text{m}^2)$$

即拟建物流配送中心仓储作业区域的面积为 54 000 m²。

（2）定额计算法，是利用仓储作业区域有效面积上的单位面积储存定额来计算物流配送中心仓储作业区域面积的方法。其计算公式为

$$D = \frac{Q}{N_d} \times \frac{1}{\alpha} \tag{6-15}$$

式中，D 和 Q 的含义同比较类推法；N_d 为物流配送中心仓储作业区域单位面积储存定额，t/m^2；α 为仓储作业区域有效面积利用系数，为有效面积与实际面积的比值。

【例 6-8】 某拟建物流配送中心的仓储作业空间预计最高储存量为 1 500 t，单位面积储存定额为 3 t/m^2，有效面积利用系数为 0.4。据此推算拟建物流配送中心仓储作业区域的面积。

解： 已知 $Q = 1\ 500$ t，$N_d = 3$ t/m^2，$\alpha = 0.4$，代入式(6-15)，可得

$$D = \frac{Q}{N_d} \times \frac{1}{\alpha} = \frac{1\ 500}{3} \times \frac{1}{0.4} = 1\ 250 (\text{m}^2)$$

即拟建物流配送中心仓储作业区域的面积为 1 250 m²。

仓储作业区域面积计算指标见表 6-5。

表 6-5 仓储作业区域面积计算指标

配送中心类型	平均储备期 T/天	单位面积储存定额 N_d/(t·m⁻²)	有效面积利用系数 α
金属材料库	90～120	1.0～1.5	0.4
配套件库	45～75	0.6～0.8	0.35～0.4
协作件库	30～45	0.8～1.0	0.4
油化库	45～60	0.4～0.6	0.3～0.4
铸工辅料库	45～60	1.5～1.8	0.4～0.5
五金辅料库	69～90	0.5～0.6	0.35

续表

配送中心类型	平均储备期 T/天	单位面积储存定额 N_d/(t·m^{-2})	有效面积利用系数 α
中央工具库	69~90	0.6~0.8	0.3
中央备件库	69~90	0.5~0.8	0.35~0.4
建筑材料库	45~60	0.5~0.9	0.35~0.4
氧气瓶库	15~30	16 瓶/m^2	0.35~0.4
电石库	30~45	0.6~0.7	0.35~0.4
成品库	15~30		

（3）荷重计算法，是在定额计算法的基础上，考虑了物品平均储存时间和配送中心年有效工作天数两个因素后计算仓储作业区域面积的一种常用方法。其计算公式为

$$D = \frac{QT}{T_0 N_d} \times \frac{1}{\alpha} \tag{6-16}$$

式中，D 和 Q 的含义同比较类推法；N_d 和 α 的含义同定额计算法；T 为物料平均储备期，天；T_0 为年有效工作天数，天。

（4）直接计算法，是直接计算出货堆或者货架占用的面积和全部通道占用的面积，最后再把垛距、墙距和柱距所占面积相加求出总面积的方法。其计算公式为

$$D = \sum_{i=1}^{m} D_i \tag{6-17}$$

一般而言，配送中心内的柱距为 0.1~0.3 m，墙距为 0.3~0.5 m。

3. 物品储存方式及对应的作业区域面积需求计算方法

因为仓储作业区域的规划与具体的储存策略和方式密切相关，下面介绍几种物品的储存方式以及对应的作业区域面积需求的计算方法。

（1）托盘平置堆码，是指将物品码放在托盘上，然后以托盘为单位直接平放在地面上，具体形式如图 6-17 所示。如果配送中心的货物多为大量出货，且配送中心面积充足，现代化程度不高，货物怕重压，则可考虑托盘平置堆码的方式。在这种储存方式下，计算仓储作业区域的理论面积需要考虑的因素有货物的数量和尺寸、托盘的尺寸、安全系数等。

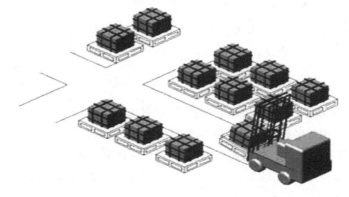

图 6-17　托盘平置堆码

假设托盘的尺寸为 $L \times W(\mathrm{m}^2)$,由货物尺寸、托盘尺寸和码盘的层数可计算出每个托盘可以堆码 N 箱货品,若配送中心的平均库存量为 Q(以箱计),安全系数为 S_f,则仓储作业区域的理论面积需求 D 为

$$D = \frac{Q}{N} \times S_f \times (L \times W) \qquad (6\text{-}18)$$

仓储作业区域的实际面积需求还需考虑叉车存取作业所需通道面积。若以一般中枢通道配合作业区域通道进行规划与设计,则通道占全部面积的 $30\% \sim 35\%$,故仓储作业区域的实际面积最大需求 A 为

$$A = \frac{D}{1 - 35\%} \approx 1.54D \qquad (6\text{-}19)$$

【例 6-9】 某物流配送中心的托盘尺寸为 $1.2 \times 1.0 \ \mathrm{m}^2$,而其平均库存量为 300 箱,安全系数为 1.2,每个托盘平均可堆码 20 箱,通道占全部面积的 $30\% \sim 35\%$。求仓储作业区域实际面积最大需求。

解:已知 $Q = 300$ 箱,$N = 20$ 箱/托盘,$S_f = 1.2$,$L \times W = 1.2 \times 1.0$,将相关数据代入式(6-18)和式(6-19),可得

$$A = \frac{\dfrac{Q}{N} \times S_f \times (L \times W)}{1 - 35\%} = \frac{\dfrac{300}{20} \times 1.2 \times (1.2 \times 1.0)}{65\%} \approx 33.23(\mathrm{m}^2)$$

即仓储作业区域的实际面积最大需求为 $33.23 \ \mathrm{m}^2$。

(2) 托盘多层堆码,是将物品码放在托盘上,然后以托盘为单位进行多层码放的储存方式,即托盘货物上面继续码放托盘货物。如果配送中心的货物多为大量出货,且配送中心面积不算太充足,货物不怕重压,可用装卸搬运工具码放多层,则可考虑使用托盘多层堆码的方式。在这种储存方式下,计算仓储作业区域的理论面积需要考虑到的因素有货物的数量和尺寸、托盘的尺寸、可堆码的层数、安全系数等。

假设托盘尺寸为 $L \times W(\mathrm{m}^2)$,由货物尺寸、托盘尺寸和码盘的层数可计算出每个托盘可以码放 N 箱货品,托盘在仓储作业区域可堆码 S 层,若配送中心的平均存货量为 Q(以箱计),安全系数为 S_f,则仓储作业区域的理论面积需求为

$$D = \frac{Q}{N \times S} \times S_f \times (L \times W) \qquad (6\text{-}20)$$

实际仓储作业区域面积还需考虑叉车存取作业所需通道面积,而此时作业通道占全部面积的 $35\% \sim 40\%$,故仓储作业区域的实际面积最大需求为

$$A = \frac{D}{1 - 40\%} \approx 1.67D \qquad (6\text{-}21)$$

(3) 托盘货架储存,是将物品码放在托盘上,托盘再放入货架上。以这种方式存放物品时,有粗略计算和精确计算两种求解存货面积的方法。

① 粗略计算。该计算方法忽略了物品存放时彼此的空隙、层与层之间的距离、每层物品之间的距离,因此,计算结果小于实际的面积需求。此时仓储作业区域的理论面积需求可按式(6-22)计算:

$$D = \frac{Q}{N \times S} \times S_f \times (L \times W) \tag{6-22}$$

式中，Q 为平均库存量；N 为平均每托盘堆码货品箱数；S 为货架层数；S_f 为安全系数；$L \times W$ 为托盘尺寸。

② 精确计算。该方法考虑了货架存放物品时的两大特点：一是区块分布，二是物品存放时彼此之间有空隙。

考虑区块分布特点时：由于货架系统具有区域特性，每区由两排货架及存取通道组成，因此需由基本托盘占地面积换算成货架占地面积再加上存取通道面积，才是实际所需的仓储作业区域面积。其中，存取通道宽度根据叉车是否做直角存取或仅是通行而决定。储存货架的区域面积计算，以一个货格为计算基准。图 6-18 所示为使用托盘货架储存的俯视图。

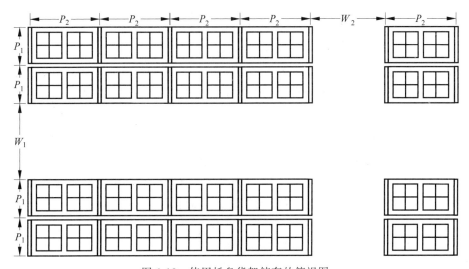

图 6-18　使用托盘货架储存的俯视图

注：P_1 为单排货架宽度；P_2 为货格宽度；W_1 为叉车直角存取的通道宽度；W_2 为货架区侧向通道宽度

货架使用平面面积：
$$A = (P_1 \times 4) \times (P_2 \times 5) = 20 P_1 P_2 \tag{6-23}$$

货架使用平面总面积：
$$B = A \times L \tag{6-24}$$

仓储作业区域平面面积：
$$S = A + [W_1 \times (5P_2 + W_2) + (2P_1 \times W_2 \times 2)] \tag{6-25}$$

考虑空隙特点时：一般情况下，货架一个货格可存放两个托盘货，并保留一定的存取作业所需的空间。由图 6-19 所示的托盘货架储存空间示意图，可以精确计算出货格长度 P_2 和单排货架宽度 P_1。

货格的长度：
$$P_2 = a + 2(b + c) + d \tag{6-26}$$

单排货架的宽度（忽略了相邻两排货架的间隙尺寸）：
$$P_1 = j \tag{6-27}$$

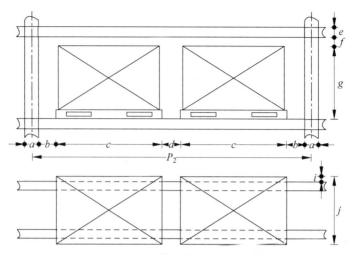

图 6-19 托盘货架储存空间示意图

注：a 为货架立柱宽度；b 为托盘与货架的间隙；c 为托盘的长度；d 为托盘与托盘之间的间隙；e 为货架横梁的厚度；f 为托盘物品顶部与货架横梁间隙；g 为托盘物品的高度(含托盘高度)；j 为托盘的宽度；i 为托盘伸出货架横梁的宽度。

图 6-22 的托盘需要搭在两根横梁上，所以托盘需要伸出货架两根横梁一定宽度 i。因此，可以计算得到货格宽度，即货格宽度 $= j - 2i$。

（4）轻型货架储存，是将零星、轻型、小件物品装在箱子内，箱子再放入轻型货架上。以这种方式存放物品时，仓储作业区域的理论面积需求为

$$D = \frac{Q}{N \times S} \times S_f \times (A \times B) \tag{6-28}$$

式中，$A \times B$ 为储位面积尺寸。

【例 6-10】 某物流配送中心所用的轻型货架为 3 层，而估计每个储位面积为$(2.0 \times 1.2)\text{m}^2$，每个储位平均可堆码 20 箱，其平均库存量为 600 箱。求仓储作业区域的理论面积需求。

解：已知 $Q = 60$ 箱，$N = 20$ 箱/储位，$A \times B = (2.0 \times 1.2)\text{m}^2$，$S = 3$，$S_f = 1.2$，将相关数据代入式(6-28)，可得

$$D = \frac{Q}{N \times S} \times S_f \times (A \times B) = \frac{600}{20 \times 3} \times 1.2 \times (2.0 \times 1.2) = 28.8(\text{m}^2)$$

即仓储作业区域的理论面积为 28.8 m²。

（5）物品直接堆码，就是将物品直接码放在地面的衬垫材料上，由下向上一层紧挨着一层以一定的形状堆码或货垛，具体形式如图 6-20 所示。

以此方式堆码物品时，仓储作业区域的理论面积需求为

$$D = \frac{Q}{S} \times S_f \times (A \times B) \tag{6-29}$$

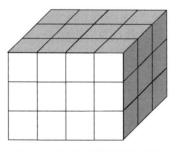

图 6-20 物品直接堆码示意图

式中,S 为物品在仓储作业区域可堆码的层数;$A \times B$ 为单件物品的底面积。

确定物品可堆码层数 S 时,需要考虑以下三个条件。

① 地坪不超重。即

$$可堆码层数=地坪单位面积最高负荷量÷物品单位面积重量$$
$$物品单位面积重量=每件物品毛重÷该件物品底面积$$

② 货垛不超高,即

$$可堆码层数=配送中心仓储作业区域可用高度÷每件物品的高度$$

③ 最底层物品承载力不超重,即

$$可堆码层数=底层物品允许承载的最大重量÷堆高物品单位重量+1$$

在实际应用中,应取这 3 个数值中的最小值作为最终物品可堆层数。

6.1.4　集货区设计

当物品经过拣选作业后,就被搬运到发货区。由于拣选方式和装载容积不同,发货区要有待发物品的暂存和发货准备空间,以便进行物品的清点、检查和准备装车等作业,这一作业区域称为集货作业区域。集货作业区域规划与设计主要考虑发货物品的订单数、时序安排、车次、区域、路线等因素。其发货单位可能有托盘、储运箱、笼车、台车等。集货作业区域划分遵循单排为主、按列排队原则。对于不同的拣货方式,相应集货作业也有所不同。

1. 按单拣选,订单发货

这种集货主要适合订货量大、使车辆能满载的客户。集货方式以单一订单客户为货区单位,单排按列设计集货区以待发货。

2. 按单拣选,区域发货

这种集货主要适合订货量中等、单一客户不能使车辆满载的情况。集货方式以发往地区为货区单位,在设计时可分为主要客户和次要客户的集货区。为了区分不同客户的商品,可能要进行拼装、组合或贴标签、标记等工作,这样有利于装车送货员识别不同客户的物品。这种集货方式要求有较大的集货空间。

3. 批量拣选,区域发货

这是多张订单、批量拣选的集货方式。这种方式在拣取后需要进行分类作业,为此需要有分类输送设备或者人工分类的作业空间。集货区货位设计时,一般以发往地区为货区单位进行堆放,主要客户与次要客户区别,同时考虑发货装载顺序和动线畅通性,在空间条件允许的情况下以单排为宜;否则,可能造成装车时在集货区查找物品困难,影响搬运工作,降低装载作业效率。

4. 批量拣选,车次发货

这种集货适合订单量小、必须配载装车的情况。在批次拣取后,也需要进行分类作业。

由于单一客户的订货量小，一般以行车路线进行配载装车。集货区货位设计也以此为货区单位进行堆放，主要客户与次要客户区别，按客户集货，远距离靠前，近距离靠后，在空间允许的情况下以单排为宜。

另外，在规划集货区空间时，还要考虑每天拣选和出车工作的时序安排。例如，有的物品要求夜间发货，拣选则在白天上班时间完成；夜间发货物品则在下班前集货完毕。在不同的发车时序要求下，需要集货空间配合工作，方便车辆到达配送中心可以立即进行商品清点和装载作业，减少车辆等待时间。

对于规模较小的配送中心，也可以把集货作业区域放在发货平台。但是发货平台的空间常用于装载工作，如果拣选出的商品需要等待较长时间才能装车，则有必要把发货平台和集货作业区域分开。

5. 存放托盘货的集货作业区域面积需求估算

存放托盘货的集货作业区域面积计算图如图 6-21 所示。

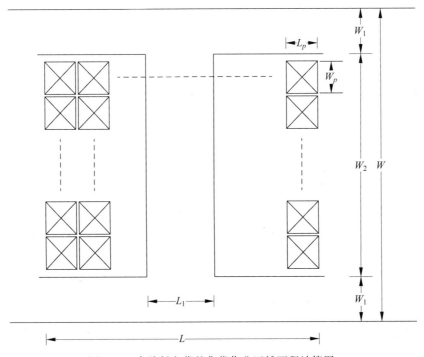

图 6-21　存放托盘货的集货作业区域面积计算图

设集货作业区域长度方向可放置 n_1 个托盘，宽度方向可放置 n_2 个托盘；叉车通道宽度分别为 L_1、W_1；托盘的长和宽分别为 L_p 和 W_p，则集货作业区域的面积需求 A 为

$$A = L \times W = (L_p \times n_1 + L_1) \times (W_p \times n_2 + 2 \times W_1) \qquad (6\text{-}30)$$

6.1.5　区域平面布置的面积计算

1. 自动化立体仓库规划与设计

图 6-22 为自动化立体仓库面积计算图。

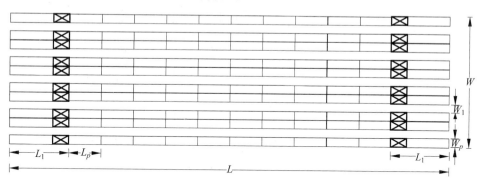

图 6-22　自动化立体仓库面积计算图

假设自动化立体仓库的货架有 M 排，N 列，H 层。其中，货格的长度为 L_p，宽度为 W_p；高层货架区与作业区衔接的长度为 L_1；巷道宽度为 W_1；共有 m 个巷道。规定一个货格存放两个单位(托盘或者标准箱)的货物，则总货位数为

$$Q = MNH \tag{6-31}$$

自动化立体仓库的总长度为

$$L = 2 \times L_1 + \frac{N}{2} \times L_p \tag{6-32}$$

自动化立体仓库的总宽度为

$$W = (2 \times W_p + W_1) \times m \tag{6-33}$$

则自动化立体仓库的平面面积为

$$A = L \times W = \left(2 \times L_1 + \frac{N}{2} \times L_p\right) \times \left[(2 \times W_p + W_1) \times m\right] \tag{6-34}$$

2. 分拣输送机所在的分拣区规划与设计

分拣输送机所在的分拣区面积计算图如图 6-23 所示。

假设分拣输送机的分拣口共计 N 个，相邻两个分拣口中心线之间的距离为 L_1，分拣口的宽度为 L_2，输送机每个分拣线的长度加上作业人员(作业设备)作业活动区域的宽度共计为 W，则分拣输输送机所在的分拣区的必要面积 A 为

$$A = (L + L_2) \times W = (N \times L_1 + L_2) \times W \tag{6-35}$$

3. 流通加工区规划与设计

流通加工区每人作业面积计算图如图 6-24 所示。

设作业人员为 N 人，则流通加工区必要面积 A 为

$$A = (L \times W) \times N \tag{6-36}$$

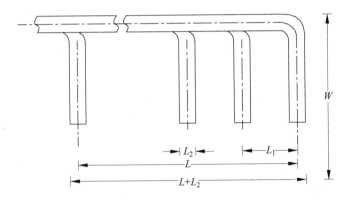

图 6-23　分拣输送机所在的分拣区面积计算图

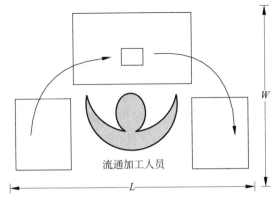

图 6-24　流通加工区每人作业面积计算图

4. 升降机前暂存区规划与设计

升降机前暂存区面积计算图如图 6-25 所示。

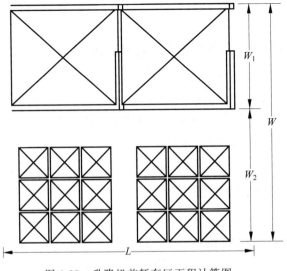

扩展知识 6.2
美国一流网络零
售商配送中心的
设计

图 6-25　升降机前暂存区面积计算图

升降机前暂存区必要面积 A 为

$$A = L \times W \tag{6-37}$$

6.2　行政区域与厂区面积设计

6.2.1　行政区域面积设计

行政区域的设计主要是指非直接从事生产、物流、仓储或流通加工的部门的设计,如办公室、接待室、休息室、餐厅等。

1. 办公室

办公室分为一般办公室和现场办公室两种,其大小取决于人数和内部设备。一般办公室设计原则如下：办公室通道宽度约为 0.9 m,人均办公面积为 $4.5\sim7$ m²,可用隔断进行隔离,两桌之间距离约为 0.8 m,桌子与档案设备通道为 $1\sim1.5$ m。现场管理人员办公室面积为 $6\sim18$ m²,主管领导办公室面积为 $14\sim28$ m²,单位领导办公室面积为 $28\sim38$ m²。

2. 档案室

档案室是保管文件的重要设施,除档案架或档案柜空间,应留通道和档案存取空间,还应为抽屉拉出方向留出 $1.2\sim1.5$ m 的通道以便于工作。

3. 网络控制与服务器室

中等规模的网络控制与服务器室以 80 m² 为宜。

4. 接待室

接待室面积以 $28\sim38$ m² 为宜。

5. 会议室

会议室可采用长方形、U 形、H 形或环形排列。有办公桌的会议室可按 $15\sim20$ 人设计,会议室面积为 $80\sim90$ m²;无办公桌的会议室可按 50 人设计,面积为 $90\sim100$ m²。

6. 休息室

休息室的面积根据员工人数和作息时间而定。

7. 驾驶员休息室

在入出库作业区附近可设立驾驶员休息室,以方便驾驶员等待装卸或表单。

8. 洗手间

一般情况下,对于男洗手间,大便器的设置条件为：10 人以下 1 个,10~24 人 2 个;

25～49 人 3 个,50～74 人 4 个,75～100 人 5 个,超过 100 人时每 30 人增加 1 个；小便器的设置条件为：每 30 人设置 1 个。对于女洗手间,大便器每 10 人 1 个。

对于洗面盆、整装镜,一般男洗手间每 30 人设置 1 个,女洗手间每 15 人设置 1 个。

9. 衣帽间

为了能使员工更换衣服和保管个人物品,一般在库存区外设衣帽间,每人 1 个格位,并配有格锁。

10. 餐厅

餐厅按高峰期人数考虑,每人 $0.8～1.5 \text{ m}^2$。厨房面积为餐厅面积的 $22\%～35\%$。除了餐厅外,还应另设小卖部等,为员工生活提供方便。

6.2.2 厂区面积设计

除了配送中心内部物流作业区域和行政区域设计,大门与警卫室、厂区道路、停车场、绿化带等也要进行规划与设计。

1. 大门与警卫室

厂区大门要结合外连道路形式进行设计。如果出入共用一个大门,警卫室设置在大门一侧,进行出入车辆管理。如果出入口相邻并位于厂区同侧,出入道路较宽,可把出入动线分开,警卫室设于出入口中间,分别进行出入车辆管理。若出入口位于厂区同侧而不相邻,可分别设立警卫室,严格执行"一边进厂,一边出厂"的出入管理制度。

2. 厂区道路

厂区道路尺寸取决于主要运输车辆的规格尺寸。

设道路宽度为 W,W 需在行车宽度 2.5 m 的基础上增加一定的余量。

1) 道路宽度

(1) 一般道路宽度的经验参考值：单行道时,$W = 3.5～4 \text{ m}$；双行道时,$W = 6.5～7 \text{ m}$。

(2) 小型载货汽车的道路宽度推荐值：单行道时,$W = 3.7 \text{ m}$；双行道时,$W = 5.9 \text{ m}$。

(3) 大型载货汽车的道路宽度推荐值：单行道时,$W = 4.0 \text{ m}$；双行道时,$W = 6.5 \text{ m}$。

2) 转弯尺寸

为了减少道路用地和投资,在转弯处,道路宽度应与直行时相同；为使对面来车容易通行,必须通过切角或弧线来增加转弯道路宽度,保证对面来车的行车宽度在 2.5 m 以上。

3. 停车场

停车场对配送中心来说也是十分重要的。停车的种类主要有运货车辆、来宾车辆和员工用车。应根据配送中心的现实状况和发展趋势,估计车辆的种类和停车台数,并留有余地。确定停车场大小一般考虑的因素有企业人数、经常用户人数、有无公交车站、停车场与车站的距离、乘自备车的人数、公司有无接送员工的专车等。

1）停车方式设计

配送中心内的停车方式应以占地面积小、疏散方便、保证安全为原则。其具体的停车方式有三种，即平行式、斜列式和垂直式，分别如图 6-26～图 6-28 所示。具体选用哪种停车方式，应根据配送中心的实际情况及车辆的管理、进出车的要求等确定。

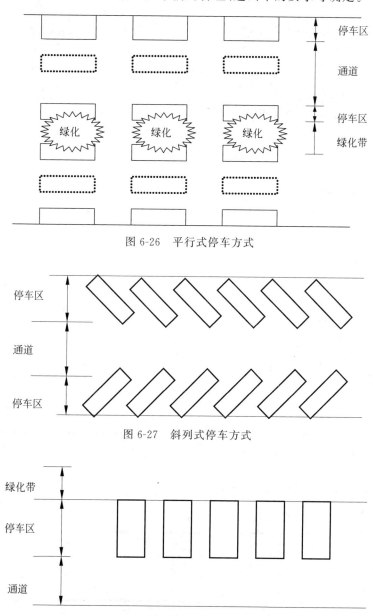

图 6-26　平行式停车方式

图 6-27　斜列式停车方式

图 6-28　垂直式停车方式

图 6-29 给出了几种停车方式的俯视图。

图 6-29　几种停车方式的俯视图

2）停驶方式设计

配送中心场地及道路的情况是车辆停驶方式设计的根本依据之一。其具体停驶方式有以下三种。

前进停车,后退发车,如图 6-30 所示。

后退停车,前进发车,如图 6-31 所示。

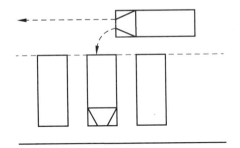

图 6-30　前进停车、后退发车示意图

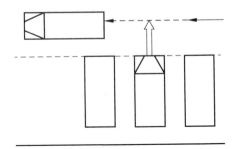

图 6-31　后退停车、前进发车示意图

前进停车,前进发车,如图 6-32 所示。

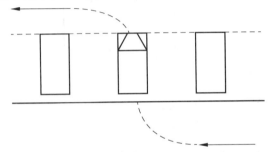

图 6-32　前进停车、前进发车示意图

3）停车场面积设计

常规停车场面积一般参考城市交通规划中有关停车场规划方法进行计算。但由于配送中心停车场停放车辆结构复杂,不宜采用城市交通规划中有关停车场规划方法计算面积,可采用以下方法。

设 S 为单车投影面积,单位为 m^2;k 为单位车辆系数,取 2～3;N 为停车容量。则停车场面积

$$T = kNS \tag{6-38}$$

式中,单车投影面积 S 根据选取主要车型的投影面积来确定。

4）停车位宽度和长度设计

设停车位宽度为 W,车辆宽度为 W_t,车辆停车间距为 C_t,则

$$W = W_t + C_t \tag{6-39}$$

停车间距 C_t 根据车辆种类和规格的不同而不同,一般根据车门的开启范围取值。大型车辆 $C_t = 1.5\,m$;中型车辆 $C_t = 1.3 \sim 1.5\,m$;小型轿车 $C_t = 0.7 \sim 1.3\,m$。

【例 6-11】　设大型拖车的车宽 W_t 为 2.5 m,车辆停车间距 C_t 为 1.5 m;小型轿车的车宽 W_t 为 1.8 m,车辆停车间距 C_t 为 0.7 m。试分别计算大型拖车和小型轿车的停车位宽度。

解:根据式(6-39)分别计算大型拖车和小型轿车的停车位宽度。

大型拖车的停车位宽度:$W = W_t + C_t = 2.5 + 1.5 = 4(m)$

小型轿车的停车位宽度:$W = W_t + C_t = 1.8 + 0.7 = 2.5(m)$

因此,大型拖车和小型轿车的停车位宽度分别为 4 m 和 2.5 m。

停车位长度在车体长度的基础上,可适当增加余量。例如,车体长度为 5.2 m 的小型车,其停车位长度一般取 6 m。

5）运输车辆回转空间设计

在设计停车场时,必须对运输车辆回转空间进行分析。回转空间宽度 L 主要取决于车辆的长度 L_1 和倒车所需的路宽 L_2。车辆倒车路宽和车辆停车位宽度有关,停车位宽度越宽,倒车路宽就越窄。通常取车辆倒车路宽为车辆本身长度,即 $L_1 = L_2$,回转空间宽度等于车辆本身长度的两倍再加上余量 C,即

$$L = 2L_1 + C \tag{6-40}$$

式中,余量一般要能通过一辆车,对于载货汽车,余量 C 取 3 m。

5 t 车辆直角停放所需车辆回转空间宽度计算图如图 6-33 所示。由于车辆本身长度 $L_1 = 8\,m$,因此,5 t 车辆直角停放所需车辆回转空间宽度为

$$L = 2L_1 + C = 2 \times 8 + 3 = 19(m)$$

同理,可计算出其他类型的车辆回转宽度,例如 2 t 车为 13 m、4 t 车为 16 m、11 t 车为 23 m、21 t 车为 27 m、厢式车为 33 m。

4. 绿化带

随着社会文明的发展,人们对环境的要求日益提高,保护、改善、美化环境越来越被重视。配送中心的绿化就是保护、改善、美化环境的重要措施之一。绿化可以净化空气,吸

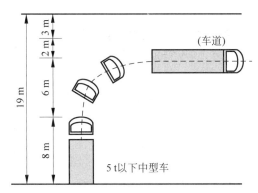

图 6-33　5 t 车辆直角停放所需车辆回转空间宽度计算图

收二氧化碳及其他有害气体与灰尘,调节气候,降低噪声,减少水土流失和美化环境;绿化可以调节人们的情绪,使人心旷神怡,不但有利于人们的身心健康,而且能大大提高劳动生产率。所以,在条件允许的情况下,配送中心的空地都应该进行绿化。一般情况下,主要出入口及办公楼前、物流作业区域周围、交通运输线路一侧或双侧,都是绿化的重点。因此,在进行总平面布置时,应在上述区域留出绿化带。

办公楼前的绿化应与办公楼建筑相一致,可以设置花坛、绿地及建筑小品,形成优美环境。在物流作业区的各实体作业区周围种植一些乔木或灌木树种,可以减少作业时产生的粉尘及噪声对其他部门的影响。道路绿化是带状绿化,能形成整个配送中心的绿化骨架。道路绿化的主要作用是给路面遮阴、分隔车道、吸收交通灰尘、减少交通噪声、引导视线、美化路容和整体环境。道路绿化一般采用高大乔木或矮小灌木树种,不同树种占用的空间是不一样的,因此,进行总平面布置时,应为绿化留出适当的平面面积。同时,还应确保树木与建筑物之间留有一定的距离,以避免树木与建筑物、铁路专用线、道路和地下管线之间的相互影响,具体数据见表 6-6,绿化用地及覆盖面积可根据表 6-7 进行计算。

表 6-6　树木与相邻建筑物之间的距离 　　　　　　　　　　　　　　　m

建筑物和地下管线名称		最小水平间距	
		至乔木中心	至灌木中心
建筑物外墙	有窗	5.0	1.5~2.0
	无窗	2.0	1.5~2.0
栈桥的柱		2.0~3.0	不限
冷却油边缘		40.0	不限
标准轨距铁路中心线		5.0	3.5
道路路面边缘		1.0	0.5
人行道边缘		0.75	0.5
排水明沟边缘		1.0~1.5	0.5~1.0
给水管管壁		1.5	0.5
排水管管壁		1.5	0.5
热力管(沟)管(沟)壁		1.5	1.5
煤气管管壁		1.5	1.5

续表

建筑物和地下管线名称	最小水平间距	
	至乔木中心	至灌木中心
乙炔、氧气、压缩空气管管壁	1.5	1.0
电力电缆外缘	1.5	0.5
照明电缆外缘	1.0	0.5

表 6-7　绿化用地及覆盖面积计算　　　　　　　　　　　　　　　m^2

绿化种类	用地面积	覆盖面积
单株大乔木	2.25	16.0
单株中乔木	2.25	10.0
单株小乔木	2.25	6.0
单株乔木或行道树	1.5×长度	4.0×长度(株距 4.0~6.0)
多行乔木	(1.5+行距总宽度)×长度	(4.0+行距总宽度)×长度
单株大灌木	1.0	4.0
单株小灌木	0.25	1.0
单行大灌木	1.0×长度	2.0×长度(株距 1.0~3.0)
单行小灌木	0.5×长度	1.0×长度(株距 0.3~0.8)
单行篱笆	0.5×长度	0.8×长度
多行篱笆	(0.5+行距总宽度)×长度	(0.8+行距总宽度)×长度
垂直绿化	不计	按实际面积
草坪、苗圃、小游园、水面、花坛	按实际面积	按实际面积

6.3　配送中心建筑设施的设计

配送中心建筑设施的规划与设计主要包括柱间距、梁下高度和地面载荷的规划与设计等方面的内容。柱间距会直接影响物品的摆放、搬运车辆的移动、输送分拣设备的安装；梁下高度会限制货架的高度和物品的堆放高度；地面载荷决定设备布置和物品堆放数量。

6.3.1　建筑物的柱间距

对一般建筑物而言,柱间距主要是根据建筑物层数、层高、地面承载能力等来计算。然而,对建筑成本有利的柱间距,对配送中心的储存设备不一定是最佳跨度。在最经济的条件下,合理确定最佳柱间距,可以显著提高配送中心的保管和作业效率。

影响配送中心建筑物柱间距的因素主要有运输车辆规格,托盘宽度,托盘长度,柱与立体仓库关系等。

1. 按运输车辆规格决定柱间距

一般要求运输车辆停靠在出入口,以便装卸货;在特殊情况下,还要求车辆驶入配送中心内部,此时就要根据车辆的规格尺寸来计算柱间距。图 6-34 为运输车辆规格决定柱间距的计算图。

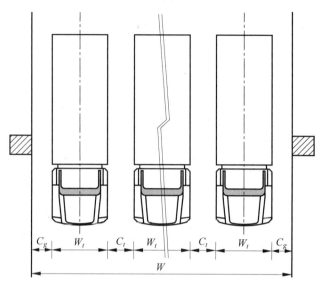

图 6-34　运输车辆规格决定柱间距的计算图

图 6-34 中，W 为柱间距；W_t 为货车宽度；C_t 为相邻两辆货车之间的距离；C_g 为侧面余量尺寸；N 为货车数量，则柱间距的计算公式为

$$W = W_t \times N + (N-1) \times C_t + 2 \times C_g \tag{6-41}$$

【例 6-12】　设车辆宽度 W 为 2 490 mm，车辆台数 N 为 2，相邻两个车辆之间的距离 C_t 为 1 000 mm，车辆与柱子间的余量尺寸 C_g 为 750 mm。试求柱间距。

解：根据式(6-41)计算柱间距

$$W = W_t \times N + (N-1) \times C_t + 2 \times C_g = 2\,490 \times 2 + (2-1) \times 1\,000 + 2 \times 750$$
$$= 7\,480 \text{(mm)}$$

即柱间距为 7 480 mm，可取 7 500 mm。

2. 按托盘宽度决定柱间距

在以托盘为储存单元的保管区，为提高货物的保管利用率，通常按托盘尺寸决定柱间距。图 6-35 为按托盘宽度决定柱间距的计算图。

在图 6-35 中，W 为柱间距；W_p 为托盘宽度；C_p 为相邻两个托盘的间距；C_g 为侧面余量尺寸；N 为托盘数量。则柱间距的计算公式为

$$W = W_p \times N + (N-1) \times C_p + 2 \times C_g \tag{6-42}$$

3. 按托盘长度决定柱间距

图 6-36 为按托盘长度决定柱间距的计算图。

图 6-36 中，W 为柱间距；L_p 为托盘长度；W_L 为通道宽度；C_r 为两列背靠背托盘货架间隙；N 为托盘货架的巷道数量。则柱间距的计算公式为

$$W = (W_L + 2 \times L_p + C_r) \times N \tag{6-43}$$

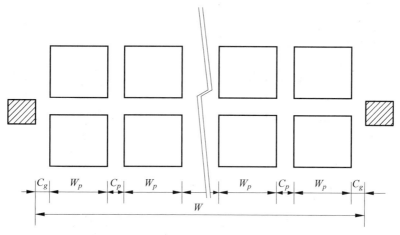

图 6-35　按托盘宽度决定柱间距的计算图

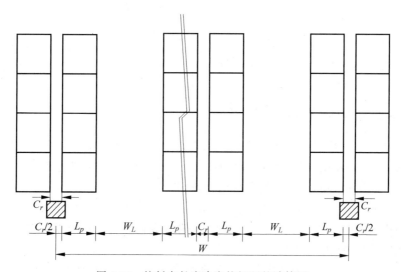

图 6-36　按托盘长度决定柱间距的计算图

4. 按柱与立体仓库关系决定柱间距

图 6-37 为按柱与立体仓库关系决定柱间距的计算图。

根据实际需求,当立柱位置在自动化立体仓库的出入库工作台的正面方向时,为了使出入库的电动台车和输送带正常工作,立柱必须设计在堆垛机运动方向的延长线上。在这种情况下,柱间距就要根据货架深度尺寸和堆垛机通道宽度进行计算。

在图 6-37 中,W 为柱间距;L_p 为托盘长度;W_L 为通道宽度;C_r 为两列背靠背托盘货架间隙;N 为两根柱子之间堆垛机的巷道数量,则柱间距的计算公式为

$$W = (W_L + 2 \times L_p + C_r) \times N \tag{6-44}$$

【例 6-13】　设托盘长度 L_p 为 1 200 mm,堆垛机通道宽度 W_L 为 1 400 mm,托盘货架的间距 C_r 为 50 mm,两根柱子之间的巷道数 N 为 4。试求柱间距。

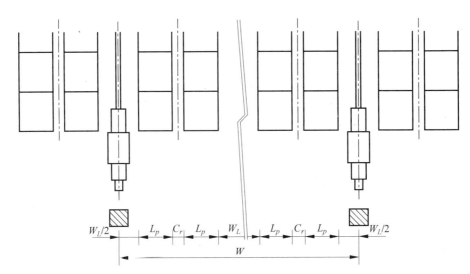

图 6-37　按柱与立体仓库关系决定柱间距的计算图

解：根据式(6-44)计算柱间距：

$$W = (W_L + 2 \times L_p + C_r) \times N = (1\,400 + 2 \times 1\,200 + 50) \times 4 = 15\,400\,(\text{mm})$$

即柱间距为 15 400 mm。

6.3.2　建筑物的梁下高度

建筑物的梁下高度也称为有效高度。从理论上来说，储存空间的梁下高度越高越好。但在实践中，梁下高度受货物所能堆码的高度、叉车的提升高度和货架高度等因素的限制，太高反而会增加成本，而且会降低保管效率。

物流配送中心内影响建筑物梁下高度的因素主要有保管物品的形态、保管形式、堆积高度、所使用的堆高搬运设备种类、所使用的储存设备高度等。通常要综合考虑各种制约因素，才能决定货物的最大堆码高度。

此外，为了满足建筑物内的电气、消防、通风、空调和安全等要求，在梁下还必须安装监控线路、消防器材、通风空调导管等设备。因此，在货物最大堆积高度和梁下边缘之间，还要有一定的间隙尺寸，用于布置此类设备。一般地，梁下间隙尺寸 α 取 500～600 mm。

设货物最大堆积高度为 H_1，梁下间隙尺寸为 α，则梁下高度 H_e 为

$$H_e = H_1 + \alpha \tag{6-45}$$

1. 平托盘堆积

平托盘堆积时，一般选择叉车作为作业设备，物品最大堆积高度 H_1 的计算如图 6-38 所示。

当叉车货叉最大升程 F_h 小于物品最大堆积高度 H_1 减去一个装载单元高度 H_a，即 $F_h < H_1 - H_a$ 时，计算梁下高度以物品最大堆积高度 H_1 为计算依据。此时，物品最大堆积高度为

$$H_1 = H_a \times n + F_g \tag{6-46}$$

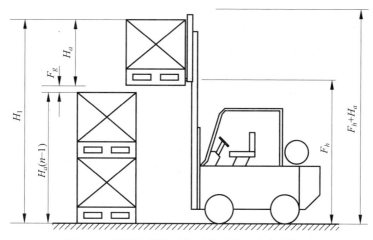

图 6-38　平托盘堆积时物品最大堆积高度计算图

式中，H_1 为装载单元高度；n 为堆积层数；F_g 为货叉提升高度。

当叉车货叉最大升程 F_h 大于物品最大堆积高度 H_1 减去一个装载单元高度 H_a，即 $F_h > H_1 - H_a$ 时，计算梁下高度以货叉最大升程 F_h 为计算依据。此时，物品最大堆积高度为

$$H_1 = F_h + H_a \tag{6-47}$$

【例 6-14】　设装载单元高度 H_a 为 1 300 mm，堆积层数 n 为 3，货叉最大升程 F_h 为 2 800 mm，货叉提升高度 F_g 为 300 mm，梁下间隙尺寸 α 为 500 mm。试求梁下高度。

解： 根据式(6-46)计算物品最大堆积高度：

$$H_1 = H_a \times n + F_g = 1\,300 \times 3 + 300 = 4\,200 \text{(mm)}$$

根据式(6-47)计算物品最大堆积高度：

$$H_1 = F_h + H_a = 2\,800 + 1\,300 = 4\,100 \text{(mm)}$$

故取为 $H_1 = 4\,200$ mm。而梁下高度为

$$H_e = H_1 + \alpha = 4\,200 + 500 = 4\,700 \text{(mm)}$$

因此，梁下高度取 4 700 mm。

2. 叉车存取货架

利用叉车在货架上进行存取作业时，其物品最大堆积高度计算图如图 6-39 所示。

由于将物品放置在货架上，因此，物品最大堆积高度 H_1 决定于货架高度。设装载单元高度为 H_a，货叉提升高度为 F_g，货架高度为 H_r，则物品最大堆积高度 H_1 为

$$H_1 = H_r + H_a + F_g \tag{6-48}$$

应该注意，在此种情况下，叉车货叉工作时的最大高度 $F_h + H_a$ 将高于物品最大堆积高度 H_1，这一点，应该在梁下间隙尺寸中考虑。

【例 6-15】　设货架高度 $H_r = 3\,200$ mm，装载单元高度 $H_a = 1\,300$ mm，货叉最大升程 $F_h = 2\,800$ mm，货叉提升高度 $F_g = 300$ mm，梁下间隙尺寸 $\alpha = 500$ mm。试计算梁下高度。

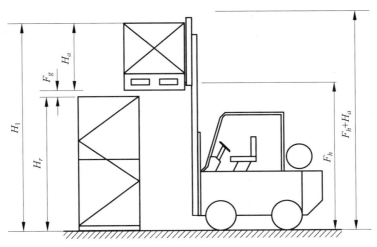

图 6-39 叉车存取货架时物品最大堆积高度计算图

由式(6-48)知,货架最大堆积高度

$$H_1 = H_r + H_a + F_g = 3\,200 + 1\,300 + 300 = 4\,800\,(\text{mm})$$

而梁下高度为

$$H_e = H_1 + \alpha = 4\,800 + 500 = 5\,300\,(\text{mm})$$

因此,梁下高度为 5 300 mm。

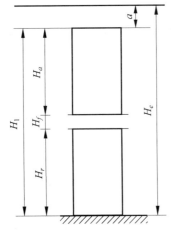

图 6-40 普通货架时梁下高度计算图

3. 普通货架

利用普通货架存取物品时,主要是人工作业,且一般只有两层货架。因此,第二层高度要符合人机工程学原理,考虑人力作业高度,便于人员操作。如图 6-40 所示。

设每层货架高度为 H_r,隔板间隙尺寸 H_f,则最上层货架高度

$$H_1 = 2H_r + H_f \tag{6-49}$$

【例 6-16】 设每层货架高度 $H_r = 2\,400$ mm,隔板间隙尺寸 $H_f = 400$ mm,梁下间隙尺寸 $\alpha = 600$ mm。试计算梁下高度。

由式(6-49)知,最上层货架高度

$$H_1 = 2H_r + H_f = 2 \times 2\,400 + 400 = 5\,200\,(\text{mm})$$

而梁下高度:

$$H_e = H_1 + \alpha = 5\,200 + 600 = 5\,800\,(\text{mm})$$

因此,梁下高度取 5 800 mm。

6.3.3 地面载荷

作用在配送中心建筑物内地面上的垂直载荷有固定载荷和装载载荷两种。所谓固定

载荷,是指长期不变的载荷,如建筑物自身重力,已安装到位的设备设施的自重等。所谓装载载荷,是指随时间在空间上可以移动的载荷,如所有货物、搬运工具和各种车辆等。

配送中心建筑物的载荷计算,主要包括地面承载能力、结构(如梁、柱、承重墙等)基础与地震动载等方面的强度刚度计算。由于结构基础和地震动载的计算,涉及固体力学、结构力学、建筑结构学和振动力学等学科的专业理论,这里将不做介绍。本书只是对地面承载的基本问题进行简单介绍。

一般来说,地面载荷是指地面构造设计用的装载载荷,包括放置在地面上的货架、物品、各种搬运工具和车辆等。进行地板强度设计的载荷是指地板单位面积承受的载荷。

建筑规范规定的建筑物所能承受的装载载荷为法定载荷。建筑物用途不同,其法定地面载荷也不同。一般而言,办公场所为 $300\ \mathrm{kg/m^2}$,服饰物品仓库为 $300\sim500\ \mathrm{kg/m^2}$,杂货物品仓库为 $500\sim1\,000\ \mathrm{kg/m^2}$,饮料物品仓库为 $2\,000\ \mathrm{kg/m^2}$。营业性仓库的物品是变化的,根据经验,要求地面能承受 $400\ \mathrm{kg/m^2}$ 以上的载荷。本部分主要从托盘堆积、搬运设备、堆垛机、运输车辆以及载荷不定等情况考虑地面载荷。

1. 托盘堆积

托盘堆积是指装载后的托盘直接放置在地面上,并多层堆积的储存方式。设托盘长度为 L_p,宽度为 W_p,托盘堆积层数为 N,每个托盘重量(包括托盘和物品)为 p,则托盘堆积的地面载荷为

$$P_1 = \frac{p \times N}{L_p \times W_p} \tag{6-50}$$

2. 搬运设备

堆垛机、叉车和无人台车是配送中心内的重要运输工具,为使其顺利行车,要求地面精度在 $2\,000\ \mathrm{mm}$ 范围内误差不超过 $20\ \mathrm{mm}$,此外,还要求地面有足够的承受搬运设备载荷能力,即承受车轮的压力。

$$\text{叉车轮压}(P_w) = \frac{\text{叉车自重}+\text{载荷}}{4} \times \text{安全系数} \tag{6-51}$$

一般叉车自重 $1.8\sim2.5\ \mathrm{t}$,这里取 $2\ \mathrm{t}$,物品重量为 $1\ \mathrm{t}$,安全系数取 1.4,则

$$\text{叉车轮压}(P_w) = \frac{(2+1)\times10^3}{4} \times 1.4 = 1\,050(\mathrm{kg})$$

一般取轮压为 $1\,000\sim1\,200\ \mathrm{kg}$。

3. 堆垛机

设堆垛机自重为 $P_1 = 3\,000\ \mathrm{kg}$,最大货物重为 $P_{1\max} = 1\,000\ \mathrm{kg}$,在存取货物时,极端情况时只有两个车轮受力,若安全系数取为 1.2,则每个车轮所受垂直载荷

$$P_v = (P_1 + P_{1\max}) \times 1.2/2 = (3\,000 + 1\,000) \times 1.2/2 = 2\,400(\mathrm{kg})$$

4. 运输车辆

这种情况下,地面装载载荷决定于车辆的总重量,设车辆自重为 P_w,车辆最大装载

重量为 P_f,安全系数为 1.2,按 4 个车轮承重计算,则运输车辆每个车轮所受垂直载荷

$$P_v = (P_w + P_f) \times 1.2/4$$

普通运输车辆总重量通常为 25 t。

5. 载荷不定的情况

在规划设计阶段,由于保管空间、作业空间和通道均不能明确分开,所以载荷无法确定。在这种情况下,一般采用平均载荷来设计地面承载能力。根据经验,对于叉车通道,取 1 000~1 500 kg/m²;对于非叉车通道,取 500~1 000 kg/m²。

6.4 配送中心公用配套设施规划

在进行配送中心规划的时候,除了要规划配送中心的作业区域及建筑设施,也需要对配送中心的公用设施进行规划。一般来讲,配送中心的公用设施包括给水与排水设施、电力设施、供热与燃气设施等。对公用设施进行规划,除了考虑配送中心的实际需要,还要与配送中心所在地的市政工程规划相一致。

6.4.1 给水设施与排水设施

1. 给水设施

给水设施负责对配送中心生产、生活、消防等所需用水进行供给,包括原水的收集、处理以及成品水的输配等各项工程设施。配送中心给水设施的规划,应根据配送中心的用水需求和给水工程设计规范,对给水水源的位置、水量、水质及给水工程设施的技术经济条件等进行综合评价,并对不同水源方案进行比较,作出方案选择。同时,给水设施规划要考虑所在区域给水系统整体规划,应尽量合理利用城市已建成的工程设施。给水设施不应设置在易发生滑坡、泥石流、塌陷等不良地质条件及易遭洪水淹没、内涝低洼的地区。地表水取水构筑物应设置在河岸及河床稳定的地段,工程设施的防汛及排涝等级不应低于所在城市设防的相应等级。配送中心输配管线在道路中的埋设位置,应符合中华人民共和国国家标准《城市工程管线综合规划规范》(GB 50289—2016)的规定。

2. 排水设施

排水设施负责收集、输送、处理和排放配送中心的污水(生活污水、生产废水)和雨水。污水和雨水的收集、输送、处理和排放等工程设施以一定的方式组成,用不同管渠分别收集和输运污水、雨水,为使污水排入某一水体或达到再次使用的水质要求而对其进行净化。根据水资源的供需平衡分析,应提出保持平衡的对策,包括合理确定产业规模和结构,并应提出水资源保护措施。配送中心更应注重考虑水污染的防治,避免它的建设对所在地的环境造成不必要的污染。

排水管道规划设计时,应严格遵守中华人民共和国国家标准《给水排水管道工程施工及验收规范》(GB 50268—2008)的规定,尤其对管道的位置和高程设计,需要经过水力计

算,并考虑与其他专业管道平行或者交叉要求等因素后来确定。排水管道的管材、管道附件等材料,应符合国家行业的有关产品标准的规定,并应具有出厂合格证。具体施工时应遵守国家和地方有关安全、劳动保护、防火、防爆、环境和文物保护等方面的规定。

6.4.2　电力设施

电力设施由供电电源、输配电网等组成,应遵守中华人民共和国国家标准《城市电力规划规范》(GB/T 50293—2014)进行规划。在配送中心规划过程中,要求配送中心的电力设施应符合所在城市和地区的电力系统规划;应充分考虑电力设施运行噪声、电磁干扰及"三废"(废水、废气、废渣)排放对周围环境的影响,并应按照国家环境保护方面的法律、法规的有关规定,提出切实可行的防治措施;电力设施应切实贯彻"安全第一、预防为主、防消结合"的方针,满足防火、防洪、抗震等安全设防的要求;电力系统应从所在城市全局出发,充分考虑社会、经济、环境的综合效应;电力系统应与道路交通、绿化及供水、排水、供热、燃气、邮电通信等市政公用工程协调发展。

配送中心新建或改建的供电设施的建设标准、结构选型,应与城市现代化整体水平相适应;供电设施的规划选址,应充分考虑城市人口、建筑物密度、电能质量和供电安全可靠性的特点及要求;新建的供电设施,应根据其所处地段的地形、地貌条件和环境要求,选择与周围环境、景观相协调的结构形式与建筑外形。

为实现配送中心的各项功能,保证物流作业(冷库储存、机电设备运行)正常,避免或减少不必要的损失,供电系统的设计尤为重要。电力设施必须严格按照中华人民共和国国家标准《供配电系统设计规范》(GB 50052—2009)的规定设计和施工,并注意以下几点。

(1)电力负荷应根据对供电可靠性的要求、中断供电所造成的损失或影响的程度进行综合确定。配送中心的冷库、机电设备、通信设施等的中断供电将会造成较大的损失,属于一、二级负荷。配送中心的其他设施设备属于三级负荷。

(2)应急电源与正常电源之间必须采用防止并列运行的措施。

(3)供配电系统的设计,除一级负荷中特别重要的负荷外,不应按一个电源系统检修或故障的同时另一个电源又发生故障进行设计。

(4)配送中心的供电电压应根据用电容量、用电设备特性、供电距离、供电线路的回路数、当地公共电网现状及其发展规划等因素,经技术经济比较后确定。

6.4.3　供热设施与燃气设施

1. 供热设施

集中供热设施利用集中热源,通过供热等设施,向热能用户供应生产或生活用热能,包括集中热源、供热管网等设施和热能用户使用设施。供热设施在规划时应符合中华人民共和国行业标准《城镇供热系统运行维护技术规程》(CJJ 88—2014)的规定,同时还应符合国家有关强制性标准的规定。

供热设施的热源应符合以下要求。

新装或移装的锅炉必须向当地主管部门登记,经检查合格获得使用登记证后方可投入使用。

重新启动的锅炉必须按照国家现行《锅炉安全技术规程》(TSG 11—2020)的要求进行定期的检验,办理换证手续后方可投入运行。

热源的操作人员必须具有主管部门颁发的操作证。

热源使用的锅炉应采用低硫煤,排放指标应符合中华人民共和国国家标准《锅炉大气污染物排放标准》(GB 13271—2014)的规定。

供热设施的热力网运行管理部门应设热力网平面图、热力网运行水压图、供热调解曲线图表。热力网运行人员必须经过安全技术培训,经考核合格后方可独立上岗。热力网运行人员应熟悉管辖范围内管道的分布情况、主要设备和附件的现场位置,掌握各种管道、设备和附件等的作用、性能、构造及操作方法。

供热设施的泵站与热力站要求基本相同,也要具备设备平面图等图样,管理人员也要经过培训考核。此外,供热设施的泵站与热力站的管道应涂有符合规定的颜色和标志,并标明供热介质的流动方向,安全保护装置要求灵敏、可靠。

供热设施的用热单位向供热单位提供用热户信息、用热性质、用热方法及用热参数,提供用热平面图、系统图、用热户供热平面图。供热单位应根据用热户的不同用热需求,适时进行调节,以满足用热户的不同需要;用人单位应按照供热单位的运行方案、调解方案、事故处理方案、停运方案及管辖范围,进行管理和局部调节;未经供热单位同意,用热户不得私自接通供热管道和私自扩大供热负荷,热水取暖用户严禁从供热设施中取用热水,用热户不得擅自停热。

2. 燃气设施

燃气设施是公用事业中的一项重要设施,燃气化是我国实现现代化不可或缺的一个方面。燃气系统向配送中心供应作为燃料使用的天然气、人工煤气或者液化石油气等其他能源,由燃气供应源、燃气输配设施和用户使用设施所组成。

(1)配送中心在选择燃气供应源时,应遵循以下原则。

① 必须根据国家有关政策,结合本地区燃料资源情况,通过技术经济比较来确定气源选择方案。

② 应充分利用外部气源,当选择自建气源时,必须落实原料供应和产品销售等问题。

③ 根据气源规模、制气方式、负荷分布等情况,在可能的条件下,力争安排两个以上的气源。

(2)配送中心在设计燃气输配设施时,应考虑以下原则。

① 燃气干线管道位置应尽量靠近大型用户。

② 一般避开主要交通干道和繁华街道,以免给施工和运行管理带来困难。

③ 管线不准铺设在建筑物下面,不准与其他管线平行上下重叠。

配送中心应向供气单位提供燃气负荷、用燃气性质、用燃气方式及必要的用燃气参数,提供供气平面图、系统图和用户供气平面位置图。供气单位应根据配送中心的需求适时进行调节,以满足配送中心的需要;配送中心应按照供气单位的运行方案、调解方案、事故处理方案、停运方案及管辖范围,进行管理和局部调节;未经燃气供应站和公安消防部门同意,未由这些相关部门进行施工监督和验收,配送中心不得私接供气管道,私自扩大供气负荷和擅自启动未经批准的燃气输配设施。

6.5　事务流程与表单系统设计

6.5.1　事务流程

事务流程就是为了保障配送中心物流通畅、作业有序、工序合理,所必须具有的表单处理和信息传递的流程。事务流程是把物流和信息流统一起来,实现合理化物流作业的支持和保障系统。

1. 采购进货

配送中心根据物品当前库存水平,向采购部发出采购信息。采购部经过计算订购时间,提出采购建议表,经主管核准,决定采购物品的品项和数量,并向厂商发出订货指令。生产厂商接单后,按要求发货。采购部在向厂商发出订货指令的同时,还要向物流部发出进货指示,物流部做好进货准备,向仓储部发出储位指示单。货物到达后,组织验货及入库作业,货物进入储位后,仓储部更改库存信息。

2. 接单作业

客户或配送点向配送中心下单订货,配送中心接单后,在订单主文档进行订货资料统计、订货资料入账和订货资料查询,并按客户类别列入订单总表。

3. 发货作业

配送中心按订单要求,进行拣货排程计算,并产生发货指令。物流作业部门接到指令,进行拣选和分拣作业,并集货清点。配送部门接到发货指令后,进行发货车辆调度和时间安排,并装载发货,向客户组织配送。

4. 退货与对账作业

客户接到货物后,经过验货清点,将不满意的货物退回配送中心,并更改原发货单,发送至配送中心。配送中心进行退货物品分类,与更改后的发货单一并输入订单主文档,然后进行对账、发货差异分析、差异调整等事务作业,最后向客户开具发票,并列入发货明细表。

6.5.2　表单与计算机页面设计

按照作业流程,配送中心表单及其计算机页面的设计内容如下。

1. 订单信息

(1) 输入输出表单内容为每日的订单传票、订单件数、路线、作业批量订单一览、单品的订单量及件数等。

(2) 计算机页面显示为订单件数、按物品类别分的订单件数、按路线分单的分布情况、按订单统计的作业量等。

2. 进货信息

（1）输入输出表单内容为每日的进货传票、交货传票、退货传票、采购部门实绩表、入库卡和入库标签等。

（2）计算机页面显示为采购商入库预订、采购单位、入库指示页面与入库数位显示等。

3. 库存信息

（1）输入输出表单内容为采购在库的日报表、月报表、缺货表，盘存的日报表、月报表，按商品类别分的日报表、月报表等。

（2）计算机页面显示为采购库存状况、订单预订库存、库存地址页面等。

4. 流通加工信息

（1）输入输出表单内容为价格表、流通加工指示表、组合说明书、流通加工通用出库表等。

（2）计算机页面显示为按路线分流通加工指示内容、流通加工内容计算基准、流通加工客户需求信息等。

5. 出库信息

（1）输入输出表单内容为出库传票、路线拣货表、物品合计拣货表、价目表、批量拣货表与订单拣货量等。

（2）计算机页面显示为按路线分出库件数、按地区分出库件数、品项出库件数、采购物品出库显示、出库批量显示等。

6. 配送信息

（1）输入输出表单内容为发货传票、按货车号分的装载明细表、按路线分的配车表等。

（2）计算机页面显示为按路线分的发货状况、发货时间预订页面等。

7. 退货信息

（1）输入输出表单内容为退货传票、转账传票、退货库存调拨单，退货物品验收表等。

（2）计算机页面显示为退货库存查询，按采购商、金额计算的退货率，退货件数统计等。

 案例讨论：日本 TOYSRUS（株）物流案例：神户物流中心

 即测即练题

第 7 章

配送中心的基本作业管理

本章学习目标：

通过本章学习,学员应该能够:

1. 了解订单处理作业的含义,熟悉订单处理作业的一般流程,掌握订单处理作业管理;

2. 了解集货的内涵与作用,掌握其主要内容及流程,熟悉配送中心的采购流程与方法;

3. 了解搬运作业的定义及目的,熟悉配送中心的搬运活动,理解配送中心搬运作业的指导原则,掌握配送中心搬运活动的改善;

4. 熟悉储存作业的内容、目标、原则,掌握储存作业的策略,理解储存作业的经济指标;

5. 了解盘点作业的目的,熟悉盘点作业的内容和步骤,理解盘点结果评估,掌握盘点作业的方法;

6. 了解配送加工作业的类型与方式,掌握配送加工的合理化;

7. 了解分拣作业概述,理解分拣作业的要求,掌握分拣作业的合理化原则;

8. 掌握补货的方式和时机;

9. 熟悉配货作业流程,掌握配货作业管理;

10. 熟悉送货作业流程,掌握送货作业管理;

11. 了解退货原则,熟悉退货作业流程,掌握退货会计流程、退货理赔。

 引导案例:苏宁云仓:树立电商行业智慧配送中心典范

苏宁云仓作为全国性物流中心,主要负责苏宁华东地区的区域配送中心、门店、快递点以及零售客户的商品配送服务,同时向全国其他中心仓进行商品调拨,商品出货形式分为整箱和拆零。苏宁云仓实现了高度自动化、无人化、数据化、智能化,日处理包裹最高达到181万件,拣选效率达到每人每小时1200件,每个订单最快可在30分钟内出库,物流作业效率大幅提高,相比行业同等规模的仓库可减少员工千人以上。

在苏宁云仓里,各作业流程有机衔接,运作高效。苏宁云仓主要作业流程如下。

(1) 补货。系统控制下的自动补货模式,通过商品最大最小库存的合理设置,系统可以在拣选面库存低于最小安全库存时,自动触发从存储区到拣选区的补货作业,全流程无须人工干预,极大降低了拣选面无货可拣的风险,从而保证了拣选出库的及时性。

(2)拣选。收到订单后,系统自动下达订单拣选指令,各自动化设备自动调出订单指定货品。其中,整箱货品由自动输送线直接到达包装区。

拆零货品主要有 SCS 货到人拣选系统、阁楼货架拣选系统、A 字架全自动拣选系统等多种处理方式。SCS 货到人拣选系统中主要处理 A 类商品,装有商品的料箱经系统调度到达拣选台,人工在系统指令下完成拣选。特定品规商品如牙膏,则会由 A 字架全自动系统完成无人化拣选。阁楼货架拣选系统则由人工完成拣货,每个工人负责固定的货位区,当料箱到达指定货位区域时,作业人员通过手持终端扫描料箱条码,获取作业指令,然后便可以根据终端系统预先排好的最佳行走动线轻松完成拣选。完成拣选的料箱,继续推到输送线上流转到下一环节。

(3)包装。拣选完成的货品周转箱经输送线到达包装区。包装人员扫描订单,对所到商品进行复核、包装好并贴上电子面单,完成包装作业。

(4)分拨。包装好的货品经输送线到达自动分拨系统,分拨系统包括包裹分拣机和发货分拣机。包裹分拣机用于快递包裹以及做好包装的小件拆零产品的自动分拣;发货分拣机用于做好运输箱装箱的商品按照路线进行整箱分拣,自动扫描运输箱条码,识别条码目的地城市,并将运输箱分配到相应的道口。

(5)装车。目前,苏宁云仓采取的装车方式有两种,一种为到达指定道口的货品经人工整理后拉至缓存区,待车辆到达之后,经叉车运送到车上;另一种为一步式装车方式,其流程是:分拨完成的商品到达缓存自动化立体库,在库内按照配送地址、车辆到达时间等自动排序,车辆到达后,经输送设备完成一步式装车。

苏宁云仓之所以说是电商智慧物流的标杆,也是因为它有"最强大脑"——中央控制平台,做到了入库、补货、拣选、分拨、出库全流程的智能化。这背后是大数据技术的应用,包括苏宁自主研发的物流系统乐高平台、仓库控制系统指南针、物流监测系统天眼平台,以及 RF 支持系统、GPS 定位技术,共同组成了中央控制平台。

在苏宁云仓的中央控制室内,工作人员可以对仓库内所有商品的每一个作业环节进行精准的分析、控制和监测,监控各个物流装备的运行情况,如遇到故障,能够及时发现并有工程师维护。

更值得一提的是,中央控制平台可监控云仓内部每一个 SKU 的变化情况,对各类商品的库存状态、所对应的最大库存、所要满足销售的时间等一目了然,以反向支持补货策略,实现整个系统拣选作业不间断,同时给公司供应链前端的运营策略提供信息支持。

资料来源:https://www.sohu.com/a/195069705_649545.

视频 7.1 物流配送中心作业过程模拟

那么,苏宁云仓作为一个智能化的配送中心,里面会涉及哪些方面的作业管理?这些作业管理包括的作业内容分别是什么?在具体的各作业过程中,我们又需要遵循什么原则?有什么样的应对策略?这些就是本章将要重点探讨的问题。

7.1　订单处理作业与集货作业

7.1.1　订单处理作业

1. 订单处理作业的含义

订单处理是指有关客户和订单的资料确认、存货查询和单证处理等活动。详细指从接到客户订货开始到准备着手拣货为止的作业阶段,对客户订单进行品项数量、交货日期、客户信用度、订单金额、加工包装、订单号码、客户档案、配送货方法和订单资料输出等一系列的技术工作。

订单是配送中心开展配送业务的依据,配送中心规划建设与开展配送服务,都必须根据订单信息,对客户分布、商品特性及品种数量、送货频率等进行分析,以确定所要配送货物的种类、规格、数量和配送时间等。而订单处理作为配送中心作业的开端,其不仅把上下企业紧密地联系在一起,而且处理输出的各种信息,指导着配送中心内部的采购管理、库存管理和储存、拣货、分类集中、流通加工、配货核查、出库配装、送货及货物的交接等各项作业有序高效地展开,实现配送服务的"7R"要求。

2. 订单处理作业的一般流程

订单处理作业的一般流程包括接受客户订单、客户订单确认、建立客户档案、存货查询与存货分配、拣货顺序确定与拣货时间计算、缺货处理和订单资料处理输出等七个主要环节。

1) 接受客户订单

接单为订单处理作业的第一步骤,配送中心接受客户订货的方式主要有传统订货方式(表 7-1)和电子订货方式两大类。随着流通环境及科技的发展,接受客户订货的方式也逐渐由传统的人工下单、接单演变为计算机直接送收订货信息的电子订货方式。

表 7-1　传统订货方式

传统订货方式	具体操作
厂商补货	供应商将商品放在车上,逐家去送货,缺多少补多少。周转率较快,新上市的商品较常使用
厂商巡货、隔日送货	供应商派巡货人员前一天先至各客户处巡查需补充的货品,隔天再进行补货
电话口头订货	订货人员将商品名称及数量,以电话口述方式向厂商订货
传真订货	客户将缺货资料整理成书面资料,利用传真机传给厂商
邮寄订单	客户将订货表单或订货磁片邮寄给供应商
客户自行取货	客户自行到供应商处看货、取货,此种方式多为以往传统杂货店因地域较近所采用
业务员跑单接单	业务员至各客户处推销产品,而后将订单带回或紧急时以电话先联络公司通知客户订单

不管利用上述何种方式订货,都需要记录和建档工作,欲完成这些工作需人工输入资料。在输入过程中经常重复输入、传票重复填写,并且在输入输出过程中经常造成时间耽误及产生错误,造成无谓的浪费。尤其现今客户更趋向于多品种、小批量、高频度的订货,要求快速、准确无误地配送,传统订货方式已逐渐无法满足客户需求。在这种背景下,电子订货方式应运而生。

 视频 7.2　达利园电子订货案例

所谓电子订货,即通过电子传递方式取代传统人工书写、输入、传送的订货方式,也就是将订货资料转为电子资料形式,再由通信网络传送进行订货。此系统即称电子订货系统(electronic order system,EOS),它是不同组织间利用通信网络和终端设备进行订货作业与订货信息交换的系统。电子订货具体做法可分为三种,见表7-2。

表 7-2　电子订货方式

电子订货方式	订货簿或货架标签配合手持终端及扫描器	POS(point of sale,销售时点管理系统)	订货应用系统
具体操作方法	订货人员携带订货簿、手持终端及扫描器巡视货架,若发现商品缺货则用扫描器扫描订货簿或货架上的商品标签,再输入订货数量,利用计算机将订货资料传给总公司或供应商	客户设定安全存量,每当销售一笔商品时,计算机自动扣除该商品库存,当库存低于安全存量时,即自动产生订货资料,将此订货资料确认后即可通过信息网络传给总公司或供应商	客户信息系统里若有订单处理系统,可将应用系统产生的订货资料,经由特定软件转换功能转成与供应商约定的共通格式,在约定时间里将资料传送出去

经应用实践,电子订货对销售零售业来说:下单快速、正确和简便;商品库存适量化,只订购所需数量,可分多次下单;完全适应多品种、小批量和高频率的订货方式;缩短交货时间,减少因交货出错的缺货概率和进货、验货作业。对于供应商而言:简化接单作业,缩短接单时间,减少人工处理错误,使接单作业更加快捷、正确和简便;减少了退货处理作业;满足用户多品种、小批量和高频率的订货要求;缩短交货的前置时间。

2)客户订单确认

(1)确认货物名称、数量及日期。对订单资料进行基本检查,尤其当要求送货时间有问题或出货已延迟时,更需要再与客户确认一下订单内容或更正期望运送时间。

(2)确认客户信用。查核客户的财务状况,确定其是否有能力支付该件订单的账款,其做法多是检查客户的应收账款是否已超过其信用额度。可通过输入客户代号或者名称、订购货品资料两种途径进行查询。

(3)确认订单形态。配送中心面对众多的交易对象,由于客户的不同需求,其做法也有所不同,反映到接受订货业务上,则具有多种的订单交易形态及相应的处理方式,见表7-3。

表 7-3　订单形态与处理方式

订单类别	含　义	具体处理方法
一般交易订单（常见订单）	接单后按正常的作业程序拣货、出货、配送、收款结账的交易订单	接单后，将资料输入订单处理系统，按正常的订单处理程序处理，资料处理完后进行拣货、出货、配送、收款结账等作业
现销式交易订单	与客户当场直接交易、直接给货的交易订单	订单资料输入前就已把货物交给了客户，故订单资料不需再进行拣货、出货、配送等作业，只需记录交易资料，以便收取应收款项
间接交易订单	客户向物流中心订货，但由供应商直接配送给客户的交易订单	接单后，将客户的出货资料传给供应商由其代配。客户的送货单是自行制作或委托供应商制作，应对出货资料（送货单回联）加以核对确认
合约式交易订单	与客户签订配送契约的交易订单。如签订在某期间内定时配送某数量的商品	约定送货日到时，将该资料输入系统处理以便出货配送；或一开始输入合约内容并设定各批次送货时间，在约定日到时系统自动处理
寄库式交易订单	客户因促销、降价等市场因素而先行订购某数量商品，以后视需要再要求出货的交易订单	当客户要求配送寄库商品时，系统检核是否属实，若有，则出货时要从此项商品的寄库量中扣除。注意：此项商品的交易价格是依据客户当初订购时的单价计算
兑换券交易订单	客户通过兑换券所兑换商品的配送出货交易订单	配送客户兑换券的商品时，系统查核是否属实，若有，依据兑换的商品及兑换条件予以出货，并应扣除客户的兑换券回收资料

（4）确认订货价格。不同类型客户一般会有不同订购量，售价可能有所不同，在向系统输入价格时要细心核对。

（5）确认加工包装。关于客户对于包装的特殊要求在处理订单时必须加以确认。

（6）设定订单号码。每一张订单都要有其单独的订单号码，所有配送工作说明单及进度报告均应附此号码。

3）建立客户档案

将客户信息详细记录，不但能让此次交易更容易进行，且有利于以后合作机会的增加。客户档案应包含订单处理需要用到的及与物流作业相关的资料，包括：客户姓名、代号、等级形态（产业交易性质）；客户信用额度、销售付款及折扣率的条件；开发或负责此客户的业务员；客户、客户收账地址；客户点配送路径的顺序、适合的车辆形态和卸货特征、过期单据处理方式等。客户档案有各种形式，配送中心可根据订单处理系统的要求自行设计，见表 7-4。

表 7-4　客户档案表

编制日期：　　　　　片区：　　　　　新客户标志：　　　　　业务员：

客户全称：		客户编号：
单位详细地址：		
法人代表：		联系电话：
订（供）货负责人：		联系电话：
送货地址：		

续表

送货车辆形态：			
客户点卸货特性：			
客户配送要求：			
客户销售付款：		折扣率的条件：	
过期订单的处理方式：			
其他说明：			
企业规模		注册类型	
单位类别		隶属关系	
上年固定资产值		上年总产值	
潜在购力			
往年信用情况说明			
今年信用完成能力分析			
受信等级	□一级　□二级　□三级　□四级　□五级		
上年销售情况：		上年货款回笼情况：	
本年销售计划：		本年回笼计划：	
与我司合作历史：		主要竞争对手：	
本年销售采取的方案说明：			
备注：			

4）存货查询与存货分配

（1）存货查询。确认是否有库存能够满足客户需求，又称"事先拣货"。存货档案的资料一般包括货品名称、代码、产品描述、库存量、已分配存货、有效存货及期望进货时间。查询存货档案资料，看此商品是否缺货，若缺货则应提供商品资料或是此缺货商品是否已经采购但未入库等信息，便于接单人员与客户协调是否改订其他替代品或是允许延后出货等权宜办法，以提高人员的接单率及接单处理效率。

（2）存货分配。订单资料输入系统确认无误后，最主要的处理作业在于如何将大量的订货资料做最有效的汇总分类、调拨库存，以便后续的物流作业能有效地进行。存货分配一般有两种模式：单一订单分配，此种情况多为线上即时分配，即在输入订单资料时，就将存货分配给该订单；批次分配，累积汇总数笔已输入的订单资料后，再一次分配库存。配送中心因订单数量多、客户类型等级多，且多为每天固定配送次数，因此通常采用批次分配以确保库存能做最佳的分配，但需注意订单分批灵活处理的原则与方法，见表7-5。

表7-5　订单批次分配的处理原则与方法

批次划分原则	处理方法
按接单时序划分	将整个接单时段划分成几个区段，若一天有多个配送批次，可配合配送批次，将订单按接单先后分为几个批次处理
按配送区域或路径划分	将同一配送区域或路径的订单汇总处理
按流通加工需求划分	将需要加工处理或相同流通加工处理的订单汇总处理

续表

批次划分原则	处理方法
按车辆需求划分	若配送商品需要特殊的配送车辆(如低温车、冷冻车、冷藏车等)或客户所在地卸货特性,特殊形态车辆可汇总处理

若以批次分配选定参与分配的订单后,订单的某商品总出货量大于可分配的库存量,可依据以下四个原则来决定客户订购的优先性。

(1) 具有特殊优先权者先分配。

(2) 客户重要性程度高的优先分配。

(3) 依订单交易量或交易金额来取舍,将对公司贡献度大的订单做优先处理。

(4) 依客户信用状况来取舍,将信用较好的订单做优先处理。

存货分配方式决定了下一步的拣货作业,如果是单一订单分配,则采用单一顺序拣选;如果是批次分配,则采用批量拣选方式。

5) 拣货顺序确定与拣货时间计算

拣货顺序直接影响拣货的效率,它决定了拣货人员行走距离的长短,即拣货时间长短。拣货顺序可依据仓储货位的状况及货物存放的位置来确定。由于要有计划地安排出货进程,因而对于每一张订单或每批订单可能花费的拣取时间要事先掌握。计算订单拣取的标准时间,一般按如下步骤进行。

(1) 计算每一单元(一托盘、一纸箱、一件)的拣取标准时间。

(2) 依据每种商品的订购数量(多少单元),再配合每种商品的寻找时间,计算出每种商品拣取的标准时间。

(3) 根据每一订单或每批订单的订货品种及考虑一些纸上作业的时间,算出整张或整批订单的拣取标准时间。

这种计算只是一个粗略的计算,因为总的拣货时间还与拣货人员行走时间、作业熟练程度有关。在保证准确性的前提下,拣货人员应尽可能缩短行走、寻找货物、拣取货物三个方面的时间,从而提高拣货的效率。要想缩短这三个方面的时间,就必须选择合理有效的拣货方式和辅助拣货设备。

6) 缺货处理

若现有存货数量无法满足客户需求,且客户又不愿接受替代品,一般有两种处理方式。一种处理方式是依客户意愿而定,有些客户不允许过期交货,而有些客户允许过期交货,有些客户希望所有订货一同送达。另一种处理方式是依公司政策而定:一些公司可过期向客户进行分批补交货,但一些公司因成本原因不愿意向客户分批补交货。配合上述客户意愿与公司政策,对于缺货处理方式归纳见表7-6。

表 7-6　缺货处理方式

缺货处理方式	具体说明
重新调拨	若客户不允许过期交货,而公司也不愿失去此客户订单,则有必要重新调拨分配订单

续表

缺货处理方式	具体说明
补交货	若客户允许不足额的订货等待有货时再予补送,且公司政策亦允许,则采取补送方式。 若客户允许不足额的订货或整张订单留待下一次订单一同配送,则也采取补送处理
删除不足额订单	若客户允许不足额订单可等待有货时再予以补送,但公司政策并不希望分批出货,则只好删除不足额的订单。 若客户不允许过期交货,且公司也无法重新调拨,则可考虑删除不足额的订单
延迟交货	有时限延迟交货:客户允许一段时间的过期交货,且希望所有订单一同配送。 无时限延迟交货:不论等多久客户皆允许过期交货,且希望所有订货一同送达,则等待所有订货到达后再出货
取消订单	若客户希望所有订单一同配达,且不允许过期交货,而公司也无法重新调拨,则只有将整张订单取消

7）订单资料处理输出

订单资料经由上述处理后,即可开始打印出货单据,以开始后续的物流作业。

(1)拣货单。拣货单可提供商品出库指示资料,并作为拣货的依据。拣货单需配合配送中心的拣货策略及拣货作业方式来加以设计,以提供详细且有效率的拣货信息,便于拣货的进行。如表 7-7 分户拣货单(采用单一顺序拣选方式)、表 7-8 品种拣货单(采用批量拣选方式)和表 7-9 分货单(按品种批量拣取后再按客户的需求分货)的示例。

表 7-7　分户拣货单

拣货单编号			用户订单编号			
用户名称						
出货日期				出货货位号		
拣货时间	年　月　日　时　分至　时　分			拣货人		
核查时间	年　月　日　时　分至　时　分			核查人		

序号	储位号码	商品名称	规格型号	商品编码	数量(包装单位)			备注
					托盘	箱	单件	
1								
2								
3								
4								
5								

表 7-8 品种拣货单

拣货单号			包装单位			储位号码
商品名称			托盘	箱	单件	
规格型号		数量				
商品编码						
拣货时间		年 月 日 时 分至 时 分			拣货人	
核查时间		年 月 日 时 分至 时 分			核查人	
序号	订单编号	客户名称	单位	数量	出货货位	备注
1						
2						
3						
4						
5						

表 7-9 分 货 单

分货单编号					数量（包装单位）		
商品名称							
规格型号					托盘	箱	单件
商品编码							
生产厂家				储位编码			
分货时间	年 月 日 时 分至 时 分			分货人			
核查时间	年 月 日 时 分至 时 分			核查人			
序号	订单编号	用户名称	数量（包装单位）			出货货位	备注
			托盘	箱	单件		
1							
2							
3							
4							
5							

随着拣货、储存设备的自动化，传统的拣货单形式已无法满足需求，利用计算机、通信等方式处理显示拣货信息的方式已取代部分传统的拣货表单，如配有电子标签的货架、拣货台车以及自动存取的自动化立体仓库等。采用这些自动化设备进行拣货作业，需注意拣货信息的格式与设备显示器的配合以及系统与设备间的信息传送及处理。

（2）送货单。物品交货配送时，通常需附上送货单据给客户清点签收，因为送货单主要是给客户签收、确认的出货资料,其正确性及明确性很重要。送货单见表7-10。

表 7-10　送 货 单

收货单位		送货人员	
送达地点		送货时间	
发运物品详细内容							

货物名称	型号	规格	单位	数量	单价	总额	备注

有关说明					
收货方 验收情况	验收人员		收货方 负责人 签字	负责人	（公章）
	日　期			日　期	

说明:此送货单一式三联,第三联送财务办理结算用,第二联送仓储部提货用,第一联为货到目的地后用作签收,并由送货人员带回交给部门主管。

（3）缺货资料。库存分配后,对于缺货的商品或缺货的订单资料,系统应提供查询或报表打印功能,以便人员处理。若是库存缺货商品,需提供依据商品类别或供应商类别进行查询的缺货商品资料,以提醒采购人员紧急采购;若是缺货订单,则需提供依据客户类别或外务人员类别查询的缺货订单资料,以便相关人员处理。

3.订单处理作业管理

1）订单处理流程的跟踪

订单在配送过程中的执行情况如何,必须适时跟踪,了解订单是否如期如数出货、是否已收款、是否发生异动、发生异动如何处理等。订单信息档案资料说明见表7-11。

表 7-11　订单信息档案资料说明

档案资料名称	说　明
预计销售资料及不合格资料	客户的订单资料进入订单处理系统经过确认核实后,将正确的订单资料记录为预计销售资料文件;而不合格的订单资料记录为不合格资料文件
已分配未出库的销售资料及缺货资料、转录资料、补送资料	预计销售资料经过库存分配后,转为已分配未出库销售资料。而分配后缺货的物品资料记录为缺货资料文件;缺货的订单若要合并到下一张订单则记录为合并订单文件,若有库存时予以补送则记录为补送订单文件
已拣货未出库销售资料	已分配未出库销售资料经过打印拣货单后转为已拣货未出库销售资料,如果拣货后发现缺货的物品资料记录为缺货资料文件;缺货的订单若要合并到下一张订单则记录为合并订单文件,若有库存时予以补送则记录为补送订单文件

续表

档案资料名称	说　　明
在途销售资料	已拣货未出库资料,出货配送后即转为在途销售资料
销售资料	在途销售资料,经过回库确认修改后即转为销售资料,此为实际的销售资料,为应收账款系统的收款资料来源
历史销售资料	经过结账后即为历史销售资料

当订单的状态及相关档案记录完毕后,就可以随时查询并打印订单的状况资料,如订单状态明细表、未出货订单明细表、缺货订单明细表、未取款订单、未结账订单等。通过建立订单档案资料,并进行整理、分析,配送中心可以获得大量的商业信息。

视频 7.3　韵小通处理异常订单的基本操作

2）异常情况下的订单处理

掌握订单的状态变化及详细记录各阶段档案资料后,对于订单变动的处理则能更顺手,只要了解此订单异常时所处的状态,再针对其对应的档案加以修正处理即可。异常订单处理方法见表 7-12。

表 7-12　异常订单处理方法

异常订单	处理方法
客户取消订单	客户取消订单常常会造成许多损失,因此在业务处理上需要与客户就此问题进行协商。 若目前订单处于已分配未出库状态,则应从已分配未出库销售资料里找出此订单,将其删除,并恢复相关品项的库存资料(库存量/出库量);若此订单处于已拣货状态,则应从已拣货未出库销售资料里找出此笔订单,将其删除,并恢复相关品项的库存资料(库存量/出库量),且将已拣取的物品按拣货的相反顺序放回拣货区
客户增订	如果客户在出货前临时打电话来增加订购某物品,那么作业人员要先查询客户的订单目前处于何种状态,是否还未出货,是否还有时间再去拣货。 若接受增订,则应追加此笔增订资料;若客户订单处于已分配状态,则应修改已分配未出库销售资料文件里的这笔订单资料,并更改物品库存档案资料(库存量/出库量)
拣货时发生缺货	拣货时发现仓库缺货,则应从已拣货未出库销售资料里找出这笔缺货订单资料,加以修改。若此时出货单据已打印,就必须重新打印
配送前发生缺货	当配送前装车清点时才发现缺货,则应从已拣货未出库销售资料里找出此笔缺货订单资料,加以修改。若此时出货单据已打印,就必须重新打印
送货时客户拒收/短缺	配送人员送货时,若客户对送货品项、数目有异议予以拒收,或是发生少送或多送,则回库时应从在途销售资料里找出此客户的订单资料加以修改,以反映实际出货资料

3）订单处理作业分析指标

订单处理作业的优劣直接影响配送中心的经济效益,为此,必须对订单处理作业提出分析评价指标。订单处理分析指标及改善方法见表 7-13。

表 7-13　订单处理分析指标及改善方法

分析指标种类	指标分析及改善方法
平均每日订单数＝订单数量/工作天数 平均客单数＝订单数量/下级客户数 平均客单价＝营业额/订单数量	平均每日订单数、平均客单价指标数值不高,表明配送中心业务量不多,有待拓展业务,谋求较大的效益。改进方法是,强化经营体制,加强促销,提高产品质量,经营用户欢迎的货物
订单延迟率＝延迟交货订单数/订单数量 订单货件延迟率＝延迟交货量/出货量	当订单延迟率较高时,表示配送中心没有按计划交货,必须对影响交货期的作业进行分析与改进。当订单延迟率较低、订单货件延迟率较高时,表示对订单件数较多的用户延迟交货比率较高。解决方法是对用户进行 ABC 分析(调查各用户订购量和金额占营业额的百分比),对重点用户进行重点管理
订单速交率＝12 小时内的发货订单/订单数量	若能迅速接单和缩短交货时间,并在 12 小时内发货(配送中心也可根据自身情况确定比 12 小时更短的时间),说明配送中心管理水平较高(作业流程快速、规范),效益较好
退货率＝退货数/出货量 折扣率＝折扣数/出货量 (也可用金额表示)	当两个指标较高,表示货物品质不良,致使用户不满,造成退货和打折。一般来说,退货和折扣的主因是包装损坏,为此,要加强各作业环节管理工作,减少货物损坏率
取消订单率＝取消订单数/订单数量 用户意见率＝意见次数/订单数量	当两个指标较高时,其原因为:货物品质不良、服务态度不好、未按时交货、同业竞争激烈
订单满足率＝实际交货数量/订单货物需求数量 缺货率＝1－订单满足率或缺货数量/订单货物需求数量	订单满足率是衡量订货实现程度及其影响的指标(GB/T 18354—2006)。据此可知库存控制决策是否正确。若缺货率太高,客户易失去信心而流失。缺货率高的原因:库存量控制不佳、购货时机不当、上级供应商交货延误等
短缺率＝出货品短缺量/出货量	短缺率太高,也会流失客户。其主因有:接单时登录出错、拣货单打印出错、拣货时造成短货、拣货分类时出错、包装货品时出错、检查作业时失误、搬运装车时出错、配送过程中物品损耗。必须针对上述出错环节逐一整改,加强管理,提高配送中心信誉度

提高紧急订单响应率的主要措施有:提高备货保证程度(与客户、供应商信息沟通及时);提高订单处理效率;改变拣货策略;调整仓储区与拣货区的布局;合理安排人员、车辆等。

4) 订单处理作业的改善

(1) 订单处理作业改善的意义。从客户角度来看,不仅仅是产品或服务本身,更重要的是获得价值,感到满意。订货提前期的稳定性与时间长短,送货的准确性,订单处理状态跟踪等因素是实现价值与客户满意的重要保证。从配送中心的角度来看,提高客户服务水平和降低库存与运输费用是一个十分重要的问题,运用先进的技术手段和对业务流程的重组与改善,在提高客户服务水平的同时降低配送总成本,获得竞争对手难以模仿的竞争优势,是企业的一项至关重要的经营战略。

(2) 订单处理作业改善的关键因素。改善订单处理过程的动因主要来自客户角度和企业角度两个方面,主要是四方面因素:第一是时间因素。订单处理周期在客户眼中是订货提前期,改善目标是在时间耗用的稳定性前提下,努力减少时间耗费。第二是供货准确性因素。提供产品的准确品种、数量、质量和正确的交货地点(卸货时间和地点也很关键),如需分批送货和延期供货,应与客户提前沟通好。第三是成本因素。配送中心设置的地点和数量,运输批量和运输路线的调控等。第四是信息因素。配送中心要通过完善的配送信息系统,向客户及企业内部(生产、销售、财务及仓储运输等部门)提供准确、完备、快速的信息服务。

7.1.2　集货作业

1. 集货的内涵与作用

1) 集货的内涵

集货是配送中心根据客户的需要,为配送业务的顺利实施,而从事的组织商品货源和进行商品存储的一系列活动。集货是配送的重要环节,为了满足特定客户的配送要求,有时需要把从数家甚至数十家供应商处预订的物品集中,并将要求的物品分配到指定容器或场所。配送中心接到客户订单以后,如果实施的是"存货式配送"的配送中心,由于自身拥有一定的存储设备,日常可以存储一定数量的商品现货,可以用现货商品满足客户的需要,及时进行配送。与"存货式配送"的配送中心不同的是,实施"订单式配送"的配送中心由于不拥有存储商品的设施,必须建立广泛而密切的商品供应系统,一旦客户下达订单,立即组织集货人员联系供货商,及时调货,组织客户所需商品货源。集货是配送的准备工作或基础工作,配送中心的优势之一,就是可以集中客户的需求进行一定规模的集货。

2) 集货的作用

(1) 集货可使配送中心的配送活动得以顺利开展。作为配送中心实施经营活动的基础,集货作业是配送中心各项具体业务活动的第一关,集货业务开展得好与坏,直接影响到配送活动的其他后续业务的开展。如果集货人员业务不精,不熟悉供货商的情况,没有建立供货网络系统,接到订单后再接触供货商,与其洽谈进货价格、进货渠道、进货时间等基本业务,势必使商品购进在途时间过长、占压资金过多,既浪费了时间,又增加了进货成本,进而导致配送总成本上升。若供货渠道不畅,还会使企业面临无货或缺货的尴尬境地导致企业无法按期配送货物,丧失商业信誉,降低市场竞争力。如果集货人员拥有各类商品的供货网络系统,熟悉各供货商的供货能力、供货成本及供应时间,能够及时地按照客户的订单组织货源,根据企业的需要补充库存,就可使企业的业务顺利开展下去,通过良好的配送服务赢得客户的首肯,进而赢得客户的信任和企业良好的服务信誉,为企业进一步拓展市场打下坚实的基础。

(2) 集货可使社会库存结构合理,降低社会总成本。目前,"零库存"的概念已被我国越来越多的企业所接受。"零库存"并不等于不设库存,而是对社会总体的库存结构进行合理的调整,通过资源整合,形成库存集中化,即生产企业和商业零售组织不设库存或少设库存,由大型综合型配送中心实施产品供、存、销业务,生产企业的原材料、零部件及产成品由配送中心统一提供,可使生产企业用于购买原材料、零部件及进行销售的资金有所减少,进而降低了企业的生产总成本,使企业的产品在市场上更具竞争力,同时由于企业不再分出人力、物力用于原料的购进和产品的储运,企业可以拥有更多的生产能力和市场销售能力,可以生产出更多更好的产品销售到更广泛的地区。同样,大型的零售组织也可自己不设库存,改由配送中心统一采购所需销售商品,集中配送。这些大型零售组织的商业网点遍布世界各地或国内各省,各分店自行采购,既无法保证商品的质量、种类和数量,又无法降低成本。它就利用自己的配送中心共同采购,集中配送。这种工商生产与经营企业自己不设库存,将购物、发送业务交由配送中心承担的做法,优化了社会库存结构,从而使社会总成本降低。

(3) 集货可使配送中心节约空间,降低配送成本,增加经济效益。通过科学的集货方式,配送中心可以适当减少库存商品数量,使库存结构更加合理。在减少不必要库存占用的前提下,使库存成本下降,从而降低商品的配送成本。与此同时,由于调整了库存结构,剔除了不合理的库存占用,使企业拥有了扩展业务的空间,新业务增加,既增强了适应市场变化的能力,又大大提高了企业的整体经济效益。

2. 集货业务的主要内容及流程

作为配送活动的基本环节,集货业务主要包括两个主要内容,即组织货源和储存货物。

1) 组织货源

组织货源又称采购货物或筹集货物,是配送中心开展货物配送业务的物质基础,没有采购就谈不上配送。

(1) 组织货源的原则。

① 以需订购。以需订购是指企业根据市场需要来采购商品。市场需要什么商品就购进什么商品,需要多少就采购多少,保证购进的商品都能满足需要。贯彻以需订购原则,实质上是"以消费者为中心"的经营思想在采购活动中的具体体现。批发企业要根据其购货单位的需要,零售企业则要根据其客户的需要。

② 择优选购。组织商品货源,重要的一点就是要选择最佳的供货单位。选择理想的供货单位,有助于稳定购销关系,促进企业经营活动顺利进行。选择最佳供货单位的标准是:首先,供货单位的信誉。其包括生产是否正常、商品质量是否可靠、花色品种的搭配是否恰当、能否按期交货、质量是否有保证等,要坚持质量第一的观点,严把质量关,防止质次价高的伪劣商品进入流通领域,努力维护消费者和用户的利益。其次,供货单位的条件。其包括路程远近、采用何种交通工具、运输费用高低、是否送货、价格有无优惠、是期货还是现货及包装是否牢固等。最后,以经济效益为标准。对可选供货者进行综合分析、评价,作出进货决策,选定最佳供货单位。

③ 以购促销。在采购时,要积极扩大货源,增加花色品种,促进销售不断扩大,特别是新产品刚投入市场,用户和消费者对其不甚了解,配送中心要以积极的态度组织试销,扩大经营范围,引导消费,尽快占领市场,扩大销售。

(2) 组织货源的程序。

① 拟订采购计划。采购适销对路的商品,这是采购最本质的要求。适销对路即指适销、适量、适时。要做到适销、适量、适时地购进,克服采购中的盲目性,一定要有计划,商

品采购计划的拟订是以市场调查和预测为前提的,因此要搞好市场商品需求的调查和市场商品可供货源的预测调查。

② 订立采购合同。商品采购合同是不同企业之间为实现一定经济目的,明确相互权利和义务的书面协议。签订采购合同必须符合《中华人民共和国民法典》的规定。合同的主要条款有:双方当事人的全称、地址、银行账号;商品的数量、规格、花色、质量标准、包装要求;商品单价、总价;交货时间、交货方式、交货地点、运杂费用负担、付款方式等;违约责任;其他条款。合同内容要完整、具体、翔实,义务和权利必须明确,文字含义要准确。合同一经签订,即有法律效力,必须认真履行。

③ 对商品验收入库。对于供货单位运达的货物,验收人员要根据供货单位的销货发票验收商品。验收必须坚持数量准确、质量完好、规格等级与订货要求或合同规定相符、订货凭证齐全、数量无误的原则,按照购销双方协商的质量标准进行验收。清点大件数量并检查包装有否破坏,对有疑问的商品可拆件抽验,详细点验细数与质量,并做好验收记录。如果发现商品破损、短缺或质量问题等,验收人员应及时与采购人员联系,以便及时处理。

④ 货款结算。常用的货款结算方式有支票、银行本票、商业汇票、银行票、汇兑、委托收款、异地托收承付、银信用卡结算等。购销双方根据合同规定或双方约定,采用上述结算方式办理货款结算手续。结算付款要求准确、迅速、不出差错和手续清楚。

2)储存货物

储存货物是配货中心购货、进货活动的延续。在配送活动中,适量的库存可保证客户的随时需要,使配送业务顺利完成。配送中心的货物储存有两种表现形态:一是暂时库存,即按照分拣、配货工序的要求,在理货场地储存少量货物;二是储备形态,即按照一定时期配送活动的要求和货源到货周期有计划地储备商品。储备形态是使配送持续运作的资源保证,其储备得合理与否,直接影响配送的整体效益。进行商品合理储存,通常要注意以下几个方面。

(1)商品储存的合理数量。商品储存的合理数量是指在一定条件下,根据企业具体经营情况,为了保证正常的商品配送业务所制定的合理储存标准。确定商品储存的合理数量要考虑客户的需求、配送中心的条件、配送过程的需要及配送企业的管理水平等因素的影响。

商品的储存量有经常储存和保险储存两种。经常储存是指配送中心为满足日常配送需要的商品储存;保险储存是指为了防止因商品需求变动而造成影响,避免商品脱销,保证连续不间断地配送而建立的商品储存。两种储存定量的确定要在考虑各种因素的基础上运用科学的定量方法计算得出。

(2)商品储存的合理结构。商品储存结构是指不同品种、规格、花色的商品之间储存数量的比例关系。经由配送中心配送的商品种类多、数量大,特别是大型的综合配送中心,产品种类更是千差万别。客户对不同的商品需求量是不同的,并且各种需求不断地发生变化。因此,配送中心在确定商品储存合理数量的同时还要特别注意不同的商品储存数量之间的合理比例关系及其变化对商品储存数量和商品储存结构的影响。

(3)商品储存的合理时间。商品储存的目的是满足客户的订货需要,因此,配送中心在确定商品储存的合理时间时要注意该种商品的生产周期和商品的物理、化学及生物性能,使商品既不脱销断档,又能在最大限度地减少商品损耗的前提下保证商品质量。

(4) 商品储存的合理空间。商品储存的合理空间就是在库房内合理地摆放商品。商品在仓库内摆放要有利于商品配送。拥有较大库存的配送中心一般规模较大,经营品种较多。有条件的配送中心可以建"高架自动化仓库",按照不同类别,不同配送客户的需要设置多个出货点。在合理布置商品存放货架时,还要注意设计有利于仓储机械工作的通道,保证仓储安全的空间。

在货物存储期间,商品表面上是处于静止状态的,但从物理、化学及生物角度分析,商品内部是在不断地变化、运动着的。这种变化危害着商品的使用价值。同时,库房内的环境使得商品的内在运动易受到外界的促进而加速。因此,配送中心的集货人员在存货时要注意调整仓库的温湿度,防止和减少外界不利因素对商品的影响,延缓商品质量的变化过程,降低商品的损失。

7.1.3 配送中心的采购流程与采购方法

配送中心商品采购又称组织货源,是指配送型物流企业为实现企业销售目标,在充分了解市场要求的前提下,根据企业的经营能力,运用适当的采购策略和采购方法,通过等价交换,取得适销对路的商品的经济活动过程。它包括两方面的内容,一方面采购人员必须主动地对用户需求作出反应,另一方面还要保持与供应商之间的互利关系。配送商品采购是一个非常复杂的问题,涉及许多方面细节,处理不慎就会出现误差、延误进货,最终影响商品销售。

1. 配送中心的采购流程

配送中心的采购流程总的来说主要包括拟订采购计划、订立采购合同、商品验收入库、货款结算等四个环节,具体步骤如上文所述。

2. 配送中心的采购方法

配送中心的采购方法主要有以下几种。

(1) 集中统一进货。这种方式由配送型物流企业的专门商品采购部门全权负责商品采购,各商品部只负责填报订货单和销售。

集中统一进货具有许多优点,如:节省成本,由少数人员负责全企业采购;统一使用资金,节约费用;防止进货渠道过于分散,可以获得大批量进货的折扣优势;有利于各商品部集中精力,做好商品销售的服务工作。当然,集中统一进货也有不足之处,如进货与销售脱节、商品脱销、增加内部调拨手续、不利于商品内部流通等。因此必须加强商品采购的计划性。集中统一进货方式适用于中小型配送企业,大型配送企业则不宜采用。

(2) 分散独立进货。这种方式是由各商品部直接负责商品的采购,企业只控制全局平衡,根据各商品单品的销售状况或单个配送中心的出货量来调节资金的分配和使用。

分散独立进货方式的优点有:各商品部了解本商品销售动态,了解客户的偏好,因而有利于及时组织购进对路的商品,节省了时间;有利于加速资金周转,提高经营效果;充分发挥各商品部及各配送中心工作人员的工作主动性和积极性。当然,这种进货方式也有缺陷和不足,如:采购业务比较分散,不利于统一管理;要使用较多的人力、运力和财力,增加了成本;增加了各商品部的进货负担,不利于提高服务质量。分散独立进货方式比较适合规模较大、就近采购的零售企业。

(3)集中与分散相结合进货。这种方式一般适合大型配送型物流企业。其特点是就近采购时由各商品部分散进货,到外地采购时则由企业集中统一进货。这种方式既有利于零售企业集中统一使用资金和组织采购人员,又可以充分发挥各商品部的积极性,如果在采购时加强计划性和衔接性,就可以起到上述两种进货方式所难以起到的作用。

(4)委托进货。这种方式主要适用于中小型配送型物流企业。这类企业因为规模相对较小,所购商品种类较多而批量却较小,加上手续复杂,没有专人负责进货,就委托中间商代为采购,付给对方一定代理费即可。采用委托进货方式时,必须对采购商品质量、规格、品种进行严格检查,对不符合采购标准的坚决退货。

7.2 搬运作业与储存作业

7.2.1 搬运作业

1. 搬运的定义及目的

1)搬运的定义

搬运即是将不同形态的散装、包装或整体的原料、半成品或成品,在平面或垂直方向加以提起、放下或移动,可能是要运送,也可能是要重新摆置物料,而使货品能适时、适量移至适当的位置或场所存放。

2)搬运的目的

搬运作业在配送中心作业中占有 $60\% \sim 70\%$ 的作业量,它涉及货物的装卸、搬运、堆垛、取货、理货、分类等与之相关的作业过程,是物流系统构成的要素之一。货品搬运除了增加成本外,无法增加产品的价值,因此我们必须尽可能地减少货品搬运次数,以降低成本。但搬运活动作为配送中心的主要活动之一,其也有自身的目的,搬运活动的主要目的见表7-14。

表 7-14 搬运活动的主要目的

目 的	内 容
提高生产力	顺畅的搬运系统,能够消除瓶颈以维持及确保生产水准,使人力有效利用,设备减少闲置
降低搬运成本	减少每名劳工及每单位货品的搬运成本,并减少延迟、损坏及浪费
提高库存周转率,以降低存货成本	有效率的搬运,可加速货品移动及缩减搬运距离,进而减少总作业时间,使得存货存置成本及其他相关成本皆得以降低
改善工作环境,增加人员、货品搬运安全	良好的搬运系统,能使工作环境大为改善,不但能保证物品搬运的安全,降低保险费率,且能改善员工的工作情绪
提高产品品质	良好的搬运可以减少产品的毁损,使产品品质水准提升,减少客户抱怨
促进配销成效	良好的搬运,可增进系统作业效率,不但能缩短产品总配销时间,提高客户服务水准,亦能提高土地劳动生产力,对公司营运成效助益很大

2．配送中心的搬运活动

配送中心的搬运活动主要包括从送货车上搬进库房的收货入库搬运、商品在库房设施内的在库库存搬运以及从库房搬运到配送车辆上的出运搬运三部分。

1）收货入库搬运

当货物从供应商或上一层次的库房送达配送中心时，需要从装载车辆上垂直卸下，然后再进行水平搬运。在具体操作过程中，往往会根据配送中心的搬运设施设备和货物包装规模的不同而产生不同的搬运作业。对于一般的储运包装，如果安装了自动传送设备，可将卸货、点验环节与自动传送过程衔接起来，直接传送到储存区进行堆码或上货架。如果没有自动传送设施，可通过将卸下的多个储运包装堆码在手推平板车上，人工移动进入储存区。对于托盘或大件包装的货物，一般使用叉车卸货并移货进入储存区，也可通过人力移动搬运车进入储存区。

2）在库库存搬运

在库库存搬运包括货物在库房设施内的所有移动，包括为了库存管理需要的搬运、向拣选区补货的搬运和分拣搬运。库存管理需要的搬运是指移库、移库区、换装等。向拣选区补货的搬运是指将储存区的货物分门别类移至拣选区。分拣搬运是指根据客户订单，将不同规格、型号、数量的货物通过自动或人工拣选出来移动到待检区（出运区）。存库搬运往往通过平板车或搬运车人工作业，也可以通过自动分拣传送设施实现搬运作业。

3）出运搬运

出运搬运包括对货物进行检验以将商品装运到运输车辆。出运搬运在大多数情况下也需要由人力完成。

3．配送中心搬运作业的指导原则

（1）单位装载化原则。尽可能将搬运物集中整理为托盘或集装箱的方式，这样在搬运途中不至于倒塌，且可以提高搬运的效率。

（2）提高设备利用率原则。机械设备因需投入相当资金，所以必须使成本高的机械设备时常保持移动状态，避免机械设备利用率过低的情形。

（3）机械化、自动化原则。如将人工作业改为机械化作业，同时尽量将机械设备改为自动化等，都可以提高搬运效率。

（4）安全原则。工作环境的安全性越高，则其生产力也会越高。有人也许会担心致力于工作安全是否降低工作效率，事实恰好相反，安全就是提高效率及降低成本的最好方法。

（5）水平直线原则。对于直线的搬运流程，其搬运距离是最短，曲折迂回的搬运则容易造成搬运的浪费。布置水平的搬运，可以使搬运距离最短、设备最省及成本最低；但是水平的布置有时会增加交错搬运的机会，所以必须针对实际的条件而加以调整。

（6）弹性原则。搬运机械设备的利用范围越大，则其效率越高。以叉车为例，叉车除了可以装卸托盘货物外，还可以通过更换货叉等附属设备来操作其他各种货物，使其操作功能更为广泛。因此，搬运设备的价值要考虑共用性及弹性的比例。

（7）活性原则。物流的基本特征是流动。物品流动的难易程度称为物品的"活性"，可用"活性指数"来表示。各类物品的活性指数逐步提高，称为"活化"；避免倒退、降低活性指数，倒退意味着人力、物力的浪费。

（8）系统化原则。系统化原则，是指将各项搬运活动作为一个有机整体，实施系统化管理。也就是说，运用综合系统化的观点，提高搬运活动之间的协调性及搬运系统的柔性，以满足多样化的搬运作业需求，提高搬运效率。

（9）重力利用原则。在搬运货物时，尽可能利用重力的设备，如使用斜槽、滚轮输送带等重力设备。这可以减少劳力，降低搬运成本。

4. 配送中心搬运活动的改善

结合上述搬运作业的指导原则，要改善搬运工作，可从搬运对象、搬运距离、搬运空间、搬运时间和搬运手段这五项因素入手。改善搬运的原则与方法见表 7-15。

表 7-15　改善搬运的原则与方法

因素	目标	想法	改善原则	改善方法
搬运对象	减少总重量、总体积	减少重量体积	尽量废除搬运	调整厂房布置
				合并相关作业
			减少搬运量	
搬运距离	减少搬运总距离	减少回程	废除搬运	调整厂房布置
			顺道行走	
		回程顺载	掌握各点相关性	调整单位相关性布置
		缩短距离	直线化、平面化	调整厂房布置
		减少搬运次数	单元化	栈板、货柜化
			大量化	利用大型搬运机
				利用中间转运站
搬运空间	缩减搬运使用空间	减少搬运	充分利用三维空间	调整厂房布置
		缩减移动空间	缩减设备回转空间	选用合适、不占空间、不需太多辅助设施之设备
			协调错开搬运时机	时程规划安排
搬运时间	缩短搬运总时间	缩短搬运时间	高速化	利用高速设备
			争取时效	搬运均匀化
		减少搬运次数	增加搬运量	利用大型搬运机
	掌握搬运时间	估计预期时间	时程化	时程规划控制
搬运手段	利用经济效率的手段	增加搬运量	机械化	利用大型搬运机
				利用机器设备
			高速化	利用高速设备
			连续化	利用输送带等连续设备
		采用有效管理方式	争取时效	搬运均匀化
				循环、往复搬运
		减少劳力	利用重力	使用斜槽、滚轮输送带等重力设备

7.2.2　储存作业

储存作业主要任务在于把将来要使用或者要出货的物料进行保存,且经常要做库存品的检核控制,不仅要善用空间,还要注意存货的管理。尤其配送中心的储存与传统仓库的储存因营运形态不同,更要注意空间运用的弹性及存量的有效控制。

1. 储存作业的内容

1）储存计划管理

储存计划,是在考虑仓储能力的前提下,根据出入库计划确定储存物资品种、数量及储存时间的计划。储存计划一般包括入库计划、保管养护计划、作业人员组织计划和储存费用计划等内容。其中,入库计划是储存计划管理的基础,是编制其他各项计划的主要依据。

2）入库管理

入库管理是储存业务活动的开始,也是储存作业管理的重要环节之一。货物入库是根据入库计划和供货合同规定进行作业的。在接收货物入库时,需要进行一系列的作业活动,一般包括验单、接货、卸货、分类商品检验、签发入库凭证、货物入库堆码、登记入账等。对这些作业活动要进行合理的组织与安排,尤其要做好以下工作。

(1) 接货。接货是配送中心进行货物入库时与交通运输部门或供货单位直接发生交接的一项工作。它的主要任务是与交通运输部门和供货单位密切协作,及时准确地接收货物。要保证货物入库快而不乱,必须做好入库前的准备工作,一般包括以下三项：首先是要准备好仓位,根据货物的性能、数量、体积、重量等确定货物堆放地点,并进行清理、消毒等工作。其次是做好接货人员、设备等准备。最后需要对作业操作顺序进行安排。根据货物入库的数量、时间、品种做好接货、验收、搬运、堆码等各环节的协调配合。在使用机械的情况下,需注意事先安排好人、机的作业序列。

(2) 验收。验收是货物在入库前,按照一定的程序和手续进行数量与质量的检验。验收是货物入库前的重要工序,也是储存作业质量管理的重要一环。对于要入库的货物,一是核对货物单据、凭证等；二是对实物进行检查验收,包括数量检验和质量检验,并做好验收记录。为了准确划分储存单位和运输部门的职责,保证入库货物的质量,对验收中出现的问题要严格按照制度规定处理。货物入库凭证不齐或不符时,应将所到货物另行堆放,暂做待验处理；在数量检验中,计件货物一般不允许有短缺。对计重货物所发生的损益在规定标准以内的,仓库可按实际数量验收入库；超过规定时,也应会同交货人员进行记录,分清责任,及时处理。

3）在库管理

采取一系列保管、保养措施,妥善保管好储存中的货物,确保在库货物质量标准水平和使用价值,是储存工作的中心任务,也是衡量储存工作质量的重要标志。货物在库管理作业包括以下几方面的工作。

(1) 提高仓库利用率。根据不同货物的性能、包装形状,采用不同的堆垛方法,正确使用堆垛工具,改进堆垛技术,充分利用货位空间。

（2）分区分类，合理摆放。根据储存货物的不同品种、规格、特点和要求，合理划分保管区，不同货物应当存放在不同的货位。

（3）固定货位，统一编号。按照规划和货位管理制度，把储存货物按储存地点、排列位置，采用统一标记，顺序编号。

（4）在库盘点。针对大宗货物管理难的特点，仓库要建立相应的盘点制度，内容包括货物盘点的方式、盘点的程序、盘点职责和要求以及盘点发现问题的处理办法等。应根据具体内容逐一执行，力求做到仓库内所有货物账、卡、物三者一致，确保万无一失。

2. 储存作业的目标、原则与策略

1）储存作业的目标

（1）空间的最大化使用。

（2）劳力及设备的有效使用。

（3）所有品项皆能随时准备存取。因为储存增加商品的时间值，所以若能做到一旦有求货品马上变得有用，则此系统就算是一个有计划的储存系统。

（4）货品的有效移动。在储区内进行的大部分活动是货品的搬运，需要很多的人力及设备来进行物品的搬进与搬出，因此人力与机械设备操作应达到经济和安全的程度。

（5）货品良好的保护。因为储存的目的即在保存货品直到被要求出货的时刻，所以货物在储存时必须得到良好的保护。

（6）良好的管理。清楚的通道、干净的地板、适当且有次序的储存及安全的运行，将使工作变得有效率及促使工作士气（生产力）的提高。

2）储存原则

（1）先进先出原则。在仓库保管中，先进先出是一项非常重要的原则，尤其是有时间性的产品，如果不以先进先出的原则进行处理，可能会造成储存货物的过期或者变质，以至于影响整个仓库的保管效益。

（2）零数先出原则。在仓库中，时常会有拆箱零星出货的情形发生。因此，在出货时，必须考虑零数或者已经拆箱的产品优先出货。

（3）重下轻上原则。在储存规划时，如果是多层楼房，应该考虑较重的产品存放在楼下，而较轻的产品则存放在楼上。如果是使用料架堆叠或者是直接平放地面，则应该考虑较重的产品存放在下层容易进出的地方，而较轻的产品则应该存放在上层的位置。如此规划布置，才能避免较轻的产品被较重的产品压坏，同时，也可以提高仓库作业的效率。

（4）A、B、C 分类布置原则。在产品规划布置上，首先应该以产品畅销排行，将产品进行 A、B、C 分类。在平面布置时，把畅销的 A 类产品规划在靠近门口或者是走道旁，把最不畅销的 C 类产品规划在角落或者是靠门口较远的地方，而 B 类产品则堆放在 A 类与 C 类产品之间。如果是使用托盘式料架，则必须考虑 A 类产品存放于料架第一层容易存取的地方，而 B 类产品存放在第二层，C 类产品则存放于最上层比较不容易存取的地方。如果使用箱式料架，则必须考虑人体学，即 A 类产品存放于人站立时两手很容易存取的中层位置，而 B 类产品存放于需要蹲下时才能存取的位置，C 类产品则存放于需要使用梯子或者是椅子才能存取得到的上层存储位置。如果能够考虑以上原则，不需要提供硬件

设备,就能够提高仓储作业效率。

(5) 特性相同的产品存放在一起。在仓库保管中,往往会有许多种类的产品存放在一起,但是每一种产品的特性大都不一样,有时存放在一起会产生变质的情形。例如,有些产品会散发气味(香皂、香水等),有些产品则会吸收气味(茶叶等产品),甚至有些产品既散发气味又吸收气味(香烟等产品)。若是把会散发气味与吸收气味的产品存放在一起,则会使产品的质量产生变化,甚至造成退货的情形。因此在仓库保管中,一定要特别注意此项原则。

3) 储存策略

良好的储存策略可以缩短出入库移动的距离和作业时间,甚至能够充分利用储存空间。一般常见储存策略如下。

(1) 定位储放。定位储放是指每一项储存货品都有固定储位,货品不能互用储位,因此须规划每一项货品的储位容量不得小于其可能的最大在库量。定位储放应注意以下几个方面:储区安排要考虑物品尺寸及重量;储存条件有无特殊要求;易燃物必须限制储放于一定高度以满足保险标准及防火法规;货品不相容;保护重要物品;储区能被记忆,容易提取。

定位储放的优点有:每项货品都有固定储放位置,拣货人员容易熟悉货品储位;货品的储位可按周转率大小安排,以缩短出入库搬运距离;可针对各种货品的特性做储位的安排调整,将不同货品特性间的相互影响减至最小。同样,由于定位储放的储位必须按各项货品之最大在库量设计,因此储区空间平时的使用效率较低。定位储放适合厂房空间大或者货品少量多样的情况。

(2) 随机储放。随机储放是指每一个货品被指派储存的位置都是经由随机的过程所产生的,而且可经常改变;也就是说,任何品项可以被存放在任何可利用的位置。随机原则一般是由储存人员按习惯来储放,且通常可与靠近出口法则连用,按货品入库的时间顺序储放于靠近出入口的储位。

随机储放的优点有:由于储位可共用,因此只需按所有库存货品最大在库量设计即可,储区空间的使用效率较高。但随机储放的缺点也很明显:货品的出入库管理及盘点工作的进行困难度较高;周转率高的货品可能被储放在离出入口较远的位置,增加了出入库的搬运距离;具有相互影响特性的货品可能相邻储放,造成货品的伤害或发生危险。随机储放较适用于厂房空间有限需尽量利用储存空间或者货品种类少、体积较大的情况。

(3) 分类储放。分类储放是指所有的储存货品按照一定特性加以分类,每一类货品都有固定存放的位置,而同属一类的不同货品又按一定的法则来指派储位。分类储放通常按产品相关性、流动性、产品尺寸、重量以及产品特性来分类。

分类储放的优点有:便于畅销品的存取,具有定位储放的各项优点;各分类的储存区域可根据货品特性再做设计,有助于货品的储存管理。缺点是储位必须按各项货品最大在库量设计,空间需要大,储区空间平均的使用效率低。分类储放较适用于产品相关性大经常被同时订购、周转率差别大或者产品尺寸相差大的情况。

(4) 分类随机储放。分类随机储放是指每一类货品有固定存放的储区,但在各类的储区内,每个储位的指派是随机的。

　　分类随机储放的优点包括分类储放的部分优点,又可节省储位数量、提高储区利用率。缺点是货品出入库管理及盘点工作的进行困难度较高。分类随机储放兼具分类储放及随机储放的特色,需要的储存空间量介于两者之间。

　　(5) 共同储放。共同储放是指确定知道各货品的进出仓库时刻,不同的货品可共用相同储位的方式。共同储放在管理上虽然较复杂,但所需的储存空间及搬运时间却更经济。

3. 储存作业的经济指标

　　(1) 储区面积率:储区面积与配送中心建物面积的比值,用来衡量库房空间的利用率是否恰当。

　　(2) 可供保管面积率:可供保管面积与储区面积的比值,用来判断储位内通道规划是否合理。

　　(3) 储位容积使用率和单位面积保管率。其中,储位容积使用率是存货总体积与储位总容积的比值;单位面积保管率是平均库存量与可保管面积的比值,用来判断储位规划及使用的料架是否适当,以有效利用储位空间。

　　(4) 平均每品项所占储位数:料架储位数与总品项数的比值,由每储位保管品项数的多寡来判断储位管理策略是否应用得当。

　　(5) 库存周转率:出货量与平均库存量的比值或营业额与平均库存金额的比值,用来评价公司营运绩效,以及衡量现今货品存量是否适当。

　　(6) 库存掌握程度:实际库存量与标准库存量的比值;用来作为设定产品库存的比率依据,以供存货管理参考。

　　(7) 库存管理费率:库存管理费用与平均库存量的比值,用来衡量公司每单位存货的库存管理费用。

　　(8) 呆废料率:呆废料件数与平均库存量的比值或呆废料金额与平均库存金额的比值,用来测定物料耗损影响资金积压的状况。

7.3　盘点作业与配送加工作业

7.3.1　盘点作业

　　盘点作业是指将仓库内储存的货物实际数(或金额)与财务账簿数目(或金额)进行核对,通过核对货物账、卡、货是否相符,以检查库存货物数量损益和库存货物结构合理性的一项仓储管理工作。

1. 盘点作业的目的

　　(1) 核查实际库存数量。盘点可以查清实际库存数量,并通过盈亏调整使库存账面数量与实际库存数量一致。

　　(2) 计算企业资产的损益。库存物品总金额直接反映企业流动资产的使用情况,库存量过高,流动资金的正常运转将受到威胁,因此为了能准确地计算出企业实际损益,必须通过盘点。

(3)发现物品管理中存在的问题。通过盘点查明盈亏的原因,发现作业与管理中存在的问题,并通过解决问题来改善作业流程和作业方式,提高人员素质和企业的管理水平。

2. 盘点作业的内容

数量方面,通过点数计数查明物品在库的实际数量,核对库存账面资料与实际库存数量是否一致;质量方面,检查在库物品质量有无变化,有无超过有效期和保质期,有无长期积压等现象,必要时还必须对物品进行技术检验;保管条件方面,检查保管条件是否与各种物品的保管要求相符合。

3. 盘点作业的流程

盘点作业的流程如图 7-1 所示。

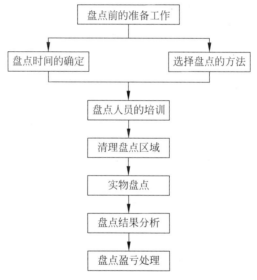

图 7-1　盘点作业的流程

(1)盘点前的准备工作。仓库盘点作业的事先准备工作是否充分,完全决定了仓库盘点作业进行的顺利程度。盘点前的准备工作包括:做好盘点作业前规划,包括明确盘点的目的,确定盘点日期、范围等;做好盘点作业前人员准备,包括开会讨论人员的分工、区域的划分,对盘点人、抄表人、监盘人都必须有明确的分工,所有部门都必须参与盘点,落实责任,对商品的抄录必须做到准确无误,对出现的数量差异制定规定进行处罚;做好盘点作业前物品准备,如打印盘点表、整理仓库存货等。

(2)盘点时间的确定。决定盘点时间时,既要防止过久盘点对公司造成的损失,又要考虑配送中心资源有限,商品流动速度较快的特点,在尽可能投入较少资源的同时,要加强库存控制,可以根据商品的不同特性、价值大小、流动速度、重要程度来分别确定不同的盘点时间,盘点时间间隔可以从每天、每周、每月、每年盘点一次不等。如 A 类主要货品每天或每周盘点一次;B 类货品每两三周盘点一次;C 类不重要的货品每月盘点一次即可。另外必须注意的问题是,每次盘点持续的时间应尽可能短,全面盘点以 2～6 天内完成为佳,盘点的日期一般会选择在财务结算前夕和淡季进行。

(3) 选择盘点的方法。因为不同现场对盘点的要求不同,盘点的方法也会有差异,为尽可能快速准确地完成仓库盘点作业,必须根据实际需要确定盘点方法。

(4) 盘点人员的培训。盘点人员通常应进行培训,熟悉盘点现场、盘点物品以及正确填制表格和单证。盘点前 1 周,原则上取消年假休息,盘点当日应停止任何休假。

(5) 清理盘点区域。盘点现场即仓库的作业区域,仓库盘点作业开始之前必须对其进行整理,以提高仓库盘点作业的效率和盘点结果的准确性。

(6) 实物盘点。仓库盘点作业的关键是点数,由于手工点数工作强度极大,差错率较高,通常可采用条形码进行盘点,以提高盘点的速度和精确性。

(7) 盘点结果分析。通过盘点发现账实不符,而且差异超过容许误差时,应立即追查产生差异的主要原因。账实不符的原因主要包括:财产物资保管过程中发生的自然损耗;财产收发过程中由于计量或检验不准,造成多收或少收的差错;由于管理不善、制度不严造成的财产损坏、丢失、被盗;在账簿记录中发生的重记、漏记、错记;由于有关凭证未到,形成未达账项,造成结算双方账务不符,以及发生意外灾害等。

(8) 盘点盈亏处理。在盘点中发现的差错和盈亏,要查明原因,由保管员填写盈亏明细表册,报上级业务部门审批,经批准后进行账务处理,没有批准前不得自行改账。

4. 盘点结果评估

盘点结果评估可以通过以下六个指标进行考察:

(1) 盘点数量误差＝实际库存数－账目库存数;

(2) 盘点数量误差率＝盘点数量/实际库存数×100%;

(3) 盘点品项误差率＝盘点误差品项数/盘点实际品项数×100%;

(4) 盘点次数比率＝盘点误差次数/盘点执行次数×100%;

(5) 平均每件盘差金额＝盘差误差金额/盘差总件数;

(6) 平均每品项盘差次数率＝盘差次数/盘差品项数×100%。

5. 盘点作业的方法

盘点作业的方法主要分为账面盘点法、现货盘点法和账物盘点法。

(1) 账面盘点法。账面盘点法是将每一种商品分别设立"存货账卡",然后将每一种商品的出入库数量及有关信息记录在账面上,逐笔汇总出账面库存结余量的方法。

(2) 现货盘点法。现货盘点法是对库存商品进行实物盘点的方法。按盘点时间频率的不同,现货盘点法又分为期末盘点法和循环盘点法。

① 期末盘点法。期末盘点法是指在会计计算期末统一清点所有物品数量的方法。通常采取分区、分组的方式进行,其目的是明确责任,防止重复盘点和漏盘。分区即将整个储存区域划分成一个一个的责任区,不同的区由专门的小组负责点数、复核和监督。一

个小组通常至少需要三人分别负责清点数量并填写盘存单,复查数量并登记复查结果,第三人核对前两次盘点数量是否一致,对不一致的结果进行检查。等所有盘点结束后,再与计算机或账册上反映的账面数核对。

② 循环盘点法。循环盘点法是指在每天、每周盘点一部分商品,一个循环周期将每种商品至少清点一次的方法。循环盘点通常对价值高或重要的商品检查的次数多,而且监督也严密一些,而对价值低或不太重要的商品盘点的次数可以尽量少。循环盘点一次只对少量商品盘点,所以通常只需保管人员自行对照库存数据进行点数检查,发现问题按盘点程序进行复核,并查明原因,然后调整。也可以采用专门的循环盘点单登记盘点情况。

(3)账物盘点法。账物盘点法是结合账面库存信息,以账面库存信息为依据,与现货盘点的结果进行比对的一种盘点方法。

6. 盘点作业的运用

通常对在库的"次要"物品采用账面盘点的方法进行盘点,一般 1 个月或 1 个季度进行一次实物盘点。

通常对在库的"重要"物品采用实物盘点的方法进行盘点。对"重要"物品在每天或每周至少对实物清点一次。

通常对在库的"一般"物品采用账物盘点的方法进行盘点。如相对"重要"物品在每天或每周至少对实物清点一次,而对相对"次要"物品则采用账面盘点,一般 1 个月或 1 个季度进行一次实物盘点。

7.3.2 配送加工作业

1. 配送加工作业的概念

配送加工作业也指流通加工作业,是物品在生产地到使用地的过程中,根据需要施加包装、切割、计量、分拣、刷标志、拴标签、组装等简单作业的总称。配送加工是流通中的一

视频 7.4　流通加工

种特殊形式,它是在物品从生产领域向消费领域流动的过程中,为了促进销售、维护产品质量和提高物流效率,对物品进行的加工,使物品发生物理、化学或形状的变化。

配送加工作业是生产力发展、消费者消费个性化、人们配送观念的改变、人们效益观念等共同作用的产物。它与一般的生产型加工是不太一样的,具体区别见表 7-16。

表 7-16　配送加工与生产加工的区别

项　　目	配送加工	生产加工
加工对象	进入配送过程的商品	原料、零配件、半成品
所处环节	简单的辅助性、补充加工	复杂的、完成价值和使用价值
附加价值	完善实用价值并提高价值	创造价值和使用价值
加工单位	配送企业	生产企业
加工目的	为消费、配送	为交换、消费

2. 配送加工作业的内容

配送加工作业内容较多,包括食品的配送加工、消费资料的配送加工、生产资料的配送加工等。配送加工最多的是食品行业,主要目的是便于保存,提高配送效率。消费资料的配送加工以服务客户、促进销售为目的,比如自行车的组装、刷标签和贴标志等。生产资料的配送加工具有代表性的是钢材的加工,如钢筋的拉伸、切割以及定型等。

3. 配送加工作业的地位和作用

1) 配送加工作业在物流中的地位

(1) 配送加工有效地完善了流通。配送加工在实现时间场所两个重要效用方面,确实不能与运输和储存相比,因而不能认为配送加工是物流的主要功能因素。流通加工的普遍性也不能与运输、储存相比,配送加工不是所有物流中必然出现的。但这绝不是说配送加工不甚重要,实际上它也是不可轻视的,起着补充、完善、提高、增强的作用,它能起到运输、储存等其他功能要素无法起到的作用。所以配送加工的地位可以描述为提高物流水平、促进流通向现代化发展的不可少的形态。

(2) 配送加工是物流中的重要利润源。配送加工是一种低投入、高产出的加工方式,往往以简单加工解决大问题。实践证明,有的配送加工通过改变包装使商品档次跃升而充分实现其价值,有的配送加工将产品利用率一下子提高了 20%～50%,这是采取一般方法提高生产率难以企及的。根据我国近些年的实践,配送加工仅就向流通企业提供利润一点,其成效就不亚于从运输和储存中挖掘的利润,是物流中的重要利润源。

(3) 配送加工在国民经济中也是重要的加工形式。在整个国民经济的组织和运行方面,配送加工是一种重要的加工形态,对推动国民经济的发展和完善国民经济的产业结构与生产分工有一定的意义。

2) 配送加工的作用

(1) 提高原材料利用率。利用配送加工环节进行集中下料是将生产厂家运来的简单规格产品按使用部门的要求进行下料。例如,将钢板进行剪板、切裁;钢筋或圆钢裁制成毛坯;木材加工成各种长度及大小的板、方;等等。集中下料可以优材优用、小材大用、合理套裁,有很好的技术经济效果。如北京、济南、丹东等城市对平板玻璃进行配送加工(集中裁制、开片供应),玻璃利用率从 60% 左右提高到 85%～95%。

(2) 进行初级加工方便用户。用量小或临时需要的使用单位缺乏进行高效率初级加工的能力,依靠配送加工可使使用单位省去进行初级加工的投资、设备及人力,从而搞活供应,方便用户。目前发展较快的初级加工有将水泥加工成生混凝土、将原木或板方材加工成门窗、冷拉钢筋及冲制异型零件、钢板预处理、整形、打孔等。

(3) 提高加工效率及设备利用率。由于建立集中加工点可以采用效率高、技术先进、加工量大的专门机具和设备,从而提高了加工效率及设备利用率。

(4) 提高商品价值。在配送过程中,可以通过一些简单的作业提升产品档次、提高销售价格,从而带来更多的经济效益。

(5) 可以充分利用各种运输方式。配送加工将物流的运输过程分为生产厂家到配送加工和配送加工到消费者两个阶段,第一个阶段是从生产厂家到配送加工的大批量远距离运输,这一环节,有限的生产厂家将大批量货物运往配送加工地,因此,可以利用火车、船舶等大量运输手段。

4. 配送加工作业的类型

根据不同的目的,配送加工作业具有不同的类型。

(1) 为适应多样化需要的配送加工作业。生产部门为了实现高效率、大批量的生产,其产品往往不能完全满足用户的要求。为了满足用户对产品多样化的需要,同时又要保证高效率的大生产,可将生产出来的单一化、标准化的产品进行多样化的改制加工。例如,对钢材卷板的舒展、剪切加工;平板玻璃按需要规格的开片加工;木材改制成枕木、板材、方材等加工。

(2) 为方便消费、省力的配送加工作业。根据下游生产的需要将商品加工成生产直接可用的状态。例如,根据需要将钢材定尺、定型,按要求下料;将木材制成可直接投入使用的各种型材;将水泥制成混凝土拌合料,使用时只需稍加搅拌即可使用等。

(3) 为保护产品的配送加工作业。在物流过程中,为了保护商品的使用价值,延长商品在生产和使用期间的寿命,防止商品在运输、储存、装卸搬运、包装等过程中遭受损失,可以采取稳固、改装、保鲜、冷冻、涂油等方式。例如,水产品、肉类、蛋类的保鲜、保质的冷冻加工、防腐加工等;丝、麻、棉织品的防虫、防霉加工等。还有,为防止金属材料的锈蚀而进行的喷漆、涂防锈油等措施,运用手工、机械或化学方法除锈;木材的防腐朽、防干裂加工;煤炭的防高温自燃加工;水泥的防潮、防湿加工等。

(4) 为弥补生产加工不足的配送加工作业。由于受到各种因素的限制,许多产品在生产领域的加工只能到一定程度,而不能实现终极的加工。例如,木材如果在产地完成成材加工或制成木制品,就会给运输带来极大的困难,所以,在生产领域只能加工到圆木、板、方材这个程度,进一步的下料、切裁、处理等加工则由配送加工完成;钢铁厂大规模的生产只能按规格生产,以使产品有较强的通用性,从而使生产能有较高的效率,取得较好的效益。

(5) 为促进销售的配送加工作业。配送加工也可以起到促进销售的作用。比如,将过大包装或散装物分装成适合零售的小包装的分装加工;将以保护商品为主的运输包装改换成以促进销售为主的销售包装,以起到吸引消费者、促进销售的作用;将蔬菜、肉类洗净切块以满足消费者要求;等等。

(6) 为提高加工效率的配送加工作业。许多生产企业的初级加工由于数量有限,加工效率不高。而配送加工以集中加工的形式,解决了单个企业加工效率不高的弊病。它以一家配送加工企业的集中加工代替了若干家生产企业的初级加工,促使生产水平有一定的提高。

(7) 为提高物流效率的配送加工作业。有些商品本身的形态使之难以进行物流操作,而且商品在运输、装卸搬运过程中极易受损,因此需要进行适当的配送加工加以弥补,从而使物流各环节易于操作,提高物流效率,降低物流损失。例如,造纸用的木材磨成木屑的配送加工,可以极大地提高运输工具的装载效率;自行车在消费地区的装配加工可以提高运输效率,降低损失;石油气的液化加工,使很难输送的气态物转变为容易输送的液态物,也可以提高物流效率。

（8）为衔接不同运输方式的配送加工作业。在干线运输和支线运输的节点设置配送加工环节,可以有效解决大批量、低成本、长距离的干线运输与多品种、少批量、多批次的末端运输和集货运输之间的衔接问题。在配送加工点与大生产企业间形成大批量、定点运输的渠道,以配送加工中心为核心,组织对多个用户的配送,也可以在配送加工点将运输包装转换为销售包装,从而有效衔接不同目的的运输方式。比如,散装水泥中转仓库把散装水泥装袋、将大规模散装水泥转化为小规模散装水泥的配送加工,就衔接了水泥厂大批量运输和工地小批量装运的需要。

（9）生产-流通一体化的配送加工作业。依靠生产企业和流通企业的联合,或者生产企业涉足流通,或者流通企业涉足生产,形成的对生产与配送加工进行合理分工、合理规划、合理组织,统筹进行生产与配送加工的安排,这就是生产-流通一体化的配送加工形式。这种形式可以促成产品结构及产业结构的调整,充分发挥企业集团的经济技术优势,是目前配送加工领域的新形式。

（10）为实施配送的配送加工作业。这种配送加工形式是配送中心为了实现配送活动,满足客户的需要而对物资进行的加工。例如,混凝土搅拌车可以根据客户的要求,把沙子、水泥、石子、水等各种不同材料按比例要求装入可旋转的罐中。在配送路途中,汽车边行驶边搅拌,到达施工现场后,混凝土已经均匀搅拌好,可以直接投入使用。

5. 配送加工的合理化

配送加工合理化的含义是实现配送加工的最优配置,也就是对是否设置配送加工环节、在什么地方设置、选择什么类型的加工、采用什么样的技术装备等问题作出正确抉择。这样做不仅要避免各种不合理的配送加工形式,而且要做到最优。

1）不合理配送加工形式

（1）配送加工地点设置得不合理。配送加工地点设置即布局状况,是决定整个配送加工是否有效的重要因素。一般来说,为衔接单品种、大批量生产与多样化需求的配送加工,加工地点设置在需求地区,才能实现大批量的干线运输与多品种末端配送的物流优势。如果将配送加工地设置在生产地区,一方面,为了满足用户多样化的需求,会出现多品种、小批量的产品由产地向需求地的长距离的运输;另一方面,在生产地增加了一个加工环节,同时也会增加近距离运输、保管、装卸等一系列物流活动。所以,在这种情况下,不如由原生产单位完成这种加工而无须设置专门的配送加工环节。

一般来说,为方便物流的配送加工环节应该设置在产出地,设置在进入社会物流之前。如果将其设置在物流之后,即设置在消费地,则不但不能解决物流问题,而且在流通中增加了中转环节,因而也是不合理的。

即使是产地或需求地设置配送加工的选择是正确的,还有配送加工在小地域范围内的正确选址问题。如果处理不善,仍然会出现不合理。比如,交通不便,配送加工与生产企业或用户之间距离较远,加工点周围的社会环境条件不好,等等。

（2）配送加工方式选择不当。配送加工方式包括配送加工对象、配送加工工艺、配送加工技术、配送加工程度等。配送加工方式的确定实际上是与生产加工的合理分工。分工不合理,把本来应由生产加工完成的作业错误地交给配送加工来完成,或者把本来应由配送加工完成的作业错误地交给生产过程去完成,都会造成不合理。

配送加工不是对生产加工的代替,而是一种补充和完善。所以,一般来说,如果工艺复杂,技术装备要求较高,或加工可以由生产过程延续或轻易解决的,都不宜再设置配送加工。如果配送加工方式选择不当,就可能会出现生产争利的恶果。

(3)配送加工作用不大,形成多余环节。有的配送加工过于简单,或者对生产和消费的作用都不大,甚至有时由于配送加工的盲目性,同样未能解决品种、规格、包装等问题,相反却增加了作业环节,这也是配送加工不合理的重要表现形式。

(4)配送加工成本过高,效益不好。配送加工的一个重要优势就是它有较大的投入产出比,因而能有效地起到补充、完善的作用。如果配送加工成本过高,则不能实现以较低投入实现更高使用价值的目的,势必会影响它的经济效益。

2)配送加工的合理化的途径

要实现配送加工的合理化,主要应从以下几个方面加以考虑。

(1)加工和配送结合。加工和配送结合就是将配送加工设置在配送点中。一方面按配送的需要进行加工,另一方面加工又是配送作业流程中分货、拣货、配货的重要一环,加工后的产品直接投入配货作业,这就无须单独设置一个加工的中间环节,而使配送加工与中转流通巧妙地结合在一起。同时,由于配送之前有必要的加工,可以使配送服务水平大大提高,这是当前对配送加工做合理选择的重要形式,在煤炭、水泥等产品的流通中已经表现出较大的优势。

(2)加工和配套结合。配套是指对使用上有联系的用品集合成套地供应给用户使用。例如,方便食品的配套。当然,配套的主体来自各个生产企业,如方便食品中的方便面,就是由其生产企业配套生产的。但是,有的配套不能由某个生产企业全部完成,如方便食品中的盘菜、汤料等。这样,在物流企业进行适当的配送加工,可以有效地促成配套,大大提高流通作为供需桥梁与纽带的能力。

(3)加工和合理运输结合。配送加工能有效衔接干线运输和支线运输,促进两种运输形式的合理化。利用配送加工,在支线运输转干线运输或干线运输转支线运输等这些必须停顿的环节,不进行一般的支转干或干转支,而是按干线或支线运输合理的要求进行适当加工,从而大大提高运输及运输转载水平。

(4)加工和合理商流结合。配送加工也能起到促进销售的作用,从而使商流合理化,这也是配送加工合理化的方向之一。加工和配送相结合,通过配送加工,提高了配送水平,促进了销售,使加工与商流合理结合。此外,通过简单地改变包装加工形成方便的购买量,通过组装加工解除用户使用前进行组装、调试的难处,都是有效促进商流的很好例证。

(5)加工和节约结合。节约能源、节约设备、节约人力、减少耗费是配送加工合理化重要的考虑因素,也是目前我国设置配送加工并考虑其合理化的较普遍形式。

对于配送加工合理化的最终判断,是看其是否能实现社会效益和企业效益,而且是否取得了最优效益。流通企业更应该树立"社会效益第一"的观念,以实现产品生产的最终利益为原则,只有在生产流通过程中不断补充、完善为己任的前提下才有生存的价值。如果只是追求企业的局部效益,不适当地进行加工,甚至与生产企业争利,就有违配送加工的初衷,或者其本身已不属于配送加工的范畴。

7.4　分拣作业与补货作业

7.4.1　分拣作业

1. 分拣作业的定义与功能

分拣作业是依据客户的订货要求或配送中心的进货计划,尽可能迅速、准确地将货物从其储位或其他区域拣取出来,并按一定的方式进行分类、集中,等待配装送货的作业过程。

在配送作业的各环节中,分拣作业是非常重要的一环,它是整个配送中心作业系统的核心。据统计,分拣作业时间占整个配送作业时间的 $30\%\sim40\%$,分拣作业成本约占整个配送中心作业成本的 $15\%\sim20\%$。因此,合理规划与管理分拣作业,对整个配送中心作业效率具有决定性的影响。

从各国的物流实践来看,由于大体积、大批量需求多采取直达、直送的供应方式,因此,配送的主要对象是中小件货物,即配送多为多品种、小体积、小批量的物流作业,这样使得分拣作业工作量占配送中心作业量的比重非常大,且工艺复杂,特别是对于客户量大、货物种类多、需求批量小、需求频率高、送货时间要求高的配送服务,分拣作业的速度和质量不仅对配送中心的作业效率起决定性作用,而且直接影响到整个配送中心的信誉和服务水平。因此,迅速且准确地将客户所要求的货物集合起来,并且通过分类配装及时送交客户,是分拣作业最终的目的及功能。

2. 分拣作业的流程

分拣作业流程在图 3-7 配送中心补货作业流程图(见第 3 章)的基础上,可以具体化由客户订货、确定拣货方法、生存拣货资料、选择拣货路径、行走或搬运、拣取、分类与集中以及文件处理等几个环节组成。

(1) 客户订货。客户订货是配送中心分拣作业的前提。客户订货完毕之后,配送中心会对客户的订单进行处理,在筛选出有效的客户订单之后,方可组织拣货作业。

(2) 确定拣货方法。拣货方法有很多种,根据订单数量,可以分为单一拣货、批量拣货和复合拣选;根据人员分配,可以分为一人拣货、数人接力拣货或者分区分组拣货;根据拣货单位,可以分为单品拣货、整箱拣货和托盘拣货等。下面简要介绍一下单一拣货、批量拣货和复合拣选这三种拣货方法。

① 单一拣货。单一拣货即按订单拣货,是指拣货人员或拣货设备巡回于各个储存区域,按照某张订单的要求拣取相应的货物,巡回完毕也就完成了一张订单的拣取作业。单一拣货是逐个订单依次进行拣选处理的拣货方法。这种方法类似于人们进入果园,在一棵树上摘下果子后,再转到另一棵树去摘果子,所以又被形象地称为摘果式拣货或捅取式拣货。

单一拣货的优点有：作业方法简单,易于实施,拣货准确度高,不易出错;订单处理前置时间短,导入容易且弹性大;作业人员责任明确,派工容易、公平;拣货后不必再进行分类作业,因此对于大批量、少品种的订单来说,它是很有效的拣货方法。单一拣货的缺点有：货物品种多时,拣货行走路线过长,拣取效率降低;拣取区域大时,搬运困难;少量、多批次拣取时,会造成拣货路径重复、费时、效率低等。一般而言,单一拣货适合于订单大小差异较大、订单数量变化频繁、季节性强的货物拣选。

② 批量拣货。批量拣货是指将多张订单集合成一批,按照货物类别把数量统计后再进行拣货,最后根据各个客户的订单分别进行分类和集中操作的拣货方法。这种方法类似于农民在土地上播种,一次取出几亩地所需要的种子,在地上巡回播回撒,所以又被形象地称为播种式拣货或撒格式拣货。

批量拣货的优点有：减少了每个单品的巡回时间,缩短了拣取行走的搬运距离,增加了单位时间的拣取量。批量拣货的缺点有：由于必须等订单达到一定数量时才进行处理,故对订单无法作出及时的反应,会产生时间延迟;拣货完成后还需要进行分货,增加分货的时间、成本和拣错率。一般而言,批量拣货适合于订单数量少、多批次的货物拣选。

若将单一拣货和批量拣货组合起来进行拣货,即根据订单的品种、数量及出货频率,确定哪些订单适合采用单一拣货,哪些订单适合采用批量拣货,然后分别采取不同的拣货方法,这样就是复合拣货方法。总之,在确定拣货方法时,应根据订单数量、拣选货物种类、数量多少等综合考虑来进行选择。

③ 复合拣选。为提高拣选效率、降低成本,应充分研究上述两种办法的优缺点,甚至可根据两种办法各自的适用范围,有机地将两者混用。例如,当储存面积较大时,拣选作业中往返行走所费时间占很大比重,此时一人一单拣选到底的方法就显得不太合适,如果适当分工,按商品的储区划分,每一拣选人员各自拣选订货单中的一部分,既能减轻拣选人员的往返之劳,又能统筹安排、事半功倍,几个拣选人员所费工时之和往往低于一个人拣选的总工时。

（3）生成拣货资料。拣货作业开始前,拣货作业的单据或信息必须先行处理。虽然有些企业会直接根据客户订单或企业的交货单进行拣货,但这些原始拣货资料容易在拣货过程中被污损而导致错误发生,同时它们也无法标示货物的储位,引导拣货员缩短拣货路径,所以必须将这些原始传票转化为拣货单或电子信号(如电子标签等),以便更有效地进行拣货。

（4）选择拣货路径。拣货路径通常有两种类型：无顺序的拣货路径和顺序的拣货路径。无顺序的拣货路径是指由拣货员根据拣货单自行决定在储存区域内各个通道的拣货顺序。这种拣货路径适合于品种单一、数量大的货物拣选,否则,拣货员要花大量时间来寻找货物,会增加行走距离,降低拣货效率。顺序的拣货路径是指按拣货单所示货物存放的货位号大小顺序或从储区入口到出口顺序来确定拣货路径。按这种路径,拣货员可以单向循环行走全程,一次性将所有货物拣出。这种拣货路径的优点是能够缩短拣货员的拣货时间和行走里程,减少疲劳和拣货误差,提高拣贷效率。无论采取何种拣货路径,均要考虑如何准确、快速、低成本地将货物拣出,同时还要考虑到操作方便的问题。

（5）行走或搬运。进行拣选时,要拣取的货物必须出现在拣货员或拣货设备面前,可以通过以下三种方式实现：①人至物的方式，即拣货员步行或搭乘拣货车辆到达货物储存位置的方式，采用这种方式，货物是静止的，人是移动的；②物至人的方式，与前一方式相反，这种方式移动的是被拣取的货物，拣货员在固定的位置内进行作业，无须去寻找货物的储存位置；③无人拣取方式，即拣取的作业由自动化的机械负责，输入电子信息后自动完成拣货作业，无须人员介入。

（6）拣取。当货物出现在拣货员面前时，接下来的动作就是接近货物、抓取与确认。确认的目的是确定抓取的物品、数量是否与指示拣选的信息相同。实际作业时利用拣货员读取品名与拣选单对比，或电子标签的按钮确认，更先进的方法是利用无线传输终端读取条码由计算机进行对比，或采用货品重量检测的方式。准确的确认动作可能大幅度降低拣选的错误率，同时也比出库验货作业发现错误更及时、有效。

（7）分类与集中。若先前采用的是批量拣货方法进行拣货，则最后还需要将拣选好的所有货物按照订单分别进行分类和集中，至此拣货作业才告一段落。

（8）文件处理。手工完成拣选作业，并核对无误后，可能需要作业者在相关单据上的签字确认，当然在提取时已采用电子确认方式，就由计算机进行处理了。

3．分拣作业的要求及合理化原则

1）分拣作业的要求

从上述功能及成本分析可以看出，所谓仓库/仓库或配送中心作业的自动化、省力化，通常都是以分拣作业及相应的存储和搬运方式为实施重点；此外，分拣的时程及拣选策略的应用，也往往是接单出货的时间长短最主要的影响因素。同样地，分拣的精确度更是影响出货品质的重要环节之一。现代物流对拣选作业要求主要有以下几点。

（1）无差错地拣出正确的货物。

（2）时间快，至少不影响后面的送货。

（3）拣选后必要的包装和贴标签。

（4）品种多，数量少。

（5）订单跟踪。

（6）完整的供应链服务和管理。

在这六项要求中，前两项是最基本的要求，后几项是客户提出的更高要求。

分拣作业系统设计涉及人力、信息、空间、设备和技术。要满足现代仓储物流作业对拣选提出的越来越高的要求，就必须考虑设备技术的选择和设施的详细布置，具体来说有以下问题。

（1）仓库内部布置和存储——分拣策略组合逻辑的研究以提高拣选速度。

（2）人工分拣单位的各种组合的对比与选择。

（3）空间质量或者说货物价值与空间成本的匹配。

从分拣作业本身来说，拣选作业除了少数自动化设备逐渐被开发应用外，大多是靠人工的劳力密集作业，以下"七不一无"是拣选作业要点。

（1）不要等待——零闲置时间，尽量减少拣货人员等待的现象，以动作时间分析、人机时间分析方式改善。

（2）不要拿取——尽量减少人工搬运（多利用输送带、无人搬运车）。

（3）不要走动——作业人员或机械行走距离尽量缩短，分区拣货，物至人拣选或导入自动仓库等自动化设备。

（4）不要思考——拣选作业时尽量不要有对分拣物的判断，即不依赖熟练工，且降低差错率。

（5）不要寻找——加强储位管理，减少作业人员寻找的时间。如分拣的 WMS 自动查找储位和电子标签显示的功能。

（6）不要书写——尽量不要拣选单，实现无纸化作业（paperless）。这要求有自动化的 WMS 和 PDA 手持条码扫描设备和机载拣选显示计算机等先进设备。

（7）不要检查——尽量利用条码由电脑检查，同样也要有 PDA 手持条码扫描设备。

（8）无缺货——做好商品管理、储位管理、库存管理、拣货管理。安全库存量、订购时机、补货频率等状况利用计算机随时掌握。

2）分拣作业的合理化原则

（1）减少分拣错误。在分拣过程中，往往会出现误拣情况，如拣取的货物品种有误、数量有误或规格有误。一般出现误拣的原因主要有：分拣单上的储位指示出错，货物存放位置出错，分拣人员因代码、形状、包装方面相似而容易看错；拣货单被错行选取信息等。为了解决这些问题，可以采取以下措施：使用机械化、自动化的分拣系统进行分拣；利用信息化手段（如电子标签辅助分拣）进行作业指示；加强货物的储位管理；采用二人协作配合的分拣方式（一人唱货，一人取货）；改进分拣单的印制方式，如采取列印标示、以不同底色区分相邻行列内容等。

（2）提高拣货效率。分拣效率不高的原因主要有：分拣方法选择不当，分拣路线设计不合理，分拣准确度不高，分拣员动作慢、不专心等。所以，想要提高分拣效率，就应从以上几个方面着手解决。

（3）作业应力求平衡，避免闲忙不均。分拣过程中，要避免某一储区或某一作业通道的同时集中作业；要与货物的出、入库作业和装卸、理货作业协调配合，避免闲忙不均的分拣现象。

视频 7.5 补货作业

（4）事务处理和作业环节要协调配合。这要求调整物流和信息流，使两方面的作业都没有等待时间。

7.4.2 补货作业

与分拣作业紧密相关的是补货作业。补货作业是将货物从保管区转移到分拣区域，并将该转移作业进行书面处理的活动，其目的是保证拣货区有货可拣。补货作业主要应包括确定所需补充的货物，领取商品，做好上架前的各种打理、准备工作，补货上架。

1. 补货方式

补货作业一定要小心地计划，一方面可以确保存量合理，另一方面也需要将所补货物安置在方便存取的位置。在配送中心里，常见的补货方式有以下几种。

（1）整箱补货。由货架保管区补货到流动货架的拣货区。这种补货方式的保管区为料架储放区,动管拣货区为两面开放式的流动棚拣货区。拣货员拣货之后把货物送入输送机并运到发货区,当动管区的存货低于设定标准时,则进行补货作业。这种补货方式由作业员到货架保管区取货箱,用手推车载箱至拣货区。较适合于体积小且少量多样出货的货品。

(2)托盘补货。这种补货方式是以托盘为单位进行补货。根据补货的位置不同,又分为两种情况:一种是地板至地板,一种是地板至货架。

① 地板至地板的整托盘补货。保管区货物以托盘为单位、地板平置堆叠存放,动管区货物也为以托盘为单位地板平置堆叠存放,所不同之处在于保管区的面积较大,存放物品量较多,而动管区的面积较小,存放物品量较少。拣取时拣货员于拣取区拣取托盘上的货箱,放至中央输送机出货;或者,使用叉车将托盘整个送至出货区(当拣取大量品项时)。而当拣取后发觉动管拣取区的存货低于要求之下,则要进行补货动作。其补货方式为作业员以叉车由托盘平置堆叠的保管区搬运托盘至同样是托盘平置堆叠之拣货动管区。此保管、动管区存放形态的补货方式较适合体积大或出货量多的物品。

② 地板至货架的整托盘补货。保管区货物是以托盘为单位、地板平置堆叠存放,动管区货物则为托盘货架存放。拣取时拣货员在拣取区搭乘牵引车拉着推车移动拣货,拣取后再将推车送至输送机轨道出货。而一旦发觉拣取后动管区的库存太低,则要进行补货动作。补货方式为作业员使用叉车很快至地板平置堆叠的保管区搬回托盘,送至动管区托盘货架上存放。此保管、动管区存放形态的补货方式较适合体积中等或中量(以箱为单位)出货的物品。

(3)货架之间的补货。保管区与动管区属于同一货架,也就是将同一货架上的中下层作为动管区,上层作为保管区,而进货时则将动管区放不下的多余货箱放到上层保管区。当动管区的存货低于设定标准时,利用堆垛机将上层保管区的货物搬至下层动管区。这种补货方式适合于体积不大、存货量不高,且多为中小量出货的货物。

2. 补货时机

补货作业的发生与否主要看拣货区的货物存量是否符合需求,因此究竟何时补货要看拣货区的存量,以避免出现在拣货中才发现拣货区货量不足需要补货,而影响整个拣货作业。通常,可采用批次补货、定时补货和随机补货三种方式。

(1)批次补货。在每天或每一批次拣取之前,经计算机计算所需货品的总拣取量和拣货区的货品量,计算出差额并在拣货作业开始前补足货品。这种补货原则比较适合于一天内作业量变化不大、紧急追加订货不多,或是每一批次拣取量需事先掌握的情况。

(2)定时补货。将每天划分为若干个时段,补货人员在时段内检查拣货区货架上的货品存量,如果发现不足,马上予以补足。这种"定时补足"的补货原则,较适合分批拣货时间固定且处理紧急追加订货的情况。

(3)随机补货。随机补货是一种指定专人从事补货作业的方式,这些人员随时巡视拣货区的分批存量,发现不足随时补货。此种"不定时补足"的补货原则,较适合于每批次拣取量不大、紧急追加订货较多,以至于一天内作业量不易事前掌握的场合。

7.5　配货作业、送货作业与退货作业

7.5.1　配货作业

1. 配货作业的定义

配货作业是指将拣取分类完成的货品经过配货检查过程后,装入容器和做好标识,再运到发货准备区,待装车后发送。

配货主要包括分货和配装两个方面。分货是指根据出货单上的内容说明,按照出货的优先顺序、储位区域号、配送车辆趟次号、门店、先进先出等出货原则和方法,把需要出货的商品整理出来,经复核人确认无误后,放置到暂存区,准备装货上车的工作。配装是指集中不同客户的配送货物,进行搭配装载,以充分利用运能、运力的工作。

配货作业是配送中心区别于传统仓储作业的明显特征。配送中心作为顺应市场经济发展而产生的新型流通组织,虽然也从事传统储存业的基本业务,但由于增加了配货业务,极大地增强了其自身的灵活性、竞争力和生存力。变进货储存为按需要组货,变单纯的发货为配组送货,提高了仓库利用率,增加了车辆配载率,使空置、闲置的资源得到了全面的利用。

2. 配货作业的流程

配货作业的流程如图 7-2 所示。

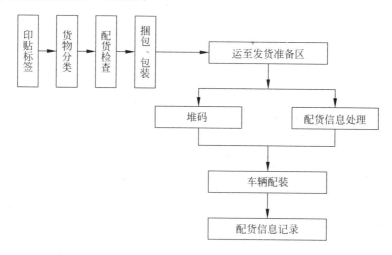

图 7-2　配货作业的流程

（1）印贴标签。一般标签都是附着在物品的外部或物品包装容器的外部,用来说明物品的材料构成、产地、重量、生产日期、质量保证期、产地、厂家联系方式、产品标准号、条形码、相关的许可证、使用方法等商品重要的信息。

货物分类之前是否印贴标签,要看分货方式,有些方式不印贴标签,而是包装好再贴

标签。配货印贴标签的作用是保证分货的准确、快速或识别货物的流向,所以标签信息主要体现这件货物要发送给哪一位客户(或门店)、哪一条线路、哪个区域等,以便分货识别。所以标签上要有客户(或门店)名称或代码、目的地等内容,有些配送中心的印贴标签内容还包括客户的订单号。

(2) 货物分类。分货作业是在拣货作业完成之后,将所拣选的货品根据不同的客户或配送路线进行的分类,对其中需要经过流通加工的商品拣选集中后,先按流通加工方式分类,分别进行加工处理,再按送货要求分类出货的过程。分货作业方式主要包括人工分货、自动分类机分货和旋转架分货三种。

① 人工分货。人工分货是指分货作业过程全部由人工完成。分货作业人员根据订单或其他方式传递过来的信息进行分货作业。分货完成后,由人工将各客户订购的商品放入已标示好的各区域或容器中,等待出货。人工分货效率较低,适用于品种单一、规模较小的配送中心。

② 自动分类机分货。自动分类机分货是指利用自动分类机及分辨系统完成分货,其步骤包括:将有关货物及分类信息通过信息输入装置输入自动控制系统;自动识别装置对输入的货物信息进行识别;自动分类机根据识别结果将货物分类后送至不同的分类系统。自动分类机分货准确、快速、效率高,适用于多品种、业务繁忙的配送中心。

自动分类机的构成机件简单来说包括以下六项装置:搬运输送机、载移装置、分类装置、排出装置、输入装置和控制装置。这六项装置相互配合使用。在选择自动分类机,最好从以下五个主要方面来衡量:物品数量、物品形状、重量分析、容器尺寸分析、易损坏品分析。比如一些超薄的、笨重的、易破损、易变形、难以倾覆的货物一般不使用自动分类机。

③ 旋转架分货。旋转架分货是指利用旋转架完成分货工作,其步骤包括:将旋转货架的每一格位当成客户的出货框;作业人员在计算机输入各客户的代号;旋转货架自动将货架转至作业人员面前,让其将批量拣取的物品放入进行分类。旋转架分货属于半自动化操作,有利于节省成本。

(3) 配货检查。配货检查属于确认拣货作业是否产生错误的处理作业。它能保证发货前货物的品种正确、数量无误、质量及配货状态不存在问题。

配货检查最原始的做法是纯人工进行,即将货品一个个点数并逐一核对出货单,进而查验配货的品质及状态情况。就状态及品质检验而言,纯人工方式逐项或抽样检查确有其必要性,但对于货物号码及数量核对来说,效率太低且易出错。因此,目前在数量及号码检查的方式上有许多改进,常用的方法有商品条形码检查法、声音输入检查法和重量计算检查法。

① 商品条形码检查法。条形码是随货物移动的,检查时用条形码扫描器阅读条形码内容,计算机再自动把扫描信息与发货单对比,从而检查商品数量和号码是否有误。

② 声音输入检查法。声音输入检查法是一项较新的技术,当作业员发声读出商品名称、代码和数量后,计算机接收声音并自动判识,转换成资料信息与发货单进行对比,从而判断是否有误。此方法的优点在于作业员只需用嘴读取资料,手脚可做其他工作,自由度较高。但需注意的是,此方法要求发音准确,且每次发音字数有限,否则计算机辨识困难,

可能会产生错误。

③ 重量计算检查法。重量计算检查是把货单上的货品重量自动相加起来,再与货品的总重量相对比,检查发货是否正确。

(4) 捆包、包装。配货作业中的包装主要是指运输包装,其主要作用是保护货物并将多个零散包装物品放入大小合适的箱子中,以实现整箱集中装卸成组化搬运等,同时减少搬运次数,降低货损,提高配送效率。另外,包装也是产品信息的载体,通过在外包装上印贴标签或书写产品名称、原料成分、重量、生产日期、生产厂家、产品条形码、储运说明、客户名称、订单号等,可以便于客户和配送人员识别产品,进行货物的正确装运与交接。通过扫描包装上的条形码还可以进行货物跟踪。

配送的包装要求结构坚固、标志清晰、价格低廉,重点在于搬移管理、保护商品和信息传递。包装的设计不仅要考虑配送过程的要求,而且要考虑终端用户的要求。

(5) 车辆配装。车辆配装指配送中心按存货客户的指令,根据目的地、发货数量、线路等对待发货的物品进行配车并装车的活动。详细地说,是指由于不同客户需要的货物不仅品种、规格不一且数量差异很大(如某一个客户的商品数量过少无法装满一个车辆),配送中心就把同一条线路上不同客户的货物组合、配装在同一辆载货车上或者把不同线路但同一区域的多家客户的货物混载于同一辆车上进行配送。

3. 配货作业的管理

配货作业的好坏直接影响后续送货作业的质量,在一定程度上代表了一个配送中心的实力和声誉,但配货又是一种复杂、工作量大的工作,尤其是在多用户、多品种的情况下更是如此。所以配货作业管理十分重要,其基本任务就是保证配送业务中所需的商品品种、规格、数量在指定的时间内组配齐全并形成装载方案。

1) 配货作业管理的基本要求

(1) 准确。这是对配送中心的基本要求,但现实是需要配货的品种、规格复杂且变化很大,这就需要我们采取适当的管理方法,例如选择有效的分货和拣选方式配货来提高配货的准确程度。

(2) 配货速度快。随着准时物流概念的产生以及配送企业间竞争的加剧,配送的速度显得日益重要,已成为影响配送中心发展的关键因素。解决这个问题,主要是选择合适的设备、工艺以及运输路线。

(3) 配送的成本低。配送中心产生的原因之一就在于它能有效节约经营成本,因此在保证配货速度、准确程度的同时更要考虑配货成本,选择适当的配货方式,在此消彼长的均衡过程中实现物流企业效益的最大化。

2) 配货作业管理方式

(1) 拣选式配货。拣选式配货又称拣选式工艺、摘果式或摘取式配货,是拣选人员或拣选工具巡回于各个储存点将所需的物品取出,完成货物配备的方式。拣选配货的基本过程是:储物货位相对固定,而拣选人员或工具相对运动,所以又称作人到货前式配货。

拣选式配货的特点有:拣选式工艺采取按单拣选,一单一拣方式,这和目前仓库出货方式是很类似的,因此,在工艺上与现行方式可以不需太大改变就可以实施。由于采用按单拣选,所以这种配货工艺准确程度较高,不容易发生货差等错误。这种工艺还有机动灵活的特点,其表现在以下几方面。

① 由于一单一拣,各用户的拣选互相没有牵制,可以根据用户要求调整配货先后次序。

② 对紧急需求可以采取集中力量快速拣选方式,有利于配送中心开展即时配送,增强对用户的服务能力。

③ 拣选完一个货单,货物便配齐。因此,货物可不再落地暂存而直接放到配送车辆上,有利于简化工序、提高效率。

④ 其灵活性还表现在对机械化没有严格要求,无论配送中心设备多少、水平高低都可以采取这种工艺。

⑤ 用户数量不受工艺的限制,可在很大范围波动。

(2) 分货式配货。分货式配货又称分货式工艺,是分货人员或分货工具从储存点集中取出各个用户共同需要的货物,然后巡回于各用户的货位之间,将这一种货物按用户需要量分放下,再集中取出共同需要的第二种,如此反复进行,直至用户需要的所有货物都分放完毕,同时完成各个用户的配货工作。

分货式配货的特点有:分货式工艺采取集中取出共同需要的货物,再按货物货位分放,这就需要在收到若干个用户配送请求之后,在可以形成共同的批量之后,再对用户共同需求作出统计,同时要安排好各用户的分货货位,才开始陆续集中取出,进行反复的分货操作。所以,这种工艺难度较高,计划性较强,也容易发生分货的错误。

这种工艺计划性较强,若干用户的需求集中后才开始分货,直至最后一种共同需要的货物分放完毕,各用户需求的配货工作才同时完成。之后,可开始对各用户的配送工作,这也有利于考虑车辆的合理调配、合理使用和规划配送路线。和拣选式工艺相比,分货式工艺可综合考虑,统筹安排,利用规模效益,这是其重要特点。

(3) 直起式配货。直起式配货是人到货前,即拣选式配货的一种特殊形式。当用户所需种类很少,而每种数量又很大时,送货车辆可直接开抵储存场所装车,随时送货,而不需单设配货工艺。这种方式实际将配货与送货工艺合为一体,减少了几道工序。在我国,尤其是大宗生产资料配送,直起式配货也是一种很重要的方式。

7.5.2　送货作业

1. 送货作业的定义

送货作业是指利用配送车辆把用户订购的物品从制造厂、生产基地、批发商、经销商或配送中心,送到用户手中的过程。

送货通常是一种短距离、小批量、高频率的运输形式。它以服务为目标,以尽可能满足客户需求为宗旨。从日本配送运输的实践来看,配送的有效距离最好在 50 km 半径以内,但在国内,配送中心、物流中心,其配送经济里程大约在 30 km 以内。送货是运输中的末端运输、支线运输,因此,如何集中车辆调度,组合最佳路线,采取巡回送货方式,是配送活动中送货作业需要解决的主要问题。

2．送货作业的特点

（1）时效性。时效性是流通业客户最重视的因素，也就是要确保能在指定的时间内交货。送货是从客户订货至交货各阶段中的最后一个环节，也是最容易引起时间延误的环节。影响时效性的因素有很多，除配送车辆故障外，所选择的配送线路不当、中途客户卸货不及时等均会造成时间上的延误。因此，必须在认真分析各种因素的前提下，用系统化的思想和原则，有效协调，综合管理，选择合理的配送线路、配送车辆和送货人员，使每位客户在预定的时间收到所订购的货物。

（2）可靠性。送货的任务就是要将货物完好无损地送到目的地。影响可靠性的因素有货物的装卸作业、运送过程中的机械振动和冲击及其他意外事故、客户地点及作业环境、送货人员的素质等。因此，在配送管理中必须注意可靠性的原则。

（3）沟通性。送货作业是配送的末端服务，它通过送货上门服务直接与客户接触，是与客户沟通最直接的桥梁，它不仅代表着公司的形象和信誉，还在沟通中起着非常重要的作用。所以，必须充分利用与客户沟通的机会，巩固与提升公司的信誉，为客户提供更加优质的服务。

（4）便利性。配送以服务为目标，以最大限度满足客户要求为宗旨。因此，应尽可能地让客户享受到便捷的服务。通过高弹性的送货系统，采用急送货、顺道送货与退货、辅助资源回收等方式，为客户提供真正意义上的便利服务。

（5）经济性。实现一定的经济利益是企业运作的基本目标。因此，对合作双方来说，以较低的费用完成送货作业是企业建立双赢机制、加强合作的基础。所以不仅要满足客户的要求，提供高质量、及时方便的配送服务，还必须提高配送效率，加强成本管理与控制。

3．送货作业的流程

（1）划分基本送货区域。首先将用户做区域上的整体划分，再将每一用户分配在不同的基本送货区域中，作为配送决策的基本参考。例如，按行政区域或按交通条件划分为不同的送货区域，然后在区域划分的基础上再做弹性调整来安排送货顺序。

（2）车辆配载。由于配送货物的品种、特性各异，为提高送货效率，确保货物质量，必须首先对特性差异大的货物进行分类。在接到订单后，将货物按特性进行分类，以便分别采取不同的送货方式和运输工具，如按冷冻食品、速冻食品、散装货物、箱装货物等货物类别进行分类配载。其次，配送货物也有轻重缓急之分，必须初步确定哪些货物可配于同一辆车上，哪些货物不能配于同一辆车上，以做好车辆的初步配装工作。

（3）暂定送货的先后顺序。在考虑其他影响因素，作出最终送货方案前，应先根据用户订单的送货时间将送货的先后次序进行大致预定，为后面车辆配载做好准备工作。预先确定基本送货顺序可以有效地保证送货时间，提高运作效率。

（4）车辆安排。车辆安排要解决的问题是安排什么类型、多大吨位的配送车辆进行最后的送货。一般企业拥有的车型有限，车辆数量也有限。当本公司车辆无法满足需求时，可以考虑外雇车辆。在保证送货质量的前提下，是组建自营车队，还是以外雇车辆为主,则须视经营成本而定。无论是选用自有车辆还是外雇车辆,都必须事先掌握有哪些车辆可供调派并符合要求,即这些车辆的容量和额定载重量是否满足要求。安排车辆之前,还必须分析订单上的货物信息,如体积、重量、数量、对装卸的特殊要求等,综合考虑多方面因素的影响后,再作出最合理的车辆安排。

(5)选择送货路线。知道了每辆车负责的具体用户后,如何以最快的速度完成对这些货物的配送,即如何选择配送距离短、配送时间短、配送成本低的线路,还需要根据用户的具体位置、沿途的交通情况等来判断。除此之外,还必须考虑有些用户或其所在地点对送货时间、车型等方面的特殊要求,如有些用户不在中午或晚上收货,有些道路在车辆高峰期实行特别的交通管制等。送货路线的选择可以建立有关的运筹学模型,以进行辅助决策。

(6)确定每辆车的送货顺序。做好车辆安排及选择好最佳的送货路线后,就可以确定每辆车的送货顺序,从而估出货物送到用户的时间,并通知用户。

(7)完成车辆积载。车辆积载就是如何将货物装车、按什么次序装车。从理论上说,车辆积载只要将货物依"后到先装"的顺序即可,但为了有效利用车辆空间,可能还要考虑货物的性质、形状、体积及重量等作出统筹安排。

在以上各阶段的操作过程中,需要注意的要点有:明确订单内容、掌握货物的性质、明确具体配送地点、适当选择配送车辆、选择最优的配送线路及充分考虑各作业点的装卸货时间。

4．送货作业的管理

1)送货作业的影响因素

影响送货作业的因素很多,既有动态因素,也有静态因素。动态因素如车流量的变化、道路施工、配送客户的变动、可供调动的车辆变动等;静态因素如配送客户的分布区域、道路交通网络、车辆运行限制等。各种因素互相影响,很容易造成送货不及时、配送路径选择不当、贻误交货时间等问题。因此,需要对送货进行有效的管理,否则不仅会影响配送效率和信誉,而且将直接导致送货成本的上升。

2)送货效率的提高

这里要着重抓住"距离最小""时间最少"和"成本最低"。具体措施有以下几个方面。

(1)消除交错输送。可以减少或消除交错输送的方式有很多,例如,可以通过共同配送或平台配送的方式,将原有的零散路线进行整合与调配转送,减少运输配送线路重复、缩短配送运输距离、缓解交通混杂现象。

(2)利用回程车。在业务量不大时,可以选择第三方物流形式来进行送货,如通过顺风车、货拉拉等送货方式,来降低自身车辆的空载率和运输成本。

(3)直接运送。直接运送是所需要配送的货物中途不换装、不中转的运送方法。其优点是减少货物配送运输的中转环节,加速货物送达和工具周转,提高运输质量,降低运输费用。

(4)配送工具的变换选用。送货作业不是简单的"送货上门",而是要运用科学而合理的方法选择配送车辆的吨位、配载方式,确定配送路线,达到"路程最短、吨公里数最小"

的目标。

（5）建立完善的信息系统。配送中心信息系统主要包括"订单处理""库存管理""出货计划管理"和"输配送管理"四个子系统。为了提高送货作业的效率，信息系统要具备以下功能：最佳输送手段的自动检索、配车计划的最大生成、配送线路的自动生存。

（6）改善运送车辆的通信。在运送车辆上装载 GPS，以把握车辆及司机的状况、传达道路信息或气象信息、掌握车辆作业状况及装载状况、传递作业指示、传达紧急信息指令、提高运行效率及安全运转。

（7）控制出货量。尽可能控制客户出货量，使其均衡化，能有效地提高运输配送效率。

（8）共同配送。共同配送是指在一定区域内为了提高物流效率，对许多企业一起进行配送。共同配送的主要追求目标是使配送合理化。共同配送可以分为以货主为主体的共同配送和以物流企业为主体的共同配送两种类型。共同配送是经长期的发展和探索优化出的一种追求合理化配送的配送形式，也是美国、日本等一些发达国家采用较广泛、影响面较大的一种先进的物流方式。它对提高物流动作效率、降低物流成本具有重要意义。

7.5.3 退货作业

退货是指配送中心按订单或合同将货物发出后，由于某种原因，客户将货物退回配送中心。退货会给配送中心带来一些潜在的负面影响，如损害企业形象、增加运作成本、降低市场竞争力，等等。然而，正确处理退货也是提升客户服务质量很重要的一环，是企业竞争中的重要组成部分，通过良好的退货政策，公司可以对退货成本和客户服务水平进行平衡，减少退货数量，降低经营管理费用。退货主要是因为商品品质不良，订错货、送错货，产品为过期品、滞销品等。退货业务可与进货业务相配合，利用进货回程顺便将换货带回。

1. 退货原则

配送中心在处理客户的退货时，不管是"经销商的退货"，还是"使用者的退货"，都必须遵循一定的原则。

（1）责任原则。货物发生退换货问题时，配送中心首先要确定产生问题的责任人，是配送中心在配送时产生的问题，还是客户在使用时产生的问题。与此同时，配送中心还要鉴别产生的问题是否由己方产生，从而制订出最佳的解决方案。

（2）费用原则。进行退货要消耗企业大量的人力、物力、财力。配送中心在实施退换货物时，除由配送中心自身原因导致的货物退换之外，通常需要对要求进行货物退换的客户加收一定的费用。

（3）条件原则。配送中心应当事先决定接受何种程度的退货，或者在何种情况下接受退货，并且规定相应的时间作为退换期限。例如，决定仅在"不良品或货物损伤的情况下接受退货"，或是"7天之内，保证退货还钱"等。

（4）凭证原则。配送中心应规定客户以何种凭证作为退换货物的证明，并说明凭证得以有效使用的方法。

（5）计价原则。退换货的计价原则与购物价格不同。配送中心应将退换货的作价方法进行说明,通常是取客户购进价与现行价的最低价进行结算。

2. 退货作业流程

为规范货物的退回工作,配送中心要制定一套符合企业标准流程的退货作业流程,以保证退货业务的顺利进行和规范货物的退换工作。

（1）接受退货。仓库接受退货要有规范的程序与标准,如什么样的货物可以退,由哪个部门来决定,信息如何传递,等等。

仓库的业务部门接到客户传来的退货信息后,要尽快将退货信息传递给相关部门,运输部门安排取回货物的时间和路线,仓库人员做好接收准备,质量管理部门人员确认退货的原因。一般情况下,退货由送货车带回,直接入库。批量较大的退货,要经过审批程序。

（2）重新入库。对于客户退回的货物,仓库的业务部门要进行初步的审核。由于质量原因产生的退货,要放在为堆放不良品而准备的区域,以免和正常货物混淆。退回货物要进行严格的重新入库登记,及时输入企业的信息系统,核销客户应收账款,并通知货物供应商退货信息。

（3）财务结算。退货发生后,给整个供应系统造成的影响是非常大的,如对客户端的影响、仓库在退货过程中发生的各种费用、货物供应商要承担相应货物的成本等。

如果客户已经支付了货物费用,财务要将相应的费用退给客户。同时,由于销货和退货的时间不同,同一货物价格可能出现差异,同质不同价、同款不同价的问题时有发生,故仓库的财务部门在退货发生时要进行退回货物款的估价,将退回货物的数量、销货时的货物单价以及退回时的货物单价信息输入企业的信息系统,并依据销货退回单办理扣款业务。

（4）跟踪处理。退货发生后,要跟踪处理客户提出的意见,要统计退货发生的各种费用,要通知供应商退货的原因并退回生产地或履行销毁程序。由于退货所产生的货物短缺、对质量不满意等客户端的问题是业务部门要重点解决的。

退货所产生的物流费用比正常送货高得多,所以要认真统计,及时总结,将此信息反馈给相应的管理部门,以便制订改进措施。退货仓库的货物要及时通知供应商,退货的所有信息要传递给供应商,如退货原因、时间、数量、批号、费用、存放地点等,以便供应商能将退回货物取回,并采取改进措施。

3. 退货清点

配送中心接到客户退货后,必须重新查点退回货物的数量与品质,确认所退货的种类项目、名称是否与客户发货单的记载相同。

（1）数量清点。首先要注意货物的计量单位和"细数",正确统计退回货物数量。另外,进行退回货物数量验收时还要同步进行货物规格验收,即根据单据核对退回货物的品种、规格、数量。例如,对退回的洗衣粉核对牌名,同一牌名却不同规格的还要核对每小包的克数及包装区别。

扩展知识 7.1　退货货物质量检验的方法及注意事项

（2）品质清点。首先需要进行的是简单的收货点验。在收货点验时，由于交货时间短和现场工作条件的限制，一般只能用"看""闻""听""摇""拍""摸"等感官检验方法，检验范围也只能是货物的包装外表。此外，也可通过质量部门检验。企业质量检验部门在实验室里，利用各种仪器、器具和试剂做手段，运用物理、化学及生物学的方法，可对退回货物做进一步的品质检验。

4. 退货会计流程

当客户将货物退回后，企业内部必须通过会计流程，运用表格式的管理制度，以多联式"验收单"在各部门流动，对客户所退回的货物加以控制，并在账款管理上予以调整。货物退回管理过程中涉及的部门有货物验收部门、信用部门、开单部门、编制应收账款明细账的部门、编制总账的部门。有的公司人员少，部门不多，可将上述部门中的工作加以归纳，分摊到相关部门的工作职责中。

（1）货物验收部门验收填单。客户退回货物后，销售部门将"销货退回单"送至配送中心的货物验收部门。验收部门据此进行退回货物的数量和质量清点验收后，填制验收单两联，第二联依验收单号码顺序存档，第一联送交信用部门核准销货退回。

（2）信用部门核销退货。配送中心的信用部门可以是一个组织，也可由某级主管担任，其主要任务如下。

① 验明货物的销货地点、销货单据。

② 向提出退货的客户概要说明本企业的退货规定。

③ 协调企业与客户的关系。

④ 核单签名，承担责任。

（3）开单部门编制通知单。开单部门接到信用部门转来的验收单后，编制"贷项通知单"一式三份，第一联连同核准后的验收单送至财务会计部门，编制应收账款明细账，贷记应收账款；第二联送达客户，通知客户销货退回已核准并已记入账册；第三联依"贷项通知单"号码顺序存档。

（4）会计部门记账存档。配送中心的财务会计部门，在收到开单部门转来的"贷项通知单"第一联及已核准的验收单后，经核对其正确无误后，于"应收账款明细账"中贷入客户明细，于"存货明细账"中贷入退货数量，以保证"应收账款余额"和"存货余额"的正确无误，并将"贷项通知单"及核准后验收单存档。

（5）月底计入总分类账。配送中心由于流通品种频繁，客户需求变幻不定，故退货现象十分普遍。为了加强退换货的账目管理，配送中心的财务部门每月底记录总账的人员都要从开单部门取出存档的"贷项通知单"，核对其编号顺序无误后，加总一笔过入总分类账。

5. 退货理赔

对于一次购货数量较少但购货次数较多的货物配送业务，配送中心并不是直接面对客户实施配送，而是通过各种经销商实现货物的再分配，经销商是连接配送中心和各类客户的中间企业。在经销商处购买货物的客户，通常会将退换货问题直接反映到经销商处。当配送中心配送的货物经由经销商销售时，配送中心必须做好对经销商理赔工作的管理。

（1）理赔费用。理赔费用是指对物流配送货物因各种不同原因，使客户或经销商造成的物质损失或人身伤害进行赔偿所支付的费用。对于易发生退货的货物，配送中心的销售人员在执行销售合同过程中，往往根据经营货物的具体情况，统一给予经销商某一额度的理赔费用或补偿金用于支付日常发生的货物退换损失。理赔费用额度的确定，通常根据经销商的性质、规模，经营货物的性质、种类，经营风险的大小等因素来决定。

（2）理赔原则。配送中心对经销商退回的货物进行处理时，要遵循一定的原则。

① 及时原则。对于客户提出的退货要求，不管合理与否，配送中心一定要及时给予处理，及时了解情况，及时分析原因，及时提出解决方案，争取在最短的时间内使客户满意。

② 效益原则。退货对于交易双方来说都存在经济上的损失。为了将损失降到最低程度，配送中心要积极、主动地提出解决问题的方法，缩短处理问题的时间，通过对问题的妥善解决，加强双方的进一步合作，从而推动双方获得更大的经济效益。

③ 关系原则。配送中心在处理退货问题时，要本着与客户进行密切合作的态度且从维系交易双方的合作关系出发，利用关系营销的思想与手段，树立"以客户为中心"的经营理念，重承诺，守信用，与客户建立良好的交易关系。

6. 退赔货物处理

1）退回的货物

（1）所有销后退回的货物，验收员应凭销售部门开具的退货凭证收货，并将退回货物存放于退货库（区），悬挂黄牌标识。

（2）对退回的货物应核对其品名、规格、产地、发货日期和批号是否与原发货记录相符。

（3）对所有退回的货物，应按采购货物进货验收、检验标准和验收操作规则进行验收，并将验收情况及时、如实登入《退回货物处理情况记录》。

（4）验收员对退回货物的验收应作出合格与不合格的判定。

2）配送中心退供货方的货物

（1）填写《购进退出通知单》。

（2）供货方自提。

（3）装车发运按公司《货物运输、复核与交会操作指导书》的规定进行。

（4）供货方换货。

（5）退出的货物的处理结果应及时、如实登《退回货物处理情况记录》。

3）记录要求

（1）记录应按规定及时、规范、逐项填写清楚，不得用铅笔填写，不得撕毁或恶意涂改。确实需要更改的，应画线后在旁边重写，并在画线处加盖本人印章。

（2）签名、盖章需用全名；记录、签名、盖章均用蓝色或黑色。

（3）退回货物记录保存 3 年。

案例讨论：苏宁无人仓保障疫情下的高效送货物流

2020 年，作为提供春节不打烊服务的线上购物平台，苏宁在应对物流问题上推出了行业领先的战"疫"奇兵——苏宁无人仓。苏宁无人仓以 AGV 系统为核心载体,以自主研发的设备控制与调度平台为仓库的大脑,结合无人叉车、无人包装机、机械臂等无人设备,组成了高效安全的"战疫"团队,保障了春节期间的用户购物需求。

当接到用户下单信号之后,"无人军团"便开始作业,先借助视觉导航技术的无人叉车,可将货物精准上架接驳区;紧接着,AGV 机器人通过智能路径规划、自主导航、自动避障等程序,将货物运输到机械臂拣选区。机械臂再通过自动化拆垛系统,将货物"轻柔"地放置在传送带上,经过自动包装和自动贴签处理,最终完成商品的快速出库。

早前,苏宁科技还重磅推出苏宁无人配送小 biu 机器人,当快递员将菜品放入其货仓中、输入发货指令后,它就会乖乖带上货物出发,还能自主规划路线、避开障碍物、返回充电。苏宁的"快递员配送+机器人进小区送货"的合作模式,给行业、社会都提供了一种可以参考的"解题思路",打通疫情下小区配送"最后 100 米",在助力防疫的同时,全程实现无接触配送,保障了用户安全健康和购物体验。

资料来源:https://baijiahao.baidu.com/s? id=1658231747276025816&wfr=spider&for=pc

结合案例讨论:(1) 苏宁通过哪些措施来实现疫情下的高效送货物流的?

(2) 在配送中心常见的管理作业有哪些?

 即测即练题

第 8 章

配送中心的信息管理

本章学习目标：

通过本章学习，学员应该能够：

1. 了解配送中心的信息系统的概念及分类；
2. 掌握配送中心的信息管理有关要求和条件等知识；
3. 掌握配送中心信息系统设立的有关法律规定；
4. 掌握配送中心的信息系统管理技术；
5. 熟悉配送中心的信息监管内容和要求。

 引导案例：信息系统给物流企业带来强大的竞争力

信息化是现代物流的基础。依靠物流信息系统的支撑，可以实现商品全程监控、可视化管理，降低牛鞭效应(牛鞭效应是指营销过程中的需求变异放大现象)，增强企业的反应能力。

经过多年的业务实践，宝供在居国内领先的物流信息系统的基础上，开发和实施了具有国际水平的全面订单管理系统(TOM)。TOM 提高了宝供综合竞争力：通过全面订单管理系统的实施，达到与国际物流公司相当的订单管理和客户服务水平，初步具有物流国际竞争力；全面订单管理计划将为公司节约 15% 的年运作成本，将物流运作部门人均劳动生产率提高 20%；全面订单管理的开发与实施，将在电子商务时代与客户结成更紧密的战略联盟，实现更大范围的信息共享，每年能够为客户节约 2%～4% 的物流成本。通过实施全面订单管理，宝供将有能力率先在国内实现供应链整合的系统解决方案，通过对客户订单的计划、运作、成本、质量等要素的系统分析，宝供将能够为客户提供"客户供应链系统解决方案""客户物流分析与改良方案""客户物流单证系统"等物流增值服务，这些都将为宝供在传统物流服务的基础上提供新的利润和利税增长点。

信息在配送中心在日常运行过程中起到什么样的作用、配送中心的信息特征如何？配送中心常见的信息技术和信息系统有哪些？这些就是本章将要重点探讨的问题。

资料来源：http://www.56885.net/news/2007314/14219.html.

8.1 配送中心的信息概述

8.1.1 配送中心信息概述

1. 配送中心信息的概念

信息是管理的依据，是一切管理活动的起点，离开信息的管理就如瞎子摸象。物流信息是物流管理的起点,是整个物流活动顺利进行所不可缺少的条件,物流管理水平的提高离不开物流信息的支持。

配送中心的信息是指配送中心在物流作业过程中产生、交换、处理和使用的物流信息。它伴随着物流活动的进程而在各个物流环节产生,随着物流活动的开展在各物流活动参与方之间流动,并随着物流业务流程的推进而不断被使用、加工和处理,从而使得配送中心的物流业务能够有序地进行。

配送中心的管理是将物流信息、采购、运输、仓储、保管、装卸搬运以及包装等物流活动综合起来的一种新型的集成式管理,其任务是保证对客户提供良好的服务的同时,尽可能地使物流的总成本降低。这里的物流信息是指配送中心作业活动中所涉及的必要信息,它和运输、仓储等各个环节都有密切关系,在配送中心的作业活动中发挥着中枢神经的作用。

2. 配送中心信息的组成

配送中心信息主要由配送中心物流系统的内部信息和外部信息两个部分组成。

1)物流系统的内部信息

物流系统的内部信息是指伴随物流活动而发生的信息,包括物料移动信息、物流作业信息、物流控制信息和物流管理信息等。物流信息首先是反映物流领域各种活动状态、特征的信息,是对物流活动的运动变化、相互作用、相互联系的真实反映,包含知识、资料、情报、图像、数据、文件、语言、声音等各种形式,它随着从生产到消费的物流活动的产生而产生,与物流的各种活动如运输、保管、装卸、包装、配送等有机地结合在一起,如运输活动要根据供需数量和运输条件等信息确定合理运输线路、选择合适运输工具、确定经济运送批量等,装卸活动要根据运送货数量、种类、到货方式以及包装情况等信息才能确定合理的组织方式、装卸设备、装卸次序等。

2)物流系统的外部信息

物流系统的外部信息是指在物流活动以外发生但对物流活动有用的信息,包括供货人信息、客户信息、订货信息、交通信息、市场信息、政策信息以及物流企业内部与物流活动有关的信息等。物流信息还包括物流活动与其他活动联系的有关情况的消息,如商品交易信息、市场信息等,这些信息在整个物流供应链上流动,反映供应链上的生产厂家、批发商、零售商最后到消费者之间的关系,是供应链协调一致、有效控制、快速反应市场的重要条件。

8.1.2　配送中心信息的特征和作用

1. 配送中心信息的特征

配送中心信息具有一般信息的特征,如果从配送中心的管理来看,配送中心信息的特征如下。

1)可得性

配送中心信息必须具有可得性,即在需要的时候能方便及时地获得有关信息和数据。

可得性保证配送中心能够了解外部市场的反应,弥补管理方面存在的缺陷,有利于管理者制定运营计划和决策,提高物流作业的可行性。

2）准确性

配送中心信息应当精确地反映当前的运作状况,提高信息的精确性,以减少不确定性,从而配送中心在进行库存控制时就可以客观地、合理地衡量客户的订货情况和库存状况,最大限度地减少安全库存量,降低企业物流成本。

3）及时性

配送中心信息必须能够提供快速的管理反馈。利用及时的信息,配送中心的管理者可以较好地识别问题,增加了决策的精确性,增强对物流作业管理控制能力,能够对物流系统的变化作出快速、正确的响应。

4）动态性

一方面,配送中心客户的需求是不同的,同一客户不同时间的需要也是不尽相同的,配送中心要能提供满足特定客户需要的信息。另一方面,当前多品种、小批量、多频度的运送技术与 POS、EOS、EDI 技术的不断应用使得配送中心的作业活动更加频繁,物流信息的价值衰减速度也在不断加快,要求配送中心的信息不断更新。

5）复杂性

配送中心与大量的客户、产品、供应商和服务公司等开展业务活动、发生业务联系,配送中心的信息势必具有一定的复杂性。配送中心在信息处理过程中,为了保证所获得的信息的实际使用价值,必须要对不同来源、不同种类、不同时间和相互联系的物流信息进行反复研究和处理,最终可以利用这些信息来指导配送中心的业务活动,这个过程是非常复杂的。同时,配送中心信息必须能够支持对各种异常情况的识别和处理。

2. 配送中心信息的作用

配送中心信息在其作业活动中具有十分重要的作用,依据对信息的收集、传递、存储、处理、输出等,作出正确的决策,并对整个配送中心的作业活动发挥应有的指挥、协调、支持和保障作用,因此,配送中心信息的及时收集、快速响应、动态处理已成为现代配送中心经营活动能否顺利进行的关键,其具体表现如下。

1）沟通联系

配送中心在日常运作管理中,内部管理是通过指令、计划、文件、数据、报表等各种物流信息,架起各种企业内部纵向和横向沟通的桥梁;对外通过订单、凭证、广告等方式与生产厂、批发商、零售商、物流服务商和消费者进行沟通来满足不同的需求。所以,信息是配送中心各作业活动、各作业环节之间联系的纽带。

2）引导和协调

配送中心物品的流动、资金的流动及相关物流活动当事人的行为等信息载体使得信息进入供应链的各个节点之中,同时信息的反馈也进入各个环节,这些信息及其反馈使得供应链结构和物流布局向合理化的方向发展。整合配送中心的物流资源,促进物流资源的合理流动和配置,实现市场供需平衡。

3）管理控制

借助 RFID、GPS、EDI 等先进的信息收集和传输技术，实现配送中心作业活动的信息化管理，实现对配送中心日常运营、客户服务质量和物流经营成本等的有效管理控制。

4）缩短物流链条

为了满足对物品需求的供应，通常在供应链的不同节点保有一定的库存，这些库存包含零部件的库存、在制品的库存和制成品的库存等，不仅延伸了供应链的长度，也使得供应链的成本有所增加。有了各供应节点的及时信息，就可以通过即时配送、看板配送等方式缩减供应链上的过度库存，在缩短物流链条的同时还可以提升配送中心的服务水平。

5）辅助决策分析

配送中心制订决策方案的重要基础和关键依据之一就是适量的、可靠的物流信息，配送中心管理决策的过程也是对相关信息进行处理、加工的过程。配送中心的管理者鉴别、评估、选择其发展战略和经营策略时的重要依据就是信息，可以说只有在物流信息的帮助下配送中心的管理者才有可能作出科学的、正确的决策，常见的决策有配送中心的选址、仓储的规划、库存管理等。

6）价值增值

随着信息时代的到来，企业竞争力的形成过程受信息的影响越来越大，信息对提高企业经济效益也起着非常重要的作用。信息本身是有价值的，而在配送中心，物流信息在被使用的同时，其自身也不断地增值。换个角度来看，信息也是影响配送中心作业活动的重要因素，把配送中心的各个生产要素及相关因素有机地结合起来，创造出更高的社会价值；在当今社会，知识形态的信息都渗透到物流诸要素之中，信息真正发挥着影响现实生产力的作用。配送中心只有有效地利用物流信息，投入生产和经营活动，才能产生经济效益的增值。因此，在实际的经营活动中，无论是物流系统的优化还是物流作业各环节的优化工程中所采取的办法、措施，都要求所掌握的信息和实际情况相一致。

8.2　配送中心常见的信息技术

8.2.1　自动识别技术

1. 自动识别技术概述

1）自动识别技术的定义

自动识别技术是一种高度自动化的信息或者数据采集技术。它通过被识别物品和识别装置之间的接近活动，主动地获取被识别物品的相关信息，并提供给后台的计算机系统处理。自动识别技术是以计算机技术和通信技术的发展为基础的综合性技术，它是信息数据自动识读、自动输入计算机的重要方法和手段。

2）自动识别技术的特点

借助自动识别技术，信息采集设备可以自动采集数据，极大地降低人为错误；体现了良好的准确性。自动识别技术数据采集速度快，能实时进行数据交换；以计算机技术为基础，可与信息管理系统进行无缝连接；自动识别技术具有准确性、高效性和兼容性的特征。

自动识别技术近几十年在全球范围内得到了迅猛发展,初步形成了一门包括条形码技术、磁条磁卡技术、IC 卡技术、光学字符识别(optical character recognition,OCR)、射频识别、语音识别及视觉识别等集计算机、光、磁、物理、机电、通信技术为一体的高新技术学科。自动识别技术在中国物流行业的应用起步较晚,但随着信息化进程的加快,也取得长足的发展,第三方物流已经将条码技术应用在供应链管理的各个方面,大大提高了物流信息化水平,加快了商品流通的速度,增强了整个物流行业在国际市场的竞争力。配送中心常见自动识别技术有光学字符识别技术、语音识别技术、指纹识别技术、条形码技术、射频识别技术、IC 卡技术。

2. 自动识别技术的分类

1) 光学字符识别技术

(1) 光学字符识别技术的概念。光学字符识别技术,是一种能够将文字自动识别录入计算机中的软件技术,是自动识别技术研究和应用领域中的一个重要方面。其工作过程是先通过扫描等光学输入方式将各种票据、报刊、书籍、文稿及其他印刷品的文字转化为图像信息,然后再利用文字识别技术将图像信息转化为可以使用的计算机输入技术。因此,它是与扫描仪配套的主要软件,属于非键盘输入范畴。

(2) 光学字符识别技术的系统组成。OCR 软件主要是由图像处理模块、版面划分模块、文字识别模块和文字编辑模块四部分组成,各模块在系统中的功能见表 8-1,图 8-1 反映了光学字符识别技术的字符识别过程。

表 8-1　OCR 的组成模块及模块功能

组成模块	模块功能
图像处理模块	图像处理模块主要具有文稿扫描、图像缩放、图像旋转等功能。通过扫描仪输入后,文稿形成图像文件,图像处理模块可对图像进行放大,去除污点和划痕,如果图像放置不正,可以手工或自动旋转图像,目的是为文字识别创造更好的条件,使识别率更高
版面划分模块	版面划分模块主要包括版面划分、更改划分,即对版面的理解、字切分、归一化等,可选择自动和手动两种版面划分方式。目的是告诉 OCR 软件将同一版面的文章、表格等分开,以便于分别处理,并按照怎样的顺序进行识别
文字识别模块	文字识别模块是 OCR 软件的核心部分,文字识别模块主要对输入的汉字进行"阅读",但不能一目多行,必须逐行切割,对于汉字通常也是一个字一个字地辨认,即单字识别,再进行归一化。文字识别模块通过对不同样本汉字的特征进行提取,完成识别,自动查找可疑字,具有前后联想等功能
文字编辑模块	文字编辑模块主要对 OCR 识别后的文字进行修改、编辑,如系统识别认为有误,则文字会以醒目的红色或蓝色显示,并提供相似的文字供选择、选择编辑器供输出等

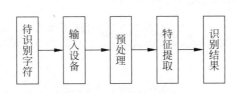

图 8-1　字符识别过程

（3）光学字符识别技术的优点。光学字符识别技术在文字识别方面具有显著的优势，主要表现在以下几个方面。

第一，具有强大的文字自动处理能力。OCR技术具有对各种通用型印刷体表格自动判断、拆分、识别和还原的能力，在表格理解上能获得令人满意的实用结果；同时，也能够对文稿的版面布局进行自动分析、自动分栏，并判断出标题、横栏、图像、表格等相应属性，判定识别顺序，将识别结果还原成与扫描文稿的版面布局一致的新文本。

第二，具有高超的表格自动录入技术。OCR可自动识别特定表格的印刷或打印汉字、字母、数字，可识别手写体汉字、手写体字母、数字及多种手写符号，并按表格格式输出，提高了表格录入效率，可节省大量人力。

第三，具有较高的文字格式兼容性。OCR支持将表格识别直接还原成PTF（path terminating element）、PDF（便携式文档格式）、HTML（超文本标记语言）等格式文档；并可以对图像嵌入横排文本和竖排文本，表格文本进行自动排版面分析。

扩展知识8.1
语音拣选系统让
仓库运行更高效

可见，光学字符识别技术适用于对票据、大量文字资料、档案卷宗、文案的录入和处理领域，比如银行、税务等行业大量票据的自动扫描识别及长期存储。

2）语音识别技术

（1）语音识别技术的概念。语音识别又称为自动语音识别（automatic speech recognition，ASR），是把人类语音中的词汇内容转换为计算机可读输入，如按键、二进制编码或者字符序列。语音识别技术与说话人识别及说话人确认不同，后者尝试识别或确认发出语音的说话人而非其中所包含的词汇内容。语音识别是一种行为识别技术。声音识别设备不断地测量和记录声音波形变化，然后将现场采集到的声音同登记过的声音模板进行各种特征的匹配。语音识别的迅速发展以及高效可靠的应用软件的开发，使声音识别系统在很多方面得到了应用。

（2）语音识别技术的特征。语音识别技术和指纹识别技术都是生物识别技术，在使用的过程中都具有自身的特征，表8-2对两者的优缺点进行对比，更方便在实际运用中合理地选择识别方式。

表8-2　语音识别技术和指纹识别技术的优缺点对比

优缺点	语音识别技术	指纹识别技术
优点	语音识别是一种非接触的识别技术，用户可以很自然地接受，它可以用声音指令实现"不用手"的数据采集，其最大特点就是不用手和眼睛，这对那些在采集数据的同时还要手脚并用的工作场合尤为适用	指纹是人体独一无二的特征，并且它们的复杂度足以提供用于鉴别的足够特征。如果要增加可靠性，只需登记更多的指纹、鉴别更多的手指，最多可以达10个，而每一个指纹都是独一无二的。扫描指纹的速度很快，使用非常方便。读取指纹时，用户必须将手指与指纹采集头相接触，与指纹采集头直接接触是读取人体生物特征最可靠的方法

续表

优缺点	语音识别技术	指纹识别技术
缺点	作为行为识别技术,声音变化的范围太大,很难精确地匹配;声音会因音量、速度和音质的变化(例如感冒时)而影响到采集与比对的结果;很容易用录在磁带上的声音来欺骗语音识别系统;高保真的送话器很昂贵;语音识别系统比指纹识别系统有着较高的误识率,因为人们的声音不像指纹那样独特和唯一	现实中有一部分人的指纹特征较少,在采集过程中难以成像;过去在犯罪记录中使用指纹,使得某些人害怕"将指纹记录在案",实际上现在的指纹鉴别技术可以不存储任何含有指纹图像的数据,而只是存储从指纹中得到的加密的指纹特征数据;每一次使用指纹时都会在指纹采集头上留下用户的指纹印痕,而这些指纹印痕存在被复制的可能性

（3）语音识别系统的构成。一个完整的基于统计的语音识别系统一般包括语音信号预处理与特征提取、声学模型与模式匹配、语言模型与语言处理三个部分。语音识别系统工作流程如图 8-2 所示。

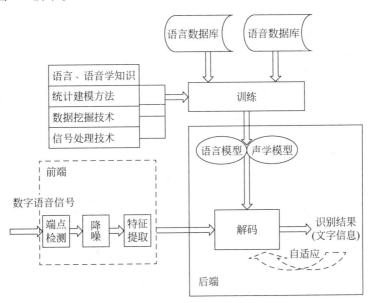

图 8-2　语音识别系统工作流程

从图 8-2 可以看出,语音识别系统的工作流程分为以下三个步骤。

第一步,语音信号预处理与特征提取。

语音识别一个根本的问题是合理的选用特征。特征参数提取的目的是对语音信号进行分析处理,去掉与语音识别无关的冗余信息,获得影响语音识别的重要信息,同时对语音信号进行压缩。在实际应用中,语音信号包含了大量各种不同的信息,提取哪些信息,用哪种方式提取,需要综合考虑各方面的因素,如成本、性能、响应时间、计算量等。非特定人语音识别系统一般侧重提取反映语义的特征参数,尽量去除说话人的个人信息;而特定人语音识别系统则希望在提取反映语义的特征参数的同时,尽量也包含说话人的个人信息。

第二步,声学模型与模式匹配。

声学模型通常是将获取的语音特征使用训练算法进行训练后产生。在识别时将输入的语音特征同声学模型(模式)进行匹配与比较,得到最佳的识别结果。声学模型是识别系统的底层模型,并且是语音识别系统中最关键的一部分。声学模型的目的是提供一种有效的方法计算语音的特征矢量序列和每个发音模板之间的距离。声学模型的设计和语言发音特点密切相关。声学模型单元大小(字发音模型、半音节模型或音素模型)对语音训练数据量大小、系统识别率,以及灵活性有较大的影响。必须根据不同语言的特点、识别系统词汇量的大小决定识别单元的大小。

第三步,语言模型与语言处理。

语言模型包括由识别语音命令构成的语法网络或由统计方法构成的语言模型,语言处理可以进行语法、语义分析。语言模型对中、大词汇量的语音识别系统特别重要。当分类发生错误时可以根据语言学模型、语法结构、语义学进行判断纠正,特别是一些同音字必须通过上下文结构才能确定词义。语言学理论包括语义结构、语法规则、语言的数学描述模型等有关方面。目前比较成功的语言模型通常是采用统计语法的语言模型与基于规则语法结构命令的语言模型。语法结构可以限定不同词之间的相互连接关系,减少了识别系统的搜索空间,这有利于提高系统的识别。

3) 指纹识别技术

(1) 指纹识别技术的概念。指纹识别技术把一个人同他的指纹对应起来,通过比较他的指纹和预先保存的指纹,就可以验证他的真实身份。每个人(包括指纹在内)皮肤纹路在图案、断点和交叉点上各不相同,是唯一的,依靠这种唯一性和稳定性,我们才能创造指纹识别技术。

指纹识别技术作为生物特征识别的一种,由于它具有其他特征识别所不可比拟的优点,因此有着更为广泛的应用。相对于其他生物特征鉴定技术,如语音识别及视网膜识别等,指纹自动识别是一种更为理想的身份确认技术,它是通过用户与数据库中所存储的指纹信息进行比对、验证指纹特征来进行身份识别的。指纹识别技术中进行特征值的匹配与识别需要的指纹图像匹配算法通常可以分为一对一验证和一对多识别。

一对一验证是一个验证的过程。利用人员的 ID,先从指纹库中将事先录入的指纹特征提取出来,然后与现场采集的指纹提取的指纹特征值进行一比一的比对,来证明该人员为所要识别的人,如图 8-3 所示。

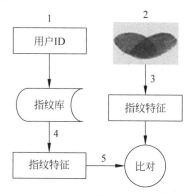

图 8-3 一对一的指纹验证过程

1—输入 ID;2—输入指纹;3—计算指纹特征;4—从库中获取指纹特征;5—进行比对

一对多识别是一个辨识的过程。将现场采集到的指纹提取指纹特征值,同指纹库中存储的指纹特征值逐一比对,从中找出与现场指纹相匹配的指纹,并识别人员身份,如图 8-4 所示。

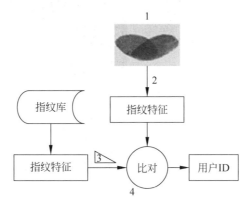

图 8-4　一对多的指纹验证过程

1—输入指纹；2—计算指纹特征；3—从库中获取指纹特征；4—逐一进行比对

(2) 指纹识别技术的工作流程。作为一种热门的生物识别技术,指纹识别技术一直受到业界的广泛关注,目前市面上存在各种各样的指纹识别设备,其通常识别过程为指纹图像的采集、指纹图像的预处理、指纹图像的特征提取、匹配与识别等过程,如图 8-5 所示。

① 指纹图像的采集:自动指纹识别系统的重要组成部分,图像采集就是通过专门的指纹采集仪来采集活体指纹图像的过程。最早指纹采集仪采用光学传感器,随着半导体技术的发展,陆续出现了 CMOS 指纹传感器、热敏传感器、超声波传感器等新型传感器。现阶段传感器的技术越来越精湛,采集性能也不断提高。

② 指纹图像的预处理:采集获得的指纹图像通常都伴随着各种各样的噪声,一部分是由于采集仪造成的,另一部分是由于手指的状态造成的。指纹图像预处理的目的就是去除图像中的噪声,使图像画面清晰、边缘明显,把它变成一幅清晰的点线图,以便于提取正确的指纹特征。指纹图像预处理在整个指纹识别系统中具有重要的地位和作用,它的好坏直接影响着指纹识别的效果。

③ 指纹图像的特征提取:主要有两种特征提取方法,一种是从灰度图像中提取特征,另一种是从细化二值图像中提取特征。直接从灰度图像中提取特征的算法一般是对灰度指纹纹线进行跟踪,根据跟踪结果寻找特征的位置和判断特征的类型。这种方法省去了复杂的指纹图像预处理过程,但是特征提取的算法却十分复杂,而且由于噪声等因素影响,特征信息(位置、方向等)也不够准确。而从细化二值图像中提取特征的方法比较简单,在得到可靠的细化二值图像后,只需要一个 $3×3$ 的模板就可以将端点和分叉点提取出来。

④ 匹配与识别:指纹识别系统中的最后一步,也是评价整个指纹识别系统性能的最主要依据。指纹匹配是根据提取的指纹特征来判断两枚指纹是否来自同一根手指。特征匹配主要是细节特征的匹配,将新输入指纹的细节特征值与指纹库中所存指纹的细节特征值进行比对,找出最相似的指纹作为识别的输出结果,也就是所说的指纹验证识别过

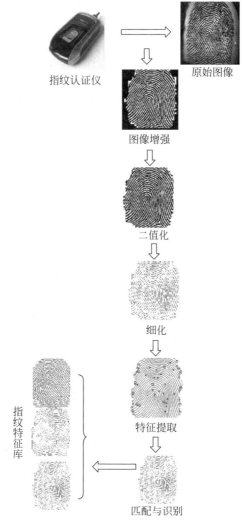

图 8-5　指纹识别系统流程

（图片来源：电子发烧友）

程，它是指纹识别系统的最终目的。由于各种因素的影响，同一指纹两次输入所得的特征模板很可能不同。因此，只要输入指纹的细节特征与所存储的模板相似，就说明这两个指纹匹配。

（3）指纹识别技术的应用。随着科技的进步、传感器技术术的不断革新，指纹识别技术不断发展，为指纹识别技术的应用提供了更广阔的空间。近年来利用指纹来完成身份验证和识别任务的系统已经大规模使用，指纹识别已应用于生活中的各个方面。

计算机网络安全：在计算机上将指纹识别与传统身份认证相结合，防止密码忘记或被别人窃取时产生的安全威胁。

金融机构：银行等机构进行员工身份认证、自动取款机客户的身份认证、移动支付的安全认证等。

政府机关、企事业单位：主要用于对管理人员进行授权和身份认证、考勤、安全区域员工身份验证，数据库访问安全控制等方面。

教育、医疗、司法机构：学校通过门禁控制对学生及工作人员进行身份认证；医院等对私人信息的安全认证，使最终用户能够安全方便地查询和验证相关手续、病人和捐赠者的鉴定，防止欺诈性捐助等；公安司法机关利用指纹验证解决方案，快速有效地鉴别危险罪犯，以保障公民安全。

边境控制：机场、港口出入境人员护照、签证等上的身份认证，以及边境检查中进行"黑名单"筛查等。

扩展知识 8.3　条码技术在物流行业中的应用

4）条形码技术

（1）条形码技术概述。条形码（简称条码）技术是集条码理论、光电技术、计算机技术、通信技术、条码印制技术于一体的一种自动识别技术。条形码是将宽度不等的多个黑条和空白，按照一定的编码规则排列，用以表达一组信息的图形标识符。常见的条形码是由反射率相差很大的黑条和白条排成的平行线图案。图 8-6、图 8-7 就是常见的一维条形码和二维码。条码技术具有制作方便、信息读取速度快、读取准确率高、使用寿命长、成本低廉、信息容量大等特点，因而广泛应用于商品流通、工业生产、图书管理、仓储标证管理、信息服务等领域。条码是物流信息的载体，它是解决物理中心信息化管理的基础技术之一，是一种全球通用的识别技术。

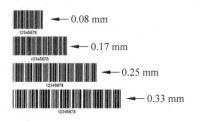

图 8-6　一维条形码

图 8-7　二维码

（2）条码系统的构成。条码系统的构成及各部分的作用见表 8-3。

表 8-3　条码系统的构成及各部分的作用

组成部分	作用及特征
条码打印机	条码打印机是一种专用的打印机，它所打印的内容一般为企业的品牌标识、序列号标识、包装标识、条形码标识、信封标签、服装吊牌等。如图 8-8 所示。它除了具有普通打印机的打印功能以外，还具有自身的特征

续表

组成部分	作用及特征
条码打印机	①不受打印量的限制,可以 24 小时打印;②不受打印材料限制,可以打印 PET、铜版纸、热敏纸、不干胶标签以及聚酯、PVC 等合成材料和水洗标布料等;③采用热转印方式打印的文字与图形具有防刮效果,采用特殊碳带打印还可以使打印产品具有防水、防污、防腐蚀、耐高温等特点;④打印速度极快,最快可以达到每秒 10 英寸(25.4 cm);⑤可以打印连续的序列号,连接数据库成批打印;⑥标签打印机采取连续打印方式,更易于保存和整理;⑦不受工作环境的限制
条码标签	条码标签是一种用来识别商品的标记,一般用来标记商品的分类和详细属性,条码标签大部分用来标记产品的相关属性说明,如产品的产地、产品的销售地址等,如图 8-9 所示。条码标签具有以下特征:①可靠准确。条码输入错误极少,加上校验位出错率是千万分之一。②数据输入速度快。做同样的工作,其速度比键盘输入提高了 5 倍。③经济便宜。与其他自动化识别技术相比较,推广应用条码技术,所需费用较低。④灵活、实用。可以单独使用,也可以和有关设备组成识别系统实现自动化识别,还可以和其他控制设备联系起来实现整个系统的自动化管理。同时,在没有自动识别设备时,也可实现手工键盘输入。⑤自由度大。即使是标签有部分缺欠,仍可以从正常部分输入正确的信息。⑥设备简单。条码符号识别设备的结构简单,操作容易,无须专门训练。⑦易于制作。可印刷,称为"可印刷的计算机语言"。条码标签易于制作,对印刷技术设备和材料无特殊要求
条码扫描仪	通过条码扫描仪对条形码进行扫描就可获得物品的生产国、制造厂家、商品名称、生产日期、图书分类号、邮件起止地点、类别、日期等许多信息,简单的操作就解决了数据录入和数据采集的瓶颈问题,其方便、快捷及安全性得到充分的体现,因而在商品流通、图书管理、邮政管理、银行系统等许多领域都得到了广泛的应用。图 8-10 是部分常见的条码扫描仪
条码软件	条码软件就是生成条码的软件,这种软件有很多。目前国内条码软件市场主要被国外软件占领,主要原因如下:①国外条码软件较早地与专业标签打印机合作,占领使用标签打印机用户市场,目前打印条码标签有两种方式,其中一种就是使用专业标签打印机打印,所以说占领了这个市场就相当于占领了近乎一半的条码软件市场;②国外条码软件发展时间长,功能模块相对较完善,而且已经发展了很多代理商;③国外条码软件广告推广力度大,提高了其知名度及用户可信赖度

图 8-8　条码打印机

图 8-9　条码标签

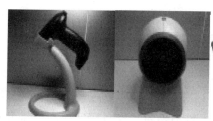

图 8-10　部分常见的条码扫描仪

（3）条码的分类。

按码制的不同，条码可以分为 UPC（通用产品代码）码、EAN（欧洲商品条码）码、交叉 25 码、39 码、库德巴码（Code Bar）、128 码、93 码、49 码等，见表 8-4。

表 8-4　不同码制下的条码的区别

码　制	区　别
UPC 码	UPC 码是美国统一代码委员会制定的一种商品用条码，主要用于美国和加拿大地区。1973 年，美国率先在国内的商业系统中应用 UPC 码，之后加拿大也在商业系统中采用 UPC 码。UPC 码是一种长度固定的连续型数字式码制，其字符集为数字 0～9，如图 8-11 所示
EAN 码	EAN 码是国际物品编码协会制定的一种商品用条码，通用于全世界。EAN 码符号有标准版（EAN-13）和缩短版（EAN-8）两种。标准版表示 13 位数字，又称为 EAN-13 码，缩短版表示 8 位数字，又称 EAN-8 码，如图 8-12 所示。1977 年，欧洲经济共同体各国按照 UPC 码的标准制定了欧洲物品编码 EAN 码，与 UPC 码兼容，而且两者具有相同的符号体系

续表

码　制	区　别
交叉 25 码	交叉 25 码是一种长度可变的连续型自校验数字式码制,其字符集为数字 0~9。采用两种元素宽度,每个条和空是宽或窄元素。编码字符个数为偶数,所有奇数位置上的数据以条编码,偶数位置上的数据以空编码。如果为奇数个数据编码,则在数据前补一位 0,以使数据为偶数个数位
39 码	39 码是第一个字母数字式码制。1974 年由 Intermec 公司推出。它是长度可比的离散型自校验字母数字式码制。其字符集为数字 0~9,26 个大写字母和 7 个特殊字符(—,.,Space,/,+,%,¥),共 43 个字符。每个字符由 9 个元素组成,其中有 5 个条(2 个宽条,3 个窄条)和 4 个空(1 个宽空,3 个窄空),是一种离散码
库德巴码	库德巴码出现于 1972 年,是一种长度可变的连续型自校验数字式码制。其字符集为数字 0~9 和 6 个特殊字符(—,:,/,.,+,¥),共 16 个字符。常用于仓库、血库和航空快递包裹中
128 码	128 码出现于 1981 年,是一种长度可变的连续型自校验数字式码制。它采用四种元素宽度,每个字符有 3 个条和 3 个空,共 11 个单元元素宽度,又称(11,3)码。它有 106 个不同条形码字符,每个条形码字符有三种含义不同的字符集,分别为 A、B、C。它使用这三种交替的字符集可将 128 个 ASCII 码编码
93 码	93 码是一种长度可变的连续型字母数字式码制。其字符集为数字 0~9,26 个大写字母和 7 个特殊字符(—,.,Space,/,+,%,¥)以及 4 个控制字符。每个字符有 3 个条和 3 个空,共 9 个元素宽度
49 码	49 码是一种多行的连续型、长度可变的字母数字式码制。出现于 1987 年,主要用于小物品标签上。采用多种元素宽度。其字符集为数字 0~9,26 个大写字母和 7 个特殊字符(—,.,Space,%,/,+,¥)、3 个功能键(F1、F2、F3)和 3 个变换字符,共 49 个字符

　　按维数的不同,条码可以分为一维条码和二维条码。仅在一维几何空表示信息的条码为一维条码,其码的高度不表示信息,一维条码是对"物品"的标识,即只给出"物品"的识别信息;二维条码是在一维条码的基础上发展而来的信息储存和解读技术。除具有一维条码的优点外,二维条码还具有信息容量大、可靠性高、保密防伪性强、易于制作、成本低等优点。图 8-13、图 8-14 和图 8-15 是我国之前的一维码火车票和现在的二维码火车票,可以看到二维码因其优越性而得到广泛的应用。

　　5）射频识别技术

　　(1)射频识别技术的概念。无线射频识别可通过无线电信号来识别特定目标并进行相关数据的读/写,而无须识别系统与特定目标之间建立机械或光学接触,它利用无线电波来传送识别数据。无线射频识别系统是由阅读器、电子标签、天线三部分所构成的整体系统,它与外部的计算机系统进行信息交换,实现信息的采集和传输(图 8-16)。

扩展知识 8.4
RFID 应用案例

　　近年来,RFID 技术因其所具备的远距离读取、高储存量等特性而备受瞩目,它不仅可以帮助一个企业大幅提高货物、信息管理的效率,还可以让销售企业和制造企业互联,从而更加准确地接收反馈信息,控制需求信息,优化整个供应链。无线射频识别系统是人类

UPC-E码

UPC-E码是UPC-A码的一个压缩变体。由于从数字数据中去除了"额外的"数字"零",因而压缩了代码。由于所得到的条码约为UPC-A码尺寸的一半,因此,UPC-E码一般用在非常小、空间有限的包装上。

典型用途:
美国零售小包装

编码类型:数字
格式:多宽度 | 校验位:必需

UPC-A码

到目前为止,UPC-A码是美国使用的代码中最常见、最知名的一种,它编码12个数字的数据。第一个数字是编号系统字符,后面依次是五个数字的生产商编号、五个数字的产品编号和最后一个校验位。由于编码存在局限性,UPC-A码主要用于零售业。

典型用途:
美国零售与超市

编码类型:数字
格式:多宽度 | 校验位:必需

图 8-11 UPC 码

EAN-8码

EAN-8码是UPC-E码的对应EAN码,从这个意义上讲,它提供一个简短的条码。按两组四个数字设置,由两个标志数字、五个数码数字和一个校验位组成。EAN-8码主要用在空间有限的小包装上。

典型用途:
欧洲零售小包装

编码类型:数字
格式:多宽度 | 校验位:必需

EAN-13码

EAN-13码是UPC-A码在欧洲的对应码。它们之间的主要区别在于,EAN-13码要多编码一个数字数据,总共有13个数字。条码的前两个数字识别一个特定的国家,第二组六个数字中,最后一个是校验位。

典型用途:
欧洲零售与超市

编码类型:数字
格式:多宽度 | 校验位:必需

图 8-12 EAN 码

图 8-13 一维码车票

图 8-14 二维码火车票

图 8-15　磁介质的二维码火车票

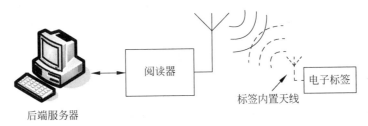

图 8-16　RFID 系统构成

在科技发展道路上的重大进步,它改变了人类消费方式与习惯,其所具备的优越特性已日益受到各国的重视与应用。

(2) RFID 的工作原理。标签进入磁场后,如果接收到阅读器发出的特殊射频信号,就能凭借感应电流所获得的能量发送出存储在芯片中的产品信息(即 passive tag,无源标签或被动标签),或者主动发送某一频率的信号(即 active tag,有源标签或主动标签),阅读器读取信息并解码后,送至中央信息系统进行有关数据处理,如图 8-17 所示。

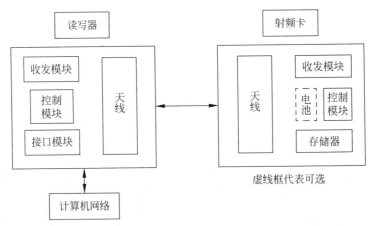

图 8-17　RFID 的工作原理

(3) RFID 系统的特点。RFID 系统对数据进行非接触式读取,具有数据可更新、储存数据的容量大、可重复使用、可同时读取多个 RFID 目标、数据安全可靠等优点。此外,和条码技术相比,其具有自身的一些特征。

① 多目标扫描。条形码一次只能读取一个条形码,而 RFID 识读器可同时识别多个标签。

② 体积小型化、形状多样化。RFID 在读取信息是并不受目标尺寸大小与形状限制,无须为了读取精确度而配合纸张的固定尺寸和印刷品质。此外,RFID 标签正在向小型化和多样化方向发展,以应用于不同的产品和环境。

③ 抗污染能力强和耐久性。传统条形码的载体是纸张,容易受到污染,而 RFID 对水、油和化学药品等物质具有很强的抵抗性。

④ 可重复使用。条形码印刷上去之后就无法更改,RFID 标签则可以重复地新增、修改、删除 RFID 内储存的数据,方便信息的更新。

⑤ 穿透性强。在被覆盖的情况下,RFID 能够穿透纸张、木材和塑料等非金属或非透明的材质进行通信。

⑥ 数据的记忆容量大。一维条码的容量是 50 字节,二维条码可储存 2 000～3 000 字符,FRID 最大的容量可达数兆字节,而且数据容量还有不断扩大的趋势。

 扩展知识 8.5 唐钢物流 IC 卡系统的应用

⑦ 安全性。数据内容可加上密码,使其内容不易被伪造、被篡改。

6)IC 卡技术

(1)IC 卡的应用。IC 卡就是将可编程的 IC 芯片放于卡片中,使卡片具有更多功能。由于具有高容量、高可靠性和安全防伪、操作简单、寿命长和便于管理的特点,IC 卡被广泛用于社会生活的各个领域,见表 8-5。

表 8-5 IC 卡的应用领域

应用领域	具体应用
通信领域	主要应用于移动通信和公用卡电话。数字蜂窝电话使用 IC 卡来存储信息和唯一识别用户身份,这种特定类型的 IC 卡往往被称为智能卡,正是由于智能卡提供了大容量存储的能力,电话号码可以存在卡上而不是像模拟电话一样存在手机上。另外卡中的微处理器大大提高了用户账号的安全性
医疗卫生领域	在医疗卫生和计划生育管理上,医疗 IC 卡要求能够存储大量信息,如病历、身份、医疗保险号码、血型、过敏症、健康检查结果等,采用智能卡将全面提高医院诊断的效率、准确性及管理水平
交通领域	用于汽车驾驶员管理、公路收费、公交车票等
社会保险	主要用于医疗保险、失业保险、养老保险等
银行金融领域	如信用卡、现金卡、多用途付费卡等的大量应用
企事业单位内部管理	用于单位职工内部管理、内部通行控制、考勤管理等
公共事业	利用 IC 卡进行纳税征收、水电、煤气费的收费等

从表 8-5 可以看出,随着生活水平的提高,人们希望现代化生活日益便捷,对 IC 卡的需求也会越来越多,IC 卡的社会应用也会越来越广泛。

（2）IC 卡的分类。按照数据读/写方式，IC 卡可分为接触式 IC 卡和非接触式 IC 卡，通常说的 IC 卡多数是指接触式 IC 卡，如图 8-18 所示。按所封装的 IC 芯片的不同，IC 卡可分为存储器卡、逻辑加密卡、CPU（中央处理器）卡和超级智能卡四大类。超级智能卡在卡上具有 MPU 和存储器，并装有键盘、液晶显示器和电源，有的卡上还具有指纹识别装置等。

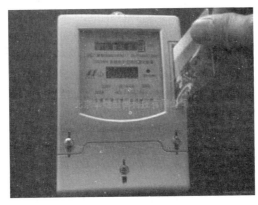

图 8-18　接触式 IC 卡

（3）IC 卡的特征。IC 卡相对来说具有存储容量大、体积小、重量轻、抗干扰能力强、便于携带、易于使用、安全性高、对网络要求不高等特征。

3. 自动识别技术在配送中心的应用

自动识别技术（图 8-19）在国外发展较早也较快，尤其是发达国家具有较为先进成熟的自动识别系统。当前自动识别技术的产业化在我国也基本上得到了实现，主要大规模

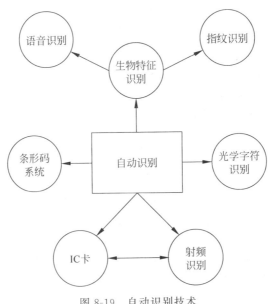

图 8-19　自动识别技术

地应用于二代身份证、火车机车管理系统、通信管理等方面，由于它所带来的高效率和方便性，自动识别技术正日渐成为人们日常生活的一个重要组成部分。

在配送中心以条码和 RFID 为代表的自动识别技术已经得到广泛应用，这些技术主要是实现事物特征识别，可以对物品信息进行采集与传输、对物资进行追踪、进行仓储管理等。通过自动识别技术的应用，配送中心可以实现实时监控，还可以实现系统优化，进而获得一系列的收益，见表 8-6。

表 8-6　自动识别技术应用体现和收益

表　　现	收　　益
自动化水平提高	提高工作效率、创收更高
工作流程优化	运营成本降低
识别方式加密	个人和商业隐私得到保护，安全性高
信息采集速度快	提供信息效率高

当前的自动识别技术在融入 GPRS（通用无线分组业务）和 Wi-Fi 的技术平台后，向着移动应用发展，在物流领域应用的范围和前景也更加宽广了。可见，自动识别技术在物流领域的应用随着应用广度的不断扩大也继续深入发展。自动识别技术伴随着自动化和智能化快速发展的技术应用，在物流领域的应用也同样伴随着物流技术自动化和智能化的发展而发展。

8.2.2　地理信息系统

1. 地理信息系统的概念

地理信息系统（geographic information system 或 geo-information system，GIS）有时又称为"地学信息系统"或"资源与环境信息系统"。它是一种特定的十分重要的空间信息系统，是在计算机支持下，对具有拓扑关系的空间数据及其属性进行查询、运算、分析、表达的综合性技术系统，它是集计算机科学、空间科学和管理科学为一体的新兴边缘学科。GIS 可以分为以下五部分。

扩展知识 8.6　"GIS＋"应用，引领白云机场迈向精细化管理新模式

（1）人员。人员是 GIS 中最重要的组成部分。开发人员必定定义 GIS 中被执行的各种任务，开发处理程序。熟练的操作人员通常可以克服 GIS 软件功能的不足，但是相反的情况就不成立。最好的软件也无法弥补操作人员对 GIS 的一无所知所带来的副作用。

（2）数据。精确的、可用的数据可以影响到查询和分析的结果。

（3）硬件。计算机与一些外围设备连接形成 GIS 的硬件环境。计算机是硬件系统的核心，用作数据的处理与管理，硬件的性能影响到软件对数据的处理速度、使用是否方便及可能的输出方式。

数据处理与管理设备。GIS 的数据处理、分析和管理设备是电子计算机系统，可以是单独一台计算机，也可以是多台机联网使用。计算机及其相关技术的发展日新月异，目前

GIS 运行的计算机,包括大型机、中型机、小型机及工作站和微型计算机,其中以工作站和微型机为主流。

数据采集与输入设备。GIS 有大量图形图像数据以及各种文字、数字数据需要经常地输入和不断地更新,与之相适应的数据采集与输入设备也是多种多样的。目前使用较多的是数字化仪、扫描仪、解析和数字摄影测量设备以及电子速测仪、GPS 接收机等测量仪器。

输出设备。GIS 是一种交互式图形图像分析处理系统,图形的显示和输出是重要的组成部分。图形显示终端用于图形的交互式输入、编辑、分析、处理和输出。各种绘图仪和打印机用于图形、文字和表格的输出。

(4)软件。不仅包含 GIS 软件,还包括各种数据库,绘图、统计、影像处理及其他程序。

(5)过程。GIS 要求明确定义一致的方法来生成正确的可验证的结果。

2. 地理信息系统对配送中心的支持

将 GIS 引入电子商务配送中心的管理中,符合配送中心的发展。

(1)GIS 能成为电子商务的基础平台。GIS 集地理学、计算机科学和管理科学等为一体,是多学科集成。这使 GIS 具有很好的适应性,能对各种信息进行处理、融合和应用,为用户提供信息服务和管理决策依据。

(2)GIS 能提供准确的信息支持。GIS 具有强大的数据管理功能,所存储的信息不仅包括属性和时序特征,还具有统一的地理定位基础,在电子商务配送中心的管理中,涉及物质实体的空间位置的转移、运输路线的合理选择等,都属于空间信息的管理,这正是 GIS 的强项。

(3)GIS 能完善物流分析技术。空间分析是 GIS 的重要标志。在配送中心管理中,GIS 可将空间数据和企业的业务数据与业务流程相结合,提供如市场分析、选址分析等空间分析,提高决策分析的能力和准确度。图 8-20 是基于 GIS 的物流数据模型,为上述的物流分析提供可行性支持。

3. 地理信息系统的分类

1)按性质分类

按性质可将地理信息系统分为静态非空间模式、动态非空间模式和动态空间模式、静态空间模式四种地理信息系统。

静态非空间模式系统以瞬时时段经济社会数据为主要管理对象,它与现行的手工统计信息系统接口;动态非空间模式系统处理随时间变化的经济社会数据,它与手工统计信息系统有密切关系;静态空间模式系统和动态空间模式系统与地图数据、空间遥感数据接口,反映各种地理要素的空间变化特征和过程。一个大型的地理信息系统包含上述四种模式,而以动态空间数据模式为其核心。小型、初级地理信息系统则仅采用静态非空间模式,以满足地方或小城镇对地理信息的需求。

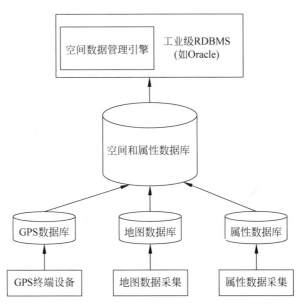

图 8-20 基于 GIS 的物流数据模型

(资料来源:林宏源.基于 GIS 的移动定位技术在物流信息化建设中的应用研究[D].上海:上海交通大学,2012)

2)按应用功能分类

按应用功能可将地理信息系统分为专题地理信息系统、区域地理信息系统和地理信息技术处理系统。

专题地理信息系统是根据专门地理问题的需求而建立的,如土地利用信息系统、能源信息系统、水资源信息系统、旅游信息系统、城市规划管理信息系统。区域地理信息系统以一定的区域作为研究对象,既有区域综合地理信息系统,也有区域专题信息系统,直接服务于区域发展的部门和综合数据管理。地理信息技术处理系统是面向技术处理的,如遥感数据处理系统、计算机辅助制图系统、地理数据分析系统等。

4. 地理信息系统的应用领域

GIS 在最近的 30 多年内发展的速度很快,在许多领域都得到了应用,当前主要应用在表 8-7 所示的领域。

表 8-7 GIS 的应用领域

应用领域	
资源管理	主要应用于农业和林业领域,解决农业和林业领域各种资源(如土地、森林、草场)分布、分级、统计、制图等问题。主要回答"定位"和"模式"两类问题
资源配置	在城市中各种公用设施、救灾减灾中物资的分配、全国范围内能源保障、粮食供应到各地的机构等都属于资源配置问题。GIS 在这类应用中的目标是保证资源的最合理配置和发挥最大效益

续表

应用领域	
城市规划和管理	空间规划是 GIS 的一个重要应用领域，城市规划和管理是其中的主要内容。例如，在大规模城市基础设施建设中如何保证绿地的比例和合理分布，如何保证学校、公共设施、运动场所、服务设施等能够有最大的服务面（城市资源配置问题）等
土地信息系统和地籍管理	土地和地籍管理涉及土地使用性质变化、地块轮廓变化、地籍权属关系变化等许多内容，借助 GIS 技术可以高效、高质量地完成这些工作
生态、环境管理与模拟	区域生态规划、环境现状评价、环境影响评价、污染物削减分配的决策支持、环境与区域可持续发展的决策支持、环保设施的管理、环境规划等
应急响应	解决在发生洪水、战争、核事故等重大自然或人为灾害时，如何安排最佳的人员撤离路线，并配备相应的运输和保障设施的问题
地学研究与应用	地形分析、流域分析、土地利用研究、经济地理研究、空间决策支持、空间统计分析、制图等都可以借助地理信息系统工具完成
商业与市场	商业设施的建立充分考虑其市场潜力。例如大型商场的建立如果不考虑其他商场的分布、待建区周围居民区的分布和人数，建成之后就可能无法达到预期的市场和服务面。有时甚至商场销售的品种和市场定位都必须与待建区的人口结构（年龄构成、性别构成、文化水平）、消费水平等结合起来考虑。地理信息系统的空间分析和数据库功能可以解决这些问题。房地产开发和销售过程中也可以利用 GIS 功能进行决策和分析
基础设施管理	城市的地上地下基础设施（电信、自来水、道路交通、天然气管线、排污设施、电力设施等）广泛分布于城市的各个角落，且这些设施明显具有地理参照特征。它们的管理、统计、汇总都可以借助 GIS 完成，而且可以大大提高工作效率
选址分析	根据区域地理环境的特点，综合考虑资源配置、市场潜力、交通条件、地形特征、环境影响等因素，在区域范围内选择最佳位置，是 GIS 的一个典型应用领域，充分体现了 GIS 的空间分析功能
网络分析	建立交通网络、地下管线网络等的计算机模型，研究交通流量、制定交通规则、处理地下管线突发事件（爆管、断路）等应急处理。警务和医疗救护的路径优选、车辆导航等也是 GIS 网络分析应用的实例
可视化应用	以数字地形模型为基础，建立城市、区域或大型建筑工程、著名风景名胜区的三维可视化模型，实现多角度浏览，可广泛应用于宣传、城市和区域规划、大型工程管理和仿真、旅游等领域
分布式地理信息应用	随着网络和 Internet 技术的发展，运行于 Intranet 或 Internet 环境下的地理信息系统应用类型，其目标是实现地理信息的分布式存储和信息共享，以及远程空间导航等

基于 GIS 的物流系统的应用，符合当前物流发展的特点，能更好地满足当前物流发展的要求，对物流企业的发展起到很好的辅助决策作用，也对大规模地降低物流企业的成本发挥很好的作用，从整体上看，GIS 具有很好的经济效益和社会效益。

8.2.3　全球定位系统

1. 全球定位系统的概念

全球定位系统，又称全球卫星定位系统，是一个中距离圆形轨道卫星导航系统。它可以为地球表面绝大部分地区（98%）提供准确的定位、测速和高精度的时间标准。

扩展知识 8.7　北斗卫星导航十大应用领域之物流运输

GPS 由美国国防部研制和维护，可满足位于全球任何地方或近地空间的军事用户连续精确地确定三维位置、三维运动和时间的需要。

2. 全球定位系统的组成

GPS 组成包括三个部分，如图 8-21 所示。

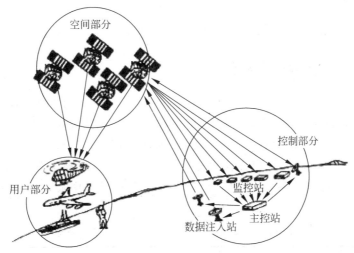

图 8-21　GPS 组成图

空间部分：太空中的 24 颗 GPS 卫星。

控制部分：地面上 1 个主控站、3 个数据注入站和 5 个监测站。

用户部分：用户端的 GPS 接收机。

在进行定位工作中只需其中 3 颗卫星，就能迅速确定用户端在地球上所处的位置及海拔；所能连接到的卫星数越多，解码出来的位置就越精确。

3. 全球定位系统的基本功能

全球定位系统是一种以空中卫星为基础的高精度无线电导航的定位系统，在全球任何地方以及近地空间都能够提供准确的地理位置、车行速度及精确的时间信息。GPS 自问世以来，就以其高精度、全天候、全球覆盖、方便灵活吸引了众多用户，因此在很多领域得到广泛的应用，见表 8-8。

表 8-8　GPS 的功能及应用领域表

功能	应用领域
精确定时	广泛应用在天文台、通信系统基站、电视台中
工程施工	道路、桥梁、隧道的施工中大量采用 GPS 设备进行工程测量
勘探测绘	野外勘探及城区规划中都有用到
导航	(1) 武器导航：全球定位系统精确制导导弹、巡航导弹。 (2) 车辆导航：车辆调度、监控系统。 (3) 船舶导航：远洋导航、港口/内河引水。 (4) 飞机导航：航线导航、进场着陆控制。 (5) 导航：卫星轨道定位。 (6) 个人导航：个人旅游及野外探险
定位	(1) 车辆防盗系统。 (2) 手机、PDA、PPC 等通信移动设备防盗，电子地图，定位系统。 (3) 儿童及特殊人群的防走失系统。 (4) 精准农业：农机具导航、自动驾驶、土地高精度平整
提供时间数据	用于给电信基站、电视发射站等提供精确同步时钟源

4. GPS 技术在配送中心的应用

GPS 除了具有为地球表面绝大部分地区(98％)提供准确的三维定速定时的定位、测速和高精度的时间标准的优点，还具有：使用低频讯号，纵使天候不佳仍能保持相当的讯号穿透性；快速、省时、高效率；应用广泛、多功能；可移动定位；不同于双星定位系统，使用过程中接收机不需要发出任何信号，增加了隐蔽性，提高了其军事应用效能等诸多优点。GPS 在物流领域也得到广泛的应用，其在配送中心的应用及参与结果见表 8-9。

表 8-9　GPS 系统在配送中心的应用及参与结果

应用活动	参与结果
物流运输	GPS 将车辆的状态信息(包括位置、速度、车厢内温度等)以及客户的位置信息快速、准确地反映给物流系统，由特定区域的配送中心统一合理地对该区域内所有车辆作出快速的调度。这样便大幅度提高了物流车辆的利用率，减少了空载车辆的数量和空载的时间，从而减少配送中心的运营成本，提高配送中心的效率和市场竞争能力，同时增强物流运输的适应能力和应变能力
动态调度	配送中心可进行车辆待命计划管理。操作人员通过在途信息的反馈，车辆未返回车队前即做好待命计划，提前获得运输任务，减少等待时间，加快车辆周转，以提高重载率，减少空车时间和空车距离，充分利用运输工具的运能，提前预设车辆信息及精确的抵达时间，用户根据具体情况合理安排回程配货，为运输车辆排解后顾之忧
货物跟踪	通过 GPS 和电子地图系统，可以实时了解车辆位置和货物状况(车厢内温度、空载或重载)，真正实现在线监控，监控系统逻辑结构如图 8-22 所示，避免以往在货物发出后难以知情的被动局面，提高货物的安全性。货主可以主动、随时了解到货物的运动状态信息以及货物运达目的地的整个过程，增强物流企业和货主之间的相互信任

续表

应用活动	参与结果
车辆优选	查出在锁定范围内可供调用的车辆,根据系统预先设定的条件判断车辆中哪些是可调用的。在系统提供可调用的车辆的同时,将根据最优化原则,在可能被调用的车辆中选择一辆最合适的车辆
路线优选	可以快速地为驾驶人员选择合理的物流路线,以及这条路线的一些信息,所有可供调度的车辆不用区分本地或是异地都可以统一调度。配送货物目的地的位置和配送中心的地理数据结合后,产生的路线将是整体的最优路线
报警援救	在物流运输过程中有可能发生一些意外的情况。当发生故障和一些意外的情况时,GPS可以及时地反映发生事故的地点,调度中心会尽可能地采取相应的措施来挽回和降低损失,增加运输的安全和应变能力。GPS投入使用后,过去制约运输公司发展的一系列问题将迎刃而解,为物流公司降低运输成本、加强车辆安全管理、推动货物运输有效运转发挥了重要作用

　　如图 8-22 所示,GPS 物流监控系统拥有庞大的网络系统、通信设备和数据库为其提供技术和信息的支持。GPS 的网络设备还能同时为上千车辆提供服务,跟踪区域遍及全国。在物流企业的发展过程中,它是物流行业以信息化带动产业化发展的非常重要的环节,它不仅为物流企业内部提供信息支持,还可以在外部整合货物运输资源,因此 GPS 的应用对促进区域之间合作的加强作出了很多的贡献。

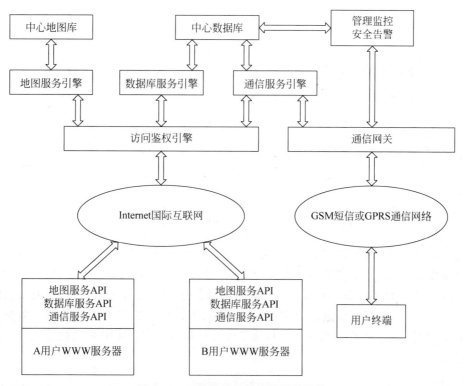

图 8-22　GPS 物流监控系统逻辑结构

(资料来源:刘艳芳.GPS 在物流方面的研究与应用[D].长春:长春理工大学,2008)

8.2.4 电子数据交换技术

1. 电子数据交换技术的概念

电子数据交换技术是指按照同一规定的一套通用标准格式,将标准的经济信息,通过通信网络传输,在贸易伙伴的电子计算机系统之间进行数据交换和自动处理。如图 8-23 所示,通过手工条件下和 EDI 条件下的贸易单证的传递方式的对比可以得出如下三点。第一,使用 EDI 能在贸易过程中有效地减少直到最终纸面单证,因而 EDI 也被俗称为"无纸交易";第二,EDI 是将贸易、运输、保险、银行和海关等行业的信息,用一种国际公认的标准格式,通过计算机通信网络,使各有关部门、公司与企业之间进行数据交换与处理,并完成以贸易为中心的全部业务过程;第三,EDI 是一种利用计算机进行商务处理的新方法。

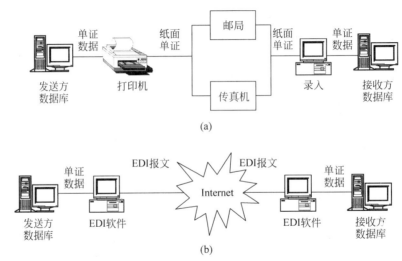

图 8-23　手工条件下和 EDI 条件下的单证传递方式

(a) 手工条件下,贸易单证的传递方式;(b) EDI 条件下的贸易单证的传递方式

2. 电子数据交换技术的优点

电子数据交换不是用户之间简单的数据交换,整个过程都是自动完成,无须人工干预,相对地减少了人工处理中容易造成的差错,提高了传输的效率。因为,EDI 用户物流无论是发送方还是接收方都要按照国际通用的消息格式发送或接收信息,也要按国际统一规定的语法规则,对消息进行处理,并引起其他相关系统的 EDI 综合处理。数据传输过程的自动化,决定了 EDI 具有人工传输所无可比拟的优势。使用 EDI 的优点及具体表现见表 8-10。

表 8-10　使用 EDI 的优点及具体表现

EDI 的优点	具体表现
降低了纸张文件的消费	在国际、国内贸易活动中使用 EDI 业务,以电子文件交换取代了传统的纸面贸易文件(如订单、发货票、发票等)。双方使用统一的国际标准格式编制文件资料,利用电子方式将贸易资料准确迅速地由一方传递到另一方,是发达国家普遍采用的"无纸贸易手段",也是世界贸易组织成员将来必须使用和推广的标准贸易方式。由于 EDI 的使用可以完全代替传统的纸张文件的交换,因此,有人称它为"无纸贸易"或"电子贸易"
减少了许多重复劳动,提高了工作效率	根据联合国组织的一次调查,进行一次进出口贸易,双方约需交换近 200 份文件和表格,其纸张、行文、打印及差错可能引起的总开销等大约为货物价格的 7%。调查表明,从一部电脑输出的资料有多达 70% 的数据需要再输入其他的电脑,既费时,又容易出错
简化了程序,资源利用更加充分	EDI 使贸易双方能够以更迅速有效的方式进行贸易,大大简化了订货或存货的过程,使双方能及时地充分利用各自的人力资源和物力资源。美国 DEC 公司应用了 EDI 后,使存货期由 5 天缩短到 3 天,每笔订单费用从 125 美元降到 32 美元。新加坡采用 EDI 之后,使贸易的海关手续从原来的 3～4 天缩短到 10～15 分钟
降低了成本	EDI 系统规范了信息处理程序,信息传递过程中无须人工干预,在提高信息可靠性的同时,大大降低了成本。香港对 EDI 的效益做过统计,使用 EDI 可提高商业文件传送速度 81%,降低文件成本 44%,减少错漏造成的商业损失 41%,降低文件处理成本 38%。降低了纸张的消费。据统计,美国通用汽车公司采用 EDI 后,每生产一辆汽车可节约成本 250 美元,按每年生产 500 万辆汽车计算,可以产生 12.5 亿美元的经济效益
改善贸易双方的关系	厂商可以准确地估计日后商品的需求量,货运代理商可以简化大量的出口文书工作,商业用户可以提高存货的效率,从而提高竞争能力

3. 电子数据交换技术的应用领域

EDI 的标准化格式实现了不同国家、不同地区、不同企业的各种商业文件的数据交换电子化,在很大程度上对国际贸易的发展起到了促进作用,也使得 EDI 技术可以广泛地应用于不同领域;另外,EDI 标准也保证了计算机网络自动传送、计算机自动处理文件及数据。在网络传输全程实现审计跟踪得以实现,可以大大地提高商业文件在传送过程中的透明度和可靠性。(所谓的审计跟踪,就是报文在交换过程中,系统自动对报文的接收时间、报文大小、收件人、投递时间和收件人读取时间等均做详细的记录和存档,以便该报文发生差错或丢失时,可应要求重构和重发,在发生纠纷时提供举证服务。)因此,EDI 技术已经在很多领域得到了广泛的应用(表 8-11)。

表 8-11　EDI 的应用领域及具体表现

EDI 的应用领域	具体表现
金融、保险和商检	可以实现对外经贸的快速循环和可靠的支付,降低银行间转账所需的时间,增加可用资金的比例,加快资金的流动,简化手续,降低作业成本

续表

EDI 的应用领域	具体表现
外贸、通关和报关	EDI 用于外贸业,可提高用户的竞争能力。EDI 用于通关和报关,可加速货物通关,提高对外服务能力,减轻海关业务的压力,防止人为弊端,实现货物通关自动化和国际贸易的无纸化
税务	税务部门可利用 EDI 开发电子报税系统,实现纳税申报的自动化,既方便快捷、又节省人力物力
制造业、运输业和仓储业	制造业利用 EDI 能充分理解并满足客户的需要,制订出供应计划,达到降低库存、加快资金流动的目的。运输业采用 EDI 能实现货运单证的电子数据传输,充分利用运输设备、仓位为客户提供高层次和快捷的服务。对仓储业,可加速货物的提取及周转,减缓仓储空间紧张的矛盾,从而提高利用率

4.电子数据交换技术在配送中心的应用

1)EDI 在配送中心发挥的作用

电子数据交换技术在配送中心的应用非常普遍,特别是在港口更是常见。通过在配送中心中应用 EDI 技术,不但可以降低运营成本,而且提高了供应链上数据传输速度和准确性,扩大信息含量,缩短订货采购周期,大大降低了库存费用。EDI 在配送中心发挥的作用具体表现如下。

第一,通过在配送中心设置 EDI 终端,来处理和交换有关订货、库存、销售时的数据、需求预测,以及运输日程、通知等方面的信息。这样可以减轻票据处理、数据输入输出等事务性作业,而且可以减少库存、缩短订货时间,提高工作效率。

第二,应用 EDI 可以使各企业之间达到无纸化交易,能减少大量人力和纸张的浪费,从而降低交易成本。

第三,通过在配送中心、上游供应商、下游客户之间应用 EDI,可以实现信息共享,使供应链上各个节点企业都能了解到商品的销售、库存、生产进度等方面的信息,增加供应链经营的透明度。

第四,当今企业之间的市场竞争,实际上是对时间的竞争。谁获取的信息越快、商品周转时间越短,谁就能掌握竞争的主动权。而应用 EDI 则意味着电子传输的数据信息可以立即为用户所获得。因此,应用 EDI 技术可以增强配送中心的市场竞争力。

2)EDI 在配送中心的应用具体案例

EDI 的实现过程就是用户将相关数据从自己的计算机信息系统传送到有关交易方的计算机信息系统的过程。该过程因用户应用系统以及外部通信环境的差异而不同。我们可以用北京通远物流企业 EDI 的工作过程来具体说明,如图 8-24 所示。

如图 8-23 中所标注的序号所示,EDI 的工作过程如下。

1——发送方应用系统将要发送的数据生成数据文件。

2——EDI 翻译器将数据文件转换成交易双方同意的 EDI 标准格式,并生成含有贸易伙伴 EDIID(识别号码)的电子数据包。

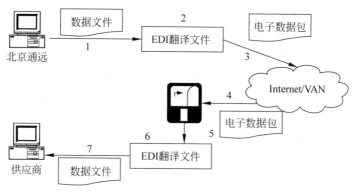

图 8-24　北京通远物流企业 EDI 的工作过程

3——数据包在 EDI 增值网或 Internet 上进行传输,同时进行一系列的合法性检验和数据完整性检验。

4——通信软件根据数据包中的 EDI ID 将其放入相应的邮箱内。

5——接收方上网取出邮箱里的信件。

6——EDI 翻译器打开数据包并将数据包里的数据从标准格式转换成内部应用系统可读的格式。

7——转换后的数据传输进接收方应用系统。

北京通远供应链上各节点企业使用 EDI 系统传递信息,其物流配送信息化流程如图 8-25 所示。

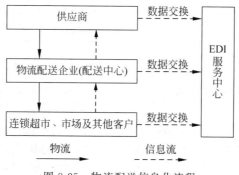

图 8-25　物流配送信息化流程

8.3　配送中心常见的信息系统

8.3.1　订单处理系统

1. 订单处理系统的概念

订单处理是指企业的物流配送系统完成从客户订货到发运交货,以及受理客户接收货物后的反馈要求整个过程单据处理的作业活动。

订单处理系统是指接受客户订货、查核商品库存、确认与回复交货期限、订货量管理的作业系统。

订单处理系统的主要功能是通过统一订单提供用户整合的一站式供应链服务,订单管理以及订单跟踪管理能够使用户的物流服务得到全程的满足。订单处理系统是物流管理链条中不可或缺的部分,通过对订单的管理和分配,使仓储管理和运输管理有机地结合,稳定有效地使物流管理中各个环节充分发挥作用,使仓储、运输、订单成为一个有机整体,满足物流系统信息化的需求。

2．订单处理系统的功能

对于所订购的商品,在接到订购通知后,应通过连贯性的作业,经由出货系统、配送系统的指示送达客户手中。因此,订单处理系统有以下一些主要功能。

(1)接收订单功能,能够迅速、准确地接收订单内容,并且能运用网络信息来接收订单。

(2)追加订购管理功能,即为了回复商品交货期所做的追加订购管理,使采购管理与追加订购管理同步化。

(3)查询功能,即迅速准确地回复客户的查询。

订单处理系统的功能及其主要内容见表 8-12。

表 8-12　订单处理系统的功能及其主要内容

功能名称	特　点	主要内容
接收订单	迅速准确地接收订单内容,运用网络资讯来接收订单	能够直接接收客户端所传送的订单资料;双方间收订活动为互动式的,能迅速并准确地接收订单,有效节省订购作业的人力
库存核查回复交货期	接获订单后立即核查库存量,即时回复客户交货期	接获订单后,立即核查商品库存量,通过网络回复客户该商品的交货期;当库存量不足时,通过系统的追加处理功能,回复客户修正时期,并进行订购管理作业
追加订购管理	为了回复商品交货期所做的追加订购管理,使采购管理与追加订购管理同步	针对追加订购的部分,通过系统定期监督是否能够如期进货,以符合客户要求的交货期;进货时必须立即扣除追加订购的部分
查询	迅速准确地回复客户的查询	整体营业活动当中,包括了接收订单前的交涉、库存量确认、交货期确认、议价等行为,能够迅速回复客户查询

3．订单处理系统的构成

订单处理系统主要包括两种作业,即客户询价、报价与订单接收、确认、输入。由此,与其相对应的两个系统为自动报价系统和订单传送系统。

1）自动报价系统

自动报价系统能够对客户的询价进行相应的报价，它应该具备以下功能。

（1）数据输入功能。自动报价系统能够对客户名称、询问商品的名称、商品的详细规格、商品等级等的数据进行输入。

（2）历史数据的调取功能。自动报价系统能够根据输入的数据调取详细的数据库资料，包括产品明细数据库、此客户对于此项商品交易的历史数据库、对此客户历史报价的数据库、客户数据库、厂商采购报价等。

（3）单证生产与打印功能。自动报价系统中报价单制作系统可以打印出报价单，经销售主管核准后即可送达客户。报价单经客户签回后即可成为正式订单。

2）订单传送系统

订单传送的方法有多种，包括邮寄、销售人员取回、电话订购、传真订购及通过计算机网络订购等，在订单传输的过程中要注意以下三个方面的内容。

第一，订单的传输方式。若订单是由报价单确认而来，则可由系统将报价数据转换为订购数据；若订购单由计算机网络到达传送，则需根据电子数据交换标准格式将数据转换成内部订单文件格式。

第二，订单的核查与确认。对于输入转换后的订购资料，销售人员要对能否在客户制定的出货日期如期出货进行核查，核查工作可以通过访问以下数据库来完成：库存控制数据库、拣货产能调用数据库、包装产能调用数据库、运送设备产能调用数据库、人力资源调用数据库等。通过对这些数据库的核查确认它们的资源能力，对上述各数据库中的数量进行激活，资料信息就可转入待出货订单数据库中。销售人员经过核查发现无法如期配送时应与客户进行协调，确定是否可以采用分批交货或延迟交货的方式来完成交易，然后根据协调的结果对订单数据文件进行相应的修改。

第三，对客户的付款能力进行确认。销售人员必须对客户的付款状况及应收账款数是否超出公司所定的信用额度进行检查，如果应收账款数超出公司所定的信用额度，须由销售主管核准后再输入订购数据。当发生有商品退回的情况时，要按订单号码找出原始订购数据及配送数据，修改其内容，并进行退货记号标示，便于进行退货数据处理。

4. 订单处理系统在配送中心的应用

在配送中心每天的营运作业里，订单处理是一切作业活动的开始，在配送中心，利用订单处理系统进行相应的作业管理是非常必要的。订单处理系统通过对订单信息的各方面进行计算、比较，给予前端、后端的人员或部门以直接、明确的信息，让公司内各部门人员的沟通成本大幅降低；同时通过订单管理系统信息的明确记录和防呆提醒，保证信息的正确性和有效性，降低公司内各部门、人员在信息传递时产生的信息失真而导致的失误和错误判断，订单处理系统在配送中心的应用见表 8-13。

表 8-13　订单处理系统在配送中心的应用

应用活动	特　　征	主　要　内　容
订单管理	订单录入,即时可得库存情况,同时汇总分析,发出提示的多功能集成	目前订单的展现方式多种多样,有纸质的订单,有电子邮件的订单,还有网络的 B2B、B2C、C2C、O2O 等各种形式的订单,订单处理系统要能够实现单次及批量订单的录入,与库存系统关联,在下单时即时得到目前的库存情况,同时要能够与订单处理系统中已有的订单汇总分析,检查接单量是否超出目前已有的接单能力,并及时给出预警和提醒。订单完成后,需要能够通过订单处理系统查看到订单所有相关的后续操作,如预收款的情况、销售费用的情况、采购下单情况、生产备货情况、已发货数量等,能够提供一站式的信息抓取服务,省去人员常规跟踪时的烦琐操作,避免信息传递过程中失真
客户及供应商管理	客户管理具有针对性	订单处理系统的对象是客户和供应商,首先是对客户和供应商详细信息的记录,并通过各种维度将客户和供应商进行分类,如客户等级、供应商信用级别等管理措施,通过各种维度的区分,再结合具体的管理方案,客户和供应商在订单处理系统的起始就可以根据公司的管理措施得到区别对待
仓库动态管理	加快了仓储货物的操作流程	订单处理系统产生的订单信息,作为需求,要能够即时影响到仓库,例如货物流动性要求很高,那么在订单处理系统获取订单之后,订单处理系统要及时将仓库中的货物自动执行备料操作,以避免其他的订单抢货;同时,应对供应链流转速度加快的需要,订单上需要直接执行原先库存管理中的出入库操作,通过订单锁定后直接出货,提高操作效率
产能及采购能力管理	加强上下游之间的沟通	订单接收后,对于目前的采购和生产能力是否能满足当前订单的需求,订单处理系统需要快速给出结果,订单一旦录入,订单处理系统就需要立即计算目前的库存,已有的采购在途商品或生产未入库商品,如果不足,则再进一步计算按照目前的供应链的供应能力,或者工厂的生产能力,能否在客户要求的时间点达到客户所要求的货物数量。如果能够,则给出满足的提示,如果不能,则马上给出提示,同时也要给出如果要满足客户的需求,那么计算得出的交货期是什么时候。通过订单处理系统订单供应能力的计算,能够在第一时间将公司的瓶颈信息通知到前端的业务人员,在接单时就能与客户沟通,对订单进行调整,或与供应商、工厂沟通,增加供货能力或者安排人员加班,将管理的工作做在前面,以避免到最后发货前才发现问题
信息推送及通知管理	加快了信息的流动	订单处理系统在接到订单后,通过上述功能的管理过程,会产生一系列的计算结果,这些结果需要及时、准确地反映到相应的人员那里,订单处理系统就需要具备多种信息推送的功能。通过这样的功能,在正确的时间,将各种信息以合适的形式,发送给对应的人。例如正常接单后,生产计划人员或采购人员就收到目前欠缺需要补充的物料的明细数量、需求时间等信息的报表;客户的预付款到账后,该客户的业务人员就会马上收到短信通知已收到订单的款项;订单需求的物料到齐后,业务人员就会收到邮件通知订单的物料已经备齐,并且已经具备了发货条件,可以发货

8.3.2　仓储管理系统

1. 仓储管理系统的概念

仓储管理系统是一个实时的计算机软件系统，它能够按照运作的业务规则和运算法则，对信息、资源、行为、存货和分销运作进行更完美的管理，使其最大化满足有效产出和精确性的要求，一个仓储管理系统的构成如图 8-26 所示。

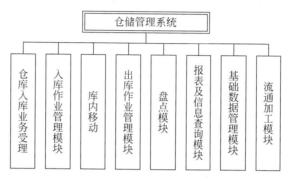

图 8-26　仓储管理系统的构成

仓储管理系统包括软件、硬件、管理经验。仓储管理系统中的软件指的是支持整个系统运作的软件部分，包括收货处理、上架管理、拣货作业、月台管理、补货管理、库内作业、越库操作、循环盘点、RF 操作、加工管理、矩阵式收费等，这

扩展知识 8.8　京东＋仓储管理系统演变过程

都需要有一定的基础信息来支撑，一个仓储管理系统所需的基础信息如图 8-27 所示。

图 8-27　仓储管理系统的基础数据

当前的仓储管理系统中的硬件指的是系统中所配备的设施设备，例如计算机、射频阅读器等，可以打破传统数据采集和上传的瓶颈问题，能够利用自动识别技术和无线传输技术提高数据的精度和传输的速度。

管理经验指的是系统开发商根据其开发经验，依据客户的管理方式和理念整合的一套管理理念与流程，真正使企业做到有效管理。传统的仓储管理系统往往忽略了管理经验和自动识别硬件，这是它的一大缺失。

2. 仓储管理系统的特点及优点

1) 仓储管理系统的特点

从财务软件、进销存软件 CIMS，从 MRP、MRPII 到 ERP，代表了中国企业从粗放型管理走向集约管理的要求,竞争的激烈和对成本的要求使得管理对象表现为:整合上游、企业本身、下游一体化供应链的信息和资源。而仓库,尤其是制造业中的仓库,作为链上的节点,不同链节上的库存观不同,在物流供应链的管理中,不再把库存作为维持生产和销售的措施,而将其作为一种供应链的平衡机制,其作用主要是协调整个供应链。但现代企业同时又面临着许多不确定因素,无论它们来自分供方还是来自生产或客户,对企业来说处理好库存管理与不确定性关系的唯一办法就是加强企业之间信息的交流和共享,增加库存决策信息的透明性、可靠性和实时性。而这,正是 WMS 所要帮助企业解决的问题,图 8-28 为中铁八局的仓储管理系统的数据流程。

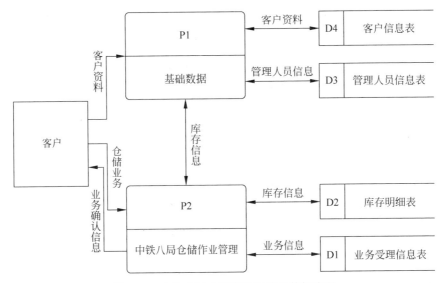

图 8-28   中铁八局仓储管理系统的数据流程

资料来源:魏若彧.基于供应链管理的仓储管理系统设计与开发[D].成都:西南交通大学,2013.

进销存软件和 WMS 软件的最大区别在于:进销存软件的目标是针对特定对象(如仓库)的商品、单据流动,是对于仓库作业结果的记录、核对和管理——报警、报表、结果分析,比如记录商品出入库的时间、经手人等;而 WMS 软件则除了管理仓库作业的结果记录、核对和管理外,最大的功能是对仓库作业过程的指导和规范:不但对结果进行处理,更是通过对作业动作的指导和规范保证作业的准确性、速度和相关记录数据的自动登记(入计算机系统),提高仓库的效率、管理透明度、真实度,降低成本,比如通过无线终端指导操作员给某订单发货:当操作员提出发货请求时,终端提示操作员应到哪个具体的仓库货位取出指定数量的那几种商品,扫描货架和商品条码核对是否正确,然后送到接货区,录入运输单位信息,完成出货任务,重要的是包括出货时间、操作员、货物种类、数量、产品序列号、承运单位等信息在货物装车的同时已经通过无线方式传输到了计算机信息中心数据库。

2)仓储管理系统的优点

第一,管理更加完善,文档利用率高。

第二,库存低,物料资产使用率高。

第三,现有的操作规程执行难度小,操作效率高。

第四,提供历史记录分析,易于制订合理的维护计划。

第五,数据及时,成本降低,库存准确。

第六,预算控制严格,退库业务减少,仓库与财务的对账工作量减少,效率提高。

3.仓储管理系统功能模块

WMS 是一个综合的管理系统,它的不同功能是由不同的模块实现的,这些功能模块共同构成了完整的管理系统,表 8-14 为 WMS 的功能模块及其主要内容。

表 8-14　WMS 的功能模块及其主要内容

功能模块	主要内容
系统功能设定模块	自定义整个系统的管理规则,包括定义管理员及其操作口令
基本资料维护模块	对每批产品生成唯一的基本条码序列号标签,用户可以根据自己的需要定义序列号,每种型号的产品都有固定的编码规则,在数据库中可以对产品进行添加、删除和编辑等操作
采购管理模块	采购订单:当需要采购的时候,可以填写采购订单,此时并不影响库存。 采购收货:当采购订单被批准,完成采购后到货的时候,首先给货物贴上条形码序列号标签,然后在采购收货单上扫描此条形码,保存之后,库存自动增加。 其他入库:包括借出货物归还、退货等只需要填写采购收货单
仓库管理模块	产品入库:采购入库或者其他入库,自动生成入库单号,货品即刻选择,方便快捷,可以区分正常入库、退货入库等不同的入库方式。 产品出库:销售出库或者其他出库,可以自动生成出库单号,可以区分正常出库、赠品出库等不同的出库方式。 库存管理:不需要手工管理,当入库和出库时,系统自动生成每类产品的库存数量,查询方便。 特殊品库:当客户需要区分产品时,可以建立虚拟的仓库管理需要区分的产品,各功能和正常品库一致。 调拨管理:针对不同的货品之间需要调拨,可以自动生成调拨单号,支持货品在不同的仓库中任意调拨。 盘点管理:用户随时可以盘点仓库,自动生成盘点单据,使盘点工作方便快捷。 库存上限报警:当库存数量不满足一个量的时候,系统报警
销售管理模块	销售订单:当销售出库的时候,首先填写销售出库单,此时不影响库存; 销售订单:当销售出库的时候,将销售出库产品序列号扫描至该出库单上,保存之后,库存报表自动减少该类产品
报表生成模块	月末、季度末以及年末销售报表、采购报表以及盘点报表的自动生成,用户自定义需要统计的报表
查询功能模块	采购单查询,销售单查询,单个产品查询,库存查询等(用户定义)。查询都是按照某个条件,如条形码序列号、出库日期、出库客户等来进行
履历查询功能	可针对货物、工作人员、客户进行履历管理,包括货物在库履历、人员作业履历、客户业务履历

4.仓储管理系统在国内的应用

仓储管理系统是仓储管理信息化的具体形式,它在我国的应用还处于起步阶段,在我国市场上呈现出二元结构：以跨国公司或国内少数先进企业为代表的高端市场，其应用WMS的比例较高，系统也比较集中在国外基本成熟的主流品牌；以国内企业为代表的中低端市场，主要应用国内开发的 WMS 产品。下面主要结合中国物流与采购联合会征集的物流信息化优秀案例，从应用角度对国内企业的 WMS 概况做一个分析。

1）基于典型的配送中心业务的应用系统

基于典型的配送中心业务的应用系统，在销售物流中如连锁超市的配送中心，在供应物流中如生产企业的零配件配送中心，都能见到这样的案例。

北京医药股份有限公司的现代配送中心就是这样的一个典型。该系统的目标，一是落实国家有关医药物流的管理和控制标准 GSP（药品经营质量管理规范）等，二是优化流程，提高效率。系统功能包括进货管理、库存管理、订单管理、拣选、复核、配送、RF 终端管理、商品与货位基本信息管理等功能模块；通过网络化和数字化方式，提高库内作业控制水平和任务编排。该系统把配送时间缩短了 50%，订单处理能力提高了一倍以上，还取得了显著的社会效益，成为医药物流的一个样板。此类系统多用于制造业或分销业的供应链管理中，也是 WMS 中最常见的一类。

2）以仓储作业技术的整合为主要目标的系统

以仓储作业技术的整合为主要目标的系统，解决各种自动化设备的信息系统之间整合与优化的问题。武钢第二热轧厂的生产物流信息系统即属于此类，该系统主要解决原材料库（钢坯）、成品库（粗轧中厚板）与成品库（精轧薄板）之间的协调运行问题，否则将不能保持连续作业，不仅放空生产力，还会浪费能源。该系统的难点在于物流系统与轧钢流水线的各自动化设备系统要无缝连接，使库存成为流水线的一个流动环节，也使流水线成为库存操作的一个组成部分。各种专用设备均有自己的信息系统，WMS 不仅要整合设备系统，也要整合工艺流程系统，还要融入更大范围的企业整体信息化系统中去。此类系统涉及的流程相对规范、专业化，多出现在大型 ERP 系统之中，成为一个重要组成部分。

3）以仓储业的经营决策为重点的应用系统

以仓储业的经营决策为重点的应用系统，其鲜明的特点是具有非常灵活的计费系统、准确及时的核算系统和功能完善的客户管理系统，为仓储业经营提供决策支持信息。

华润物流（集团）有限公司的润发仓库管理系统就是这样的一个案例。此类系统多用于一些提供公仓仓储服务的企业中，其流程管理、仓储作业的技术共性多、特性少，所以要求不高，适合对多数客户提供通用的服务。该公司采用了一套适合自身特点的 WMS 以后，减少了人工成本，提高了仓库利用率，明显增加了经济效益。

8.3.3　运输管理系统

1. 运输管理系统的基本概念

运输管理系统（transportation management system，TMS），是一种"供应链"分组下的（基于网络的）操作软件。它是利用现代计算机技术和物流管理方法设计出的符合现代运输业务操作实践的管理软件。一个完整的运输管理系统的业务流程如图 8-29 所示。

一个好的运输管理系统能通过多种方法和其他相关的操作一起提高物流的管理能

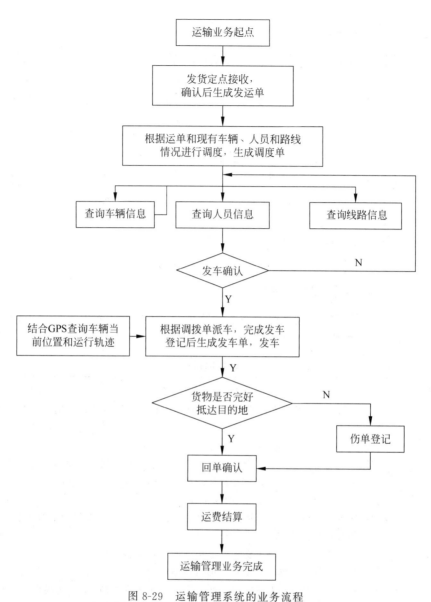

图 8-29　运输管理系统的业务流程

资料来源：王均.第三方物流运输管理系统的分析与设计[D].济南：山东大学,2013.

力。比如说,管理货物的装运单位,制订企业的发货计划,管理运输模型、基准和费用,处理运输数据,自动生成提单,优化运输线路,调配承运人及服务方式,对承运单位进行招标和投标管理,对货运账单进行审计和支付,处理货损索赔,安排劳力和场所,管理文件(尤其在国际运输中)和管理第三方物流等。但是,物流企业是否要使用此系统,要看企业的发展状况及当前的业务能力和业务范围,尤其是对中小企业而言,不能人为地追求高科技、多功能,否则企业付出了一笔不菲的资金,管理功能却不能完全发挥、效率更低。

2．运输管理系统的特点

简单实用是本系统的最大特点。在系统中，工作人员只需进行简单的选择、单击等操作即可完成工作。

（1）运输管理系统是基于网络环境开发的支持多网点、多机构、多功能作业的立体网络运输软件。

（2）运输管理系统是在全面衡量、分析、规范运输作业流程的基础上，运用现代物流管理方法和计算机技术设计的先进的、标准的运输软件。

（3）运输管理系统采用先进的软件技术实现计算机优化辅助作业，特别是对于快速发展中的运输企业，可以在网络机构庞大的运输体系中，协助管理人员进行资源分配、作业匹配、货物跟踪等操作。

（4）运输管理系统具有实用的报表统计功能，可以为企业决策提供实时更新的信息，大大简化了人员的工作量。

3．运输管理系统的功能模块

一个简单实用的 TMS，应该包含四大功能模块，这四大功能模块又由不同的小模块构成。TMS 的功能模块及其主要内容见表 8-15。

表 8-15　TMS 的功能模块及其主要内容

功能模块	主要内容
系统管理模块	用户管理模块：本模块主要是对本套软件的具体使用者进行管理和帮助。只有具有使用权限的工作人员才可以凭密码登录本系统，进行具体操作。使用完成后，必须进行"注销"操作才能退出系统。 权限角色管理模块：本模块主要是从保护企业的商业机密和数据安全出发，对不同级别的工作人员设置不同的系统操作权限。只有具有相关权限的人员才可以进行相关操作，充分保证了系统数据的保密性。 数据字典维护模块：本模块主要是对系统的设置、各大功能模块的维护和管理，起到保证系统运行的作用。 日志管理模块：本模块主要是对本系统的日常运转进行自动记录，系统管理人员凭权限可以查询到工作人员所进行的具体操作，起到加强企业管理监督的作用
信息管理模块	客户信息管理模块：本模块包括客户信息的录入和更新，系统会根据客户信息进入的时间给客户设定一个专有的编码。客户信息输入系统后，企业相关人员可以在系统中查询到客户的名称、法人代表、经营范围、编码、地址、电话、传真、E-mail、主页和与本公司交易的历史记录等。用户可以通过客户管理模块来对客户信息进行修改、查询等操作。客户信息管理中包含合同和报价模块。 车辆信息管理模块：本模块主要有车辆信息管理和车辆状态管理两大内容。车辆信息管理设置有车辆的牌照、车辆型号、载重量、容积、司机姓名等信息，可以看到每辆车每天的出车记录(出车日期、客户名称、工作内容、吨位、单价、目的地、合同金额、已付金额、驾驶员、住勤补助、出差补助、出车小时、运行公里、此次出车工资、搬动费用、其他费用)，并生成派车单；在车辆状态管理中，可以显示出车车辆、待命车辆、维修车辆的信息。通过车辆信息管理模块，用户可以进行添加、查看、修改、查询及报废、故障等处理。

续表

功能模块	主要内容
信息管理模块	人员信息管理模块：本模块主要有人员信息管理、人员薪酬管理、操作员管理三大内容。人员信息管理，有调度员、驾驶员、修理工、临时工、搬运工等的个人资料；人员薪酬管理，统计记载有人员工资、奖金、福利等支取状况；操作员管理，是指系统对不同的操作设置不同的操作权限，只有相关人员才有权看到权限范围内的数据，充分保证数据安全。 货物信息管理模块：本模块主要以对货物信息的录入和查询与更改为主要内容。货物信息管理设置有每一单货物的编号、数量、规格、价值金额、运输时间要求等内容。在系统中，用户可以清晰明了地看见货物的有关信息，能够进行添加、修改、查询等操作。 基本信息中同时也包括运输网络的设置，包括公司的组织架构、物流据点的结构、基础路线的设置
运输作业模块	订单处理模块：本模块提供关于运输订单的生成、录入、修改、执行等一系列功能。系统可以自动安排订单处理的提前期，为每一张运输订单设置"订单激活时间"，达到时间的订单自动处于"激活状态"，由系统生成运单并提示调度人员安排车辆执行。 调度配载模块：调度作业是运输的中心作业。系统根据货物、客户、车辆的信息，自动提示最佳的运货车辆和运输路线。本系统采用尖端技术实现计算机辅助作业，优化车辆资源利用率，自动组合同类作业，确保实现车辆利用效率最大化。 运输跟踪模块：对货品状态的跟踪与及时反馈是体现服务水平、获得竞争优势的基本功能。但对货物有效的运输跟踪是现代物流运输中的难点，也是提高客户服务水平的关键点之一。本系统通过查看运单的执行状态，对运单进行有效跟踪，可以看到货物的在途状况。系统能够按照不同的要求为客户提供定时的状态信息反馈
财务管理模块	应收应付管理模块：运输业务涉及的客户比较多，而且往来频繁，对于每个客户及分包方的管理显得尤为重要。运输业务的特殊性经常导致与客户之间台账的错误及混乱。系统提供每单业务的详细账单，也能提供针对不同客户及分包方的台账，并设有到期末付账预警功能，可以进行应收账款统计、查询和应付账款统计、查询操作。 统计报表管理模块：本模块主要有结算报表分析和应收应付报表分析两大功能。结算报表分析对客户、公司自身、车辆三方的经济往来有详细的记录，系统具有查询、统计功能。企业相关人员凭管理权限可以看到这些数据，既方便了工作又安全可靠。另外，在对车辆的结算报表中可以看到车辆不同运输路线的货运价格

　　运输作业是物流活动的主要环节，它具有实现物品空间转移的功能，可以实现物品的空间价值。另外，从运输活动所占的成本比例来看，其在各个环节中运输时间及运输成本占有相当比重。因此，要进行物流管理，首要的是对运输进行管理。现代运输管理是对运输网络和运输作业的管理，在这个网络中传递着不同区域的运输任务、资源控制、状态跟踪、信息反馈等信息。实践证明，人为控制运输网络信息和运输作业，效率低、准确性差、成本高、反应迟缓，无法满足客户需求。随着市场竞争的加剧，对于物流服务的质量要求越来越高，尤其是运输环节。

　　综上所述，配送中心所需的 TMS 应该具备以上功能才能满足现代运输业发展的需要。但是，企业不能盲目地使用软件，一定要结合本企业实际，并带有一定前瞻性，综合考虑企业现实需求、未来发展、资金能力、人员素质等各方面因素后再作出决定。

8.3.4　物流配送信息系统

1. 物流配送信息系统(MIS)的概念

在配送中心,配送是一个非常重要的环节,它是货畅其流的保障,也是满足用户需求的重要评价指标。配送中心配送业务流程如图 8-30 所示。配送水平的高低直接决定着客户对其整个物流活动的服务水平的评价,对企业经济效益产生直接影响。当前,信息技术迅猛发展,在我国也得到了广泛的推广和应用,物流配送活动的现代化和信息化的要求已经迫在眉睫。物流配送信息系统能够利用相关的信息技术实现配送信息化,进而提高服务水平和服务质量,实现高配送效率和低配送成本的统一,解决第三方物流配送中急需解决的服务、效率与成本之间的问题。配送中心配送业务流程如图 8-30 所示。

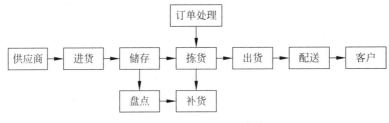

图 8-30　配送中心配送业务流程

物流配送信息系统是物流企业根据客户订单查询库存及配送能力、发出配送指令、发出结算指令及发货通知、汇总及反馈配送信息的管理平台,如图 8-31 所示。它是物流配送信息化的核心,主要目的是向各配送点提供配送信息,具有较强的综合性。

2. 物流配送信息系统的作用

物流配送信息系统在配送中心可以应用在多种作业活动中,发挥其相应的作用(表 8-16),实现物流配送的信息化,实现服务水平、物流成本和作用效率的统一。

表 8-16　物流配送信息系统的作用及在配送中心的应用

作　　用	应　　用
便于业务管理	主要用于配送中心的入库、验收、分拣、堆码、组配、发货、出库、输入进(发)货数量、打印货物单据,便于仓库保管人员正确进行货物的确认
便于统计查询	主要用于配送中心的入库、出库、残损及库存信息的统计查询,可按相应的货物编号进行分类,便于供应商、客户和仓库保管人员进行统计查询
便于库存盘点	主要用于配送中心的货物盘点清单制作、盘点清单打印、盘点数据输入、盘点货物确认、盘点结束确认、盘点利润统计、盘点货物查询、浏览统计、盘亏盘盈统计,便于实行经济核算
便于库存分析	主要用于配送中心的库存货物结构变动的分析,各种货物库存量、品种结构的分析,便于分析库存货物是否积压和短缺问题
便于库存管理	主要用于配送中心的库存货物的管理

续表

作　用	应　用
便于库存货物保质期报警	主要用于配送中心的库存货物的质量管理。对超过保质期的货物进行报警：对库存货物的保质期在当天到期的货物进行信息提示，对超过保质期的货物进行报警，以及时进行处理。对货物保质期查询：对库存货物的保质期进行查询，便于仓库对在库货物进行质量管理，及时处理超过保质期的货物，提高货物库存质量
便于货位调整	主要用于配送中心对库存货物的货位进行调整查询，以便仓库管理人员掌握各种货物的存放情况，便于仓库及时准确地查找在库货物
便于账目管理	主要用于配送中心核算某一时间段的每种货物明细账、每类货物的分类账和全部在库货物的总账，便于仓库实行经济核算
便于条码打印	主要用于配送中心的货物自编条码打印、货物原有条码打印等，便于仓库实行条码管理，自动生成打印各种货物的条码

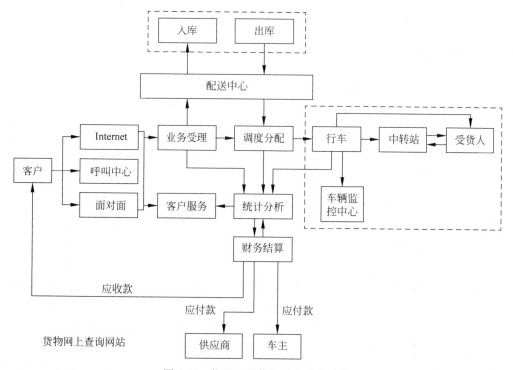

图 8-31　物流配送信息系统业务流程

资料来源：郭毓东.第三方物流配送信息系统分析与设计[D].长沙：湖南工业大学，2008.

3. 物流配送信息系统的应用

1）应用现状

目前，我国国内的大型连锁零售业的门店使用的是 POS-MIS，配送中心与各门店之间通过互联网或者专线连接，配送中心设有一个或多个后台进销存系统，门店将需求量通过系统传输给配送中心，配送中心根据门店的需求进行相应的安排，如拣货、发货、配送、运输等,配送中心还能够通过系统了解到库存量,并且制订采购计划。

2)存在的问题

国内的物流配送信息系统不具备车辆调度以及最优路线选取功能,同时,无法反映出具体货物在仓库中的位置,造成了运输过程中的成本增加。同时我国的机械自动化设备还未达到能够运用国外先进配套管理软件的地步,因此,必须设计一套针对我国国内现实情况的配送管理软件,以达到降低成本、提高企业收益的目的。

3)发展趋势

我国的信息化物流发展较西方发达国家而言晚了很多年。可以说,配送中心在国内的兴起还是因为国外诸多企业如沃尔玛等进军中国市场而带来的副产品。从一开始的纯人工作业,到运用机械辅助,完全交由机械自动化,再到现如今的智能化阶段,国内的物流配送行业已经发展了很多。我们也拥有了自主开发的智能化物流配送管理信息系统,如广州市蓝桥软件技术有限公司开发的蓝桥物流软件、用友 U8 供应链系统等,说明我们的物流信息化正在朝着西方发达国家而努力追赶。

8.3.5 运营业绩管理系统

1. 运营业绩管理系统的概念

配送中心作业活动繁多,作业过程复杂(图 8-32),对其进行有效的管理是一项艰巨的任务。当前,我国的配送中心既要迎接来自西方的物流业巨头的竞争,又要适应我国物流业快速发展和管理相对滞后的局面。面对诸多的机遇和挑战,许多配送中心都在探索改善整体绩效、提高市场竞争力的有效方法。如何建立科学有效的运营业绩管理系统(performance management system),成为人们普遍关注的热点问题。

运营业绩管理系统,也称绩效管理系统,就是管理组织和员工绩效的系统。此系统通过既定的评价对象,根据评价的目标,依据不同的评价指标和设定的评价标准进行对比,得出对当前运行状况的合理判断,在此过程中,要注意评价指标体系设定的基本原则,选择合适的评价方法,并通过及时的评价信息的反馈,对之前设定的评价目标作出适当的调整,其工作流程如图 8-33 所示。运营业绩管理系统为配送中心的各种管理系统搭建了一个管理平台,它是各种管理系统的纽带,透过它来验证各管理系统的运作效果。

在引进和开发运营业绩管理系统的过程中,有些配送中心已经取得了一定的成功经验,但发展状况、组织结构和管理风格是不同的。在建立运营业绩管理系统时,不能想当然地认为适合其他物流中心的运营业绩管理系统也一定适合自己。

2. 运营业绩管理系统的作用

企业要对运营业绩进行管理,因为无论从组织的角度,还是从管理者或者员工的角度,运营业绩管理都可以帮助我们解决很多从前难以解决的问题,并能给企业和员工带来非常多的好处,见表 8-17。

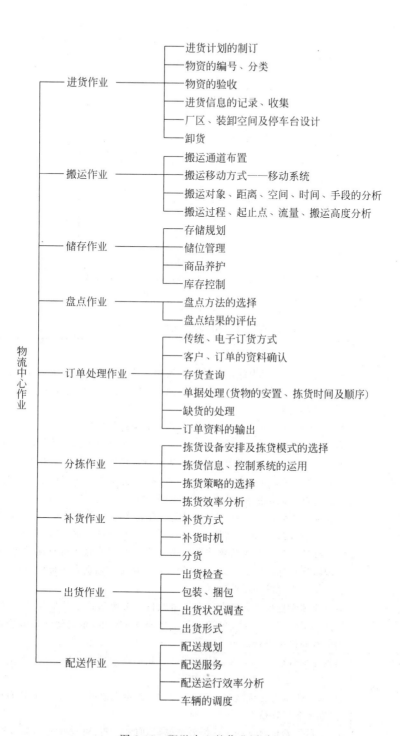

图 8-32　配送中心的作业活动

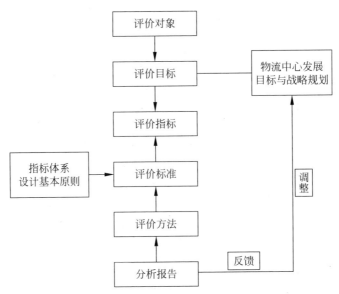

图 8-33　配送中心运营业绩管理系统工作流程

资料来源：李黎.配送中心绩效评价研究[D].成都：西南财经大学,2008.

表 8-17　运营业绩管理系统的作用

作　　用	主要内容
满足组织发展的需要	一个企业、一个组织都是要完成一定的工作目标的。一个企业的目标要完成必须被分解到各个业务单位及每个职位。由此可见,组织的整体目标实现是要靠员工的业绩来支持的。 第一,它需要全体员工都积极向着共同的组织目标努力。 第二,组织则需要监控员工和业务单元在各个环节上的工作情况,了解各个环节上的工作产出,及时发现阻碍目标有效达成的问题并予以解决。 第三,组织需要得到最有效的人力资源,以便高效率地完成目标。为人员调配、培训和发展提供信息,来增强组织的实力。 运营业绩管理恰恰是解决上述问题的有效途径。通过目标的设定与绩效计划的过程,组织的目标被有效地分解到各个业务单位或个人,通过对团队和个人的绩效目标的监控以及对绩效结果的评价,组织可以有效了解目标的达成情况,可以发现阻碍目标达成的原因,可以为人员的调配和培训发展提供有效信息。因此,它是组织需要的一项活动
满足管理者进行管理的需要	运营业绩管理提供管理者一个将组织目标分解给员工的机会,并且使管理者能够向员工说明自己工作的期望和工作的衡量标准,也能使管理者能够对绩效计划的实施情况进行监控
满足员工个人成长的需要	运营业绩管理是员工成长所必需的。从需要层次理论看,员工在基本需要满足了以后,更多的高级需要有待满足。 第一,员工内心希望能够了解自己的绩效,希望通过有效途径知道自己做得怎么样,别人怎样评价。 第二,员工希望自己的工作绩效能够得到他人的认可与尊重。

续表

作　用	主要内容
满足员工个人成长的需要	第三,员工需要了解自己有待提高的地方,使自己的能力得到提高,技能更加完善。 第四,员工需要有一个有效的途径获知自己的绩效表现,不希望只凭自己的猜测来了解。 总之,员工希望了解自己的绩效表现,更多的是为了提高自己的绩效,提高自己的能力

3. 运营业绩管理系统建立的基础

一个好的管理系统应该在质量(quality,正确做事)、速度(speed,做事较快)、灵活(flexibility,适时改变)、可靠(dependability,准时完成)、成本(cost,价格优势)五个方面能够满足企业的需求。

企业的管理系统主要包括两大类:一类是核心系统,包括市场系统、运营系统、开发系统三大系统;另一类是支持系统,起到支持核心系统运行的作用,包括人力资源管理(human resource management)系统、财务管理系统和电脑管理系统等。运营业绩管理系统不在这两大类之列,因为运营业绩管理系统仅是人力资源管理系统的支持系统。

如何设计运营业绩管理系统? 它与人力资源管理系统的其他子系统的关系是怎样的呢? 要建立运营业绩管理系统,就必须要了解人力资源管理系统的内容,宏观上讲就是要了解包括组织结构(organizational structures)、工作设计(task design)、人力资源信息(the type of HRI)、薪酬系统(reward system)、人员的挑选培训和发展(selection, training and development)等的五个子系统,正是由于这些子系统的运作产生了个人和团队绩效(performance)。

从以上分析可得出,配送中心的运营业绩管理系统是建立在人力资源管理系统的基础之上的,将运营业绩管理体系单独拿出来视为一个独立系统,设计业绩管理体系时才能够更加结合企业的实际发展情况,也才能真正为企业的进一步发展而展现企业人力资源管理者的风采。

4. 运营业绩系统的构成

运营业绩管理是一个完整的系统,该系统构成包括四个部分,见表 8-18。

表 8-18　运营业绩系统构成

构成部分	主要内容
运营业绩计划	主管经理与员工合作,就员工下一年应该履行的工作职责、各项任务的重要性等级和授权水平、绩效的衡量、经理提供的帮助、可能遇到的障碍及解决的方法等一系列问题进行探讨并达成共识,是整个运营业绩管理体系中最重要的环节
动态、持续的业绩沟通	经理与员工双方在计划实施的全年随时保持联系,全程追踪计划进展情况,及时排除遇到的障碍,必要时修订计划。这是运营业绩管理体系的灵魂与核心

构成部分	主要内容
业绩评价	进行业绩评价的原因主要有两点，一是在充分参与业绩计划和业绩沟通的基础上，员工们能亲身感受和体验到业绩管理是为了齐心协力提高业绩，因而会少些戒备，多些坦率；二是考核不会出乎意料，因为在平时动态、持续的沟通中，员工们已就自己的业绩情况和经理基本达成共识，此次业绩考核只是对平时讨论的一个复核和总结。经理已从"考核者"转变为"帮助者"和"伙伴"。考核面谈的目的是鼓励员工自我评价，运用数据、事实来证明。经理同样也可用数据、事实来证明自己的观点。需注意的是，若采用等级评定考核法，则应对各等级的含义定出操作性的解释后再开始评价，否则只能制造矛盾、浪费时间。另外，不必在数字上过分斤斤计较，因为真正有助于提高绩效的不是业绩考核，而是业绩管理过程中沟通的质量和水平
业绩诊断与辅导	一旦发现业绩低下，最重要的就是找出原因。业绩不佳的因素可以分成两类：一类是个体因素，如能力与努力不够等；一类是组织或系统因素，如工作流程不合理、官僚主义严重等。业绩诊断应当先找出组织或系统因素，再考虑个体因素。员工是查找原因的重要渠道，但要努力创造一个以解决问题为中心的接纳环境，必须确保员工不会因为吐露实情而遭惩罚。一旦查出原因，经理和员工就需要齐心协力排除障碍，此时，经理充当了导师、帮助者的角色，称之为辅导

企业的运营业绩管理系统要想顺利得以实施，人力资源管理工作者、员工和企业主必须在运营业绩管理平台上加强合作。

8.3.6 决策支持系统

1. 决策支持系统的概念

1) 决策的一般过程

决策过程一般分为四个阶段，如图 8-34 所示。

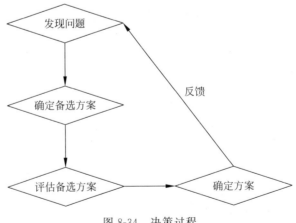

图 8-34 决策过程

第一阶段，发现问题并形成决策目标，在此阶段要完成包括建立决策模型、拟订方案和确定效果度量的工作,此阶段是决策活动的起点。

第二阶段,能够利用概率定量地描述各个备选方案出现的各种结果的可能性。

第三阶段,参与决策的人员要对各种结局进行定量评价,一般用效用值来定量表示。效用值是有关决策人员根据个人才能、经验、风格以及所处环境条件等因素,对各种结局的价值所做的定量估计。

第四阶段,通过对以上评价的备选方案的各方面信息进行综合分析,确定要最终选取的方案,在此阶段需要注意的是:有时还要对方案做灵敏度分析,研究原始数据发生变化时对最优解的影响,决定对方案有较大影响的参量范围。

2) 决策支持系统的定义

决策往往不可能一次完成,而是一个迭代过程。决策可以借助计算机来完成,即用计算机来辅助确定目标、拟订方案、分析评价以及模拟验证等工作。在此过程中,可用人机交互方式,由决策人员提供各种不同方案的参量并选择方案,决策支持系统的出现解决了此问题。

决策支持系统(decision support system,DSS)是辅助决策者通过数据、模型和知识,以人机交互方式进行半结构化或非结构化决策的计算机应用系统。它是管理信息系统向更高一级发展而产生的先进信息管理系统。

3) 决策的类型

不同类型的决策,其决策过程和决策方法是不同的,见表 8-19。

表 8-19　决策的类型及其应用

决策的类型	定　义	应用范围
结构化决策	是指对某一决策过程的环境及规则,能用确定的模型或语言描述,以适当的算法产生决策方案,并能从多种方案中选择最优解的决策	结构化决策问题相对比较简单、直接,其决策过程和决策方法有固定的规律可以遵循,能用明确的语言和模型加以描述,并可依据一定的通用模型和决策规则实现其决策过程的基本自动化。早期的多数管理信息系统,能够求解这类问题,例如,应用解析方法、运筹学方法等求解资源优化问题
非结构化决策	是指决策过程复杂,不可能用确定的模型和语言来描述其决策过程,更无所谓最优解的决策	其决策过程和决策方法没有固定的规律可以遵循,没有固定的决策规则和通用模型可依,决策者的主观行为(学识、经验、直觉、判断力、洞察力、个人偏好和决策风格等)对各阶段的决策效果有相当影响,往往是决策者根据掌握的情况和数据临时作出决定
半结构化决策	是介于以上二者之间的决策,这类决策可以建立适当的算法产生决策方案,使决策方案得到较优的解	其决策过程和决策方法有一定规律可以遵循,但又不能完全确定,既有所了解但又不全面,既有所分析但又不确切,既有所估计但又不确定。这样的决策问题一般可适当建立模型,但无法确定最优方案

非结构化决策和半结构化决策一般用于一个组织的中、高管理层,其决策者一方面需要根据经验进行分析判断,另一方面也需要借助计算机为决策提供各种辅助信息,及时作出正确有效的决策。

2. 决策支持系统基本结构

决策支持系统通过计算机系统为决策者提供分析问题、建立模型、模拟决策过程和方案的环境,调用各种信息资源和分析工具,帮助决策者提高决策水平和质量。决策支持系统具有如下结构:数据库及其管理系统、模型库及其管理系统、交互式计算机硬件及软件、图形及其他高级显示装置和对用户友好的建模语言。

此系统主要由四个部分组成,即数据部分、模型部分、推理部分和人机交互部分,其组成见表 8-20。

表 8-20　决策支持系统的构成

组成部分	包含内容
数据部分	一个数据库系统
模型部分	模型库(MB)及其管理系统(MS)
推理部分	知识库(KB)、知识库管理系统(KBMS)和推理机
人机交互部分	决策支持系统的人机交互界面,用以接收和检验用户请求,调用系统内部功能软件为决策服务,使模型运行、数据调用和知识推理达到有机的统一,有效地解决决策问题

3. 决策支持系统的基本特征

决策支持系统在配送中心的运行中能都得到应用,主要在于它具有以下特征。

(1) 决策支持系统在作出决策时,主要是对中高层管理人员经常面临的结构化程度不高、说明不充分的问题,起到辅助决策的作用。

(2) 决策支持系统在进行辅助决策时是把模型或分析技术与传统的数据存取技术检索技术结合起来,有利于产生比较满意的决策结果。

(3) 决策支持系统在进行辅助决策时以交互会话的方式进行,易于为非计算机专业人员使用,更加具有可适用性。

(4) 决策支持系统在进行辅助决策时比较关注对用户的决策方法,要求决策方法的改变是灵活的和适应的,更加具有通用性。

(5) 决策支持系统在进行辅助决策时,只是对高层决策者的决策起支持作用,并不是代替高层决策者制定决策。

4. 决策支持系统的发展历程和发展前景

1) 决策支持系统的发展历程

决策支持系统的概念是 20 世纪 70 年代提出来的,到目前为止,决策支持系统的发展已经取得相当好的成绩。特别是在 20 世纪 80 年代末 90 年代初,决策支持系统开始与专家系统(expert system,ES)相结合,形成了智能决策支持系统(intelligent decision support system,IDSS),这是决策支持系统发展的一个新阶段。

智能决策支持系统不仅能够利用专家系统以知识推理形式定性分析问题,又可以利用决策支持系统以模型计算为核心定量分析问题,实现了定性分析和定量分析相结合,提高了解决问题的能力和扩大了解决问题的范围。

到 20 世纪 90 年代中期,数据仓库(data warehouse,DW)、联机分析处理(on-line analysis processing, OLAP)和数据挖掘(data mining,DM)新技术出现,这三种新技术综合应用,即 DW+OLAP+DM,使得新的决策支持系统概念逐渐形成,此时,之前的智能决策支持系统被称为传统决策支持系统。

这种新决策支持系统完全不同于传统决策支持系统通过模型和知识进行辅助决策,而是从数据中获取辅助决策信息和知识。可以看到,两种系统是两种不同的辅助决策方式,它们之间是不能相互代替的,在实际应用中应该是互相结合的。

2) 决策支持系统的发展前景

随着 Internet 的普及,决策支持系统所需要的决策资源,如数据资源、模型资源、知识资源,将作为一种共享资源,可以服务器的形式在网络上提供并实现共享,这也为决策支持系统的发展打开新的思路,开辟新的出路,也就是说,网络环境下的决策支持系统是决策支持系统未来的发展方向,网络环境下的决策支持系统将以新的结构形式登上历史舞台。

在计算机网络高速发展的同时,知识经济也在高速发展。知识经济时代的管理——知识管理(knowledge management,KM)与新一代 Internet 技术——网格计算,两者都与决策支持系统存在一定的联系,两者的不同在于知识管理系统强调知识的共享性,基于数据仓库的新决策支持系统是知识管理的应用技术基础;网格计算则强调资源的共享性,决策支持系统的工作过程是借助可以共享的决策资源(数据、模型、知识)来辅助解决各类决策问题。因此,在网络环境下产生的综合决策支持系统将是在网格计算的基础上建立起来的,能够充分利用网格上的共享决策资源,具备随需应变的决策支持功能。

 案例讨论:

奥运会食品供给的安全问题将直接影响到参赛人员的身体健康和赛事正常进行,是奥运会成功举办的一个重要影响因素。在 2008 年北京奥运会期间,奥运食品项目每天需提供的数量超过 70 000 份,最高峰时期,每天运送的货品超过了 180 吨,每天发车次数超过 70 次,所涉及的食品原料品种超过 150 种。涉及的餐饮类型既有西餐、中餐,也有日餐、清真食品及世界各地有特色的餐饮。麦当劳和爱玛客是本届北京奥运会仅此获准的两家食品供应商,而具体的奥运物流运作全部由夏晖物流(北京)有限公司来完成,这意味着夏晖物流作为最主要的食品物流供应商,其业务内容包括:对四家麦当劳奥运餐厅提供全方位的物流服务;对奥运村、媒体村、主新闻中心和国际广播中心等地点的参会运动员、官员、服务人员和志愿者提供餐饮物流服务。

资料来源:根据网上资料、新闻资料、期刊(分析与决策)等整理:https://wenku. baidu. com/view/e5ecf3a9a1c7aa00b52acbff. html

结合案例讨论:夏晖物流是如何满足奥运食品配送要求的?

 即测即练题

第9章

配送中心的存货管理

本章学习目标:

通过本章学习,学员应该能够:

1. 了解配送中心存货的概念、特点、功能及分类;
2. 了解配送中心存货管理的概念和意义;
3. 掌握配送中心存货管理的技术;
4. 了解配送中心库存结构的概念和分析方法;
5. 熟悉配送中心库存控制的方式。

 引导案例:小米的存货管理

小米公司正式成立于 2010 年 4 月,是一家专注于智能手机自主研发的移动互联网公司,定位于高性能发烧手机。在这个竞争越发激烈的时代,它脱颖而出的原因是什么?它成功的秘密又是什么呢?小米的性价比高是主要原因,价格低,配置好,消费者愿意购买。那么,是什么让小米有勇气把高配置的产品以低价出售给消费者呢?小米的库存管理做得到位降低了存货成本是主要原因。在小米向港交所正式递交 500 多页的招股书中,大家发现一个数字:小米的存货周转天数是 45 天。也就是一个小米产品从入库到卖出只需 45 天,这是一个让多数同行望其项背的周转速度,已超越快消品牌 H&M,直逼全球百货公司沃尔玛。而且小米是一家硬件公司。更快的周转率,意味着更低的成本、更少的承担和更高的利润。或许在库存把控上的极致追求,是小米能壮大至今的秘诀之一。

案例来源:https://www.360kuai.com/pc/9b328f760d6e467b5?

9.1 配送中心存货及存货管理的内容

9.1.1 存货的概念和特点

1. 存货的概念

存货是指企业在日常活动中持有以备出售的产成品或商品、处在生产过程中的在产品、在生产过程或提供劳务过程中耗用的材料和物料等。存货属于企业的流动资产,具体来讲,存货包括各类原材料、在产品、半成品、产成商品以及周转材料等。为保证生产经营过程的持续稳定,企业必须有计划、有目的地购入、使用和销售存货。不管是何种类型的企业,存货的种类和数量都十分繁多,并且在流动资产中占据了相当大的比重。配送中心的存货是指处于储存状态的物品或商品。

扩展知识 9.1　Zara 供应链模式下的存货管理

一般情况下,企业的存货包括下列三种类型的有形资产:第一类是在正常经营过程中存储以备出售的存货。这是指企业在正常的过程中处于待销状态的各种物品,如工业企业的库存产成品及商品流通企业的库存商品。第二类是为了最终出售正处于生产过程中的存货。这是指为了最终出售但目前处于生产加工过程中的各种物品,如工业企业的在产品、自制半成品以及委托加工物资等。第三类是为了生产供销售的商品或提供服务以备消耗的存货。这是指企业为生产产品或提供劳务耗用而储备的各种原材料、燃料、包装物、低值易耗品等。

2. 存货的特点

存货一般具有以下特点。

(1) 存货是有形资产,这一点有别于无形资产。

(2) 存货具有较强的流动性。在企业中,存货经常处于不断销售、耗用、购买或重置中,具有较快的变现能力和明显的流动性。

(3) 存货具有时效性和发生潜在损失的可能性。在正常的经营活动下,存货能够规律地转换为货币资产或其他资产,但长期不能耗用的存货就有可能变为积压物资或降价销售,从而造成企业的损失。

配送中心的服务对象是为数众多的生产企业和商业网点(比如连锁店和超级市场),配送中心需要按照用户的要求及时将各种配装好的货物送交到用户手中,满足生产和消费需要。为了顺利有序地完成向用户配送商品的任务,更好地发挥保障生产和消费需要的作用,配送中心通常要兴建现代化的仓库并配备一定数量的仓储设备,存储一定数量的商品。某些区域性的大型配送中心和开展"代理交货"配送业务的配送中心,不但要在配送货物的过程中存储货物,而且它所存储的货物数量更大、品种更多。因此配送中心的存货具有数量大、品种多、周转快、来源广的特点。

9.1.2　存货的功能和结构分类

1. 存货的功能

存货的功能指存货在生产经营过程中的作用。适量的存货有助于保证生产正常进行,有利于销售,便于维持均衡生产,降低产品成本(季节性产品或需求波动较大的产品),降低存货取得成本,防止意外事件发生。其主要表现在以下几个方面。

1) 防止停工待料

企业储存适量的原材料、在产品和半成品存货,是企业生产正常进行的前提和保障,可有效防止停工待料事件的发生。

2）适应市场变化

企业有足够的产成品库存,可以有效地供应市场,满足客户的需要。在通货膨胀时,适当地储备原材料,还能使企业获得市场物价上涨的好处。

3）降低进货成本

企业如能采取批量集中进货,往往可获取较多的商业折扣(购货达到一定数量时,卖方往往在价格上给予相应的折扣优惠),也可降低采购费用,从而降低进货成本。

4）维持均衡生产

有些企业生产产品所使用的原材料具有季节性,为实现均衡生产,企业就必须储备适量的半成品和原材料,以免旺季时超负荷运转,淡季时生产能力又得不到充分利用。

配送中心是一种末端物流的节点设施,通过有效地组织配货和送货,资源的最终端配置得以完成,适当的存货有利于配送中心降低采购成本,配送中心存货的功能主要表现有:①时间性功能,配送中心的存货一是为了解决季节性货物生产计划与销售季节性的时间差问题,二是为了解决生产与消费之间的平衡问题,为保证正常配送的需要,满足用户的随机需求,配送中心不仅应保持一定量的商品储备,而且要做好商品保管保养工作,以保证储备商品的数量,确保质量完好。②分离功能,它通过在生产作业之间储存在制品,在单一的制造工厂内最大限度地提高作业效率。③不确定因素的缓冲功能,配送中心保有一定量的存货,可以防止因不确定因素的发生造成的缺货使下游生产企业或商业企业无法及时地进行物资供应,保证了良好的服务连续性。④经济性的功能,配送中心采购所要供应配送的商品,才能及时准确无误地为其用户即生产企业或商业企业供应物资。配送中心应根据市场的供求变化情况,制订并及时调整统一的、周全的采购计划,并由专门的人员与部门组织实施批量采购,形成较好的与供应商议价能力,从而取得较好的商业折扣,降低进货成本。

2. 存货的结构分类

存货结构是指原材料、在产品、库存商品等各自占比。

通过存货结构分类,可以摸清存货的数量、金额以及存货结构,进而找出不良存货产生的原因,按照不同情况采取相应对策并进行处理;可以降低存货储备量,加速库存物资周转速度,减少存货资金占用,从而降低成本,提高企业经济效益;可以改善企业物资管理,提高物资管理工作质量,使物资管理人员更加熟悉物资品种、质量、价格等,间接达到减少物资损失浪费的效果。

1）原材料

原材料指企业在生产过程中经加工改变其形态或性质并构成产品、主要实体的各种原料及主要材料、辅助材料、外购半成品(外购件)、修理用备件(备品备件)、包装材料、燃料等。为建造固定资产等各项工程而储备的各种材料,虽然同属于材料,但是由于用于建造固定资产等各项工程不符合存货的定义,因此不能作为企业的存货进行核算。

2）在产品

在产品指企业正在制造尚未完工的产品,包括正在各个生产工序加工的产品和已加工完毕但尚未检验或已检验但尚未办理入库手续的产品。

3）半成品

半成品指经过一定生产过程并已检验合格交付半成品仓库保管，但尚未制造完工成为产成品，仍需进一步加工的中间产品。

4）产成品

产成品指工业企业已经完成全部生产过程并验收入库，可以按照合同规定的条件送交订货单位或者可以作为商品对外销售的产品。企业接受外来原材料加工制造的代制品和为外单位加工修理的代修品，制造和修理完成验收入库后，应视同企业的产成品。

5）商品

商品指商品流通企业外购或委托加工完成验收入库用于销售的各种商品。

6）周转资料

周转资料指企业能够多次使用但不符合固定资产定义的材料。如为了包装本企业商品而储备的各种包装物，各种工具、管理用具、玻璃器皿、劳动保护用品以及在经营过程中周转使用的容器等低值易耗品和建造承包商的钢模板、木模板、脚手架等其他周转材料。

7）委托代销商品

委托代销商品指企业委托其他单位代销的商品。

9.1.3　存货管理概述

1. 存货管理的概念和方法

存货管理就是对企业的存货进行管理，主要包括存货的信息管理和在此基础上的决策分析，最后进行有效控制，达到存货管理的最终目的即提高经济效益。科学、高效、完善的存货管理，可以提高存货的周转速度和总资产周转率，有效降低企业的平均资金占用率，进而提升企业的经济效益，在企业的生产经营活动中有着举足轻重的作用。存货管理是将厂商的存货政策和价值链的存货政策进行作业化的综合过程。常见的存货管理方法有拉式存货方法、计划方法和混合方法三种，见表 9-1。

表 9-1　存货管理方法的分类

分　　类	内　　　涵
拉式存货方法	利用客户需求，通过配送渠道来拉动产品的配送
计划方法	按照需求量和产品可得性，主动排定产品在渠道内的运输和分配
混合方法	用逻辑推理将前两种方法进行结合，形成对产品和市场环境作出反应的存货管理理念。一项综合的存货管理战略将详细说明各种政策，并用于确定何处安排存货、何时启动补给装运和分配多少存货等过程

2. 存货管理的意义

企业置留存货的原因一方面是保证生产或销售的经营需要；另一方面是出自价格的考虑，零购物资的价格往往较高，而整批购买在价格上有优惠。存货作为一项重要的流动资产，它的存在势必占用大量的流动资金。一般情况下，存货占工业企业总资产的 30% 左右，商业流通企业的存货则更高，过多的存货要占用较多资金，并且会增加包括仓储费、保险费、维护费、管理人员工资在内的各项开支,其管理利用情况如何,直接关系到企业的资金占用水平以及资产运作效率。因此,一个企业若要保持较高的盈利能力,应当十分重视存货的管理。为了保证生产经营过程的持续性,企业必须有计划地购入、消耗和销售存货,它是生产经营过程中不可缺少的资产,也是保证生产经营活动连续顺利进行的必要条件。随着现代企业管理制度的日趋完善,存货管理也成为现代企业管理的重要组成部分,尽力在各种成本与存货效益之间作出权衡进而达到两者的最佳结合是存货管理的目标。

配送中心通过存货管理可以帮助配送中心仓库管理人员对库存商品进行详尽、全面的控制和管理;帮助库存会计进行库存商品的核算;提供的各种库存报表和库存分析可以为配送中心的决策提供依据;实现降低库存,减少资金占用,避免物品积压或短缺,保证配送中心经营活动顺利进行。在不同的存货管理水平下,配送中心的平均资金占用水平差别是很大的。通过实施正确的存货管理方法,来降低配送中心的平均资金占用水平,提高存货的流转速度和总资产周转率,才能最终提高配送中心的经济效益。因此,配送中心进行存货管理的目标就是尽力在各种成本与存货效益之间作出权衡,达到两者的最佳结合。控制存货的占用总额是否合理以及构成存货总额的各项存货所占比例是否恰当是实施存货控制和管理的关键,分析查明配送中心存货占用不合理和形成积压的原因,以便采取措施控制存货储备,降低配送中心存货的占用水平,提高存货的流转速度和总资产的周转率,最终提高配送中心的效益。

9.2 配送中心存货的储位规划

9.2.1 储位规划的概念和要求

1. 储位规划的概念

储位规划是探究如何将仓库储位合理地安排以便最快地存放、提取货物,从而实现仓库货物搬运时间最优化和提高空间利用率的目标的操作。储位规划作业是指根据物料的外形、包装和合理的堆码、苫垫方法以及操作要求,再结合保管场所的地形,规划各个货位的分布或货架的位置,并进行统一编号的管理。为了配合配送时效,物料流通变得快速而复杂,储存作业也因流动频率和品种的增加而难度加大。想要有效地掌控物料的去向和数量,就要利用储位规划,明确指示储位的位置,并准确记录物料在储位上的变动情况,使物料时刻处于"被保管状态"。

2. 储位规划的要求

储位规划的基本要求是充分满足物料的保管要求和作业要求,如对于怕潮、怕压的物料,不宜码大垛。在做储位规划时,要做到以下五个方面。

第一,充分有效地利用空间。

充分了解要存放的物料种类、特性以及使用频率等,再结合仓库的空间布局,规划物料储位,尽可能充分利用高度空间,增加单位面积存储量,具体作业方式如下:当物料质量轻、数量多时,可以直接采用高层货架;当物料的流通性比较低时,可以将这部分物料放置于高层货架的上半部分;对于质量较大的物料,受承重限制,可以放在高层货架的底部,而在货架上部则可以放置质量较小的物料,来增加空间利用率。

第二,尽可能地提高人力资源及设备的利用率。

一方面方便计数、登记、检验,可以迅速掌握物料的数量信息;另一方面,在挑拣、搬运物料时,可以减少作业距离,且有利于机械设备通过,确保物料的有效移动。在存放区,物料搬运是一项频繁、量大的工作,合理的储位设计能有效缩短搬运距离。

第三,有效地保护好物料的质量。

存储管理以确保物料质量为目标,这也是储位规划的基本要求。对性质、品种、规格、批次、所属客户不同的物料,应该分开堆放。要保证物料特性的维持,这需要彻底了解物料的材质、质量等品类规格以及温湿度等物理特性,以做到对物料的适当存放。

第四,维护良好的储存环境。

良好的储存环境有利于保持物料的质量,也有利于储存作业。以 6S 的标准进行现场管理,做到"两齐":库容整齐(进出整齐有序)、堆放整齐(同种物料码放整齐);"三清":数量、质量、规格清晰;"三洁":货架、货物、地面整洁;"三相符":账、卡、物一致;"四定位":区、架、层、位,对号入座。

第五,使所有在储存物处于随存随取状态。

合理的物料堆码方式便于出入库、装卸搬运、盘点作业。应做到储位规划的规范性,确保储存位置明显。对此,可以用漆线在地坪上划出固定线,堆放物料时以漆线为界。在规划储位时,尽量将相似物料的储位划分在一起。因为在一个存储区中,物料种类越多,其专业化越低,保管、保养、装卸搬运等活动就越复杂。

9.2.2　储位存储策略

1. 定位储存策略

定位储存是指每一项商品都有固定的储位,商品在储存时不可互相窜位,在采用这一储存方法时,要求每一项货物的储位容量必须大于其可能的最大在库量。这样才能够在最短时间找到所需货品,缩短运输设备的运行时间,采用定位储存方式,易于管理在库商品,提高作业效率,减少搬运次数。这种储存策略可以有效地提高工作效率,减少工作人员的劳动量,从而降低设备故障率,但需要较多的储存空间。

 扩展知识 9.2　储位指派法则

定位储存通常适应以下一些情况:不同物理、化学性质的货物须设置不同的保管储存条件,或防止不同性质的货物互相影响;重要物品须重点保管;多品种、少批量货物的存储。可根据 ABC 分类法对货物的分类,进行储存。A 类、B 类、C 类货物分别放在不同货架。例如东莞家乐物流公司配送中心,货物种类较多且周转率或出库频率差别较大,所以在运用 ABC 分类法对货物进行分类的基础上,采取定位储存的策略。

定位储存的优点主要有:每种货品都有固定储存位置,拣货人员容易熟悉货品货位,从而方便存取;货品的货位可按周转率大小或出货频率来安排,以缩短出入库搬运距离;

可针对各种货品的特性安排货位,将不同货品特性间的相互影响减至最小。定位储存的缺点主要是储位必须按各项货品的最大在库量设计,因此储区空间平时的使用效率较低。

2. 随机储存策略

随机储存是指每一个货品被指派储存的位置不是固定的,而是随机产生的,而且经常改变;也就是说,任何品项可以被存放在任何可利用的位置。随机储存一般是储存人员按习惯来储存,且通常按货品入库的时间顺序储存于出入口的储位上。

随机储存较适用于以下两种情况:一是厂房空间有限,尽量利用储存空间;二是种类少或体积较大的物品。

随机储存的优点有:由于储位可共用,因此只需按所有库存货品最大库存量设计即可,储区空间的使用效率较高。随机储存的缺点有:物品的出入库管理及盘点工作的进行困难度较高;周转率高的物品可能被储存在离出入口较远的位置,延长了出入库的搬运距离;具有相互影响特性的物品可能相邻储存,造成物品的伤害或发生危险。采用随机储存策略能使货架空间得到最有效的利用,因此储位数目得以减少,由模拟试验得出,随机储存与定位储存比较,可节省35%的移动储存时间、增加30%的储存空间,但是不利于货品的拣取作业。

3. 分类储存策略

分类储存是指所有的储存物品按照一定特性加以分类,每一类物品都有固定储存的位置,而同属一类的不同物品又按一定的法则来指派储位。分类储存通常按产品相关性、流动性、产品尺寸和重量、产品特性来分类。

分类储存较定位储存具有弹性,但也有与定位储存同样的缺点。因而较适用于:产品相关性大、经常被同时订购者;周转率差别大者;产品尺寸相差大者。

分类储存的优点有:便于畅销品的存取,具有定位储存的各项优点;各分类的储存区域可根据物品特性再做设计,有助于物品的储存管理。分类储存的缺点表现是储位必须按各项物品最大在库量设计,因此储区空间平均的使用效率低。

4. 分类随机储存策略

分类随机储存是指每一类物品有固定存放位置,但在各类的储区内,每个储位的指派是随机的。分类随机储存兼具分类储存及随机储存的特色,需要的储存空间量介于两者之间。

分类随机储存兼具随机储存和定位储存的优点,又可节省储位数量,提高储区利用率。分类随机储存也具有物品出入库管理及盘点工作进行难度较高的缺点。

5. 共同储存策略

共同储存是指在确定各物品的进出仓库时刻的前提下,不同的物品可共用储位的方式。共同储存在管理上虽然较复杂,所占的储存空间及搬运时间却更经济。共同储存的特点是能够充分利用仓容。共同储存的适用情况有:货物的品种少,流转很快。因此,共同储存可以节省储存空间,提高作业效率,但是,在采用此策略时需要清楚货物的到库时间,管理难度较大。

9.2.3 储位规划的操作流程

储位规划按一定的规则和方法进行。首先确定编号的先后顺序规则,规定好库区、编排方向及顺序排列。其次是采用统一的方法进行编排,要求在编排过程中所用的代号、连接符号必须一致,每个代号的先后顺序必须固定,每一个代号必须代表特定的位置。常见的编号方式有以下四种。

扩展知识 9.3 储位编码的要求和功能

1．区段式编号

区段式编号是指把储存区分成几个区段,再对每个区段编号。这种方式是以区段为单位,每个号码代表的储区较大,区段式编号适用于单元化物资、大量物资、保管期短的物资。区域大小根据物流量大小而定。区段式编号如图 9-1 和图 9-2 所示。

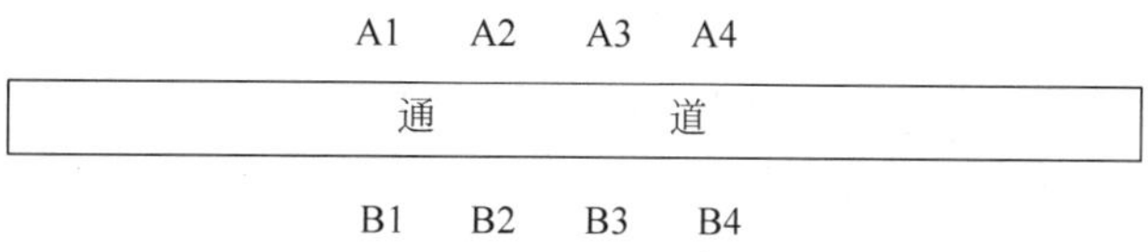

```
A1    A2    A3    A4
┌─────────────────────────────────────┐
│            通        道               │
└─────────────────────────────────────┘
B1    B2    B3    B4
```

图 9-1   区段式编号(一)

A1-1	A2-1	A3-1	A4-1	A5-1
A1-2	A2-2	A3-2	A4-2	A5-2
A1-3	A2-3	A3-3	A4-3	A5-3
A1-4	A2-4	A3-4	A4-4	A5-4
A1-5	A2-5	A3-5	A4-5	A5-5
A1-6	A2-6	A3-6	A4-6	A5-6
A1-7	A2-7	A3-7	A4-7	A5-7
A1-8	A2-8	A3-8	A4-8	A5-8
A1-9	A2-9	A3-9	A4-9	A5-9
A1-10	A2-10	A3-10	A4-10	A5-10

(各列之间为通道)

图 9-2   区段式编号(二)

2．品项群式编号

品项群式编号是指把一些相关性强的物资经过集合后,分成几个品项群,再对每个品项群进行编号,如图 9-3 所示。这种方式适用于容易按物资群保管和品牌差异大的物资。如服饰群、五金群、食品群等。

3．地址式编号

地址式编号是指利用保管区仓库、区段、排、行、层、格等进行编号。如在仓库货架存放的货物,可采用四组数字来表示物资存在的位置,四组数字分别代表库房的编号、货架

的编号、货架层数的编号和每一层中各格的编号。例如,1-11-1-3,可以知道编号的含义是：1号库房,第11个货架,第一层中的第3格,根据储位编号就可以迅速地确定某种物资具体存放的位置(图9-4)。

冻品区　　　　　　　干货区

图 9-3　品项群式编号

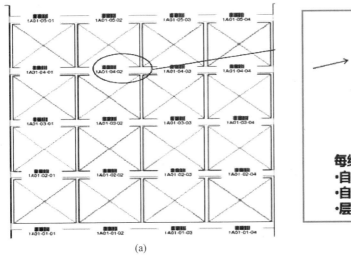 

(a)　　　　　　　　　　　　　　　　(b)

图 9-4　地址式编号

4．坐标式编号

坐标式编号是指利用空间坐标 z、y、x 对储位进行编号。这种编号方式直接对每个储位定位,在管理上较复杂,适于流通率很小、存放时间较长的物品。

因为储存货品的特性不同,所以采用的储位编号方法也不一样。应根据货品储存量、流动率、保管空间布置和保管设备来选择储位编号方法。配送中心在进货时,大部分商品本身已有商品号码和条形码。为了物流管理和存货管制,配合物流作业信息系统,对商品编一个货物代码和物流条形码,从而方便储位管理系统运作和及时掌握货物动向。

9.3　配送中心存货管理技术

9.3.1　储位管理

现代仓储管理与传统的仓储管理相比,更加注重仓储的时效性,是一种动态的管理,重视商品在拣货出库时的数量位置变化,从而配合其他仓储作业。储位管理就是利用储位来使商品处于"被保管状态",并且能够明确显示所储存的位置,同时当商品的位置发生变化时能够准确记录,使管理者能够随时掌握商品的数量、位置及去向。

1.储位管理对象

储位管理对象分为保管商品和非保管商品两部分。

1)保管商品

保管商品是指在仓库的储存区域中的保管商品,由于它对作业、储放、搬运、拣货等方面有特殊要求,其在保管时会有很多种形态出现,如托盘、箱、散货或其他方式,这些方式虽然在保管单位上有很大差异,但都必须用储位管理的方式加以管理。

2)非保管商品

(1)包装材料。包装材料是指一些标签、包装纸等材料。现在商业企业促销、特卖及赠品等活动的增加,使得仓库的贴标、重新包装、组合包装等流通加工比例增加,从而对于包装材料的需求就越来越大,必须对这些材料加以管理,如果管理不善、欠缺情况发生,会影响到整个作业的进行。

(2)辅助材料。辅助材料是指托盘、箱、容器等搬运器具。目前由于流通器具的标准化,仓库对这些辅助材料的需求越来越大,依赖也越来越重。为了不影响商品的搬运,就必须对这些辅助材料进行管理,制定专门的管理办法。

(3)回收材料。回收材料是指经补货或拣货作业拆箱后剩下的空纸箱。虽然这些空纸箱都可回收利用,但是这些空纸箱形状不同,大小不一,若不保管起来,很容易造成混乱而影响其他作业,因此就必须划分一些特定储位来对这些回收材料进行管理。

2.储位管理范围

在仓库的所有作业中,所用到的保管区域均属于储位管理的范围,根据作业方式不同可分为预备储区、保管储区和动管储区。

1)预备储区

预备储区是商品进出仓库时的暂存区,预备进入下一保管区域,虽然商品在此区域停留的时间不长,但是也不能在管理上疏忽大意,给下一作业程序带来麻烦。在预备储区,不但要对商品进行必要的保管,还要将商品打上标识、分类,再根据要求归类,摆放整齐。为了在下一作业程序中节省时间,标识与看板的颜色要一致。

对于进货暂存区,在商品进入暂存区前先分类,暂存区域也先行标示区分,并且配合看板上的记录,商品依据分类或入库上架顺序,分配到预先规划好的暂存区储存。对于出货暂存区,所要配送的商品,每一车或每一区域路线的配送商品必须排放整齐并且加以分隔,摆放在事先标示好的储位上,再配合看板上的标示,并按照出货单的顺序,进行装车。

2)保管储区

保管储区是仓库中最大、最主要的保管区域,商品在此区域保管时间最长,商品在此区域以比较大的存储单位进行保管,所以是整个仓库的管理重点。为了最大限度地增大储存容量,要考虑合理运用储存空间,提高使用效率。为了对商品的摆放方式、位置及存量进行有效的控制,应考虑储位的分配方式、储存策略等是否合适,并选择合适的储存和搬运设备,以提高作业效率。

3)动管储区

动管储区是在拣货作业时所使用的区域,此区域的商品大多在短时期即将被拣取出货,其商品在储位上流动频率很高。由于现在仓库大多是少量多样高频率出货,一般仓库的基本作业方式已经不能满足现实需求,动管储区这一管理方式的出现,恰恰满足了这一需求,其效率的评估与提高在仓库作业中已被作为重要的一部分。动管储区的主要任务是对储区货物的整理、整顿和对拣货单的处理。由于这个区域的功能在于满足拣货的需求,为了让拣货时间及距离缩短、降低拣错率,就必须在拣取时能很方便迅速地找到商品所在位置,因此储存的标示与位置指示就非常重要,而要让拣货顺利进行及拣错率降低,就得依赖一些拣货设备来完成,例如,电脑辅助拣货系统(CAPS)、自动拣货系统等,动管储区的管理方法就是这些位置指示及拣货设备的应用。

注意:在仓库中进行整理、整顿的工作,将使寻找商品的时间缩短,并可缩短行走的距离,而使效率提升。因为一般的拣货作业,真正在拣取时所花费的时间很短,但花费在寻找商品、行走的时间特别多,若能有效地整理、整顿,并将货架编号、商品编号、商品名称简明地标示出来,再利用灯光、颜色进行区分,不但可以提高拣货效率,同时也可以降低拣错率。但对于商品的变动及储位的变更,一定要确实更改记录,以掌握最正确的信息。拣货单在设计时应对各个项目,如货架编号、货号、数量、品名合理安排顺序,以免拣货时产生一位多物、一号多物、拣错等错误。

3. 储位管理原则

储位管理与其他管理一样,其管理方法必须遵循一定的原则,其基本原则有以下三个。

1)储位标识明确

先将储存区域详细划分,并加以编号,让每一种预备存储的商品都有位置可以存放。此位置必须是很明确的,而且是经过储位编码的,不可以是边界含糊不清的位置,例如走道、楼上、角落或某商品旁等。需要指出的是,仓库的过道不能当成储位来使用,虽然短时间会得到一些方便,但会影响商品的进出,违背了储位管理的基本原则。

2)商品定位有效

依据商品保管方式的不同,应该为每种商品确定合适的储存单位、储存策略、分配规则,以及其他储存商品要考虑的因素,把货品有效地配置在先前所规划的储位上,例如,冷藏的商品就该放在冷藏库,流通速度快的商品就该放置在靠近出口处,香皂就不应该和食品放在一起等等。

3)变动更新及时

当商品被有效地配置在规划好的储位上之后,接下来的工作就是储位的维护,也就是说商品不管是因拣货取出或是被淘汰,或是受其他作业的影响,使得商品的位置或数量发生了改变,都必须及时地把变动情形加以记录,以使记录与实物数量能够完全吻合,如此才能进行管理。此项变动登录工作非常烦琐,仓库管理人员在繁忙的工作中会产生惰性,使得这个原则是进行储位管理中最困难的部分,也是目前各仓库储位管理作业成败的关键所在。

4．方法与步骤

储位管理基本方法就是对储位管理原则的灵活运用，具体方法与步骤如下。

（1）了解储位管理的原则，应用这些原则来判别自己商品的储放需求。

（2）对储放空间进行规划配置，空间规划配置的同时选择储放设备及搬运设备。

（3）对这些保管区域与设备进行储位编码和商品编号。

（4）储位编码与商品编号完成后，选择用什么分配方式把商品分配到所编好码的储位上，可选择人工分配、计算机辅助分配、计算机全自动分配的方法进行分配。

（5）商品分配到储位上后，要对储位进行维护。要做好储位维护的工作，除了使用传统的人工表格登记外，也可应用最有效率、最科学的方法。而要让这些维护工作能持续不断地进行，就得借助一些核查与改善的方法来监督与鼓励。

9.3.2　存货颜色管理

1．颜色管理的概念、特点及作用

1）颜色管理的概念

颜色管理（color management），就是根据物品的"色彩"即可判定物品的属性、性质及特点的一种可视化的管理方法。颜色管理是运用工作者对色彩的分辨能力和特有的联想力，将复杂的管理问题简化成不同色彩，区分不同的程度，以直觉与目视的方法，呈现问题的本质和问题改善的情况。

2）颜色管理的特点

色彩具有良好媒介的三个特性：情感共同性、简洁而有意义、客观性；色彩可以使适当的人、在适当的时机作出适当的反应；色彩多变而缤纷，但区别色彩并不需要任何训练；颜色管理就是寻求简单管理手法者的方向。

 扩展知识 9.4　仓库和工厂可视化颜色标识管理全集

3）颜色管理的作用

颜色能让现场变得更加整洁规范，让现场更加有条不紊，颜色管理也是企业实施 5S 管理过程中常用到的方法之一。通过颜色管理可以做到：根据物品的颜色来判定其性质、属性及特点等；简易识别，一目了然；借助标准和工具定义自然界的颜色种类，便于人类用语言文字表达；能制订出一套解决颜色问题的方案，以改善人们的视觉效果。

仓库颜色管理主要用于区分产品，便于仓管的收发、统计工作；根据产品或材料的类型、档次或用途，采用不同颜色进行标识，以达到明显区分的目的；可以很大程度上避免误发错发现象；能够通过颜色区分快速准确地找到需要的物品。

2．颜色管理的原则

1）惯用性

管理所应用的色彩最好是日常常用的色彩。

2）联想性确定

确定颜色的具体意义,使相关人员一看到某一色彩就能浮现该颜色所代表的状况。如 5S 划线定位如下。

黄色:一般走道线、区域划分线、细部定位线。

白色:工作区域,置放待加工材料或半成品。

绿色:工作区域,置放加工完成工件或成品。

红色:不合格品区。

蓝色:暂放区。

3）转移性

人员会把对色彩的好恶转变为对色彩背后所代表状况的好恶,最后转化为行动。

4）注视性

运用色彩的目的,主要是美观和引人注意。

5）调和性

颜色管理报表如果运用多种色彩,必须注意到各种色彩间的色调和色量的和谐,以及环境搭配。

3. 颜色管理的手法

从色彩的条件与应用经验,大致可将颜色管理手法分为以下三类。

1）颜色优劣法

颜色优劣法是指运用绿、蓝、黄、红四种颜色,以绿色优于蓝色、蓝色优于黄色、黄色优于红色为基准,区别状况的好坏程度。

2）颜色层别法

颜色层别法是指将色彩的多样性与区别性作为分类和区别的基准。

3）颜色心理法

颜色心理法是指色彩的波长不同,在多种色彩共同作用下,对人类的视觉和心理就会产生不同的感受,利用颜色来了解个性与心态,或利用它做商品的促销及室内布置等。

4. 存货颜色管理操作手法

为了确保存货的先进先出,规范仓存物料与半成品的目视管理,可对配送中心的存货通过颜色的标示作业进行管理。

1）建立标签

标签为 2 cm×2 cm 的圆形不干胶,不同颜色的标签代表不同的含义,如用绿、蓝、黄、紫四种颜色代表不同的季度。

第一季度→春季→树木的颜色→绿色 1—3 月

第二季度→夏季→天空的颜色→蓝色 4—6 月

第三季度→秋季→丰收的颜色→黄色 7—9 月

第四季度→冬季→寒冷的颜色→紫色 10—12 月

2）标识填写

为区分入库年份和月份,可在标识的季度色区域填写阿拉伯数字表示年份与月份,年份与月份填写于对应的空白处。绿色标签上填写为"2017 年 3 月"表示 2017 年 3 月入库的产品,如为同年生产产品,其出库要优先于绿色填写为"2017 年 3 月"生产的产品及同年标识为蓝色、黄色、紫色的产品。

3）使用标识时的注意事项

标识的使用时机为合格产品入库时,库管员须在每一独立包装上粘贴颜色识别标识;在摆放(堆垛)时,须保持该颜色标识朝人员易发现之方位(在产品标识面的右上角);对于储存超过期限进行过重验的物品,重验合格时,在原标识旁加贴新标识,以便于日常作业时识别。如:2018 年 1 月 3 日入库物品,库存期限半年,在 2018 年 7 月 3 日重验合格,其标示状况为:原季节标签不动,在旧标签旁贴上黄色"2018 年 7 月"季节标识,以示区分;如果有退料的情况发生,退料零头无须标示,发料时须优先出库,整包装需按原出库时的标识标示;库管员在日常管理中,应检查标识的完好性,遇有丢失应及时确认后补贴;库管员在进行物品出库时,须搜索颜色与年月标识,贯彻先进先出原则。

9.3.3　存货目视管理

1. 目视化管理的概念、目的及特点

1）目视化管理的概念

目视化是利用形象直观而又色彩适宜的各种视觉感知信息来组织生产活动、提高劳动生产率的一种管理手段,是一种利用视觉来进行管理的科学方法,是一种以公开化和视觉显示为特征的管理方式,综合运用管理学、生理学、心理学、社会学等多学科的研究成果。

2）目视化管理的目的

目视化管理的目的在于以视觉信号为基本手段,以公开化为基本原则,尽可能地将管理者的要求和意图让大家都看得见,借以推动看得见的管理、自主管理、自我控制。

3）目视化管理的特点

以视觉信号显示为基本手段,大家都能够看得见;要以公开化、透明化的基本原则,尽可能地将管理者的要求和意图让大家看得见,借以推动自主管理或自主控制;现场的作业人员可以通过目视的方式将自己的建议、成果、感想展示出来,与领导、同事以及工友进行相互交流。因此,目视化管理是一种以公开化和视觉显示为特征的管理方式,也可称为看得见的管理或一目了然的管理。这种管理的方式可以贯穿于各种管理的领域当中。

2. 目视化管理的作用

1）迅速快捷地传递信息

通过对现场的目视化管理改善,信息瞬间传递,目视管理的作用,用很简单的一句话表示就是迅速快捷地传递信息。

2）形象直观地将潜在的问题和浪费现象都显现出来

目视管理依据人们的生理特征与日常习性,充分利用标识牌、符号颜色等方式来发出

视觉信号,鲜明准确地刺激人的神经末梢,快速地传递信息,形象直观地将潜在的问题和浪费现象都显现出来。不管是新进的员工,还是新的操作手,都可以与其他员工一样,一看就知道、就懂、就明白问题在哪里。它是一个在管理上具有非常独特作用的好办法。

3)使管理更加透明

管理人员在现场,通过各种显示资料和视板,就可以判断生产物料流动状况以及设备状况。员工在现场,可以明白操作程序、维护保养程序、安全事项、环保要求,清楚兄弟班组、邻近机台等的状况,从而激励、调整自己的行为。目视管理以透明的、公开的形式,像是"哑语"一样,无声地指挥、激励着每一个员工,让管理"无死角",让号令"不间断"。

4)让管理更简明、易执行

目视管理的最大特点是把文件化、文字化、会议式、指挥式的管理变得更简明、更容易执行、更可操作。冗长的文件、马拉松式的会议、领导的现场训示达到的管理效果有限,而且是脉冲式的。脉冲过后,效果就衰减下来。目视化的管理,通过定置画线,让物在其位;通过安全标志,让员工警惕危险;通过视板图解,让员工了解规程;通过小组视板,让员工自主管理;通过现场看板,让员工比较检查,达到鞭策激励的目的。

3．目视化管理的意义

目视化管理从直观角度出发,对现场进行优化改进,使得现场一目了然,而生产现场是企业直接创造效益的场所,是企业所有信息的原始发源地,也是各种问题萌芽产生的场所,现场管理水平的高低可以直接反映出企业经营情况的好坏。现场改善是现场管理的深化。

4．目视化管理的内容

目视化管理是生产活动最直观的管理方式,因此配送中心除了配备仓库管理系统之外,亦不可忽视仓库目视化管理。一般情况下,配送中心目视化管理包括以下六大方面17个要点。

1)目视管理中的物品管理

(1)明确仓库中物品的名称与用途,设置醒目标识以及颜色来区分。

(2)仓库物品的定位放置管理,用有颜色的区域线划分区域,建立标识来区分确定。

2)目视管理中的作业管理

(1)明确作业计划,制定包含入库、提货计划与实际情况核对的表格。

(2)按照要求正确实施作业,出现问题及时记录。

(3)规范作业区域,在分界线划分好的指定区域作业。

3)目视管理中的质量管理

(1)防止人为失误出现的质量事件,仓库各处悬挂质量风险宣传板。

(2)对仓库人员进行正确、有规律的监管,并做好观察结果记录。

(3)及时处理质量问题,记录下事件原因分析及处理结果。

4)目视管理中的安全管理

(1)充分考虑仓库现场的环境,使用醒目的颜色进行危险提醒。

（2）区分人行通道、车行通道，用地面专用标识进行划分。

（3）安全使用叉车，事故易发地段以醒目标识进行提示。

5）目视管理中的设备管理

（1）划分界限，统一叉车等仓库设备的放置区域。

（2）仓库设备按作业要求进行使用，若出现问题，应及时记录。

（3）定时检查记录，及时发现异常并采取措施。

6）目视管理中的人员管理

（1）身份卡片佩戴，明确仓库人员身份。

（2）制作组织架构表、排班表，明细人员分工。

（3）制作员工绩效、优秀事迹、差错记录等表格，确保员工良好的工作状态。

目视化管理是在仓库管理系统之外的，更清晰、更明确的仓库现场管理方法，能为生产提供最直观的生产操作指示，使仓库管理更加规范化、生产运作更加有序，因而可提高生产效率。

9.4　配送中心的库存控制管理

9.4.1　库存结构的分类与分析

1. 库存结构的概念和分类

库存结构是指在商品结构的框架下，由商品数量构成的相互关联的库存架构。商品库存结构是商品库存总额中各类商品所占的比重。它反映库存商品结构状态和库存商品质量。库存商品结构状态，是通过计算商品库存中各类商品占总额的比重，反映商品种类是否齐全，分析判断有无脱销或积压品种，库存总量多了还是少了，有没有多中有少（总量多，某些规格、品种少）和少中有多（总量少，某些规格、品种多），脱销与积压并存而供求不平衡的情况。库存商品结构，是计算、分析有关国计民生的重大商品与各种小商品，适销商品与不适销商品，冷背呆滞、质次价高、残损变质等有问题商品占商品库存总额的比重，反映商品库存质量状况的指标。商品库存结构合理，才能保证所供应的商品适应市场需要，使商品流通正常进行。什么样的库存结构才是合理的呢？不同项目、不同季节、不同时间段、不同操作模式下其标准不一样，库存结构的合理是一个动态的过程。理想状态的库存结构是：在充分保证不缺货的前提下，以最经济的衔接使销售与库存处于最佳状态。

库存结构一般会分为大类结构、新老款结构、大类的性别结构、系列结构、价位段结构等。在这里主要介绍库存大类结构。

（1）根据生成的原因不同，可以将库存分为周期库存、在途库存、安全库存（或缓冲库存）、投资库存、季节性的库存、闲置库存。

周期库存是指补货过程中产生的库存，周期库存用来满足确定条件下的需求，其生成的前提是企业能够正确地预测需求和补货时间。

在途库存是指从一个地方到另一个地方处于运输路线中的物品。在没有到达目的地之前，可以将在途库存看作是周期库存的一部分。需要注意的是，在进行库存持有成本的计算时,应将在途库存看作是运输出发地的库存。因为在途的物品还不能使用、销售或随时发货。

安全库存(或缓冲库存)是指由于生产需求存在着不确定性,企业需要持有周期库存以外的安全库存或缓冲库存。持有这个观点的人普遍认为企业的平均库存水平应等于订货批量的一半加上安全库存。

投资库存不是为了满足其需求,而是出于其他原因,如由于价格上涨、物料短缺或是为了预防罢工等囤积的库存。

季节性的库存是投资库存的一种形式,指的是生产季节开始之前累积的库存,目的在于保证稳定的劳动力和稳定的生产运转。

闲置库存是指在某些具体的时间内不存在需求的库存。

(2) 根据功能的不同,可以将库存分为周转库存、安全库存、调节库存和在途库存。

周转库存是为满足日常生产经营需要而保有的库存。周转库存的大小与采购量直接有关。企业为了降低物流成本或生产成本,需要批量采购、批量运输和批量生产,这样便形成了周期性的周转库存,这种库存随着每天的消耗而减少,当降低到一定水平时需要补充库存。

安全库存是指为了防止不确定因素的发生(如供货时间延迟、库存消耗速度突然加快等)而设置的库存。安全库存的大小与库存安全系数或者说与库存服务水平有关。从经济性的角度看,安全系数应确定在一个合适的水平上。例如国内为了预防灾荒、战争等不确定因素的发生而进行的粮食储备、钢材储备、麻袋储备等,就是一种安全库存。

调节库存是用于调节需求与供应的不均衡、生产速度与供应的不均衡以及各个生产阶段产出的不均衡而设置的库存。

在途库存是指处于运输以及停放在相邻两个工作或相邻两个组织之间的库存,在途库存的大小取决于运输时间以及该期间内平均需求。

2. 库存结构的优化

库存结构优化的目的就是:保持合理的库存结构,以满足各方面的需求;提高库存质量,满足不同层次消费者的需求;分清库存商品的主次,采用适当的管理方法。具体的库存结构优化可以从以下两方面来进行操作。

1) 库存商品层次控制

库存商品满足不同水平消费者需求的组合形式简称为商品层次结构,例如,按照价格的高低,商品可以分为高价位商品、中价位商品和低价位商品三类。通常,企业应根据目标市场范围内消费者消费水平的高低以及企业的主要经营方向,来确定库存中不同层次商品的比例,在满足大多数客户需要的同时,要能够兼顾其他客户的需要。

2) 销售结构分类管理

在一定时期内,各种商品销售额在全部销售额中所占的比例称为商品销售结构。根据商品销售结构的具体情况,企业可以将经营的商品划分为主要品种、次要品种和一般品种,从而进行有区别的管理,即通常我们所说的 ABC 分类管理。其原则是:多采购畅销产品,少采购 C 类货品。

3．库存结构的分析

1）ABC 分析法

ABC 分析法是一种对于局部占整体比例的分析，每一个数据都会受到其他的数据影响，所以不能作为单独分析的依据。但它是分析库存进行调整的一个切入点，可以对不合理现象进行更深一步的分析，及时找出问题出现的真正原因。ABC 分析法的基本原则是：重点的商品占主要的库存，销售和库存成正比，凡分析时发现销售与库存不成正比，就应该认真分析原因，分析现状是否合理，并确定下一步的操作思路。

如某品牌的销售占柜组整体的 43%，而库存占 35%，这时盲目加大该品牌的库存未必就是合理的。其未必出现了缺货，也有可能是其他品牌的库存太大造成的，所以要进行单一品牌库存的具体分析，还要分析储货周期等具体情况，最后进行正确判断。

【例 9-1】　某男装柜组经营梦特娇、金利来、七匹狼三个品牌的商品，其库存结构和销售比例见表 9-2。

表 9-2　库存结构及销售比例　　　　　　　　　　　　　　　%

商品结构	梦特娇	金利来	七匹狼
库存	45	20	35
销售	30	22	48

分析步骤：

(1) 从表 9-3 中数据看存在什么问题？

梦特娇的库存比明显高于销售比，七匹狼的库存比明显低于销售比。

(2) 以梦特娇库存占比大为切入点，原因可能是什么？

① 需要具体分析相关数据，先分析梦特娇品牌库存、销售数据。可能是梦特娇库存过大，或梦特娇销售出现问题……

② 若无问题，再分析其他品牌数据。可能是七匹狼品牌出现缺货，或七匹狼品牌受特殊原因影响销售量增加……

2）周转天数分析法

周转天数，是指一个计算周期内库存周转一次所需的天数。分析周转天数是分析库存结构的一个切入点，可以由此发现库存不合理（或疑似不合理）的现象，并进行更深一步的分析，及时找出问题的真正原因。

(1) 周转天数的基本公式如下：

$$月周转天数 = 月末库存金额（售价）÷ 月销售金额 × 当月天数$$

$$周周转天数 = 周末库存金额（售价）÷ 周销售金额 × 7 天$$

(2) 以月举例，根据柜组商品周转天数分析库存结构，步骤如下：

第一步，分别计算出柜组平均月周转天数、各品类或品牌平均月周转天数、品类或品牌里单品类的周转天数。

第二步，分别按周转天数大小进行降序排序。重点关注其中大于柜组商品平均月周转天数的品类、品牌或单品是否库存较大，需要调整。关注周转天数过短的品类、品牌或单品,是否是因为缺货导致周转过短。

第三步,分析原因,拿出具体解决问题方案。

【例9-2】 某柜组相对合理的周转天数为30天,该柜组所经营的同类商品X、Y、Z三个品牌合理周转天数也是30天,本月的销售天数为30天,本月末库存金额为100 000元,销售金额为110 000元,其中,X品牌库存为60 000元,销售为30 000元;Y品牌库存为2 000元,销售为20 000元;Z品牌库存为20 000元,销售为60 000元。

(1)计算整体与各品牌的周转天数。

整体的周转天数为:100 000/110 000×30≈27(天)

X品牌的周转天数为:60 000/30 000×30=60(天)

Y品牌的周转天数为:20 000/20 000×30=30(天)

Z品牌的周转天数为:20 000/60 000×30=10(天)

(2)分析。从整体看该柜组库存结构是合理的,但分析各品牌就出现问题了:

X品牌周转天数过长　　　积压

Y品牌周转天数合理　　　正常

Z品牌周转天数过短　　　缺货

3)商品的生命周期分析法

商品的生命周期是指商品从进入市场到退出市场的过程,一般分为四个阶段,即试销期、成长期、成熟期、衰退期。商品生命周期分为两种:一种是商品本身的,指某个品牌或项目的生命周期,这个过程一般是比较长的(当然也有快的)。只要我们深入了解、研究品牌的背景、发展,密切关注行业的发展趋势就可以了(如收音机、传统相机等)。另一种是季节性的,随季节、天气的变化,商品不断地变化,该商品只在一年的操作中出现一次或几次,这种是需要不断把握规律的,也是应用比较多的(如花露水、羽绒服等)。

对于产品生命周期的判定可以通过以下两种方式来进行。一是建立经营轨迹,记录商品自引入到撤柜的全过程,供第二年参考。二是注意收集、分析相关信息,作出正确判断。同时要注意的是季节的长短并不完全等于单品商品生命周期的长短。不同时期的库存原则见表9-3。

表9-3　不同时期的库存原则

生命周期	库存原则
试销期	多款少量
成长期	逐步加款加量
成熟期	前期,款式最丰富,可组织大量货源;后期,有计划地压缩款式,将货量集中在主款上。若等到衰退期再缩款,把握库存难度是相当大的
衰退期	有步骤地缩款缩量,最终将其淘汰,与此同时,应开发有生命力的新商品来替代

4)明细库存分析法

明细库存分析法对库存的质量和数量明细到最小单位进行分析。库存质量的分析,指分析单品具体的色、号是否合理。库存数量合理,但是库存质量差会给经营带来很大的经营难度,不能很好地满足客户的需求,甚至还会带来很大的损失。例如:原来经营男士羊毛衫的柜组,在2018年男士羊毛衫的销售中,V领和圆领的销售比例基本为1∶3,到

2019 年比例发生了变化,成了 1∶4,人们的消费观念发生了变化。羊毛衫为季节性商品,年前需要大批量备货,如果不去寻找规律,只有数量没有质量,到最后可能都剩下 V 领或圆领的毛衣,造成库存不合理。

库存结构的分析并不是一成不变的,不能只追求表面上的合理化,需要与具体销售状况、商品的生命周期、供方情况、天气情况等结合起来,深入分析及时调整,才能使其更加合理。

9.4.2　影响库存控制决策的因素

1. 库存控制决策概述

1）库存控制决策的定义

库存控制决策是指企业科学、合理地确定商品库存量(即储备量)的活动。其目的是在保证生产和销售任务完成的前提下,努力降低企业在库存商品上的资金占用和耗费。库存控制决策的目标是在现实的资源(资金、仓库面积、供应者的政策等)约束下满足客户订货需要而又使库存成本达到最低。

2）库存控制决策的内容

库存控制是将物品的库存维持在预期库存水平上的一套管理技术。它的核心是如何确定这个预期的库存水平,以及如何经济而有效地维护这个库存水平。物品的库存量是不断变化的,因此,通常用平均库存水平来代表库存量的多少。在需求速率一定时,平均库存水平是由进货批量的大小或进货次数的多少决定的。在总需求量一定的情况下,当进货批量大(即进货次数少)时,平均库存水平高,即库存量大;当进货批量小(即进货次数多)时,平均库存水平低,即库存量小。当然,在实际生产销售中,需求率不可能固定不变,不过,在一段较短的时间内,只要需求零星发生,即每日的耗用量与库存量相比不是很大,就可以近似地看成需求均匀变化而用来计算平均库存水平的变化。

根据以上分析,当需求速率一定时,可以通过对进货速率的控制来维持平均库存量。因此,库存管理主要应控制物品的进货批量和进货时间,具体说,就是要做好以下决策:何时提出采购或生产;每次应采购多少或生产多少;应采用什么类型的库存控制系统来维护预期的库存决策。

配送中心库存决策的内容,主要是确定待配送商品的储备量。它需要做好的工作是,首先,科学预测商品配送量;其次,科学、合理地确定商品的每次采购数量。每次采购数量必须是经济批量,即某种商品的采购成本和仓储保管成本之和的总成本最低时的采购批量。其计算公式如下:

$$Q^* = \sqrt{\frac{2CR}{PF}} = \sqrt{\frac{2CR}{H}}$$

式中,Q^* 为经济订货批量;C 为商品年需求量;R 为每次订货成本;H 为单位商品年保管费用;P 为货物单价;F 为每件存货的年保管费占其价值的百分比。

注意：工业企业库存决策的内容比较复杂,包括确定材料储备量、半成品储备量和产成品储备量。材料储备量的确定需要根据企业生产任务和材料耗用定额来进行。其关键也在于确定其采购的经济批量。半成品储备量的确定需要根据企业生产整件的任务和各种半成品储备的配套性来决定。产成品储备量的确定,既要考虑尽量减少成品资金占用,又要考虑保证有最低保险数量的半成品存货量,以防止因缺货而影响销售,甚至失掉销售市场。

2. 库存控制决策的影响因素

1)需求性质

不同需求性质影响着库存控制决策,主要表现在以下几个方面。

(1)需求是独立的还是相关的。需求的独立性或相关性是指某种物品的需求与其他物品的需求互不相关或相互依赖。相关性需求一般根据某项相关需求计划直接推算该物品的供货数量和时间。独立性需求是企业所不能控制的,它们随机发生,只能预测而无法精确计算。例如某汽车装配企业,市场对其汽车的需求量是独立性需求。汽车的生产数量,公司需要依赖市场调查和以往销售数据。而当汽车的需求计划确定以后,汽车轮胎、发动机、方向盘等部件的需求是可以推算出来的,这就属于相关性需求。再比如麦当劳店中番茄酱的需求量取决于汉堡和炸薯条的售出量,番茄酱的需求类型也为相关性需求。

(2)需求是确定的还是随机的。对于独立性需求的物品,应分析需求是确定的还是随机的。若需求是确定的,则单位时间内的需求量均匀稳定,而且确定不变,这时库存的数量可以根据给定的计划确定。若需求是随机的,则单位时间内的需求量随机变化,没有确定值,此时需要保持经常储备量,以供应随时发生的需求。

(3)需求变量的概率分布。若需求是随机变化的,则需求变量必然服从一定的概率分布。在库存控制理论中,可以将需求变量的概率分布分成两类:正态分布和其他分布。正态分布的特征是:需求量的数值分布在以其平均值为中心的一个对称区域内,中间分布密度大,越往两端,分布密度越小。其他分布的特征是:需求量的数值可以用一个分布表来描述,这个表中能够列出所有各个值出现的概率。需求变量的概率分布不同,库存控制方法也不同。

(4)需求的可替代性。有些物资如果可以用其他物资替代使用,那么它们的库存储备量可以适当少一些,万一发生缺货也可以使用替代物资来满足需求。对于没有替代材料的物资,则必须保持较多的库存方能保证预期的供应要求。

2)提前期

提前期是指从订购或下达生产指令时间开始,到物品入库的时间周期。提前期是确定订购的时间或下达生产指令时间的主要考虑因素。在库存控制中,都是根据库存量将要消耗完的时间,在一个提前期前提出订货,以避免在订货到达之前发生缺货。显然,这与订单处理时间和物品在途时间有关。在订货提前期内应储备多少存货也是控制库存的一项重要决策。

3)服务水平

服务水平是指库存满足用户需求的百分比。服务水平一般是由企业管理部门根据经营的目标和战略而规定的。服务水平的高低影响到库存储备水平的选择。服务水平要求高,就需要有较多的储备来保证。服务水平的计量方式有若干种,如用户的百分数、订货数量的百分数等,但最常用的是按满足订货次数的百分比来规定服务水平。如果库存能够满足全部用户的全部订货需要,则其服务水平为 100%。若 100 次订货,只能满足 90次,则服务水平为 90%,相应地,这时的缺货概率为 10%。

服务水平可用于决定再订货点(ROP)。再订货点是指在进行补充订货时现有的库存量。再订货点的确定是为了满足预先确定的服务水平。因此,在补充订货期间,对需求变化的了解一定要充分。当再订货点确定时,也同时确定了安全库存的水平。

4)物资单价

产品物资的价格越高,会占用的库存资金数额也就越多,对这样的产品物资是不应该掉以轻心的,那些杰出的企业会增加采购次数缩减库存量。这也是库存控制的手段之一。

5)保管费用与采购费用

采购费用与订货次数呈正比,因此若采购费用大,应考虑减少订货次数。有了库存就必须进行保管,也就需要保管费用,显然保管费用数额与库存量呈正相关关系,所以对于保管费用高的产品物资应该把库存控制在适当的水平上。

9.4.3 库存控制的基本方式

1. 库存控制概述

1)库存控制的定义

库存控制,是对制造业或服务业生产、经营全过程的各种物品、产成品以及其他资源进行管理和控制,使其储备保持在经济合理的水平上。库存控制是使用控制库存的方法,得到更高盈利的商业手段。库存控制是仓储管理的一个重要组成部门。它是在满足客户服务要求的前提下通过对企业的库存水平进行控制,力求尽可能降低库存水平、提高物流系统的效率,以提高企业的市场竞争力。库存控制要考虑销量、到货周期、采购周期、特殊季节、特殊需求等。

库存控制需要利用信息化手段,每次进货都记录下来,要有盘库功能,库存的价值与市场同步涨跌,要有生产计划,根据生产计划和采购周期安排采购。进行单件成本核算,节约奖励,对供货商进行管理,比较价格和服务,均衡采购,使供货商保持竞争才能得到优质的服务和低廉的价格。实物库存控制只是库存控制的一种表现形式,主要是针对仓库的物料进行盘点、数据管理、保管、发放等。

2)库存控制的作用

库存控制的作用有:在保证企业生产、经营需求的前提下,使库存量经常保持在合理的水平上;掌握库存量动态,适时、适量提出订货,避免超储或缺货;减少库存空间占用,降低库存总费用;控制库存资金占用,加速资金周转。库存量过大所产生的问题有:增加仓库面积和库存保管费用,从而提高产品成本;占用大量的流动资金,造成资金呆滞,既加重了贷款利息等负担,又会影响资金的时间价值和机会收益;造成产成品和原材料的有形损耗和无形损耗;造成企业资源的大量闲置,影响其合理配置和优化;掩盖了企业生产、经营全过程的各种矛盾和问题,不利于企业提高管理水平。库存量过小所产生的问题有:造成服务水平的下降,影响销售利润和企业信誉;造成生产系统原材料或其他物料供应不足,影响生产过程的正常进行;使订货间隔期缩短,订货次数增加,使订货(生产)成本提高;影响生产过程的均衡性和装配时的成套性。

3)库存控制系统

库存控制系统必须解决三个问题:隔多长时间检查一次库存量? 何时提出补充订货? 每次订多少? 按照对以上三个问题的解决方式的不同,其可以分成三种典型的库存控制系统。

(1)定量库存控制系统。所谓定量库存控制系统,就是订货点和订货量都是固定量的库存控制系统。当库存控制系统的现有库存量降到订货点及以下时,如图9-5所示,库存控制系统就向供应厂家发出订货,每次订货量均为一个固定的量 Q。经过一段时间,我们称之为提前期,所发出的订货到达,库存量增加 Q。订货提前期是从发出订货至到货的时间间隔,其中包括订货准备时间、发出订单、供方接受订货、供方生产、产品发运、提货、验收和入库等过程。显然,提前期一般为随机变量。

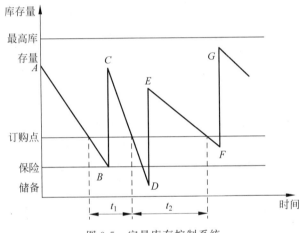

图9-5 定量库存控制系统

要发现现有库存量是否到达订货点,必须随时检查库存量。定量库存系统需要随时检查库存量,并随时发出订货。这样,虽然增加了管理工作量,但它使库存量得到严密的控制。因此,定量库存系统适用于重要物资的库存控制。

为了减少管理工作量,可采用双仓系统。双仓系统是指将同一种物资分放两仓(或两个容器),其中一仓使用完之后,库存控制系统就发出订货。在发出订货后,就开始使用另一仓的物资,直到到货,再将物资按两仓存放。

(2)定期库存控制系统。定量系统需要随时监视库存变化,对于物资种类很多且订货费用较高的情况,是很不经济的。固定间隔期系统可以弥补固定量系统的不足。

定期库存控制系统就是每经过一个相同的时间间隔,发出一次订货,订货量为将现有库存补充到一个最高水平 S,如图9-6所示。当经过固定间隔时间 t 之后,发出订货,这时库存量降到 A,订货量为 Q_1;经过一段时间到货,库存量增加 Q_1;再经过固定间隔期 t 之后,又发出订货,这时库存量降到 D,订货量为 Q_2,经过一段时间到货,库存量增加 Q_2。

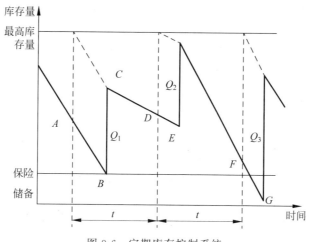

图 9-6　定期库存控制系统

定期库存控制系统不需要随时检查库存量,到了固定的间隔期,各种不同的物资可以同时订货。这样,既简化了管理,也节省了订货费。不同物资的最高水平可以不同。定期库存控制系统的缺点是不论库存水平降得多还是降得少,都要按期发出订货,当库存最高水平很高时,订货量是很少的。为了克服这个缺点,就出现了最大最小库存控制系统。

(3)最大最小库存控制系统。最大最小库存控制系统仍然是一种固定间隔期系统,只不过它需要确定一个订货点 s。当经过时间间隔 t 时,如果库存量降到 s 及以下,则发出订货;否则,再经过时间 t 时再考虑是否发出订货。最大最小库存控制系统如图 9-7 所示。当经过间隔时间 t 之后,库存量降到 L_1,L_1 小于 s,发出订货,订货量为 $S-L_1$,经过一段时间 L_T 到货,库存量增加 $S-L_1$。再经过时间 t 之后,库存量降到 L_2,L_2 大于 s,不发出订货。再经过时间 t,库存量降到 L_3,L_3 小于 s,发出订货,订货量为 $S-L_3$,经过一段时间 L_T 到货,库存量增加 $S-L_3$,如此循环。

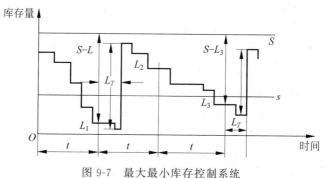

图 9-7　最大最小库存控制系统

和定期库存控制系统相比,最大最小库存控制系统由于不一定在每次检查时都订货,故订货次数较少,从而可节省订货费。但若检查期很长,最大最小库存控制系统和定期库存控制系统没有区别。

最大最小库存控制系统可能需要相当大的安全库存,若在检查时的库存水平稍高于订货点,则安全库存期需要两个订货间隔期再加上前置时间。可按类似于定期库存控制系统的方法确定检查期,订货点由安全库存量加整个前置时间与检查期内的期望需求量组成,安全库存则通过分析在包括前置时间和检查周期的时期内发生的需求量的偏差来确定。

2.库存控制的基本方式

1）ABC分类管理法

ABC分类管理法就是以某类库存物资品种数占物资品种数的百分数和该类物资金额占库存物资总金额的百分数大小为标准,将库存物资分为A、B、C三类,进行分级管理。ABC分类管理法的基本原理为:对企业库存(物料、在制品、产成品)按其重要程度、价值高低、资金占用或消耗数量等进行分类、排序,一般A类物资数目占全部库存物资的10%左右,而其金额占总金额的70%左右;B类物资数目占全部库存物资的20%左右,而其金额占总金额的20%左右;C类物资数目占全部库存物资的70%左右,而其金额占总金额的10%左右。其分类管理方法见表9-4。

表 9-4　ABC 分类管理法

物资类别	库存管理方法
A类物资	进货要勤、发料要勤、与用户密切联系,及时了解用户需求的动向、恰当选择安全系统,使安全库存量尽可能减少,与供应商密切联系
B类物资	介于A类物资和C类物资之间,可采用定量订货方式为主、定期订货方式为辅的方式,并按经济订货批量进行订货
C类物资	对于C类物资一般采用比较粗放的定量控制方式,可以采用较大的订货批量或经济订货批量进行订货

2）定量订货法

定量订货法,就是预先确定一个订货点和订货批量,随时检查库存,当库存下降到订货点时就发出订货,订货批量取经济订货批量。

定量订货法也称为(s,S)库存控制策略。即对库存进行连续盘点,当剩余库存量x下降至s时,则立即进行订货,补货量$Q=S-x$,使其库存水平达到S,其中,s称为订货点(或称为最低库存量),S称为最大库存水平。

定量订货库存控制方法的再订货点和订货量都是事先确定的,而且检查时刻是连续的,需求量是可变的。

定量订货法的主要缺点是它必须不断连续核查仓库的库存量,并由于一种货物的订货可能在任何时刻,这种情况就使之难以把若干货物合并到同一次订货中,由同一供应商来供应从而产生一定的费用节省。

定量订货法的主要优点是库存控制的手段和方法相对清晰、简单,并且可对高价值货物的库存费用精确控制。

3）定期订货法

定期订货法是按预先确定的订货时间间隔进行订货补充库存的一种管理方法。

定期订货法下,预先确定一个订货周期和最高库存量,周期性地检查库存,根据最高库存量、实际库存、在途订货量和待出库商品数量,计算出每次订货量,发出订货指令,组织订货。

定期订货法的控制参数如下。

(1) 订货周期 T 的确定:

$$T^* = \sqrt{2S/CiR}$$

式中,T^* 为经济订货周期;S 为单次订货成本;Ci 为单位商品年储存成本;R 为单位时间内库存商品需求量(销售量)。

(2) 最高库存量 Q 的确定:

$$Q_{\max} = R(T + Tk) + Qs$$

式中,$Q_{\max}$ 为最高库存量;R 为 $T + Tk$ 期间的库存需求量平均值;T 为订货周期;Tk 为平均订货提前期;Qs 为安全库存量。

(3) 订货量的确定:

$$Q_i = Q_{\max} + Q_{ni} - Q_{ki} - Q_{mi}$$

式中,Q_i 为第 i 次订货的订货量;$Q_{\max}$ 为最高库存量;Q_{ni} 为第 i 次订货点的在途到货量;Q_{ki} 为第 i 次订货点的实际库存量;Q_{mi} 为第 i 次订货点的待出库货量。

9.4.4　供应链环境下配送中心库存管理问题

1. 供应链库存管理的定义及特点

供应链库存管理是指将库存管理置于供应链之中,以降低库存成本和提高企业市场反应能力为目的,从点到链、从链到面的库存管理方法。

供应链库存管理的目标服从于整条供应链的目标,通过对整条供应链上的库存进行计划、组织、控制和协调,将各阶段库存控制在最小限度,从而削减库存管理成本,减少资源闲置与浪费,使供应链上的整体库存成本降至最低。与传统库存管理相比,供应链库存管理不再是作为维持生产和销售的措施,而是作为一种供应链的平衡机制。通过供应链管理,消除企业管理中的薄弱环节,实现供应链的总体平衡。供应链管理理论是对现代管理思想的发展,具有以下特点。

第一,管理集成化。供应链管理将供应链上的所有节点看成一个有机的整体,以供应链流程为基础,物流、信息流、价值流、资金流、工作流贯穿于供应链的全过程。因此,供应链管理是一种集成化管理。

第二,资源范围扩大。传统库存管理模式下,管理者只需考虑企业内部资源的有效利用。供应链管理模式导入后,企业资源管理的范围扩大,要求管理者将整条供应链上各节点企业的资源全部纳入考虑范围,使供应链上的资源得到最佳利用。

第三,企业间关系伙伴化。供应链管理以最终客户为中心,将客户服务、客户满意与客户成功作为管理的出发点,并贯穿于供应链管理的全过程。由于企业主动关注整条供应链的管理,供应链上各成员企业间的伙伴关系得到加强,企业间由原先的竞争关系转变为"双赢"关系。供应链的形成使供应链上各企业间建立起战略合作关系,通过对市场的快速反应,共同致力于供应链总体库存的降低。因此,库存管理不再是保证企业正常生产经营的措施,而是使供应链管理平衡的机制。

2. 供应链环境下配送中心库存管理的方式

1) 供应商管理库存

零售商有自己的库存,批发商有自己的库存,供应商也有自己的库存,供应链各个环节都有自己的库存控制策略。由于各自的库存控制策略不同且相互封闭,因此不可避免地产生需求的扭曲现象,从而导致需求变异放大,无法使供应商准确了解下游客户的需求。供应商管理库存(vendor managed inventory,VMI)这种库存管理策略打破了传统的各自为政的库存管理模式,体现了供应链的集成化管理思想,适应市场变化的要求,是一种新的有代表性的库存管理思想。

VMI策略的关键措施主要体现了如下几个原则。

第一,要有合作精神。在实施该策略中,相互信任与信息透明是很重要的,供应商和客户(零售商)都要有较好的合作精神,才能够相互保持较好的合作。

第二,双方成本最小。VMI不是关于成本如何分配或谁来支付的问题,而是通过该策略的实施减少整个供应链上的库存成本,使双方都能获益。

第三,目标一致性原则。双方都明白各自的责任,观念上达成一致的目标。如库存放在哪里、什么时候支付、是否要管理费、要花费多少等问题都通过双方达成一致。

第四,连续改进原则。供需双方共同努力,逐渐消除浪费。

2) 联合库存管理

联合库存管理(joint managed inventory,JMI)的思想可以从分销中心的联合库存功能谈起。地区分销中心体现了一种简单的联合库存管理的思想。设置了分销中心后,各个销售商只需要少量的库存,大量的库存由地区分销中心储备,也就是各个销售商把其库存的一部分交给地区分销中心负责,从而减轻了各个销售商的库存压力。分销中心就履行了联合库存管理的功能。从分销中心的功能得到启发,对现有的供应链库存管理模式进行新的拓展和重构,提出联合库存管理新模式——基于协调中心的联合库存管理系统。

联合库存管理体现了战略供应商联盟的新型企业合作关系。联合库存管理是解决供应链系统中由于各节点企业的相互独立库存运作模式导致的需求放大现象,提高供应链的同步化程度的一种有效方法。联合库存管理和供应商管理客户库存不同,它强调双方同时参与,共同制订库存计划,供应链过程中的每个库存管理者(供应商、制造商、分销商)都从相互之间的协调性考虑,使供应链相邻的两个节点之间的库存管理者对需求的预期保持一致,从而消除了需求变异放大现象。任何相邻节点需求的确定都是供需双方协调的结果,库存管理不再是各自为政的独立运作过程,而是变成供需连接的纽带和协调中心。

VMI是一种供应链集成化运作的决策代理模式,它把客户的库存决策权代理给供应商,由供应商代理分销商或批发商行使库存决策的权利。JMI是一种风险分担的库存管理模式。风险分担表明如果把各地的需求集合起来处理,可以降低需求的变动性,因而当把不同地点的需求汇集起来,一个客户的高需求很可能被另一个客户的低需求所抵消。需求变动性的降低能够降低安全库存。

通过对 VMI 和 JMI 两种模式的分析可得出:VMI 就是以系统的、集成的管理思想进行库存管理,使供应链系统能够获得同步化的优化运行。通过几年的实施,VMI 和 JMI 被证明是比较先进的库存管理办法,但 VMI 和 JMI 也有以下缺点:第一,VMI 是单行的过程,决策过程中缺乏协商,难免造成失误;第二,决策数据不准确,决策失误较多;第三,财务计划在销售和生产预测之前完成,风险较大;第四,供应链没有实现真正的集成,使得库存水平较高,订单落实速度慢;第五,促销和库存补给项目没有协调起来;第六,当发现供应出现问题(如产品短缺)时,留给供应商进行解决的时间非常有限;VMI 过度地以客户为中心,使得供应链的建立和维护费用都很高。

随着现代科学技术和管理技术的不断提升,VMI 和 JMI 中出现的种种弊端也得到改进,提出了新的供应链库存管理技术——CPFR(collaborative planning forecasting & replenishment,协同规划、预测与补给)。CPFR 有效地解决了 VMI 和 JMI 的不足,成为现代库存管理新技术。

3)协同规划、预测与补给

协同规划、预测与补给是一种协同式的供应链库存管理技术,它能降低销售商的存货量,增加供应商的销售量。

CPFR 最大的优势是能及时准确地预测由各项促销措施或异常变化带来的销售高峰和波动,从而使销售商和供应商都能做好充分的准备,赢得主动。同时 CPFR 采取了一种"双赢"的原则,始终从全局的观点出发,制订统一的管理目标以及方案实施办法,以库存管理为核心,兼顾供应链上的其他方面的管理。因此,CPFR 能实现伙伴间更广泛深入的合作,它主要体现了以下思想。

第一,合作伙伴构成的框架及其运行规则主要基于消费者的需求和整个价值链的增值。

第二,供应链上企业的生产计划基于同一销售预测报告。销售商和制造商对市场有不同的认识,在不泄露各自商业机密的前提下,销售商和制造商可交换他们的信息与数据,来改善他们的市场预测能力,使最终的预测报告更为准确、可信。供应链上的各公司则根据这个预测报告来制订各自的生产计划,从而使供应链的管理得到集成。

第三,消除供应过程的约束限制。这个限制主要就是企业的生产柔性不够。一般来说,销售商的订单所规定的交货日期比制造商生产这些产品的时间要短。在这种情况下,制造商不得不保持一定的产品库存,但是如果能延长订单周期,使之与制造商的生产周期相一致,那么制造商就可真正做到按订单生产及零库存管理。这样制造商就可减少甚至去掉库存,大大提高企业的经济效益。

随着经济的发展、社会的进步,供应链也得到更进一步的发展,原有的库存管理模式也逐渐显示出其缺点和不足。在充分认识原有库存管理技术弊端的同时,有针对性地提出相关的改进措施,不断完善和改进供应链中的库存管理技术。

CPFR 模式弥补了 VMI 和 JMI 的不足,成为新的库存管理技术。当然 CPFR 模式也不是任何场所都可以使用的,它的建立和运行离不开现代信息技术的支持。CPFR 信息应用系统的形式有多种,但应遵循以下设计原则:现行的信息标准尽量不变,信息系统尽量做到具有可缩放性、安全、开放性、易管理和维护、容错性、鲁棒性等特点。

3. 供应链环境下配送中心库存管理现存的问题和解决方案

1)供应链环境下配送中心库存管理现存的问题

供应链库存管理不是简单的需求预测与补给,而是要通过库存管理改善客户服务,提高收益水平。供应链库存管理内容主要包括:采用商业建模技术对企业的库存策略、提前期和运输变化的准确度进行评价;测算存货经济订货量时,考虑对供应链企业的影响;充分了解库存状态,确定适当的服务水平。目前,供应链管理下的库存管理存在的问题主要集中在信息、供应链运作、供应链的战略与规划三方面。这些问题表现为以下方面。

第一,未形成供应链管理要求的整体观念。许多供应链管理系统没有针对全局的供应链绩效评价指标,各节点企业各行其道,导致供应链的整体效率低下。

第二,信息传递系统效率低下。供应链库存管理强调协作和信息共享,供应链各成员企业的需求预测、库存状态、生产计划等,都是供应链库存管理的重要内容。企业要对客户需求作出快速有效的反应,必须实时准确掌握分布在供应链各成员企业的信息。目前,许多企业的信息传递系统尚未建立,供应商了解到的客户需求信息常常是延迟的或不准确的,使短期生产计划实施困难。因此,应建立高效的信息传递系统,有效传递供应链库存管理信息,提高供应链库存管理绩效。

第三,供应链存在不确定性。供应链库存的形成原因可分为两类,一类是出于生产运作需要建立的一般库存,另一类则是为防范供应链上的不确定因素建立的保险库存。企业在制订库存计划时,无法顾及不确定因素的影响,如市场变化而引起的需求波动、供应商的意外变故导致的缺货、企业内突发事件引起的生产中断等。不确定因素是企业建立保险库存的主要原因。研究和追踪不确定性对库存的影响,是供应链库存管理面临的一大挑战。

第四,缺乏合作与协调性。供应链上各成员企业是一个整体,需要各成员企业的协调合作才能取得最佳的运作效果。但企业间如果缺乏相互信任,就会增加企业间协调与合作的困难。企业间缺乏相互信任,是供应链企业之间合作关系不稳固的根本原因。因此,需要在各成员企业之间建立有效的监督机制和激励机制,促进企业间的沟通与合作。与建立企业内部针对各部门的监督机制和激励机制相比,建立企业间的监督机制和激励机制困难要大得多。

第五,产品设计未考虑供应链库存成本的影响。现代制造技术使企业的产品生产效率大幅度提高,毛利率较高。但是,供应链库存的复杂性常常被忽略,使产品生产过程中节省下来的成本都被供应链上的分销与库存成本抵消。同时,在供应链结构设计中,需要考虑库存成本的影响。

2)供应链环境下配送中心库存管理的解决方案

基于供应链库存管理的特点和供应链库存管理存在的问题,应从以下方面完善供应链库存管理。

第一,树立供应链整体观念。要在保证供应链整体绩效的基础上,实现供应链各成员企业间的库存管理合作,需要对各种直接或间接影响因素进行分析,如供应链企业的共同目标、共同利益、价值追求等。要在信息充分共享的基础上,通过协调各企业的效益指标和评价方法,使供应链各成员企业对库存管理达成共识,从大局出发,树立“共赢”的经营理念,自觉协调相互需求,进而建立一套供应链库存管理体系,使供应链库存管理的所有参与者在绩效评价内容和方法上取得一致,充分共享库存管理信息。

第二,精简供应链结构。供应链结构对供应链库存管理有着重要影响。供应链过长,供应链上各节点之间关系过于复杂,是造成信息在供应链传递不畅、供应链库存成本过高的主要原因之一。优化供应链结构,是保证供应链各节点信息传递协调顺利的关键,是做好供应链库存管理的基础。因此,应尽量使供应链结构朝扁平化方向发展,精简供应链的节点数,简化供应链上各节点之间的关系。

第三,将供应链上各环节有效集成。集成供应链上各环节,就是在共同目标基础上,将各环节组成一个“虚拟组织”,通过使组织内成员信息共享、资金和物质相互调剂,优化组织目标和整体绩效。通过将供应链上各环节集成,可以在一定程度上克服供应链库存管理系统过于复杂对供应链库存管理效率的影响,使供应链库存管理数据能够实时、快速地传递到各个节点,从而大大降低供应链库存成本,对客户需求作出快速的反应,提高供应链库存管理的整体绩效。

 案例讨论：戴尔的存货管理

戴尔公司从 1984 年创立至今,已经发展成为世界上最大的电脑直销商,并成为最受尊敬的企业。从 1998 年 2 月正式进入中国市场(在中国厦门成立中国客户中心)以来,一直面对种种关于直销模式是否会水土不服的质疑,但戴尔用自己市场份额的提升证明了自己:在中国市场,戴尔已经成为仅次于联想的计算机供应商。戴尔还通过大幅提高本地采购和扩大生产规模等手段,将中国市场全面纳入戴尔的全球业务体系中。戴尔在北京、上海及深圳等地相继开设了国际采购据点(IPO),通过与国内供应商的紧密合作,为戴尔全球工厂开辟出一条更加有效的供货途径。

在库存的数量管理上,戴尔以物料的低库存与成品的零库存而声名远播,戴尔的平均物料库存只有约 5 天;而戴尔最接近的竞争对手库存也有 10 天以上;联想的库存管理是中国厂商的最高管理水平,是 22 天;业内的其他企业平均库存更是达到了 50 天左右。戴尔没有仓库,但是供应商在它周围有仓库。戴尔在网上或电话里接到订单,收了钱之后会告诉你要多长时间货可以到。在这段时间里它就有时间去对订单进行整合,对既有的原材料进行分拣,需要什么原材料就下订单给供应商,下单之后,货到了生产线上才进行产权交易,之前的库存都是供应商的。

资料来源：https://wenku.baidu.com/view/9768dec77f21af45b307e87101f69e314332fa8e.html.

结合案例讨论：

1. “零库存”是不是意味着没有库存? 戴尔公司的“零库存”运行模式的精髓在哪里?

2. 在企业里推行“零库存”运行模式需要什么条件? 是不是所有的企业都适合“零库

存"的管理模式?

　　3. 戴尔在全世界都是直销,为何在中国不但直销,而且实行分销?

 即测即练题

第 10 章

配送中心的运营与绩效管理

本章学习目标：

通过本章学习，学员应该能够：

1. 了解客户服务的概念和特点，客户服务内容，客户服务策略；
2. 熟悉配送中心成本的含义、分类、特征、影响因素、管理意义、管理方法、控制；
3. 了解绩效的基本概念，掌握配送中心绩效评价体系的原则、设计要求、实施步骤；
4. 掌握配送中心绩效评价方法。

 引导案例：联华便利店配送中心的绩效评估

在上海，零售业态的竞争已扩展到连锁便利店。联华便利店以每月新开 60 家门店的速度急剧扩张，在物流配送方面形成了巨大的需求，原来的江杨配送中心显然不能满足其需要。联华便利店与日本岗村制作所共同设计建造联华便利配送中心。两个配送中心在作业效率方面有以下区别。

江杨配送中心每天的拆零商品配送能力在 1 万箱左右，单店商品拆零配置时间约需 4 分钟，由于场地小、缺乏先进技术、人力资源浪费，人工分拣的差错率达 0.6%，每天配送 200 多家门店。联华便利配送中心库存商品可达 10 万箱，每天拆零商品可达 3 万箱，商品周装期从原来的 14 天缩短到 3.5 天，库存积压资金大大降低；采用 DPS（数字拣选系统）方式取代人工拣选，使差错率减少到 0.1%，配送时间从 4 分钟/店压缩到 1.5 分钟/店，每天可配送 400 多家门店。配送准确率、门店满意度等都有大幅提升，降低了物流成本，为联华便利店业态的良好稳定发展奠定了坚实的基础。

开展绩效评估能正确判断配送中心的实际经营水平，提高经营能力和管理水平，从而提升配送中心的整体效益。配送中心的绩效评估是运用数量统计和运筹学方法，采用特定的指标体系，对照统一的评估标准，按照一定的程序，通过定量、定性分析，对配送中心在一定经营期间的经营效益和经营者的业绩作出客观、公平和准确的综合判断。

资料来源：张洪革.辽宁省交通高等专科学校《仓储与配送》精品课程，有改动.

10.1 配送中心的客户服务管理

10.1.1 客户服务的概念和特点

1. 客户服务的概念

配送中心客户服务就是配送中心围绕客户而进行的一系列服务。除了储存、运输、包装、流通加工、装卸搬运等基本服务,更强调物流配送服务的恰当定位与不断完善以及系列化,强调进行市场调查与预测、采购及订单处理,并延伸至物流配送咨询、物流配送方案规划、库存控制策略设计、货款回收与结算、教育培训等增值服务。

通常把支持大多数客户从事正常生产经营和正常生活的服务称为基本服务,而将针对少数具体客户进行的独特的、超出基本服务范围的服务称为增值服务。

客户服务水平是衡量为客户创造时间和空间价值能力的尺度。在配送中心,从接受订单开始到将物品配送到客户手中的全部过程都贯穿着客户服务。做好客户服务可以留住老客户,保持和发展客户忠诚度与满意度,还可以树立良好的形象而赢得新客户。

增值服务的内容一般可归纳为以下五个方面。

(1) 以客户为核心的增值服务。

(2) 以促销为核心的增值服务。

(3) 以制造为核心的增值服务。

(4) 以时间为核心的增值服务。

(5) 以成本为核心的增值服务。

2. 客户服务的特点

1) 从属性

客户企业的物流服务需求是以商流的发生为基础的。物流服务需求具有从属于货主企业物流系统的特征。其主要表现是处于需方的客户企业,能够选择和决定配送的货物种类、时间及方式等。

2) 无形性

物流服务是伴随着销售和消费同时发生的即时服务,它具有即时性和非储存性的特点。

3) 移动性与分散性

物流服务对象具有不固定且分布广泛的特征,因此物流服务具有移动性与分散性的特点。

4) 波动性

物流企业在经营上经常出现劳动率低、费用高的问题,这主要是由物流服务对象不固定且客户需求方式和数量又存在较强的波动性造成的。

5) 替代性

企业一般都具有自营物流能力,可进行物流服务,即物流服务从供给能力方面来看具有替代性。

10.1.2 客户服务内容

以配送中心和其客户之间发生服务的时间为依据,可把客户服务分为交易前、交易中和交易后三个阶段,如图 10-1 所示,每个阶段都包括不同的服务因素。

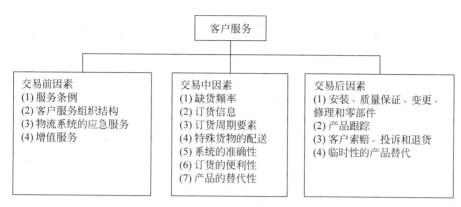

图 10-1　客户服务内容的构成因素

1．交易前因素

交易前因素（pre-transaction elements）是指交易发生之前，配送中心为了促使交易的发生而提供的一系列相关服务。这部分要素直接影响客户对配送中心及产品或服务的初始印象。

1）服务条例

服务条例以正式文字说明的形式表示，其内容包括如何为客户提供满意服务、客户服务标准、每个员工的职责和业务等。服务条例可以增进客户对配送中心的信任。

2）客户服务组织结构

配送中心应建立完善的组织结构来负责客户服务工作。明确职责范围，保障和促进职能部门之间的沟通与协作，最大限度地提供优质化的服务，提高客户满意度。

3）物流系统的应急服务

为了使客户得到满意服务，在缺货、自然灾害、劳动力紧张等突发事件出现时，必须有应急措施来保证物流系统正常且高效地运作。

4）增值服务

增值服务是为了巩固与客户的合作伙伴关系，向客户提供管理咨询及培训服务等。具体方式包括发放培训材料、举办培训班、面对面或利用通信工具进行管理咨询等。

2．交易中因素

交易中因素（transaction elements）是指在从配送中心收到客户订单到把产品送到客户手中这段时间内，配送中心提供的相关服务。这些因素直接决定着客户服务质量的优劣，对于客户满意度的影响最大。

1）缺货频率

缺货频率是产品现货供应比率的衡量尺度。当缺货出现时，配送中心可以通过安排合适的替代产品或加速发货来维持与客户的良好关系。妥善地处理缺货问题的目的在于保持客户的忠诚度，留住客户。

2）订货信息

订货信息是指为客户提供关于库存情况、订单状态、预期发货和交付日期及延期交货情况的准确信息。

3）订货周期要素

订货周期是指从客户开始发出订单到产品交付给客户为止的总时间。订货周期包括下订单、订单传输、订单处理、订单分拣、货物包装、交付等时间。客户通常更加关心订货周期的稳定性而非绝对时长，因此监控和管理好订货周期的各个组成部分是配送中心的主要任务。

4）特殊货物的配送

有些货物需采用特殊配送方式，提供特殊配送服务的成本比较高，但为了能够与客户长期合作，这一服务也是非常必要的。

5）系统的准确性

系统的准确性主要指订购产品的型号、订货数量和发票的准确性，这对于配送中心和客户来说是非常重要的。

6）订货的便利性

订货的便利性是指一个客户在下订单时的便利程度。订货的便利与否会影响客户的满意度。一个比较合适的绩效衡量指标是与便利性有关的订单数占订单总数的百分比。

7）产品的替代性

产品的替代性是指一个客户所订购的产品被同一种但不同尺寸的产品或另一种具有同样性能或性能更好的产品所替代。

3. 交易后因素

交易后因素（post-transaction elements）是指在产品运达客户手中之后的相关服务。这些服务包括：产品使用时的服务支持，保护客户利益不受缺陷产品的损害；提供包装（可返还的瓶子、托盘等）返还服务；处理索赔、投诉和退货。这些因素对于提高客户的忠诚度来说至关重要，但必须在交易前和交易阶段就做好计划。

1）安装、质量保证、变更、修理和零部件

为了执行这些功能，配送中心需要做到：协助确保产品在客户开始使用时其性能与期望的要求相符；可获得零部件和修理人员；对现场人员的文件支持及容易获得零部件的供应；证实质量保证有效的管理职能。

2）产品跟踪

为避免发生诉讼，配送中心必须做到一旦发生问题，就收回存在潜在危险的产品。

3）客户索赔、投诉和退货

配送中心应明确规定如何处理索赔、投诉和退货，保留有关索赔、投诉和退货方面的数据，从而为配送中心的职能部门提供有价值的信息。

4）临时性的产品替代

临时性的产品替代是指当客户在等待采购的产品和等待先前采购的产品被修理时，为客户提供临时性的替代产品。

10.1.3　客户服务策略

1. 抓大放小的策略

为使客户分类更加规律化,可以把客户划分为关键、重点、一般、维持、无效等几类,以分别制定不同的销售和服务政策并进行差异化管理。客户构成结构如图 10-2 所示。

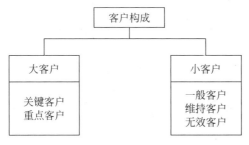

图 10-2　客户构成结构

在"提供利润能力"这个中心下,近似地将客户数量和利润提供联系起来,并进行整合,会得到创造利润的客户数量金字塔和客户利润提供能力倒金字塔,其体现了客户类型、数量分布和创造利润能力之间的关系。

配送中心 80% 的利润来自 20% 的大客户,大客户是影响配送中心生存的关键,是市场上最具战略意义的客户,也是客户管理应高度重视的客户群体。所以在客户分类管理中就要掌握抓大放小的策略。

实施客户管理抓大放小的策略,要防止走两个极端,既不要因为客户"大"就丧失管理原则,也不要因为客户"小"就盲目抛弃。

2. 大客户管理的策略

配送中心的大客户管理应该是完全动态的,在快速变化的市场上,上一年的大客户未必是下一年的大客户,原来的中小客户如果做得成功也会成为大客户。在界定大客户时,既要关注现在,又要考虑未来,两者同样重要。

同时,在界定大客户时强调"忠诚度"而非"客户满意度"。权威研究结论表明:有 66%～85% 的客户虽然已经流失但仍对企业"满意",这绝对不是"忠诚"。因此,需要把"忠诚度"作为衡量大客户的因素,看清谁才是自己真正的"上帝"。

3. 客户关系管理的策略

客户关系管理(customer relationship management,CRM)是开发并且加强客户购买关系的商业流程。要实施以客户为导向的成功 CRM 解决方案,配送中心必须首先对 CRM 项目进行可行性评估。

可行性评估不仅仅是一种技术评估,更是一种文化评估。从全球实施 CRM 的经验可以看出,企业成败主要在于企业文化变革的成败。决定实施 CRM 的配送中心首要的问题不是去购买软件,而是要聘请专业咨询公司对其进行评估,明确问题的关键所在,即哪些问题可以通过技术解决,哪些问题需要通过策略调整来解决,哪些问题需要通过转变观念、重塑文化来解决。配送中心必须明确一点,CRM 不是万能钥匙,也并非所有的配送中心都适宜开展 CRM 项目。

CRM 的五种要素如下:①物流客户的管理相关者;②物流 CRM 的途径;③物流客户的信息技术工具;④物流 CRM 数据库;⑤CRM 的合作关系。

4．客户满意管理的策略

配送中心想要真正做到客户满意,就必须制定和实施切实可行的有效策略。

1）满足客户需求

为了更好地满足客户需求,配送中心必须具有很强的物流运作能力,而为了实现这个目标必须首先建立快速的存货补给系统。这套系统主要包括三个部分:高效率的配送中心、高效的运输系统和先进的信息支持系统。

2）关注细节

假设一个员工在 99% 的时间内是可靠的,那么当 3 人一组时,可靠性就会降到 97%。可见服务的可靠性是递减的,这一规律被称为"客户满意度递减原理"。递减的比率到了一定的界限,客户满意度就会下降。因此,配送中心在进行客户关系管理时一定要关注细节。

3）处理好客户投诉

对待客户的投诉要有良好的态度,要认识到客户投诉不一定是坏事。从一定意义上讲,客户的投诉往往比客户的赞美对配送中心的帮助更大,它可以让配送中心认识到问题出在什么地方,并及时加以改进。如果客户的投诉得到了回应,他们就会产生信任感,配送中心的服务水平也因此得以提升。

5．巩固物流客户的策略

配送中心一般可采用以下方法和途径来巩固客户,培养客户的忠诚度。

1）建立物流服务品牌

建立物流服务品牌是具有战略意义的配送中心巩固客户方法,是实现利润增长、保证长期发展的有效途径。服务品牌能使客户对品牌产生极大的忠诚度,从而巩固客户。

2）提高客户的满意度

提高客户的满意度是巩固客户的关键。配送中心所做的一切都是为了提高客户的满意度。

3）开发物流服务新项目

服务项目的开发决定着客户管理是否成功,可以说巩固客户应从服务项目的开发开始,配送中心应着力开发核心服务项目,为客户提供优质服务以达到巩固客户的目的。

4）强化内部客户的管理

配送中心的最终用户并不是唯一的客户,员工也是客户。通过强化内部客户的管理,使内部客户满意,进而提高外部客户的满意度,以维系和巩固外部客户。

5）改进物流服务质量

客户的需求在不断发展,对服务质量的追求也在不断提高。在这一动态的发展过程中怎样改进并保持优质服务,让客户满意,是配送中心必须考虑的主要问题。

10.2　配送中心成本管理和控制

10.2.1　配送中心成本的含义

在物流过程中,为了提供有关服务、开展各项业务活动,必然要消耗物流成本。物流成本包括物流各项活动的成本,涉及收货、商品包装、存储、装卸搬运、流通加工、配送、信息处理等各个方面的成本,成本涉及的环节如图 10-3 所示。

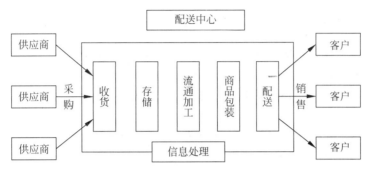

图 10-3　配送中心成本涉及的环节

10.2.2　配送中心成本的分类

1. 按配送中心的费用支付形式分类

按配送中心的费用支付形式分类的方法也就是通常所说的财务会计统计方法。这种分类方法将物流成本分为本企业支付的物流费用和其他企业支付的物流费用两大模块。这两大模块中的物流费用又可以进一步细分为七个部分。

(1) 材料费,包括因包装材料、燃料、工具材料等物品的消耗而发生的费用。

(2) 人工费,包括因物流从业人员劳务的消耗而发生的费用,如工资、奖金、退休金、福利费等。

(3) 水电费,包括水费、电费、煤气费等。

(4) 维持费,指土地、建筑物及各种设施设备等固定资产的使用、运转和维护保养所产生的费用,包括维修费、消耗材料费、房租、保险费等。

(5) 管理费,包括组织物流过程花费的各项费用,如差旅费、交际费、教育费、会议费、书报资料费、上网费、杂费等。

(6) 特别经费,指与存货有关的物流费用支付形态,如折旧费等。

(7) 委托物流费,包括包装费、运费、保管费、入出库费、手续费等委托外部承担物流业务支付的费用。

2. 按配送中心的活动发生范围分类

按配送中心的活动发生范围分类也就是按物流流动过程进行分类,包括供应物流成本、生产物流成本、销售物流成本、回收物流成本、废弃物物流成本。

3．按配送中心的功能类别分类

配送中心成本按功能类别可分为物流环节成本、信息流通成本、物流管理成本等。

（1）物流环节成本，包括运输费、仓储费、包装费、装卸搬运费、流通加工费等。

（2）信息流通成本，指处理物流相关信息发生的费用，包括库存管理、订单处理、客户服务等相关费用。

（3）物流管理成本，指物流计划、组织、领导、控制、协调等管理活动方面发生的费用。

4．按配送中心成本的可见性分类

配送中心成本按可见性可分为物流显性成本和物流隐性成本。

（1）物流显性成本，包括仓库租金、运输费用、包装费用、装卸搬运费用、流通加工费、订单清关费用、人员工资、管理费用、办公费用、应交税金、设备折旧费用、设施折旧费用、物流软件费用等。

（2）物流隐性成本，包括库存资金占用费用、库存积压降价处理、库存呆滞产品费用、回程空载成本、产品损坏费用、退货损失费用、缺货损失费用、异地调货费用、设备设施闲置费用等。

5．配送中心成本的其他分类

配送中心成本按成本是否具有可控性分为可控成本和不可控成本，按成本的性态特征分为变动成本和固定成本。

10.2.3 配送中心成本的特征

1．复杂性

配送中心成本不仅涉及多个部门与多个环节，而且各环节中费用组成多样化，既有人工费、管理费、材料费、信息处理费，又有设施、设备、器具的折旧费和利息等。

2．效益背反性

配送中心成本具有效益背反性的特征。配送中心成本的效益背反性主要指配送中心在运作过程中物流各功能环节成本高低以彼此为基础，且各功能环节成本彼此间存在损益的特性。物流成本与物流服务水平的效益背反性可用图 10-4 表示。

由图 10-4 可见，物流服务如处于较低水平，追加物流成本 X，物流服务水平可上升 Y；物流服务如处于较高水平，同样追加物流成本 X，物流服务水平仅上升 Y'，且 $Y' < Y$。

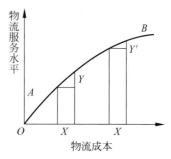

图 10-4　物流成本与物流服务水平的效益背反性

3．系统性

配送中心是一个系统,配送中心成本同样具有系统性。在确定配送中心总成本时,应该从系统整体出发。

10.2.4　配送中心成本的影响因素

配送中心成本的高低与以下五个因素相关。

1．时间

配送时间延后带来的后果是占用了配送中心库存,进而消耗了大量的配送中心固定成本。而这种成本往往表现为机会成本,使得配送中心配送服务水平降低、收益减少以致需要增加额外成本来弥补;或者影响了其他配送服务,在其他配送服务上增加了不必要的成本。

2．距离

距离是影响配送运输成本高低的关键因素,距离越远,意味着消耗的成本越高,同时会造成运输设备增加、配送员增加。

3．货物种类及作业过程

不同种类货物的配送难度决定了配送作业要求的高低,因而对成本会产生较大影响。不同的配送作业过程直接影响配送成本,如采用原包装配送的成本要比配送配装少。

4．货物的数量和重量

货物的数量和重量增加会使配送作业量增大,但大批量的作业可提高配送效率。配送的货物数量越多和重量越大,委托人获得的折扣也就越多,配送中心的收益就会降低。

5．外部成本

配送经营涉及面广,有时需要使用配送中心以外的资源。例如,有时装卸搬运需要使用起吊设备,配送中心就需要租用起吊设备从而增加额外的成本支出。又如,当地的路桥收费站普遍多且无相应管制措施,则必然导致增加额外的配送成本。

10.2.5　配送中心成本管理的意义

配送中心的成本管理是为了在提高物流配送效率和服务水平的同时,不断地降低配送中心成本,对原材料、半成品、成品及相关的信息流动做到 6R,即正确的产品(right product)、正确的数量(right quantity)、正确的质量(right quality)、正确的地方(right place)、正确的时间(right time)和正确的状态(right status)。同时这也是现代物流管理的实质。加强成本管理对社会和配送中心均具有重要意义。

从微观的角度来说,加强配送中心成本管理是提高配送中心核心竞争力的重要手段。对于配送中心而言,通过加强成本管理,不断降低成本,在买方市场的条件下,可以更大限度地降低服务价格且对外提高配送服务水平,进而不断扩大配送中心的市场占有率;对于流通企业而言,配送中心成本下降,从而使产品总成本下降,在保证利润水平的前提下,大幅度降低产品价格,进而带来销售量的大幅度提高,使利润总水平大幅度提升。如此的良性循环,企业可以形成更多的资源用于进一步优化物流系统,实现企业物流管理的战略目标,提高企业的核心竞争力。

从宏观的角度来说,加强配送中心成本管理,是保持物价稳定的重要措施。配送中心成本是商品价格的重要组成部分,通过加强成本管理,使物流管理领域的人力、物力、财力的耗费不断下降,这将对商品价格产生积极的影响,使社会物价相对下降,从而起到平抑通货膨胀、相对提高国民购买力的作用。加强成本管理,是提高国家核心竞争力的重要手段。从全社会来看,配送中心成本管理的过程是优化和整合全社会商品流程的过程,在此过程中,全社会物流效率普遍提高,物流成本不断降低。这不仅意味着创造同等数量的财富所消耗的活劳动和物化劳动得到节约,而且会增加外国投资者前来投资的吸引力,对提高国家核心竞争力具有重要意义。

扩展知识 10.1
活劳动与物化
劳动

10.2.6 配送中心成本管理的方法

1. 不同形态的成本管理方法

不同形态的成本管理方法是将成本按照运费、保管费、商品材料费、本企业配送费、人员费、配送管理费、配送利息费等支付形态来进行分类。通过该成本管理方法,物流配送可以很清晰地掌握各类成本在配送中心整体成本中处于什么位置、各类成本中哪些成本偏高等问题。这样,配送中心既能充分认识到各项成本合理化的重要性,又能明确控制成本的重点在于管理控制哪些成本。

该方法的具体内容是:在配送中心每月单位损益计算表中"销售费及一般管理费"的基础上,乘以一定的指数得出配送部门的费用。配送部门是分别按照"人员指数""台数指数""面积指数""时间指数"等计算出各项成本的。

2. 不同功能的成本管理方法

不同功能的成本管理方法是将成本按照包装、保管、装卸、信息、配送管理等功能进行分类,通过这种方式把握各功能所承担的成本,进而着眼于不同功能的改善,特别是计算出标准功能成本后,通过作业管理,能够正确设定合理化目标。该方法的具体内容是:在计算出不同形态成本的基础上,再按功能算出各项成本。

3. 不同范围的成本管理方法

不同范围的成本管理方法是分析成本适用于哪些对象,以此作为控制成本的依据。例如,可将适用对象按商品类别、地域类别、客户类别、负责人等进行划分。当前先进企业的做法是,按分公司或营业点类别来把握成本,有利于各分公司或营业点进行成本与销售额、总利润的构成分析;按客户类别控制成本,有利于全面分析不同客户的需要,调整经营战略;按商品类别管理成本,有利于掌握不同商品群的成本状况,合理调配、管理商品。

10.2.7　配送中心成本控制

配送中心成本控制是指在配送活动的全过程中,对成本进行预测、计划、分析和核算,并对其进行严格的控制和管理,以达到预期的成本目标。要实现对配送中心的成本控制,必须做好以下两方面工作。

1. 控制好采购成本

配送中心承担了采购职能,其成本控制的主要内容之一就是采购成本的控制。采购成本包括购买价款、相关税费、运输费、装卸费、保险费及其他可归属于采购成本的费用。要实现采购成本控制,主要从以下三个方面加强管理。

(1) 加强对市场采购信息的收集和分析。主要收集和分析的市场采购信息包括货源信息、流通渠道信息、价格信息、运输信息及管理信息。

(2) 与供应商建立融洽的伙伴关系。配送中心不是一个独立的个体,需要与供应商进行联系与合作。与供应商建立融洽的关系,有利于合作的紧密和供应渠道的稳定,在价格上取得最大的优惠,从而降低采购成本。供应商的类型及相关特性见表 10-1。

表 10-1　供应商的类型及相关特性

供应商类型	关系特征	质量	时间跨度	供应	合同	成本/价格
商业型供应商	运作联系	按采购企业要求,并由采购企业选择	1 年以下	订单订货	按订单变化	市场价格
优先型供应商	运作联系	按采购企业要求 采购企业与供应商共同控制质量	1 年左右	年度协议＋订单订货	年度协议	折扣＋价格
伙伴型供应商	供应伙伴	供应商保证 采购企业审核	1～3 年	客户定期向供应商提供物料需求计划	年度协议 质量协议	价格＋降价目标
	战略伙伴	供应商保证	1～5 年	EDI 系统	设计合同	公开价格与成本结构
		供应商早期介入产品设计及产品质量标准		系统对接	质量协议	不断改进,降低成本

(3) 确定适宜的采购时机与合理的采购批量。采购时机与采购批量的合理确定,就是要使得采购成本与储存成本最低。而采购时机就是订货点,采购批量就是经济订货批量。

2. 确定合理的配送计划、配送路线和车辆配载

确定合理的配送计划的意义在于避免发生临时配送、紧急配送或无计划配送带来的

成本增加现象。制定健全的分店配送申报制度或完善门店的 POS、EOS,以便配送中心及时掌握各门店的存货情况,并及时安排配货计划。此外,配送路线合理与否,直接影响到配送的速度和成本。确定配送路线的主要方法有综合评价法、线性规划法、网络图法和节约里程法等。使用以上方法必须满足以下条件。

(1) 满足门店的配送要求(如品种、规格、数量、时间等)。

(2) 在配送中心配货能力范围内。

(3) 配送路线、配送数量不超过车载容量。

(4) 最大限度地节约配送时间。

此外,在确定配送路线的过程中要充分考虑车辆最大配载量,不同品种的商品在包装形态、储运性能、物流密度上差别较大,因此在车辆配载时应重视轻重商品的组合搭配,既要充分利用车辆的载重能力,又要充分利用车辆的有效容积。目前,常用的车辆配载方法主要有两大类:一是大类组合法,即将要配载的商品按体积和密度分成若干类别,从中选出密度最大和最小的两种,再利用二元一次方程计算配载;二是利用计算机,将商品的密度、体积及车辆的技术指标储存起来,当配载时输入将要配载的全部商品编号,由计算机输出配载方案。

扩展知识 10.2
车辆配载五大
原则

10.3 配送中心的绩效管理体系

10.3.1 配送中心绩效与绩效管理的内涵

1. 绩效与绩效管理概述

"管理是从衡量开始的",这句话意味着没有衡量也就没有管理。从事各项管理工作都需要进行对比衡量。一个员工没有考核,没有衡量,就无法看清楚自己工作中的成绩和不足。同样对于配送中心而言,如果不对其进行考核,就无法知道经营绩效的好坏,无法看清楚自己与竞争对手之间的差异,就不能弥补不足,或者不能提升核心竞争力和增强自己的市场竞争力。无论是个人或者是配送中心,都希望在实现产出一定的情况下,使得投入最小,或者是在投入一定的情况下,实现产出最大。

2. 绩效的概念

Bates 和 Holton 指出,"绩效是多维建构,测量的因素不同,其结果也会不同"。因此,要想评测管理绩效,必须先对其进行界定,弄清楚其确切的内涵。一般可以从企业、团体、个体三个层面上给绩效下定义。层面不同,绩效所包含的内容、影响因素及其评测方法也不同。就个体层面来讲,对绩效的定义,尚无一个统一的认识。目前主要有两种观点:一种观点认为绩效是结果,对企业具有效益、具有贡献的结果;另一种观点认为绩效是行为。Bernadine 等人认为,"绩效应该定义为工作的结果,因为这些工作结果与企业的战略目标、顾客满意度及其投资的关系最为密切。"Kane 认为,绩效是"一个人留下的东西,这种东西与目的相对独立存在"。

现在,人们对绩效是工作成绩、目标实现、结果、生产量的观点提出了挑战,普遍接受绩效的行为观点,即"绩效是行为"。Murphy 给绩效下的定义是:"绩效是与一个人在其中工作的企业或企业单元的目标有关的一组行为。"Campbell 指出,"绩效是行为,应该与结果区分开,因为结果会受系统因素的影响",他给绩效下的定义是:"绩效是行为的同义词,它是人们实际的行为表现并能观察到。它只包括与企业目标有关的行动或行为,能够用个人的熟练程度来测量。绩效是企业雇人来做并需做好的事情。绩效不是行为后果或结果,而是行为本身,绩效由个体控制下的与目标相关的行为组成,不论这些行为是认知的、生理的、心智活动的或人际的。"

Borman 和 Motowidlo 提出了绩效的二维模型,认为行为绩效包括任务绩效和关系绩效两方面,其中,任务绩效指所规定的行为或与特定的工作熟练程度有关的行为;关系绩效指自发的行为或与非特定的工作熟练程度有关的行为。

现在还有一种观点,认为应该采用较为宽泛的绩效概念,即包括行为和结果两个方面,行为是达到绩效结果条件之一。行为由从事工作的人表现出来,将工作任务付诸实施。行为不仅是结果的工具,行为本身也是结果,是为完成工作任务所付出的脑力和体力劳动的结果,并且能与结果分开进行判断。这一定义要求,在对个体的绩效进行管理时,既要考虑投入(行为),也要考虑产出(结果)。绩效包括应该做什么和如何做两个方面。

在配送中心营运管理的绩效评价中,采用第一种观点,那就是绩效就是结果,研究的是用什么样的指标来衡量配送中心营运管理的结果,以及怎样来衡量这些结果,对员工的绩效用什么样的方法去考核,以及如何提高配送中心营运管理的绩效。

3. 绩效管理

绩效管理是指一系列以员工为中心的管理活动,目标是通过充分开发和利用每个员工的价值来达到改善企业绩效、实现企业战略目标的目的。

1)绩效管理的意义

20 世纪 80 年代以来,经济全球化的步伐越来越快,市场竞争日趋激烈。在这种竞争中,一个企业要想取得竞争优势,必须不断提高其整体效能和绩效。绩效管理是对产生绩效的员工进行管理。实践证明,提高绩效的有效途径是进行绩效管理。绩效管理是一种提高企业员工的绩效和开发团队、个体的潜能,使企业不断获得成功的管理思想和具有战略意义的、整体的管理方法。绩效管理,可以帮助企业实现其绩效的持续发展;促进形成一个以绩效为导向的企业文化;激励员工,使他们的工作更加投入,促使员工开发自身的潜能,提高他们的工作满意感;增强团队凝聚力,改善团队绩效;通过不断的沟通和交流,发展员工与管理者之间的建设性的、开放的关系;给员工提供表达自己的工作愿望和期望的机会。

2)绩效管理的过程

绩效管理是一系列以员工为中心的管理活动。绩效管理的最终目标是通过充分开发和利用每个员工的潜能来提高企业绩效,即通过提高员工的绩效达到改善企业绩效的目的。有效的绩效管理的核心是一系列活动的连续不断的循环过程,一个绩效管理过程的结束,是另一个绩效管理过程的开始,它包括绩效计划、绩效管理、绩效考核和绩效反馈四个环节。

（1）绩效计划。绩效计划是确定组织对员工的绩效期望并得到员工认可的过程。由于绩效包括结果绩效和行为绩效两个部分，因此，绩效计划必须清楚地说明期望员工达到的结果以及为达到该结果所期望员工表现出来的行为和技能，即确定工作目标和发展目标。

工作目标的设计是一个自下而上的目标确定过程，通过这一过程将个人目标、部门或团队目标与企业目标结合起来。目标设计也是一个员工全面参与管理、明确自己的职责和任务的过程，是绩效管理一个至关重要的环节，因为员工只有知道了企业或部门对自己的期望是什么，才有可能通过自己的努力达到期望的结果。制订目标时应注意以下几个方面：第一，领导与员工应该就员工个人发展目标达成一致；第二，员工有权利和责任决定自己的发展目标；第三，培训和发展活动应支持所确定的工作目标的实现；第四，培训和发展活动应符合员工学习的风格，因此，应该采用多种方法，如在职培训、进修、研讨会等来帮助员工提高工作的能力。

（2）绩效管理。绩效计划制订完成之后，被评估者就开始按照计划开展工作。在工作的过程中，绩效管理者要对被评估者的工作进行指导和监督，及时解决发现的问题，并对绩效计划进行调整。绩效计划并不是在制订了之后就一成不变的，随着工作的开展会根据实际情况不断调整。在整个绩效考核期间，都需要管理者不断地对员工进行指导和反馈。

（3）绩效考核。在绩效评价阶段，依据预先制订好的计划，主管人员对下属的绩效目标完成情况进行考核。绩效考核的依据就是在绩效期间开始时双方达成一致意见的关键绩效指标，同时，在绩效管理过程中所收集到的能够说明被考核者绩效表现的数据和事实，可以作为判断被考核者是否达到关键绩效指标要求的依据。

（4）绩效反馈。绩效管理的过程并不是到绩效评价打出一个分数就结束了，绩效管理者还需要与下属进行一次面对面的交谈。通过绩效反馈面谈，下属了解管理者对自己的期望，了解自己的绩效，认识自己有待改进的方面；下属也可以提出自己在实施绩效计划中遇到的困难，请求管理者的指导，对于表现优异、绩效好的员工应进行有效的激励。

10.3.2 配送中心建立绩效评价体系的原则

1. 客观公正

坚持定量与定性相结合的原则，建立科学、适用、规范的评价指标体系及标准，避免主观臆断。以客观的立场评价优劣，以公平的态度评价得失，以合理的方法评价业绩，以严密的计算评价效益。

2. 责、权、利相结合

配送中心的绩效评价结果产生后，应分析责任的归属。在确定责任时，要明确是否在当事人责权范围内。评价的目的主要是改革绩效，不能为评价而评价、为奖惩而评价、为晋升而评价。此外应该注意评价指标包括的应是当事人可控事项，只有这样奖惩才能公平合理。

3. 目标与激励

配送中心绩效评价体系的目标设计和激励是必不可少的。目标的实现是很重要的激励机制；另外，以报酬作为激励也是现代化配送中心不可缺少的有效管理机制。

4. 多层次、多渠道、全方位评价

多方收集信息，实行多层次、多渠道、全方位评价。在实际工作中，可综合运用上级考核、同级评价、下级评价、职员评价等多种形式。

5. 时效与比较

在评价绩效时，数据是最佳的衡量工具，但是如果没有比较的基准数据，再及时的评价也是徒劳的。因此配送中心的盈余或亏损，必须与过去的记录、预算目标、同行业水准、国际水平等进行比较，才能鉴别其优劣。只有将一定的基准数据与被评价企业的经营结果进行比较及分析，配送中心绩效评价才具有实际意义。

6. 连贯性

配送中心绩效评价体系的建立要依据连贯性原则，避免设定指标的大起大落和指标定义的变动。

7. 经常化、制度化的评价

配送中心必须明确评价的原则、程序、方法、内容及标准，建立科学合理的绩效评价制度，将正式评价与非正式评价相结合，形成经常化、制度化的评价体系。

10.3.3　配送中心绩效评价体系的设计要求

1. 现行的绩效评价指标的特点

现行的绩效评价指标侧重于对单个企业的评价，评价的对象是某个具体配送中心的内部职能部门或者员工个人，其评价指标在设计上有如下一些特点。

（1）现行绩效评价指标的数据来源于财务结果，在时间上略为滞后，不能反映配送中心的动态营运情况。

（2）现行绩效评价主要是评价配送中心职能部门工作的完成情况，不能对配送中心的业务流程进行评价，更不能科学、客观地评价整个配送中心的营运情况。

（3）现行绩效评价指标不能对配送中心的业务流程进行实时评价和分析，而是侧重于事后分析。因此，当发现偏差时，偏差已成为事实，其危害和损失已经造成，并且往往很难弥补。

因此，为衡量配送中心整体运作绩效，以便决策者能够及时了解配送中心的整体状况，应该设计出更适合于度量配送中心绩效的指标和评价方法。

2．配送中心绩效评价体系的设计要求及注意的问题

1）设计要求

任何一个体系的设计都与企业结构有着密不可分的关系。配送中心绩效评价体系是在整个组织结构之内设计的,适应配送中心经营的组织结构,有助于实施适当控制,同时组织结构也影响信息的流向与流量。总体而言,这个体系的设计必须满足以下要求。

(1) 及时。只有及时获取有价值的信息,才能及时评价、及时分析,迟到的信息会使评价失真或无效。因此,何时计量及以什么样的速度将计量结果予以报告,是配送中心绩效评价体系的关键。

(2) 准确。要想使评价结果具有准确性,与绩效相关的信息必须准确。在评价过程中计量什么、如何计量,都必须十分清楚。

(3) 可理解。能够理解的信息才是有价值的信息。难以理解的信息会导致各种各样的错误,所以确保信息的可理解是设计配送中心绩效评价体系的一个重要方面。

(4) 可接受。配送中心绩效评价体系,只有被接受才能发挥作用。不被接受或者被不情愿地接受下来,就称不上是有价值的体系。勉强被接受,可能导致信息不准确、不及时、不客观,所以在体系设计时必须满足使用者的需求。

(5) 目标一致。有效的配送中心绩效评价体系,其评价指标与发展战略目标应该是一致的。

(6) 指标的可控性与激励性。对管理者的评价必须限制在其可控范围之内,只有这样,他才能接受,对管理者也公平。即使某项指标与战略目标非常相关,只要评价对象无法实施控制,他就没有能力对该项指标的完成情况负责,非可控指标应尽量避免。另外,指标水平应具有一定的先进性、挑战性,这样才能激发被评价者的工作潜能。

(7) 及时的应变性。良好的绩效评价体系,应对配送中心战略调整及内外部的变化非常敏感,并且体系自身能够相应作出较快的调整,以适应变化要求。

(8) 反映企业的特性。一个有效的配送中心绩效评价体系,必须能够反映企业的特性。从控制的观点出发,绩效评价的焦点一般集中在公司及经理上,以确定被评价的配送中心的业绩及效益。

2）注意的问题

配送中心在设计绩效评价体系时,除必须满足上述八项要求的大部分外,还应注意下列问题。

(1) 经济效益指标不可过高或过低。配送中心是服务性企业,特别是本公司的配送中心,其经营战略是使整体利益最大化。如果经济效益指标过高,企业无法接受。但是也不能过低,过低会失去评价的意义。

(2) 不可过分注重财务性评价。非财务性的绩效评价不能忽视,因为它能更好地反映配送中心的营运状况,如客户满意程度、交货效率和及时性、订货周期等。

(3) 以客户为中心。配送中心的绩效指标最好能有客户参与的空间,让客户直接选定他们关心的某些项目,这样会产生较好的效果。

(4) 如果配送中心的价格有较强的竞争力,但客户不多,则在利用评价结果与同行业

比较性分析以及体系设计时,应注意可比性。

(5) 若上市公司配送中心的财务绩效评价结果较好,而股票价格毫无起色,则需要审查体系设计的指标和标准是否合适。

(6) 评价体系应兼顾眼前财富最大化和长远财富最大化,能实现物流企业的可持续发展,使企业获取长期利益。

10.3.4　配送中心的评价要素

在配送中心的运作中,几乎每一项作业都有其不同的人力与设备,且每一项作业重点考虑的问题均不相同,有些作业集中在劳力的付出,有些作业取决于管理决策,而有些作业则与设备的多少、设施空间的大小有密切关系。虽然特性或规模不同的配送中心,其经营的作业管理方式不完全相同,但大致可将配送中心的活动划分为前面所讲的进货、储存、搬运、盘点、订单处理、拣货、补货、出货、配送等九项作业。因此,针对每一项作业,究竟应集中哪些资源,哪些资源才是此项作业的评价重点,这些将涉及选择评价要素的问题。对大多数配送中心的营运作业而言,评价要素不外乎以下几点。

(1) 设施空间:衡量整个厂房空间设施是否已充分利用。

(2) 人员:衡量每一人员有无发挥自己最大能力。

(3) 设备:衡量资产设备有无发挥最大产能。

(4) 货物、订单效益:衡量货物流动是否达到预定目标。

(5) 作业规划管理:衡量目前管理阶层所做的决策规划是否适合。

(6) 时间:衡量每一作业有无掌握最佳时间。

(7) 成本:衡量此项作业的成本费用是否最低。

(8) 质量:衡量货物及服务质量是否达到客户满意的水准。

一个配送中心必须先有设施空间、人员、设备、货物才能准备营运,而后管理者对这些资源进行规划管理,经过营运后,由营运结果才产生时间、成本和质量三个评价要素。

10.3.5　配送中心评价要素的特性分析

1. 设施空间

以配送中心而言,设施可指除人员、设备外的一切硬件,包括办公室、休息室、储存区、拣货区、出货区等区域空间的安排及一些消防安全设施等外围硬件。因此,设施空间方面应针对空间利用是否有效、合理来进行综合考虑。尤其在地少人多、土地资源有限的地区,提高单位土地面积的使用效率刻不容缓,而对于货架、作业区的保管量、保管种类、保管面积与容积等的了解,也变成配送中心设施配置的重要课题。

2. 人员

人是构成企业最主要的因素,公司的每名员工能坚守岗位、尽职尽责,发挥所长,将全部精力投入工作,方能维持企业的成长与进步,因而对于人员的考核分析,是每一企业经营评价的重要项目,在衡量各种企业的绩效时,它是最为常见的组成部分。尤其在配送中心,作业人员的绩效更是关键,不容忽视。一般来说,对于人员的绩效评价,可从人员编制、员工待遇和人员效率三方面着手。

影响配送中心劳动生产率水平高低的是作业人员的工作方法。但奇怪的是,在配送中心内进行作业的时候,很少讨论应该如何来更好地配置作业人员这个问题,特别是当工厂的生产现场已经在以秒为单位对作业进行管理的时代,配送中心却依然采取充其量是以小时为单位的粗放管理的方式。

在系统的重新构筑完成之后,应将注意力集中于如何才能更大地发挥作业人员的潜力。例如,采取让每个作业人员拿上卡片,记录作业开始和结束时间的方法;通过终端机器对时间和处理量进行检测等。

要想将临时作业人员的工作潜能发挥到100%,美国零售连锁店的作业管理方法可作为参考,其设计了人工计划表程序(labor schedule program,LSP),如图 10-5 所示,这种程序原本是美国的零售连锁店用来进行作业管理的,是以追求“对作业进行单位管理”为目标而设立的,这一程序的基本理念在于“不是将作业分配到单个作业人员,而是将人按计划分配到作业上去”。

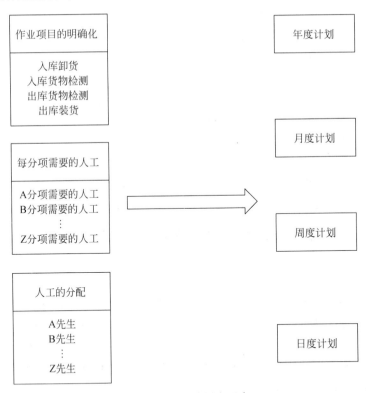

图 10-5　人工计划表程序

下面简单地说明一下其具体的操作程序。首先对每一个作业范围、作业程序、作业技巧等进行充分的研究,对作业本身进行定义。如果在该时间段出现了无效的作业或者活动,就应彻底地对作业程序本身进行认真的改善。然后,针对每一个作业单位,通过研究比较优秀的作业者的操作,把握作业所需要的时间。之后基于对以上信息的把握,通过对销售额等的预测,推算出单个的作业时间,拟订作业人员的分配计划。最后,根据所把握的作业时间,对在实际工作中出现误差的部分,在分析、评价的基础上作出修正。这是一套完整的运作体系。这种体系不是把削减作业人员数量作为目标,而是始终都将有计划地进行控制管理放在重要的位置。

在许多配送中心,在高峰作业期,经常可以看到管理人员亲自参与作业的情景。其实这不是管理者本来应该从事的业务,反而会使作业需要的人手、时间变得不透明。对作业进行有效的控制,以及考虑应该如何对作业进行评价,这才是管理者需要做的工作。

3. 设备

虽然机械设备不像人员情绪那样难以捉摸,但在作业中可能发生的故障和设备闲置等现象,很容易造成交货延迟、货物质量受损、工作中断等重大损失,因此不应忽视。前面已提及,配送中心不同于生产制造厂,机器设备的比例并不高,多是保管、搬运、存取、装卸、配送的设备。由于各作业有一定的时间性,设备工时不太容易计算,因而除以机械运转时间来评价设备运用情况外,还应着重掌握单位期间内机械设备的产出量、产出金额、作业单元数(托盘、纸箱)、操作速率与故障率等,以提升设备使用效率。

应当注意的是,在使用机械的作业过程中,增加生产量必须增加设备运转时间或是增大每单位操作时间内的生产量。前者是增加作业量最直接的做法,而后者则是借由改良机器性能或改善设备操作方式来达到增加生产量的目的。除此之外,人员与设备是否能密切配合亦是关键问题,设备效率与人员效率是两项相辅相成的因素。

4. 货物、订单效益

配送中心成立之前,第一步骤就是要决定流通何种货物,因此货物可以说是配送中心的果实,什么样的果实最能引起客户的注意,吸引客户前来订购,能得到多少订单,而这些订单又能为公司带来多少效益,这些都应是管理者非常关心的问题。

此外,必须在仓库中留有存货,以减少缺货的机会。但这些存货又不能过多,以免造成公司资金占用,因而在这两者间公司究竟已做到什么程度,也是一个评价重点。所以,对于货物、订单效益的衡量,主要在于探讨订单、货物给公司带来的收益及目前对存货的控制绩效。

5. 作业规划管理

规划是一种手段,用来拟订根据决策目标所要采取的行动,因此规划管理的目的在于为整个活动过程选择正确的行动方向。从所要求的某些构想开始,从所有可能的角度来思考所有的作业方式,然后决定最佳行动方向。如果有必要的话,可再修正或改变原先的决定等,这些都是规划管理包含的范围。在良好的管理下,一旦公司规划出最佳的作业方式,将使整个公司的生产力及效率大幅提升;相反,若规划的方式不适当,则经营后必会显现弊端,达不到预期的效果。

因此,要达到最佳的产出效果,规划管理人员必须先决定作业过程中最有效的资源组合,才能配合操作环境,设计出最好的作业方式,来执行营运过程中每一环节的工作。而这些规划出的行动在执行后,若可加以量化,其结果就可作为规划管理好坏的一项评价标准;如果评价的结果为主管部门所无法接受,则必须修正当前所采取的规划方式。所以对于作业规划管理方面的评价,主要是为了掌握公司的投资状况及规划效果。

6. 时间

缩短作业时间,一方面可使工作效率提高,另一方面可使交货期限提前。因此,配送中心对缩短作业时间很重视。此外,时间是衡量效率最直接的数据,最容易看出整体作业能力是否降低,但单凭时间无法探讨问题的成因,仍必须深入人员或设备等方面去发现问题。例如,某段时间生产了多少,平均一小时处理了多少,平均一天中赚了多少等,这些数据很容易让人了解公司整体经营运作的优劣。虽不能由此得到其他信息,但能促使管理人员去寻求问题的症结,尤其是某些活动无法以人员或设备等来衡量生产率时,便可考虑以使用时间作为评价的因素。整体而言,评价时间效益,就是掌握单位时间内收入、产出量,作业单元数及各作业时间比率等情况。

7. 成本

配送中心的成本是指直接或间接消耗于有关保管及销售活动的经济价值。而被消耗的经济价值则是指将财物或劳动力的消耗以货币价值来表示的形式,一般称为费用或成本。

8. 质量

质量两字的意义不仅包括质量的优劣、质量的一致性,而且包括各项作业过程的特性,如耗损、缺货、呆料、维修、退货、延迟交货、事故、误差等状况。

对于质量管理,除建立合理的质量标准外,还需重视对存货管理及作业过程的监督,尽量避免不必要的损耗、缺货、不良率等,以降低成本,提高服务质量。

维持质量标准的对策不外乎从人员、物料、机器设备和作业方法四方面着手,而有关质量的改善研究,已有许多研究成果可资借鉴,如今也有多种提高效率的方法可供使用。

10.3.6 配送中心绩效评价体系的实施步骤

配送中心绩效评价既包括物流企业内部的运作评价,也包括企业外部对企业经营管理的评价,企业内部的运作评价是建立在员工考核基础之上的,是企业日常管理的一部分。而企业外部进行的评价是对企业的管理水平、市场竞争地位的核查。其一般要按照正规的评价过程逐步实施,主要包括以下几项内容。

1. 确定评价工作实施机构

1）评价组织机构

由评价组织机构直接实施评价,评价组织机构将负责成立评价工作组,并选聘有关专家组成专家咨询组。如果委托社会中介机构实施评价,应与选定的中介机构签订委托书,然后由中介机构成立评价工作组及专家咨询组。无论由谁来组织实施评价,对工作组及专家咨询组的任务和要求都应明确。

2）参加评价工作的成员应具备的基本条件

（1）熟悉配送中心绩效评价业务，有较强的综合分析判断能力。

（2）具有较丰富的物流管理、财务会计、资产管理及法律等方面的专业知识。专家咨询组的专家还应具有一定的工程技术方面的知识。

（3）专家咨询组的专家应在物流领域中具有高级技术职称，有一定的知名度和相关专业的技术资格。

（4）评价工作主持人员应有长期的经济管理工作经历，并能坚持原则，秉公办事。

2. 制订评价工作方案

由评价工作组根据有关规定制订配送中心评价工作方案，经评价组织机构批准后开始实施，并送专家咨询组的每位专家审核。

3. 收集并整理基础资料和数据

根据评价工作方案的要求及评分的需要来收集、核实及整理基础资料和数据。收集的数据包括以下两类。

（1）选择物流行业同等规模企业的评价方法及评价标准值。

（2）收集连续三年的会计决算报表、有关统计数据及定性评价的基础材料，并确保资料的真实性、准确性和全面性。

4. 评价计分

运用计算机软件计算评价指标的实际分数，这是配送中心绩效评价的关键步骤。

（1）核实会计决算报表及统计数据，计算定量评价指标的实际值。

（2）根据选定的评价标准，计算出各项基本指标的得分，形成"物流配送中心绩效初步评价计分表"。

（3）利用修正指标对初步评价结果进行修正，形成"物流配送中心绩效基本评价计分表"。

（4）根据已核实的定性评价基础材料，参照绩效评价指标参考标准进行指标评价和打分，形成"物流配送中心绩效评价计分汇总表"。

（5）将"物流配送中心绩效基本评价计分表"和"物流配送中心绩效评价计分汇总表"进行校正、汇总，得出综合评价的实际分数，形成"物流企业绩效得分总表"。

（6）根据基本评价的四部分（财务效益、资产营运能力、偿债能力、发展能力）得分情况计算各部分的分析系数。

（7）对评价的分数和计分过程进行复核，为了确保计分准确无误，必要时用手工计算校验。

5．评价结论

将绩效基本评价得分与物流产业中相同行业及相同规模企业的最高分数进行比较，将财务效益、资产营运能力、偿债能力、发展能力这四部分内容的分析系数与相同行业的比较系数进行对比，对配送中心绩效进行分析判断，形成综合评价结论，并听取配送中心有关方面负责人的意见，进行适当的修正和调整。

6．撰写评价报告

评价报告的主要内容包括评价结果、评价分析、评价结论及相关附件等。评价报告应送专家咨询组征求意见，由评价项目主持人签字后，报送评价组织机构审核认定。

7．评价工作总结

将评价工作背景、时间、地点、基本情况、结果、工作中的问题及措施、工作建议等汇总成书面材料，建立评价工作档案，同时报送配送中心备案。根据行业或企业进行分析和排序，其步骤为确定评价对象、选定评价标准值、收集和核实基础资料、用计算机计算分数和排序、评价分析、撰写并报送评价分析报告。

10.3.7 配送中心绩效评价方法

1．平衡计分卡

配送中心的绩效评价是一个典型的多指标综合问题。配送中心的绩效评价包含了许多主观和不确定的因素，即使只考虑企业的库存，其规模和其中的变量也很难用传统的运筹学方法解决，因此决定了其性能评价模型以仿真模型为主。近年来，平衡计分卡作为一种来源于战略的、各种衡量方法一体化的新的绩效评价框架，在企业管理领域得到了广泛的关注。平衡计分卡源于企业战略绩效的评价，通过改进，该方法也可以用于配送中心的绩效评价。这种方法具有较好的可操作性，简单、有效，可以分层次、多角度地评价配送中心的绩效。

1）平衡计分卡的概念

1992 年，Robert S. Kaplan 和 David P. Norton 在《哈佛商业评论》上发表了关于"平衡计分卡"的文章，首次提出了"平衡计分卡"的概念。其核心思想如图 10-6 所示。

平衡计分卡克服了单纯利用财务报表进行绩效管理的局限性。财务报表传达的是已经呈现的结果和滞后于现实的指标，并没有向公司管理层传达未来业绩的推动要素是什么，以及如何通过对客户、供应商、员工、技术革新等方面的投资来创造新的价值。平衡计分卡从四个不同的视角，提供了一种考察价值创造的战略方法。

财务：从股东角度来看企业增长、利润率以及风险战略。

客户：从客户角度来看企业创造价值和差异化的战略。

内部运作：使各种业务流程满足客户和股东需求的优先战略。

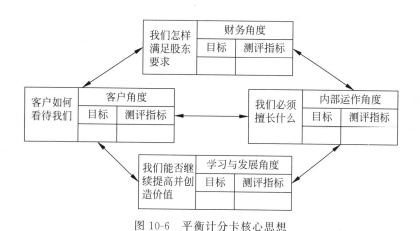

图 10-6　平衡计分卡核心思想

学习与发展：优先创造一种支持公司变化、革新和成长的氛围。

从这四个方面建立平衡，兼顾短期目标和长期目标、理想的结果和结果驱动因素、客观目标和主观目标，可以科学地衡量企业包括客户关系、创造能力、质量水平、员工积极性和信息系统等在内的无形资产在创造持续的经济价值上所起的作用。

2）平衡计分卡的设计原则

可以结合自身的实际情况，建立配送中心平衡计分卡，平衡兼顾各种指标。设计遵循以下几个原则：第一，与配送中心的战略目标和供应链整体绩效一致；第二，定性衡量与定量衡量相结合；第三，内部评价与外部评价相结合；第四，长期目标与短期利益相结合。

由于绩效评价体系最终反映在供应链的价值上，因而在使用平衡计分卡对配送中心绩效进行评价时，不仅要考核当前状况，更要关注其长期发展能力。绩效评价指标应覆盖三个主要领域：第一，考查配送中心的当前营利性；第二，配送中心对供应链盈利的持续贡献能力；第三，配送中心对培养供应链盈利增长的潜力的贡献。

建立配送中心平衡计分卡的关键在于供应链内部就战略问题达成共识，并弄清楚如何把战略方向转换成配送中心经营的目标和评估手段。平衡计分卡的制定必须让企业的各级员工参与进来。通常制定平衡计分卡可以包括以下两个步骤。

（1）为平衡计分卡确定目标。在公司高层就制定平衡计分卡达成共识，并获得支持。

① 选择适当的部门。最初的平衡计分卡工程，最好从一个具有战略意义的业务部门开始，这个业务部门的活动最好贯穿于公司的整个工作流程——创新、经营、销售和服务。

② 选择和设计评价手段。该阶段主要包括以下要点：第一，对于每个目标，设计出容易实现和能够传达这种目标意图的评价手段；第二，对每个评价手段，找到必要的信息源并且采取必要的行动；第三，对每个目标的评价体系之间的相互影响进行评价。

（2）制订实施计划。以实施平衡计分卡目标部门的下属业务部门为单位，成立实施小组。各实施小组确定平衡计分卡的目标并制订实施计划。该计划包括如何把评价手段与数据库和信息体系联系起来，负责在公司内部传播平衡计分卡，并帮助下一级部门制订实施计划。对于配送中心的评价,需要针对不同类型的配送中心进行具体分析。加工型配送中心集成了物流活动的所有功能,包括备货功能、储存功能、分拣和配货功能、简单加工功能、配载功能和运输功能等,它可以看作物流活动的缩影。

2. 配送中心平衡计分卡

下面以具有简单加工功能的配送中心为例,说明配送中心平衡计分卡的主要内容。

配送中心平衡计分卡见表 10-2,该系统有财务、客户、内部运作、学习与发展等四项指标。对于具体的配送中心,需要对关键因素进行选择,以及对某些关键因素进行进一步分解。

表 10-2 配送中心平衡计分卡

指标	战略重点	关键因素(可选)
财务	达到供应链与配送中心价值最大化	资产回报率、销售总量、利润总额、存货周转率、库存天数、现金流
客户	满足客户合理需求	客户保有率、新客户开发率、客户价值率、客户满意度、供应商满意度
内部运作	在合理的成本下,高效率地运作	平均响应时间、最短响应时间、配送时间柔性、配送生产率
学习与发展	持续地改进、提高与创新	流程、技术的改进与创新,员工技能提高;客户关系管理、供应商关系管理与货物数据管理等方面的学习与发展

1) 财务

一般地,在配送中心的平衡计分卡中,财务指标在所有指标中具有核心地位。配送中心在整个供应链中的作用是保证整个供应链在财务上有长期的、良好的收益。因此,配送中心的财务优化非常重要。财务指标包括资产回报率、销售总量、利润总额、存货周转率、库存天数、现金流等。

2) 客户

配送中心的目标之一就是为它的上游、下游客户创造价值,为他们提供稳定的收益。因此,对配送中心评价的核心内容之一就是客户管理,评价指标应该集中体现客户的需求和客户价值等。客户指标包括客户保有率、新客户开发率、客户价值率、客户满意度及供应商满意度等。其中,客户满意度包括客户对配送中心的响应能力、服务能力的认同:客户能否就订单的包装、货物性能提出个性化的要求,以及这种个性化要求的实现程度。客户价值率是指客户对配送中心的满意度和服务过程中发生的成本进行比较的比率。

3) 内部运作

由于不同的配送中心所处的行业、面临的市场不同,采用的业务模式和发展的阶段也不尽相同。因此,在内部运作评价方面,可以根据配送中心的具体情况增加或者减少某些关键因素,也可以在某个阶段细化某一类关键因素。内部运作评价指标一般包括平均响应时间、最短响应时间、配送时间柔性、配送生产率等。其中,配送中心配送时间柔性是指市场需求变动导致非配送量增加到一定比例后,配送中心内部重新组织计划生产和运输的时间。

4）学习与发展

学习与发展一般包括：流程、技术的改进与创新，员工技能提高；客户关系管理、供应商关系管理与货物数据管理等方面的学习与发展。配送中心在某种意义上就是一个信息中心，它的特点就是用信息代替存货，这是维持供应链伙伴关系和高效率运作的关键。信息共享的内容包括需求预测、销售点数据、生产计划、战略方向、客户目标等，重要信息的共享程度体现了一个配送中心实际实施供应链管理的程度。所以，在客户关系管理、供应商关系管理与货物数据管理等方面的学习与发展是不可缺少的评价指标。

3. 模糊综合评价

由于配送中心绩效评价指标体系涉及因素相当多，且对各因素的评价结论大多是模糊的，一般不适宜用绝对数值来表示。单纯用定量分析的方法对配送中心的物流绩效进行评价是不可能的，而采用完全定性的评价方法不仅缺乏说服力，而且针对性也不强，不能明确反映问题出在什么地方、到什么程度。因此，有必要采用定性分析与定量分析相结合的评价方法，通过模糊综合评价法对配送中心绩效进行评价。根据上述物流绩效评价指标设计的原则，结合连锁超市配送中心的物流具体运作情况，在进行评价时，将物流绩效评价的指标体系分为两个层次，见表 10-3。

表 10-3　配送中心绩效评价指标及权重设计表

	一级指标 U_i	权重 A_i	二级指标 U_{ij}	权重 A_{ij}
配送中心物流绩效评价指标 U	采购功能 u_1	a_1	与供应商关系 u_{11}	a_{11}
			订单处理能力 u_{12}	a_{12}
			交货期限条件 u_{13}	a_{13}
			付款方式条件 u_{14}	a_{14}
	库存功能 u_2	a_2	仓库总面积 u_{21}	a_{21}
			仓库利用率 u_{22}	a_{22}
			收发货能力 u_{23}	a_{23}
			库存成本 u_{24}	a_{24}
	加工功能 u_3	a_3	流通加工能力 u_{31}	a_{31}
			流通加工成本 u_{32}	a_{32}
			流通加工数量 u_{33}	a_{33}
	配送功能 u_4	a_4	送货及时准确 u_{41}	a_{41}
			配送成本 u_{42}	a_{42}
			运输安全性 u_{43}	a_{43}
			客户满意度 u_{44}	a_{44}
	先进技术 u_5	a_5	管理手段先进性 u_{51}	a_{51}
			运输手段自动化 u_{52}	a_{52}
			储存设备自动化 u_{53}	a_{53}
			信息技术的利用 u_{54}	a_{54}

模糊综合评价法是基于模糊变换理论对于多因素影响的问题进行单层次或多层次综合评价的评估方法,是解决带模糊性问题的有力的定量分析工具,该方法的基本步骤如下。

1）建立评价因素集

对绩效评价指标进行合理划分,产生评价因素集,结合表 10-3 所示的内容,有

一级指标评价因素集：$U_i = \{u_1, u_2, u_3, u_4, u_5\}$；

二级指标评价因素集：$U_{1j} = \{u_{11}, u_{12}, u_{13}, u_{14}\}$，$U_{2j} = \{u_{21}, u_{22}, u_{23}, u_{24}\}$，$U_{3j} = \{u_{31}, u_{32}, u_{33}\}$，$U_{4j} = \{u_{41}, u_{42}, u_{43}, u_{44}\}$，$U_{5j} = \{u_{51}, u_{52}, u_{53}, u_{54}\}$。

2）确定权重集

权重是各个评价因素重要程度的反映,它是与评价因素集相对应的模糊集合。根据表 10-3 所示的内容有：一级指标的权重集 $A_i = \{a_1, a_2, a_3, a_4, a_5\}$，二级指标的权重集 $A_{ij} = \{a_{i1}, a_{i2}, a_{i3}, a_{i4}, a_{i5}\}(i = 1, 2, \cdots, 5)$。权重的确定方法有多种,如专家估测法、层次分析法、加权统计法、频数统计法等。为方便起见,本书采用权值因子判断表法,将定性问题定量化,具体评价指标的权重可通过以下步骤确定。

（1）成立评价小组。由配送中心相关管理人员和有关专家组成 L 人的评估小组。

（2）制定评价指标权值因子判断表。根据各级评价指标的数量多少确定 n 的值,见表 10-4。

表 10-4　评价指标权值因子判断表

评价指标	U_1	U_2	U_3	$\vdots$	U_n
U_1					
U_2					
U_3					
...					
U_n					

（3）填写评价指标权值因子判断表。方法是评价小组成员将行因子与列因子相互对比,若采用 4 分制,两因子相比非常重要的指标记 4 分,比较重要的指标记 3 分,同样重要的指标记 2 分,不太重要的指标记 1 分,很不重要的指标记 0 分。

（4）确定评价指标的权值。根据各评价小组成员填写的权值因子判断表,首先计算每行得分,其次求评价指标平均值。

3）建立评价集

根据评价指标体系的性质,设评价集 $V_i = \{V_1, V_2, \cdots, V_m\}$，$V$ 表示评价标准,$j = 1, 2, \cdots, m$。如把评价等级定为优、良、中、差等四种,则 $m = 4$，即评价集 V 对应四维向量的评语集为{优,良,中,差}。

4）找出评价矩阵

评价矩阵又称隶属度向量矩阵,它是对评价因素集 U 内诸评价因素进行评定的一种模糊映射,它反映了各评价因素与评价等级之间的关系,是从 U 到 V 的 F 关系矩阵 $\boldsymbol{R} \in F(U \times V)$。

5）进行模糊综合评价

模糊综合评价计算公式为 $B_k = A_k \cdot R_k$，即评价向量＝权重向量·求属矩阵（其中，·表示模糊关系的合成运算符）。

6）多级综合评价

由于配送中心绩效评价是相当复杂的过程，有些问题在实际评价时，往往需将评估指标分为多层级，其评价方法是重复运用以上计算过程，从低级指标向高级指标逐级判断。如三级指标的综合评价向量集可构成各二级指标的单因素矩阵，二级指标的单因素矩阵再乘以相应的权重系数可得到二级指标的综合评价向量，类似地，可得到一级指标的综合评价向量，最后可得到总体指标的综合评价值。

 案例讨论 10.1：苏果物流配送中心运营模式创新

 案例讨论 10.2：烟草商业企业卷烟物流配送中心绩效评价标准

 即测即练题

参 考 文 献

［1］ 李嵩.TH 公司配送中心规划和设计［D］.大连：大连理工大学,2011.

［2］ 丁学良.A 公司电子原材料配送中心的规划与设计研究［D］.厦门：厦门大学,2019.

［3］ 于潇.两票制下医药企业物流配送中心的规划与设计［D］.北京：北京邮电大学,2019.

［4］ 代宏斌.铁路物流中心仓库功能区布局规划研究［D］.石家庄：石家庄铁道大学,2018.

［5］ 贾争现.物流配送中心规划与设计［M］.4 版.北京：机械工业出版社,2019.

［6］ 谢本凯.自动化立体仓库物流系统规划与仿真分析［D］.武汉：武汉理工大学,2011.

［7］ 郑丽.配送作业与管理［M］.北京：教育科学出版社,2014.

［8］ 潘昭文.配送作业管理实务［M］.上海：上海交通大学出版社,2017.

［9］ 王欣欣.基于 SLP 方法的 A 公司图书物流配送中心布局优化［D］.哈尔滨：哈尔滨工业大学,2017.

［10］ 胡涛.面向城市物流配送的车辆优化调度方法研究［D］.南昌：江西财经大学,2016.

［11］ 马廷伟.物流中心订单分拣策略的研究［D］.北京：北京邮电大学,2015.

［12］ 金从众.天津烟草物流中心再建设规划与自动分拣系统优化研究［D］.天津：天津大学,2014.

［13］ 袁苗.T 物流配送中心选址与布局规划研究［D］.成都：成都理工大学,2019.

附　　录

教师服务

感谢您选用清华大学出版社的教材！为了更好地服务教学，我们为授课教师提供本书的教学辅助资源，以及本学科重点教材信息。请您扫码获取。

》》 教辅获取

本书教辅资源，授课教师扫码获取

》》 样书赠送

物流与供应链管理类重点教材，教师扫码获取样书

 清华大学出版社

E-mail: tupfuwu@163.com
电话：010-83470332 / 83470142
地址：北京市海淀区双清路学研大厦 B 座 509

网址：http://www.tup.com.cn/
传真：8610-83470107
邮编：100084